TJ Traducciones Junguianas

Los orígenes e historia de la conciencia

Acerca de Erich Neumann

Erich Neumann (Berlín 1905-Tel Aviv 1960) inició su formación en psicología, filosofía, pedagogía, historia del Arte, literatura y estudios semíticos en la Universidad de Berlín (1923-26).

En 1926 viajó a Nuremberg a finalizar sus estudios en filosofía y psicología en la Universidad de Erlangen. Su creciente interés en el psicoanálisis y en la psicoterapia lo llevó posteriormente a cursar medicina en la Universidad Friedrich Wilhelms, en Berlín, donde si bien completó su formación académica no pudo realizar el internado debido a las leyes Nazis.

En 1959 recibió el grado Doctor en Medicina (MD) de la Universidad de Hamburgo, que aceptó *Los orígenes e historia de la conciencia* como su tesis doctoral.

En 1933 abandonó Alemania con la intención de fijar su residencia en Tel Aviv, que hasta 1948 formó parte del protectorado británico. En el camino hizo escala en Zúrich, donde entabló por vez primera contacto personal con C. G. Jung, con quien inició un trabajo terapéutico que duró hasta 1934.

A partir de entonces ambos mantuvieron frecuente correspondencia, interrumpida durante los años de la Segunda Guerra Mundial, hasta la prematura muerte de Neumann en 1960, quien además de promover activamente la Psicología Analítica en Israel fue asiduo concurrente a las Conferencias Eranos. (*)

(*) Fuente: *Analytical Psychology in exile. The correspondence of C.G.Jung and Erich Neumann.* Ed. Martin Liebscher, Philemon Series, Princeton University Press, 2015.

Los orígenes e historia de la conciencia

Erich Neumann

TJ Traducciones Junguianas

Los orígenes e historia de la conciencia.

Primera edición: Octubre 2017
© Editorial Traducciones Junguianas
Av. El Sol Oeste 448 – Barranco, Lima, Perú
Email: traduccionesjunguianas@gmail.com

Título del original: *Ursprungsgeschichte des Bewusstseins.*
Rascher Verlag, Zurich 1949
Título de la versión en inglés: *The origins and history of conciousness*
First/Princeton Bollingen Paperback Printing, 3ª Edición, 1973.

Traducido al español y editado por: Juan Brambilla Vega
Diseño de portada y diagramación: Sergio Márquez
Imagen de la portada: *Subida al Empíreo*, El Bosco (c. 1490)

Hecho el Depósito Legal en la Biblioteca Nacional del Perú
N° 2017- 12312
ISBN: 978-612-47453-1-7

Impreso en los talleres de Gráfica del Plata SAC. Jr. Domingo Martínez Luján
Nro. 1067 (antes Jr. San Felipe), Surquillo, Lima - Perú
Octubre 2017
Fecha de publicación: Octubre 2017

Aquel cuya visión no pueda cubrir
Tres mil años de historia,
Quedará suspendido en la oscuridad externa,
Vivirá dentro de las fronteras de los días.

GOETHE, *Westöstlicher Diwan*

TABLA DE CONTENIDOS

PARTE I: LAS ETAPAS MITOLÓGICAS EN LA EVOLUCIÓN DE LA CONCIENCIA

A: EL MITO DE LA CREACIÓN

B: EL MITO DEL HÉROE

C: EL MITO DE TRANSFORMACIÓN

PARTE II: LAS ETAPAS PSICOLÓGICAS EN EL DESARROLLO DE LA PERSONALIDAD

A: LA UNIDAD ORIGINAL

B: LA SEPARACIÓN DE LOS SISTEMAS

C: EQUILIBRIO Y CRISIS DE LA CONCIENCIA

D: CENTROVERSIÓN Y ETAPAS DE LA VIDA

APÉNDICES

LISTA DE ILUSTRACIONES

EL URÓBOROS

1. El nacimiento de Vishnú. India, ilustración de un manuscrito del siglo XVIII. (París, Bibliothèque Nacionale. Fotografía: Biblioteca.)

2. Serpiente mordiendo su cola y rodeando una inscripción. Vasija mandea, Mesopotamia, c.500 a.C. (Ubicación actual desconocida.)

3. El océano rodeando al mundo. *Mappa mundi*, con Babilonia en el centro, de una tablilla cuneiforme. (Dibujo de *Cuneiform Texts from Babylonian Tablets c. in the British Museum*, Parte XXII, Londres, 1906, lámina 48.)

4. Los cuatro rincones del mundo, con serpiente alrededor. Copto. Grabado en madera de Athanasius Kircher, *Oedipus Aegyptiacus*, Roma, 1652-54.)

5. "Serpiente rodeando al mundo y a un bote." Dibujo de una niña inglesa de cinco años de edad procedente de la clase trabajadora. (De Herbert Read, *Education through Art*, Nueva York, 1948.)

6. Escudo de latón con motivo de serpiente. Benin, Nigeria, África occidental. (Dibujo de Leo Frobenius, *Kulturgeschichte Afrikas*, Zurich, 1933, a partir de A.H.L. Fox-Pitt-Rivers, *Antique works of art from Benin*, Londres, 1900, fig. 102.)

7. Calendario de piedra mexicano, con serpiente alrededor. (Aguafuerte de G.F. Gemelli Careri, *Giro del Mondo*, Nápoles, 1721, reproducción de un dibujo Azteca.)

8. Maya, la eterna tejedora, rodeada por una serpiente. Viñeta dañada de un texto brahamánico de máximas. (De Nikolas Mueller, *Glauben, Wissen und Kunst der alten Hindis, Mainz, 1822.)*

9. Uróboros alquimista. Una de las figuras alegóricas de Lambspringk, de Lucas Jennis, *Dyas chymica tripartita*, Frankfort on the Main, 1625.

10. Hieronymus Bosch: Creación, del *Jardín de las delicias terrenales*, Holanda, c.1500. (Madrid, Prado. Fotografía: Rothe.)

11. Los nueve coros de ángeles. Miniatura de la Scivias de St. Hildegarde of Bingen, en un manuscrito del siglo XII. (Antigua Wiesbaden, Nassauische Landesbibliothek; MS. destruida en la Segunda Guerra Mundial. Fotografía: Biblioteca.)

La Gran Madre

12. Diana de Efeso. Roma, siglo II d.C. (Nápoles, Museo Nazionale.)

13. Mater Matuta. Etruria, siglo V a.C. (Florencia, Museo Archeologico. Fotografía: Alinari.)

14. Afrodita y Anquises (?). Relieve en bronce de Paramythia, Grecia, siglo IV a.C. (Londres, British Museum. Fotografía: Museo.)

15. Sacerdote de los sacrificios de la Magna Mater. Relieve, Roma, siglo I a.C. (Roma, Museo Capitolini. Fotografía: cortesía de Comune di Roma.)

16. Ishtar como diosa de la guerra. Relieve del sello del rey Anu-Banini, Hazar- Geri,

Babilonia, 2500-2000 a.C. (Dibujo de Jacques J.M. de Morgan. *Misión scientifique en Perse*, Vol. IV, París, 1896.)

17. La diosa hipopótamo Ta-urt, sosteniendo delante de ella el símbolo Sa de protección. Egipto, periodo Ptolemeico, 332-30 a.C. (Nueva York, Metropolitan Museum of Art. Fotografía: Museo.)

18. El rey ante Isis. Egipto, Templo de Seti I, Abydos, XIX dinastía, siglos XIV- XIII a.C. (Fotografía: A. Studly.)

19. Rangda, demonio femenino. Máscara de Bali. (Basilea, Museum für Völkerkunde. Fotografía: Museo.)

LA SEPARACIÓN DEL MUNDO PARENTAL

20. Miguel Ángel: *Dios dividiendo la luz y la oscuridad*. Detalle de la Capilla Sixtina, Roma. (Fotografía: Alinari.)

21. La separación del cielo y la tierra: Nut elevada sobre Geb por Shu. Egipto, representación en un sarcófago. (Turín, Egyptian Museum. Dibujo a partir de una ilustración en A. Jeremías, *Das Alte Testament im Lichte des alten Orients*, Leipzig, 1904.)

EL MITO DEL HÉROE

22. Jonás en la ballena. Del Khludoff Psalter, Bizantino, finales del siglo IX. Monasterio de San Nicolás, Preobrazhensk, Moscú. (De J.J. Tikkanen, Die *Psalterillustration im Mittelalter*, Helsingfors, 1903.)

23. El héroe Raven en la ballena. Dibujo de un indio Haida, costa noroccidental del Pacífico, finales del siglo XIX. (De Albert P. Niblack, *"The coast indians of southern Alaska and northern British Columbia,"* U.S. *National Museum Report 1887-88*, Washington, 1890.)

24. Dánae y la lluvia de oro. Figura roja en cáliz, del pintor Triptolemos, Ática, comienzos del siglo V a.C. (Leningrado, Hermitage. De Jocelyn M. Woodward, *Perseus, a study in Greek art and legend*, Cambridge, 1937.)

25. Perseo asesinando a la Gorgona, con Hermes. A partir de figura negra en jarrón, Ática, siglo VI a.C. (Londres, British Museum. Dibujo de Jocelyn M. Woodward, *Perseus, a study in Greek art and legend*, Cambridge, 1937.)

26. Perseo y Andrómeda. Mural en Pompeya, siglo I a.C., probablemente a partir de una pintura de Nimias, un ateniense de la segunda mitad del siglo IV a.C. (Nápoles, Museo Nazionale. (De Jocelyn M. Woodward, *Perseus, a study in Greek art and legend*, Cambridge, 1937.)

TRANSFORMACIÓN, U OSIRIS

27. El dios halcón Horus con el rey Nectanebo II. Egipto, XXX dinastía, 370 a.C. (Nueva York, Metropolitan Museum of Art. Fotografía: Museo.)

28. Ramsés I sacrificando a Isis y al símbolo de la cabeza de Osiris. Abydos, XIX dinastía, siglos XIV-XIII a.C. (Fotografía: Museo.)

29. Osiris vuelto a la vida por Isis. Egipto, Templo de Seti I, Abydos, XIX dinastía, siglos XIV-XIII a.C.

30. El rey ante Osiris y Horus. Egipto, Templo de Seti I, Abydos, XIX dinastía, siglos XIV-XIII a.C.

31. Diversas representaciones del entierro y tumba de Osiris. Egipto, periodo tardío. (Dibujos a partir de varios monumentos, de Eduard Meyer, *Äegypten zur Zeit der Pyramidenerbauer, Leipzig,* 1908.)

PRÓLOGO DE CARL G. JUNG

El autor me ha solicitado escribir un prólogo para este libro que ofrezca unas cuantas palabras de introducción, a lo que he accedido de muy buena gana porque encontré que su trabajo era notable en una medida superior a lo común. Éste empieza justo donde yo, también, si tuviera una segunda oportunidad en la vida, comenzaría a recoger los *disjecta membra* de mis propios escritos, y a seleccionar todos aquellos "comienzos sin continuaciones" para darles la forma de un conjunto cohesionado. Mientras leía el manuscrito de este libro pude ver con mucha claridad cuán grandes son las desventajas del trabajo del pionero: uno va tropezando a través de regiones desconocidas; las analogías lo llevan por el camino equivocado, con lo que pierde para siempre el hilo de Ariadna; uno es avasallado por nuevas impresiones y nuevas posibilidades, y la peor desventaja de todas es que el pionero sólo conoce con posteridad lo que debió saber al inicio. La segunda generación tiene la ventaja de contar con una visión más clara, si acaso aún incompleta; ciertos puntos de referencia que por lo menos están situados en las fronteras de lo esencial se convierten en temas con lo que se está familiarizado, y ahora uno sabe lo que debe saberse si lo que hará será explorar el territorio recientemente descubierto. De este modo, prevenido y premunido, un representante de la segunda generación podrá detectar las conexiones más lejanas; podrá desenmarañar problemas y proporcionar una explicación coherente de la totalidad del campo de estudio, cuya extensión el pionero sólo puede contemplar hacia el final del trabajo de su vida.

El autor ha conseguido este difícil y meritorio objetivo con notorio éxito. Ha hilvanado sus argumentos dentro de un patrón y creado una totalidad unificada, que ningún pionero habría podido lograr ni siquiera si lo hubiese intentado. Como si fuera la confirmación de esto, el presente trabajo empieza en el preciso lugar donde yo sin querer toqué tierra del nuevo continente hace mucho tiempo, a saber, la esfera del *simbolismo matriarcal;* y, como marco conceptual de sus descubrimientos, utiliza un símbolo cuyo significado apareció por vez primera ante mí en mis recientes escritos sobre la psicología de la alquimia: el *Uróboros*. Sobre este fundamento ha tenido éxito en construir una historia original de la evolución de la conciencia, y al mismo tiempo en representar el cuerpo de estos mitos como la fenomenología de esta misma evolución. De esta manera, llega a conclusiones e *insights* que se encuentran entre los más importantes jamás alcanzados en este campo.

Naturalmente para mí, como psicólogo, el aspecto más valorable en esta obra es la contribución fundamental que realiza para una psicología del inconsciente. El autor ha situado los conceptos de la Psicología Analítica –que para muchas personas es sumamente desconcertante- sobre una firme base evolutiva, y ha erigido sobre ella una estructura coherente en la cual las formas empíricas del pensamiento encuentran su justo lugar. Ningún sistema puede prescindir jamás de una hipótesis englobante que a su turno no dependa del temperamento y supuestos subjetivos del autor así como de los datos objetivos. Este factor es de la mayor importancia en la psicología, ya que la "ecuación personal" colorea el modo de observación. La verdad última, si tal cosa existe, demanda el concierto de muchas voces.

Sólo puedo felicitar al autor por su logro. Que este breve prólogo le transmita mi más sentido agradecimiento.

Marzo 1, 1949
C.G.Jung

INTRODUCCIÓN

El siguiente intento de esbozar las etapas arquetípicas en el desarrollo de la conciencia está basado en la moderna psicología profunda. Se trata de una aplicación de la Psicología Analítica de C.G. Jung y de una tentativa de amplificación de la misma, lo que en ocasiones nos llevará a cruzar de manera especulativa sus fronteras.

A diferencia de otros métodos posibles y necesarios de investigación que consideran el desarrollo de la conciencia en relación a factores ambientales externos, nuestra investigación está más referida a lo interno, lo psíquico, y a los factores arquetípicos que determinan el curso de tal desarrollo.

Los elementos estructurales del inconsciente colectivo son denominados por Jung "arquetipos" o "imágenes primordiales". Estos constituyen las formas pictóricas de los instintos, los autorretratos a través de los cuales el inconsciente se revela a la mente conciente mediante imágenes, ya sea en sueños o fantasías, que inician el proceso de reacción y asimilación concientes.

Estas imágenes de la fantasía sin duda encuentran su analogía más cercana en los tipos mitológicos. Debemos, por lo tanto, asumir que corresponden a ciertos elementos estructurales colectivos (y no personales) de la psique humana en general, y que, al igual que los elementos morfológicos del cuerpo humano, son heredadas[1].

Los elementos estructurales arquetípicos de la psique son órganos psíquicos de cuyo funcionamiento depende el bienestar del individuo, y cuya perturbación tiene consecuencias desastrosas:

Más aún, constituyen las causas indefectibles de los desórdenes neuróticos e incluso psicóticos, y se comportan exactamente igual que los órganos físicos o sistemas orgánicos funcionales maltratados o desatendidos.[2]

Es el propósito de este libro mostrar que los componentes principales de la mitología son una serie de arquetipos que mantienen entre ellos una relación orgánica y cuya sucesión por etapas [stadial sucession[3]] determina el crecimiento de la conciencia. En el curso de su desarrollo ontogenético, la conciencia del Yo individual tiene que pasar a través de las mismas etapas arquetípicas que determinaron la evolución de la conciencia en la vida de la humanidad. El individuo tiene que transitar en su propia vida el mismo camino que la humanidad transitó antes que él, un viaje cuyas huellas quedaron en la secuencia arquetípica de las imágenes mitológicas que examinaremos a continuación. Normalmente las etapas arquetípicas son vividas sin perturbaciones, y el desarrollo de la conciencia transcurre durante éstas de modo tan natural como transcurre el desarrollo físico durante las etapas de la maduración corporal. Como órganos de la estructura de la psique los arquetipos se articulan entre ellos autónomamente, al igual que los órganos físicos, y determinan la maduración de la personalidad en una manera análoga a los componentes hormonales biológicos de la constitución física.

Además de poseer importancia "eterna", el arquetipo también posee un aspecto histórico igualmente legítimo. La conciencia del Yo se desarrolla mientras atraviesa una serie de "imágenes eternas", y el Yo, transformado en este tránsito, experimenta constantemente una nueva relación con los arquetipos. Esta relación con la eternidad de las imágenes arquetípicas es un proceso de sucesión en el tiempo, es decir, se produce por etapas. La habilidad para percibir, entender e interpretar estas imágenes cambia con el curso de la historia filogenética y ontogenética del hombre; en consecuencia, la relatividad de la imagen eterna con respecto a la conciencia del Yo en desarrollo se vuelve cada vez más pronunciada.

Los arquetipos que determinan las etapas del desarrollo conciente forman sólo un segmento de la totalidad de la realidad arquetípica. Pero aprovechándonos de la visión evolutiva o sinóptica podremos contar con el hilo conductor que nos llevará a través del ilimitado simbolismo del inconsciente colectivo, lo que nos ayudará a orientarnos en la teoría y en la práctica de la psicología profunda.

Una investigación de las etapas arquetípicas también permite una mejor orientación psicológica en gran número de temas adicionales, por ejemplo, historia de las religiones, antropología, psicología de los pueblos, entre otros. Todos ellos podrán reunirse sobre una base psicoevolutiva que ofrecerá una comprensión más profunda.

No es sorprendente que estas ciencias especializadas no permitan verse enriquecidas con la psicología profunda, mucho menos con la psicología junguiana. A pesar de ello, el punto de partida psicológico de estas disciplinas resulta cada vez más evidente, y comienza a ser obvio que la psique humana es la fuente de todos los fenómenos culturales y religiosos. De allí que el encuentro final con la psicología profunda no pueda ser evadido durante mucho más tiempo.

Debemos enfatizar que nuestra exposición del mito no está basada en ninguna rama especializada de la ciencia, ya sea arqueología, religiones comparadas o teología, sino simple y llanamente en el trabajo práctico de la psicoterapia, cuyo interés principal es el trasfondo psíquico del hombre moderno. La conexión entre su psicología y las capas más profundas de la humanidad aún vivas en él es, por tanto, el verdadero punto de partida y el objeto de este trabajo. El método deductivo y sistemático de exposición aquí adoptado podría oscurecer al inicio el significado corriente y terapéutico de nuestros descubrimientos, pero cualquier persona que esté familiarizada con los eventos psíquicos que ocurren en los niveles más profundos reconocerá la importancia y relevancia de estas conexiones, cuya detallada ilustración por medio de materiales empíricos modernos está reservada para un examen posterior.

Como es bien conocido, el método "comparativo" de la Psicología Analítica coteja los materiales simbólicos y colectivos encontrados en los individuos con los correspondientes productos de la historia de las religiones, psicología de los primitivos y similares, y de este modo obtiene una interpretación al establecer el "contexto". Este método lo complementamos con la aproximación evolutiva, que considera el material desde el punto de vista de la etapa alcanzada por la conciencia en desarrollo, y por lo tanto por el Yo en sus relaciones con el inconsciente. De este modo, nuestro trabajo se vincula con aquella temprana obra fundamental de Jung, *La Psicología de lo Inconsciente*, aunque nos veremos en la obligación de realizar ciertas enmiendas. Mientras que en el psicoanálisis freudiano la aproximación evolutiva conduce solamente a una teoría personalista de la libido, concretista y estrecha, asimismo la Psicología Analítica hasta ahora no ha profundizado en esta línea de investigación.

El surgimiento del trasfondo colectivo humano como una realidad transpersonal nos ha forzado a reconocer la relatividad de nuestra propia posición. La multiplicidad de formas y fenómenos en que se expresa la infinita diversidad de la psique humana, la riqueza de culturas, valores, patrones de conducta y cosmovisiones producidas por la vitalidad de la estructura psíquica del hombre, debe contar con una tentativa de orientación general aunque parezca, al principio, una peligrosa aventura. Aún así debemos realizar dicha tentativa, incluso sabiendo que nuestra específica orientación occidental es sólo una entre muchas. La evolución de la conciencia como una forma de evolución creativa es el peculiar logro del hombre occidental. La evolución creativa de la conciencia del Yo significa que, a través de un continuo proceso que se extiende durante miles de años, el sistema conciente ha absorbido más y más contenidos inconscientes y que ha expandido progresivamente sus fronteras. Aunque desde la antigüedad hasta los tiempos más recientes hemos visto que un nuevo y diferente canon o patrón cultural ha suplantado continuamente al anterior, Occidente ha tenido éxito, sin embargo, en lograr una continuidad histórica y cultural en la cual cada canon ha sido integrado gradualmente. La estructura de la conciencia moderna descansa sobre esta integración, y en cada periodo de su desarrollo el Yo tiene que absorber porciones esenciales del pasado cultural que le han sido transmitidos por el canon de valores encarnados en su propia cultura y sistema de educación.

El carácter creativo de la conciencia es un elemento central del canon cultural de Occidente. En la cultura occidental, y parcialmente también en lejano Oriente, podemos hacer el seguimiento del continuo, aunque a veces irregular, desarrollo de la conciencia ocurrido durante los últimos diez mil años. Sólo aquí el canon de desarrollo por etapas, encarnado colectivamente en proyecciones mitológicas, se ha convertido en un modelo para el desarrollo del ser humano; sólo aquí los comienzos creativos de la individualidad han sido asumidos por lo colectivo y presentados como el ideal de todo desarrollo individual. Dondequiera que este tipo de conciencia del Yo se haya desarrollado, o esté desarrollándose, las etapas arquetípicas de la evolución de la conciencia tienen plena vigencia. En culturas inmovilizadas, o en sociedades primitivas donde las características originales de la cultura humana están aún preservadas, las etapas más tempranas de la psicología del hombre predominan en tal grado que los rasgos individuales y creativos no han sido asimilados por lo colectivo. De hecho, los individuos creativos que poseen una conciencia más fuerte son incluso tachados por lo colectivo como antisociales[4].

La creatividad de la conciencia puede verse amenazada por totalitarismos religiosos o políticos, debido a que cualquier fijación autoritaria del canon conduce a la esterilidad de la conciencia. Dichas fijaciones, sin embargo, sólo pueden ser provisionales. En lo que respecta al hombre occidental, la vitalidad asimilativa de su conciencia del Yo está más o menos asegurada. El progreso de la ciencia y la creciente y obvia amenaza obvia contra la humanidad por parte de las fuerzas inconscientes exigen a su conciencia, desde dentro y desde afuera, un continuo autoanálisis y expansión. El individuo es el portador de esta actividad creadora de la mente y por lo tanto permanece como el factor decisivo en todos los futuros desarrollos en Occidente. Esto es cierto a pesar del hecho de que los individuos cooperan y determinan mutuamente la democracia espiritual en la que viven.

Cualquier intento de esbozar las etapas arquetípicas desde el punto de vista de la Psicología Analítica debe comenzar por señalar la distinción fundamental que existe entre los factores psíquicos personales y los transpersonales. Los factores personales son aquellos que pertenecen a una personalidad individual y no son compartidos con ningún otro individuo, sin importar que dichos factores sean concientes o inconscientes. Los factores transpersonales, por otro lado, son colectivos, Wo extra personales, y deben ser considerados no como condiciones externas de la sociedad, sino como elementos estructurales internos. Lo transpersonal representa un factor que es completamente independiente de lo personal, debido a que lo personal, tanto colectiva como individualmente, es un producto tardío de la evolución.

Toda investigación histórica –y toda aproximación evolutiva es en este sentido histórica- debe comenzar, por lo tanto, con lo transpersonal. En la historia de la humanidad así como en el desarrollo del individuo existe una preponderancia inicial de los factores transpersonales, y sólo en el curso del desarrollo la esfera personal surge a la vista y cobra independencia. El hombre con conciencia individualizada de nuestra época es un hombre tardío cuya estructura se levanta sobre tempranas etapas preindividuales, de las cuales la conciencia individual se ha separado por sí misma paso a paso.

La evolución de la conciencia por etapas es tanto un fenómeno humano colectivo como un particular fenómeno individual. El desarrollo ontogenético debe por lo tanto considerarse como una recapitulación modificada del desarrollo filogenético.

Esta interdependencia de lo colectivo y lo individual tiene dos concomitantes psíquicos. Por un lado, la historia temprana de lo colectivo está determinada por las imágenes primordiales internas cuyas proyecciones aparecen en el mundo circundante como factores poderosos –dioses, espíritus o demonios- que se convierten en objeto de adoración. Por otro lado, los simbolismos colectivos del hombre también aparecen en el individuo, y el desarrollo psíquico, o el mal desarrollo, de cada individuo es gobernado por las mismas imágenes primordiales que determinan la historia colectiva del hombre.

Dado que hemos emprendido la exposición del canon completo de las etapas mitológicas, sus secuencias, interconexiones y simbolismos, resulta no sólo permisible sino imperativo presentar el material relevante de diferentes esferas de la cultura y de distintas mitologías, al margen de que todas las etapas estén presentes o no en determinada cultura[5].

No afirmamos por lo tanto que todas las etapas del desarrollo de la conciencia estén presentes siempre, donde sea, y en toda mitología, no más de lo que la teoría de la evolución afirma acerca de que las etapas evolutivas de todas las especies animales se repiten en la evolución del hombre. Lo que sí afirmamos es que estas etapas de desarrollo se organizan solas y siguiendo una secuencia ordenada, y que esto determina todo desarrollo psíquico. Igualmente afirmamos que estas etapas arquetípicas son determinantes inconscientes y que podemos encontrarlas en la mitología, y que sólo viendo la estratificación colectiva del desarrollo humano junto con la estratificación individual del desarrollo conciente podemos arribar a una comprensión del desarrollo psíquico en general y del desarrollo individual en particular.

Nuevamente, la relación entre lo transpersonal y lo personal –que desempeña un rol decisivo en cada vida humana- está prefigurada en la historia humana. Pero el aspecto colectivo de esta relación no significa que los eventos históricos únicos o recurrentes sean heredados, ya que hasta el momento no hay pruebas científicas de la herencia de las características adquiridas. Por esta razón la Psicología Analítica considera que la estructura de la psique está determinada a priori por determinantes transpersonales –los arquetipos- que, al ser componentes esenciales y órganos de la psique desde un comienzo, moldean el curso de la historia humana.

El tema de la castración, por ejemplo, no es el resultado de la herencia de una amenaza de castración repetida interminablemente por un padre primordial, ni por una infinidad de padres primordiales. La ciencia no ha descubierto nada que pueda brindar soporte a dicha teoría, que además presupone la herencia de características adquiridas. Cualquier reducción de la amenaza de la castración, parricidio, la "escena primigenia" de la relación parental, y similares, a datos históricos o personales, que presume de describir la historia de la humanidad como si fuera el retrato de una familia patriarcal burguesa del siglo diecinueve, es científicamente imposible.[6]

Es uno de los objetivos de este libro el mostrar que, en lo que respecta a estos y a similares "complejos", en realidad estamos tratando con símbolos, formas ideales, categorías psíquicas, y patrones estructurales básicos cuyos infinitamente variados modos de operación gobiernan la historia de la humanidad y del individuo[7].

El desarrollo de la conciencia en etapas arquetípicas es un hecho transpersonal, una autorevelación dinámica de la estructura psíquica, que domina la historia de la humanidad y del individuo. Incluso las desviaciones del sendero de la evolución, su simbología y sintomatología, deben ser entendidas en relación al patrón arquetípico que les es anterior.

En la primera parte de nuestra exposición –Las Etapas Mitológicas en la Evolución de la Conciencia- el énfasis descansa en la amplia distribución del material mitológico, y en la demostración de las conexiones existentes entre los símbolos y los distintos estratos del desarrollo de la conciencia. Sólo contra este trasfondo podemos entender el desarrollo normal de la psique, y bajo esta luz deben ser entendidos los fenómenos patológicos en que los problemas colectivos constantemente aparecen como los problemas básicos de la existencia humana.

Además de desvelar las etapas evolutivas y sus conexiones arquetípicas, nuestra investigación también tiene un objetivo terapéutico, que es tanto colectivo como individual. La integración de los fenómenos psíquicos personales con los correspondientes símbolos es de fundamental importancia para el desarrollo futuro de la conciencia y para la síntesis de la personalidad[8].

El redescubrimiento de los estratos humanos y culturales de donde estos símbolos derivan corresponde al sentido original de la palabra "bildend" –"ponerse al corriente". De este modo la conciencia adquiere imágenes *(Bilder)* y educación *(Bildung)*, amplía sus horizontes, y se carga de contenidos que constelan un nuevo potencial psíquico. Aparecen nuevos problemas, pero también nuevas soluciones. En la medida en que los datos puramente personales entran en asociación con lo transpersonal, y en que el aspecto colectivo humano es redescubierto y comienza a cobrar vida, nuevos *insights*, nuevas posibilidades de vida, se agregan a la rígida personalidad del hombre moderno, estrechamente personalista y poseedor de un alma enferma.

Nuestro objetivo no se reduce a señalar la relación correcta entre el Yo y el inconsciente, ni de lo personal con lo transpersonal. También tenemos que darnos cuenta de que la falsa y personalista interpretación de todo lo psíquico es la expresión de una ley inconsciente que en todo lugar ha obligado al hombre moderno a malinterpretar su verdadero rol e importancia. Sólo cuando hayamos aclarado hasta qué grado la reducción de lo transpersonal a lo personal surge de una tendencia que alguna vez tuvo un significado muy profundo, pero que la crisis de la moderna conciencia ha vuelto carente de sentido e importancia, nuestro objetivo habrá sido logrado. Sólo cuando hayamos reconocido que lo personal se desarrolla a partir de lo transpersonal, separándose a sí mismo de éste pero, a pesar del rol crucial de la conciencia del Yo, siempre permaneciendo enraizado en él, podremos devolver a los factores transpersonales su peso y significado originales, cuya carencia hace imposible una vida sana, tanto individual como colectivamente.

Esto nos lleva a un fenómeno psicológico que será discutido por completo en la Parte II, bajo el título de "ley de la personalización secundaria". Esta ley afirma que los contenidos que son ante todo transpersonales y que originalmente aparecieron como tales, son, en el curso del desarrollo, llevados a ser personales. La personalización secundaria de los contenidos originalmente transpersonales es en cierto sentido una necesidad evolutiva, pero constela peligros que para el hombre moderno son demasiado grandes. Es necesario para la estructura de la personalidad que los contenidos que originalmente tomaban la forma de deidades transpersonales, acaben experimentándose finalmente como contenidos de la psique humana. Pero este proceso deja de ser un peligro para la salud psíquica sólo cuando la psique se reconoce a sí misma como suprapersonal, como un mundo numinoso de hechos transpersonales. Si, por otro lado, los contenidos transpersonales son reducidos a los datos de una psicología puramente personalista, el resultado no es sólo un atroz empobrecimiento de la vida individual –que podrá permanecer solamente como un asunto privado-, sino también una congestión del inconsciente colectivo que a la larga tendrá consecuencias desastrosas para la humanidad.

La psicología, al haber penetrado en las capas colectivas en su investigación de los niveles más profundos de la psique individual, se encuentra con la obligación de desarrollar una terapia colectiva y cultural adecuada para enfrentar el fenómeno de masas que hoy devasta la humanidad. Uno de los objetivos más importantes de cualquier psicología profunda en el futuro es su aplicación a lo colectivo. Debe corregir y prevenir la dislocación de la vida colectiva, del grupo, mediante la aplicación de sus específicos puntos de vista[9].

La relación del Yo con el inconsciente y de lo personal con lo transpersonal decide el destino no sólo del individuo, sino también el de la humanidad. El teatro de este encuentro es la mente humana. En el presente trabajo, una parte sustancial de la mitología es vista como la autodelineación inconsciente del crecimiento de la conciencia en el hombre. La dialéctica entre la conciencia y el inconsciente, su transformación, su autoliberación, y el nacimiento de la personalidad humana a partir de esta dialéctica conforman el tema de la Parte I.

PARTE I

LAS ETAPAS MITOLÓGICAS
EN LA EVOLUCIÓN DE LA CONCIENCIA

> La Naturaleza se regocija en la Naturaleza,
> la Naturaleza somete a la Naturaleza,
> la Naturaleza gobierna a la Naturaleza.
> OSTANES

A: EL MITO DE LA CREACIÓN

I. El Uróboros

II. La Gran Madre

III. La separación del Mundo Parental:
el principio de los opuestos.

La Naturaleza se regocija en la Naturaleza.

I

EL URÓBOROS

Porque lo que el centro contiene
Obviamente debe ser
Aquello que permanece hasta el final
Y que estaba allí desde la eternidad.
GOETHE, *Westöstlicher Diwan*

Las etapas mitológicas es la evolución de la conciencia comienzan en la etapa en la que el Yo está contenido en el inconsciente, y conducen a una situación en la que el Yo no sólo se convierte en conocedor de su propia posición y la defiende heroicamente, sino que también adquiere la capacidad de ampliar y relativizar sus experiencias a través de los cambios efectuados por su propia actividad.

El primer ciclo del mito es el mito de la creación. Aquí la proyección mitológica del material psíquico aparece en forma cosmogónica, como la mitología de la creación. El mundo y el inconsciente predominan y conforman el objeto del mito. El Yo y el hombre son sólo nacientes, y sus nacimientos, sufrimientos y emancipación constituyen las fases del mito de la creación.

En la etapa de la separación del Mundo Parental, el germen de la conciencia del Yo finalmente se afirma. Durante el desarrollo del mito de la creación, el mito ingresa al segundo ciclo, concretamente, el mito del héroe, en el cual el Yo, la conciencia y el mundo humano toman conciencia de sí y de su dignidad.

En el comienzo existe la perfección, la totalidad. Esta perfección original sólo puede ser "circunscrita", o descrita simbólicamente; su naturaleza escapa a toda descripción que no sea mítica porque aquello que describe, el Yo, y lo que es descrito, el comienzo, que es anterior al Yo, demuestran ser magnitudes inconmensurables tan pronto como el Yo intenta alcanzar su objeto conceptualmente, es decir, convertirlo en contenido de conciencia.

Por esta razón un símbolo siempre está presente en el comienzo, cuya característica más saltante es su multiplicidad de significados, indeterminación y carácter indeterminable.

El comienzo puede situarse en dos "lugares": puede concebirse en la vida de la humanidad como el despertar más temprano de la historia humana, y en el individuo como el despertar más temprano de su niñez. La autorepresentación del despertar de la historia humana puede ser vista desde su descripción simbólica en los rituales y los mitos. El despertar más temprano de la niñez, al igual que el de la humanidad, está representado en las imágenes que surgen de las profundidades del inconsciente y se revelan al Yo ya individualizado.

El estado del despertar del comienzo se proyecta mitológicamente en forma cósmica, apareciendo como el comienzo del mundo, como la mitología de la creación. El recuento mitológico del comienzo debe empezar invariablemente con el mundo exterior, debido a que el mundo y la psique aún son uno. Aún no hay un Yo que reflexione, que sea autoconciente, que pueda referir nada a sí mismo, esto es, que se vea reflejado. No sólo la psique está abierta al mundo, aún es idéntica al mundo y no está diferenciada del mundo; se conoce a sí misma como mundo y en el mundo, y experimenta su propio devenir como un devenir del mundo; experimenta sus propias imágenes como los cielos estrellados, y sus propios contenidos como los dioses creadores del mundo.

Ernst Cassirer[10] ha demostrado que la creación aparece, en todos los pueblos y en todas las religiones, como la creación de la luz. De este modo la aparición de la conciencia, manifestándose a sí misma como la luz en contraste con la oscuridad del inconsciente, es el verdadero "objeto" de la mitología de la creación. Cassirer también ha demostrado que en las diferentes etapas de la conciencia mitológica la primera cosa a ser descubierta es la realidad subjetiva, la formación del Yo y la individualidad. El comienzo de este desarrollo, considerado mitológicamente como el comienzo del mundo, es la aparición de la luz, sin la cual ningún proceso del mundo podría ser observado.

Pero el despertar más temprano es aún anterior a este nacimiento de la luz a partir de la oscuridad, y una riqueza de símbolos lo rodea.

La forma de representación propia del inconsciente no es la misma que la de la mente conciente. Tampoco intenta ni es capaz de capturar o definir sus objetos en una serie de explicaciones discursivas, ni reducirlos a la claridad mediante el análisis lógico. La manera en que opera el inconsciente es diferente. Los símbolos se reúnen alrededor de aquello que debe ser explicado, entendido, interpretado. El acto del devenir conciente consiste en la agrupación concéntrica de símbolos alrededor del objeto, los cuales circunscriben y describen lo desconocido desde muchos ángulos. Cada símbolo pone de manifiesto otro lado esencial del objeto a ser aprehendido, señala otra faceta de significado. Sólo el canon de estos símbolos que se congregan alrededor del centro en cuestión, el grupo simbólico coherente, puede llevarnos a una comprensión de lo que los símbolos señalan y de lo que tratan de expresar. La historia simbólica del comienzo, que nos habla desde la mitología de todos los tiempos, es el intento que realiza la conciencia inocente y precientífica del hombre por resolver los problemas y enigmas que, en su mayor parte, están más allá incluso de nuestra desarrollada conciencia moderna. Si nuestra conciencia, con resignación epistemológica, se ve obligada a considerar la pregunta acerca del comienzo como incontestable y por lo tanto como acientífica, podrá hacerlo con todo derecho; pero la psique, a quien la autocrítica de la mente conciente no puede enseñarle ni despistarla, siempre plantea esta pregunta nuevamente como una cuestión que es esencial para ella.

La pregunta acerca de los comienzos es también la pregunta "¿De dónde? "Ésta es la pregunta original y fatídica a la que la cosmología y los mitos de creación siempre han tratado de darle nuevas y diferentes respuestas. Esta pregunta original acerca del origen del mundo es al mismo tiempo la pregunta acerca del origen del hombre, el origen de la conciencia y del Yo; es la pregunta fatídica "¿de dónde vine?" que enfrenta todo ser humano tan pronto como llega al umbral de la conciencia.

Las respuestas mitológicas a estas preguntas son simbólicas, como todas las respuestas que vienen de las profundidades de la psique, es decir, del inconsciente. La naturaleza metafórica del símbolo dice: esto es esto, eso es eso. La declaración de identidad y la lógica de la conciencia erigida sobre ella carecen de valor para la psique y el inconsciente. La psique mezcla, al igual que lo hacen los sueños; da vueltas y los entreteje, combinando todos y cada uno de los símbolos. El símbolo es por tanto una analogía, más una equivalencia que una ecuación, y en eso radica la riqueza de significados, pero también su elusividad. Sólo el grupo simbólico, compuesto por analogías en parte contradictorias, puede hacer de algo desconocido, que esté más allá del alcance de la mente conciente, un asunto más inteligible y con mayor capacidad de convertirse en conciente.

Un símbolo de original perfección es el círculo. Asociado a él está la esfera, el huevo y el *rotundum* –el elemento "redondo"[11] de la alquimia. Es la esfera de Platón lo que hubo en el comienzo:

Por lo tanto el demiurgo hizo el mundo con la forma de una esfera, dándole la figura que de todas es la más perfecta y la más igual a sí misma.[12]

Círculo, esfera y lo redondo son todos aspectos de lo contenido en sí mismo, que no tiene principio ni fin; en su perfección premundana es anterior a todo proceso, eterno, ya que en su redondez no hay antes ni después, es el no tiempo; y no hay encima ni debajo, es el no espacio. Todo esto sólo puede aparecer con el surgimiento de la luz, de la conciencia, que aún no está presente; ahora todo está bajo el control de la divinidad no manifiesta, cuyo símbolo es por lo tanto el círculo.

Lo redondo es el huevo, el Huevo del Mundo filosófico, el núcleo del comienzo, y el germen a partir del cual, tal como lo enseña la humanidad en todas partes, surge el mundo[13]. Es también el estado perfecto en donde los opuestos están unidos –el comienzo perfecto porque en él los opuestos aún no se han separado y el mundo todavía no ha comenzado, el final perfecto porque en él los opuestos se han reunido de nuevo en una síntesis y el mundo ha entrado en reposo nuevamente.

El contenedor de los opuestos es el *t'ai chi* chino, un círculo que contiene blanco y negro, día y noche, cielo y tierra, masculino y femenino. Lao Tsé dice al respecto:

Había algo sin forma aunque completo, que existió antes que el cielo y la tierra; sin sonido, sin sustancia, dependiente de nada, inmutable, siempre en expansión, inagotable, uno podría considerarlo como la madre de todas las cosas que están bajo los cielos[14].

Cada uno de esos pares de opuestos conforma el núcleo de un grupo de símbolos que aquí no pueden ser descritos con gran detalle; unos cuantos ejemplos serán suficientes.

Lo redondo es la calabaza que contiene al Mundo Parental[15]. En Egipto así como en Nueva Zelanda, en Grecia como en África e India, el Mundo Parental, cielo y tierra, descansa uno sobre el otro en lo redondo, unificados atemporal y aespacialmente, debido a que nada ha aparecido entre ellos para crear la dualidad a partir de la unidad original. El contenedor de los opuestos masculino y femenino es el gran hermafrodita, el elemento creativo originario, el *purusha* hindú que combina los polos en sí mismo:

En el comienzo este mundo sólo existía Soul (Atman) en la forma de una persona. Mirando alrededor, no vio nada excepto a sí mismo. Lo primero que dijo fue: "Yo soy".... Era, de hecho, tan grande como una mujer y un hombre fuertemente abrazados. Provocó que esa unidad se dividiera (*pat*) en dos pedazos. De allí surgieron un esposo (*pati*) y una esposa (*patni*)[16].

Lo que aquí se dijo de la deidad evoca al Hombre Original de Platón; allí también lo redondo hermafrodita está presente en el comienzo.

Este estado perfecto de existencia, en el que los opuestos están contenidos, es perfecto porque es autárquico. Es autosuficiente, autosatisfecho, y la independencia con respecto a cualquier "tú" y cualquier "otro" son signos de su autonomía eterna. Leemos en Platón:

Y él estableció el universo como una esfera que giraba en un círculo, una y solitaria, aunque por razones de su excelencia capaz de proporcionarse a sí misma compañía, sin necesidad de ninguna otra amistad o relación[17].

La perfección de lo que descansa en sí mismo no contradice en modo alguno la perfección de lo que gira alrededor de sí mismo. Aunque el reposo absoluto es algo estático y eterno, inmutable y por lo tanto sin historia, es al mismo tiempo el lugar de origen y la célula germinal de la creatividad. Viviendo el ciclo de su propia vida se encuentra la serpiente circular, el dragón original del comienzo que se muerde su propia cola, el autoprocreado Ουϱόβοϱος[18].

Se trata del antiguo símbolo egipcio[19] del cual se dice: *"Draco interfecit se ipsum, maritat se ipsum, impraegnat se ipsum"*[20]. Se mata, desposa y fecunda a sí mismo. Es hombre y mujer, procrea y concibe, devora y da a luz, activo y pasivo, arriba y debajo, todo en uno.

En tanto Serpiente Celestial, el Uróboros era conocido en la antigua Babilonia[21]; en épocas posteriores, en la misma zona, fue representado a menudo por los mandeos *(ilustración 2)*; sus orígenes son adscritos por Macrobius a los fenicios.[22] Se trata del arquetipo del ἕν τὸ πᾶν, del Uno [All One] que aparece con el nombre de Leviatán y como Aión, como Océano *(ilustraciones 3 y 5)* y también como el Ser Primordial que dice: "Yo soy el Alfa y el Omega". Como el Kneph de la antigüedad es la Serpiente Primordial, "la deidad más antigua del mundo prehistórico".[23] El Uróboros puede ser rastreado en la revelación de san Juan y entre los gnósticos[24], así como también entre los romanos sincretistas[25]; también hay representaciones de él en las pinturas de arena de los indios Navajo[26] y en Giotto[27]; fue encontrado en Egipto *(ilustración 4)*, África *(ilustración 6)*, México *(ilustración 7)* e India *(ilustración 8)*, entre los gitanos como un amuleto, y también en los textos alquímicos *(ilustración 9)*[28].

El pensamiento simbólico retratado en esas imágenes de lo redondo conduce a integrar contenidos que incluso nuestra conciencia actual sólo puede comprender vía paradojas, precisamente porque no puede integrarlos. Si le damos el nombre de "todo" o "nada" al comienzo, y hablamos en este contexto de totalidad, unidad, no diferenciación y ausencia de opuestos, todos estos "conceptos", si los vemos más de cerca y tratamos de "concebirlos" en vez de sólo proceder a pensar en ellos, encontraremos que se tratan de imágenes derivadas y abstraídas de estos símbolos básicos. Las imágenes y los símbolos presentan esta ventaja sobre las formulaciones filosóficas paradójicas de infinita unidad y totalidad sin imagen, de modo que su unidad puede verse y comprenderse como tal de un solo vistazo.

Más aún: todos estos símbolos con los cuales los hombres han buscado aprehender el comienzo en términos mitológicos están tan vivos hoy como lo estuvieron siempre; tienen su lugar no sólo en el arte y la religión, sino también en los procesos vivos de la psique individual, en sueños y fantasías. Y en tanto que el hombre exista, la perfección continuará apareciendo como el círculo, la esfera y lo redondo; y la Deidad Primigenia que es suficiente en sí misma, y el Sí Mismo que ha ido más allá de los opuestos, reaparecerá en la imagen de lo redondo, el mandala.[29]

Este elemento redondo, y su existencia en lo redondo, su existencia en el Uróboros, es la autorepresentación simbólica del estado del despertar que muestra la infancia tanto de la humanidad como la del niño. La validez y relatividad del símbolo del Uróboros descansa sobre su base colectiva. Corresponde a una etapa evolutiva que puede ser "recordada" en la estructura psíquica de cada ser humano. Funciona como un factor transpersonal que estuvo presente como una etapa psíquica del ser desde antes de la formación del Yo. Más aún, su realidad es vuelta a experimentar en cada primera infancia, y la experiencia personal del niño de esta etapa preyoica vuelve a recorrer el antiguo sendero seguido por la humanidad.

Un germen embrionario y sin desarrollar de la conciencia del Yo duerme en la perfección de lo redondo, y despierta. Es irrelevante que estemos tratando con una autorepresentación de esta etapa psíquica, manifestada a través de un símbolo, o que un Yo posterior describa esta etapa previa como su propio pasado. Desde que el Yo no tiene y no puede tener experiencias propias en el estado embrionario, ni tampoco experiencias psíquicas –ya que su conciencia experimentadora aún duerme en tanto germen- el Yo posterior describirá esta etapa previa, de la cual posee conocimiento indefinido pero simbólico, como un tiempo "prenatal". Se trata del tiempo de la existencia en el paraíso donde la psique tenía su domicilio premundano, el tiempo previo al nacimiento del Yo, el tiempo del envolvimiento dentro del inconsciente, de nadar en el océano de lo aún por nacer.

El tiempo del comienzo, antes del surgimiento de los opuestos, debe ser comprendido como la autodescripción de esa gran época en la que aún no existía la conciencia. Es el *wu chi* de la filosofía china, cuyo símbolo es el círculo vacío.[30] Todo se encuentra aún en el "ahora y por siempre" del ser eterno; el sol, la luna y las estrellas, estos símbolos del tiempo y por tanto de la mortalidad, aún no han sido creados; y el día y la noche, el ayer y el mañana, el génesis y la decadencia, el flujo de vida, nacimiento y muerte, aún no han ingresado al mundo. Este estado prehistórico del ser no es el tiempo, sino la eternidad, así como el tiempo previo a la aparición del hombre y antes del nacimiento y el engendramiento es también la eternidad. Y así como no hay tiempo antes del nacimiento del hombre y del Yo, sólo eternidad, de igual modo no hay espacio, sólo infinidad

La pregunta "¿de dónde?" –que es tanto la pregunta original como la pregunta acerca del origen- sólo tiene una respuesta, y de ésta hay dos interpretaciones. La respuesta es: lo redondo, y las dos interpretaciones son: el vientre y los padres.

Es crucial para toda psicología, y en especial para toda psicología de la infancia, comprender este problema y su simbolismo.

El Uróboros aparece como el "contenedor" redondo, esto es, el vientre materno, pero también como la unión de los opuestos masculino y femenino, el Mundo Parental unido en perpetua cohabitación. Aunque parezca bastante natural que la pregunta original deba estar en conexión con el problema del Mundo Parental, debemos dejar establecido desde un inicio que estamos tratando con símbolos del origen y no con sexualidad, como tampoco con una "teoría genital". El problema alrededor del cual giran las cuestiones mitológicas y que constituyó desde los comienzos la pregunta crucial para el hombre, en realidad está referido a los orígenes de la vida, del espíritu y del alma.

No se trata de afirmar que el hombre primitivo era una especie de filósofo; las preguntas abstractas de este tipo eran completamente ajenas a su conciencia. La mitología, sin embargo, es el producto del inconsciente colectivo, y cualquiera que esté al tanto de la psicología de los primitivos se quedará sorprendido con la sabiduría inconsciente que emerge desde las profundidades de la psique humana como respuesta a estas preguntas inconscientes. El conocimiento inconsciente del trasfondo de la vida y de las relaciones del hombre con éste descansan sobre el mito y el ritual; éstas son las respuestas de lo que él llama el alma humana y la mente humana a preguntas que tenían mucha importancia para él, así una conciencia del Yo no se las hubiese preguntado concientemente.

Muchos pueblos primitivos no reconocen la conexión entre el coito y el nacimiento. Donde, como entre los primitivos, las relaciones sexuales comienzan a menudo en la infancia pero no terminan en procreación, es natural concluir que el nacimiento de los niños nada tiene que ver con la inseminación por un hombre en el acto sexual.

La pregunta acerca del origen, sin embargo, debe contestarse siempre con "vientre" porque según la experiencia inmemorial de la humanidad todo recién nacido proviene de un vientre. De allí que lo "redondo" de la mitología sea también llamado el vientre y útero, aunque su lugar de origen no deba tomarse de forma concretista. De hecho, todas las mitologías dicen una y otra vez que este vientre es una imagen, y que el vientre de la mujer es sólo un aspecto parcial del símbolo primordial del lugar de origen del cual provenimos. Este símbolo primordial significa muchas cosas a la vez: no sólo es un contenido o parte del cuerpo, sino una pluralidad, un mundo o región cósmica donde muchos contenidos están ocultos y poseen su domicilio particular. "Las Madres" no es lo mismo que la madre.

Todo lo que denote profundidad –el abismo, el valle, el suelo, también el mar y el fondo del mar, las fuentes, lagos y manantiales, la tierra *(ilustración 10)*, el mundo subterráneo, la cueva, la casa y la ciudad- forma parte de este arquetipo. Todo lo que sea grande y abarcador que contenga, rodea, envuelva, proteja, preserve y alimente lo pequeño pertenece a la primordial esfera matriarcal.[31] Cuando Freud observó que todo lo hueco era femenino, habría estado en lo correcto si sólo lo hubiese tomado como símbolo. Pero al interpretarlo como los "genitales femeninos" lo que en realidad hizo fue malinterpretarlo completamente, porque los genitales femeninos sólo son una muy pequeña parte del arquetipo de la Madre Primordial.

Comparada con este Uróboros maternal, la conciencia humana se ve a sí misma como un embrión, ya que el Yo se siente completamente contenido en este símbolo primordial. El Yo es sólo un pequeño e indefenso recién llegado. En la fase pleromática de la vida, cuando el Yo nada en lo redondo al igual que un renacuajo, nada existe salvo el Uróboros. La humanidad aún no existe, sólo existe la divinidad; sólo el mundo posee el ser. Naturalmente, entonces, las primeras fases del desarrollo de la conciencia del Yo del hombre se encuentran bajo el dominio del Uróboros. Éstas son las fases de una conciencia del Yo infantil que, aunque ya no sea únicamente embrionaria y posea una existencia propia, todavía habita en lo redondo, aún no separada de éste y sólo apenas comenzando a diferenciarse. Esta etapa inicial, cuando la conciencia del Yo todavía se encuentra a nivel infantil, está señalada por el predominio del lado maternal del Uróboros.

El mundo es experimentado como abarcador de todo, y en él el hombre se experimenta a sí mismo, como él mismo, sólo esporádica y momentáneamente. El hombre primitivo experimenta el mundo al igual que el Yo infantil que, al vivir esta fase una y otra vez, débilmente desarrollado y sintiendo cansancio con facilidad, emerge como una isla desde el océano del inconsciente sólo en determinados momentos para luego hundirse de nuevo. Pequeño, débil y muy dado a dormir, esto es, inconsciente la mayor parte del tiempo, nada en sus instintos al igual que un animal. Arropado y atendido por la Gran Madre Naturaleza, mecido en sus brazos, se entrega a ella en las buenas y en las malas. Nada es en sí mismo; todo es mundo. El mundo lo protege y lo alimenta mientras que él apenas tiene voluntad y actos propios. Inactivo, descansando inerte en el inconsciente, tan sólo estando allí, en el inagotable mundo crepuscular, todas sus necesidades son satisfechas sin mayor esfuerzo por la Gran Madre nutricia –tal es ese estado inicial y beatífico. En esta etapa se ponen de manifiesto todos los rasgos maternales positivos, cuando el Yo es aún embrionario y no desarrolla ninguna actividad propia. El Uróboros del mundo maternal es vida y psique a la misma vez; proporciona nutrición y placer, protege y abriga, consuela y perdona. Es el refugio para todos los sufrimientos, el objeto de todos los deseos. Porque esta madre es siempre la que satisface, otorga y ayuda. Esta imagen viviente de la Gran y Buena Madre ha sido el refugio de la humanidad en todos los tiempos de angustia y lo será siempre, ya que el estado de estar contenido en la totalidad, sin responsabilidades ni esfuerzos, sin dudas ni división del mundo en dos, es paradisíaco, y su prístina despreocupación nunca podrá alcanzarse nuevamente en la vida adulta.

El lado positivo de la Gran Madre parece estar encarnado en esta etapa del Uróboros. Sólo en un nivel mucho más elevado aparecerá de nuevo la Madre "buena". Entonces, cuando ella ya no tenga nada que ver con un Yo embrionario sino con una personalidad adulta, madura por su rica experiencia del mundo, se revelará nuevamente como Sophia, la Madre "graciosa" o, vertiendo de a pocos sus riquezas en la plenitud creativa de la verdadera productividad, como la "Madre de todo lo viviente".

El estado del despertar, de la perfecta contención y satisfacción, nunca fue una etapa histórica (Rousseau proyectaba esa fase psíquica en el pasado histórico, como el "estado natural" del salvaje). Se trata más bien de la imagen de una etapa psíquica de la humanidad, apenas discernible en tanto imagen fronteriza. Sin importar cuánto forzó el mundo al hombre primitivo a encarar la realidad, fue con la más grande reticencia que éste ingresó conscientemente en ella. Incluso hoy podemos ver en los primitivos que la ley de la gravedad, la inercia de la psique, el deseo de permanecer inconsciente, es un rasgo humano fundamental. Pero incluso ésta es una formulación falaz, desde que parte del supuesto de que la conciencia es la cosa más evidente y natural. La fijación en el inconsciente, la atracción descendente de su gravedad específica, no puede ser llamada un deseo de permanecer inconsciente; por el contrario, ése es el hecho natural. Existe, como una fuerza contraria, el deseo de adquirir conciencia, un instinto auténtico en el hombre que lo impele en ese sentido. Uno no tiene necesidad de desear permanecer inconsciente; uno es ante todo inconsciente y puede como máximo conquistar la situación original en la que el hombre se despierta en el mundo, se despierta en el inconsciente, contenido en el infinito como un pez en el océano que lo rodea. El ascenso hacia la conciencia es el hecho "no natural" en la naturaleza; es específico de la especie humana, que sólo por ello se ha conformado a si misma como Homo Sapiens. La lucha entre lo específicamente humano y lo universalmente natural constituye la historia del desarrollo de la conciencia del hombre.

Mientras que la conciencia del Yo infantil sea débil y sienta el esfuerzo de su propia existencia como pesado y opresivo, mientras que la somnolencia y el sueño se perciban como delicioso placer, aún no habrá descubierto su propia realidad y diferenciación. Mientras que esto continúe, el Uróboros gobierna como la gran rueda giratoria de la vida, donde todo lo que aún no es individual está sumergido en la unión de los opuestos, muriendo y deseando morir.

El hombre todavía no ha sido lanzado contra él mismo, contra la naturaleza, tampoco el Yo contra el inconsciente; ser uno mismo todavía es una experiencia agotadora y dolorosa, todavía es la excepción que debe ser superada. Es en este sentido que hablamos de "incesto urobórico". Debemos aclarar que el término "incesto" debe entenderse simbólicamente, no concretista ni sexualistamente. Dondequiera que el motivo del incesto aparezca, siempre se trata de una prefiguración del *hieros gamos*, de la consumación del matrimonio sagrado que alcanza su expresión verdadera sólo con el héroe.

El incesto urobórico es una forma de entrar en la madre, de unirse con ella, y se encuentra en gran contraste con otras y posteriores formas de incesto. En el incesto urobórico, el énfasis sobre el placer y el amor no es de ningún modo activo, es más un deseo de ser disuelto y absorbido; pasivamente uno se deja capturar, se hunde en el pleroma, desaparece en el océano de placer –un *Liebestod*. La Gran Madre recupera al niño pequeño y lo reconduce a su interior, y siempre sobre el incesto urobórico se levanta la insignia de la muerte, que significa la disolución final en unión con la Madre. Cueva, tierra, tumba, sarcófago y ataúd constituyen símbolos de esta recombinación ritual, que comienza con el entierro en postura fetal en la Edad de Piedra y finaliza con las urnas funerarias de los modernos.

Muchas formas de nostalgias y añoranzas no significan otra cosa que un regreso al incesto urobórico y a la autodisolución, desde la *unio mystica* del santo hasta el ansia de inconsciencia del borracho y la "muerte romántica" de las razas germánicas. El incesto que llamamos "urobórico" es autorendición y regresión. Es la forma de incesto que lleva a cabo el Yo infantil, que aún está cerca de la madre y que todavía no ha llegado a ser él mismo; pero el Yo enfermo del neurótico también puede adoptar esta forma, así como también un Yo posterior y agotado que regresa a la madre después de haber encontrado satisfacción.

A pesar de su propia disolución y del aspecto mortal del Uróboros, el Yo embrionario no experimenta el incesto urobórico como algo hostil aun cuando es aniquilado. El regreso al gran círculo es un suceso caracterizado por una confianza pasiva e inocente, ya que la conciencia del Yo infantil siempre siente su nuevo despertar, después de haber estado inmersa en la muerte, como un renacimiento. Se siente protegida por las profundidades maternas incluso cuando el Yo ha desaparecido dentro y éste ya no posee conciencia de sí mismo. La conciencia del hombre se percibe con todo derecho a sí misma como hija de esas profundidades primordiales. No sólo en la historia de la humanidad la conciencia es un producto tardío del vientre del inconsciente; también en cada vida individual la conciencia re-experimenta su surgimiento desde el inconsciente durante el crecimiento en la infancia, al igual que al dormir por la noche, cuando al morir con el sol se hunde de vuelta en las profundidades del inconsciente para renacer a la mañana siguiente y comenzar renovada un día más.

El Uróboros, el gran círculo, no sólo es el vientre, sino también el Mundo Parental. El Padre Mundo está entrelazado con la Madre Mundo en unión urobórica, y todavía no están divididos. Ambos se encuentran bajo la autoridad de la ley primordial: encima y debajo, padre y madre, cielo y tierra, Dios y mundo, uno refleja al otro y no pueden ser separados. ¡De qué otra manera podría representarse mitológicamente la unión de los opuestos, en tanto el estado inicial de la existencia, si no es mediante el símbolo de la conjunción del Mundo Parental!

De este modo, los dos elementos del Mundo Parental, que son la respuesta a la pregunta acerca del origen, constituyen en sí mismos el universo y el símbolo primordial de la vida eterna. Ambos son la perfección de donde todo surge; el ser eterno que engendra, concibe y se da a luz a sí mismo, que mata y revivifica. Su unidad es un estado de existencia trascendente y divina, independiente de los opuestos –el incoado. El "En-Soph" de la cábala, que significa "plenitud infinita" y "la nada". La tremenda fuerza de este símbolo primordial de la psique descansa no sólo en el hecho de que contiene en sí mismo el estado no diferenciado de unión que trasciende a los opuestos. El Uróboros también simboliza el impulso creativo del nuevo comienzo; es "la rueda que rueda por sí misma", el movimiento rotatorio inicial en la espiral ascendente de la evolución.[32]

Por ejemplo, cuando leemos en la teología egipcia pasajes como éste:

Atum, quien se satisfizo a sí mismo en Heliópolis, tomó con su mano su falo para proporcionarse placer. Surgieron un hermano y una hermana, Shu y Tefnut.[33]

o éste:

Yo copulé en mi mano, me uní a mi sombra y fluí de mi propia boca. Vomité como Shu y escupí como Tefnut.[34]

encontramos la dificultad de aprehender el comienzo creativo en un símbolo. Su significado, hoy en día, puede denominarse generación espontánea o la automanifestación de un dios. La fuerza original de las imágenes aún brilla a través de nuestros términos más bien abstractos. El modo urobórico de propagación, en el cual quien engendra y quien concibe son uno solo y el mismo, resulta en la imagen del génesis inmediato a partir del semen, sin compañera y sin dualidad.

Llamar a dichas imágenes "obscenas" es ser culpable de una profunda confusión. De hecho, la vida en esos tiempos era mucho más disciplinada sexualmente, más pura, que en la mayoría de las culturas posteriores; el simbolismo sexual que aparece en los cultos y rituales primitivos tienen una importancia sagrada y transpersonal, como todo en la mitología. Esas imágenes simbolizan el elemento creativo, no la genitalidad personal. Es sólo la confusión personalista la que convierte en "obscenos" a dichos contenidos sagrados. Tanto el judaísmo como el cristianismo –al igual que Freud- han tenido un fuerte y desastroso aporte en esta confusión. La desacralización de los valores paganos en la lucha por imponer el monoteísmo y por alcanzar una conciencia ética fue necesaria, e históricamente un avance; pero resultó en una completa distorsión de la palabra primordial de aquellos tiempos. El efecto de la personalización secundaria en la lucha contra el paganismo fue la reducción de lo transpersonal a lo personal. La santidad se convirtió en sodomía, la adoración se convirtió en fornicación, y así sucesivamente. Una época cuyos ojos estén nuevamente abiertos a lo transpersonal debería de revertir este proceso.

Los posteriores símbolos de la creación nos muestran una mejor formulación de estos temas. Y no se trata de que se haya introducido algún tipo de represión. Lo que había de ser expresado careció desde el inicio de cualquier connotación sexual y siempre se expresó simbólicamente; pero los esfuerzos que el hombre primitivo realizó para manifestarlo con palabras nos dan una indicación acerca de la importancia de su propósito.

La imagen del dios primordial que se autofecunda experimenta nuevas variaciones en

India y Egipto, y en ambos casos hay un movimiento con dirección a la espiritualización. Pero esta espiritualización es la misma que el esfuerzo por aprehender la naturaleza de la fuerza creativa que ya existía en el comienzo:

Es el corazón quien produce todos los resultados, quien se revela, y es la lengua quien repite (expresa) los pensamientos del corazón…Esto es lo que causa el nacimiento de todos los dioses. Atum con su Ennead, y toda palabra divina se manifiesta en los pensamientos del corazón y en el habla de la lengua.[35]

o:

El Demiurgo que creó a todos los dioses y sus respectivos *Ka* se encuentra en su corazón y en su lengua.[36]

Y finalmente llegamos al simbolismo más abstracto y espiritual de todos, donde Dios es el "aliento de vida":

Él no me creó desde su boca, ni me concibió en su mano, sino que me exhaló con el respiro de su nariz.[37]

La transición desde la imagen hasta la idea en esta formulación del principio creativo se vuelve doblemente clara cuando uno tiene en cuenta que, en los jeroglíficos, "pensamiento" se representa con la imagen de "corazón", y "habla" con el de "lengua".

En este punto de la mitología egipcia y en su lucha con el problema de la creación, encontramos los verdaderos comienzos de aquello que se expresó miles de años después como "la Palabra de Dios" en la historia bíblica de la creación y en la doctrina del Logos –una expresión que nunca fue capaz de separarse por completo de la imagen primordial del dios que se "automanifiesta" y se "autorepresenta".

Es suficientemente comprensible que el principio creativo que lleva al mundo al ser se derive de la naturaleza creativa del hombre. Al igual que el hombre –nuestras maneras de hablar dicen lo mismo hoy- lleva a cabo sus creaciones a partir de sus propias profundidades y se "expresa" a sí mismo, los dioses también lo hacen. De igual manera, Vishnú el Jabalí extrae la tierra desde el fondo del océano, y el dios conforma el mundo en su corazón y lo expresa mediante la palabra creativa. La palabra, el habla, es un producto superior, la expresión de alguien inmerso en sí mismo, en sus propias profundidades. Cuando hablamos de "introversión" decimos la misma cosa. En India, tapas, "el calor interno" y "cavilar", es la fuerza creativa con cuya ayuda todo es realizado. El efecto "autoincubador" de la introversión, la experiencia fundamental del espíritu autogenerador, está expresado con claridad en el siguiente texto:

Él, Prajapati, comenzó a rezar y ayunar, porque decidió reproducirse, y se hizo a sí mismo fecundo.[38]

Un texto egipcio dice:

Mi nombre era "aquél que se creó a sí mismo, primer dios de los primeros dioses".[39]

El mismo principio de "calentamiento" está descrito en otro Brahmana como un modo de creación:

En un comienzo este mundo no era nada. El cielo no era, la tierra no era, el espacio no era. Y porque no era, se dijo a sí mismo: Yo seré. [Luego] emitió calor.

Después de describir una larga serie de calentamientos cosmogónicos y la producción de alimentos, el texto continúa:

Él se introdujo en la tierra. Cuando allí encontró un punto de apoyo firme, él pensó: me propagaré. Él emitió calor y quedó embarazado.[40]

Así como el lado maternal del Uróboros da a luz sin procreación, de igual modo el lado paternal procrea sin el vientre materno. Los dos lados son complementarios y permanecen juntos. La pregunta original interroga acerca del origen de aquello que moviliza la vida. A esta pregunta los mitos de creación proporcionan una respuesta: ellos dicen que la creación no es algo expresable por completo mediante los símbolos de sexualidad, y proceden a formular lo informulable en una imagen.

La palabra creativa, el aliento creativo –ése es el espíritu creativo. Pero este concepto del aliento sólo es una abstracción a partir de la imagen del viento-ruah-pneuma-ánimus procreador, que anima a través de la "inspiración". El falo solar que simboliza el elemento creativo es la fuente del viento, tanto en los papiros de magia egipcios como en la visión de un psicótico moderno.[41] Este viento, bajo la forma de la paloma-ruach del Espíritu Santo, es exhalado bajo la túnica de la inmaculada Virgen María mediante un tubo que sostiene Dios Padre desde el sol. El viento es el pájaro fecundador conocido por los primitivos, el espíritu ancestral que sopla sobre las mujeres, e incluso sobre las tortugas y las buitres hembras, y las hace fructificar.[42]

Animales como fecundadores, dioses como fecundadores, dioses que son animales, animales que son dioses –en todos sitios el enigma de la fructificación se encuentra junto al de la "inspiración" creativa. La humanidad se pregunta acerca del origen de la vida, y de inmediato la vida y el alma se fusionan para conformar la psique viviente, el poder, espíritu, movimiento, aliento, y el mana que otorga vida. Este Uno que está presente al comienzo es la fuerza creativa contenida en la unidad urobórica del Mundo Parental, desde la cual sopla, engendra, da a luz, moviliza, respira y habla. "Mientras el viento sopla, todo crece", dice el Upanishad.[43]

Aunque el Yo experimenta –y debe experimentar- el Uróboros como el terrible poder oscuro del inconsciente, la humanidad de ningún modo asocia este estado de su existencia preconciente únicamente con sentimientos de temor o somnolencia. Incluso si, debido al Yo conciente, la luz y la conciencia se separan de la oscuridad y el inconsciente, el hombre aún tiene el presentimiento de otro y, tal es como piensa, más profundo conocimiento que "está más allá de las palabras". En mitología esta iluminación está proyectada usualmente en un conocimiento adquirido antes del nacimiento o después de la muerte.

En el Bardo Thödol, el Libro de los Muertos tibetano, el hombre que ha muerto recibe instrucción, y la instrucción finaliza en la doctrina según la cual él debe saberse idéntico a la gran luz blanca que brilla más allá de la vida y de la muerte.

Tu conciencia, brillante, vacía e inseparable del Gran Cuerpo Radiante no tiene nacimiento ni muerte, y es la Inmutable Luz, Buda Amitabha.[44]

Este conocimiento es posconciente, no proviene de este mundo, un conocimiento y un ser en la perfección que llega después de la muerte, pero también es preconciente, preverbal y prenatal. Esto es lo que el Midrash judío quiere decir cuando le atribuye conocimiento al no nato que aún está en el vientre, cuando dice que sobre su cabeza brilla una luz en la cual él puede ver todos los rincones de la tierra.[45]

También, la existencia en el tiempo antes del comienzo está supuestamente relacionada con la adivinación. La criatura que aún existe en lo redondo participa en el conocimiento de lo que no posee forma, está disuelta en el océano de la sabiduría. El océano primordial, también un símbolo del origen –ya que en tanto serpiente circular el Uróboros es también el océano-, es la fuente no sólo de la creación sino también de la sabiduría. De allí que los héroes de las primeras culturas a menudo surjan del mar con la mitad de su cuerpo en forma de pez, tal como Oanes, en Babilonia, y que brinden a la humanidad su sabiduría como revelación.

Desde que la sabiduría original es preverbal, esto es, antes del Yo y previa a la aparición de la conciencia, los mitos afirman que es prenatal. Pero la existencia después de la muerte y la existencia prenatal en el Uróboros es la misma cosa. El anillo de la vida y la muerte es un circuito cerrado; es la rueda de los renacimientos, y el muerto que ha sido instruido en el Bardo Thödol inexorablemente nacerá de nuevo si fracasa en obtener el máximo conocimiento en la vida después de la muerte. De este modo, la instrucción después de la muerte equivale a la instrucción prenatal.

La teoría mitológica de la adivinación también explica la idea de que todo conocimiento es "memoria". El objetivo del hombre en el mundo es recordar con su mente conciente lo que era el conocimiento antes del advenimiento de la conciencia. En este sentido se dice del *saddik*, "el hombre perfectamente recto" del hasidismo, el movimiento místico judío que data de finales del siglo XVIII:

El Saddik encuentra lo que se perdió con el nacimiento y se lo devuelve a los hombres.[46]

Es la misma concepción que la doctrina filosófica de Platón acerca de la visión prenatal de las ideas y su recuerdo. El conocimiento original de alguien que aún está envuelto en el estado perfecto resulta muy evidente en los niños. Por esta razón muchos pueblos primitivos tratan a los niños con grandes muestras de respeto. En el niño las grandes imágenes y arquetipos del inconsciente colectivo son realidades vivientes, y están muy cerca de él; de hecho, muchas de sus expresiones y reacciones, preguntas y respuestas, sueños e imágenes, expresan este conocimiento que proviene de su existencia prenatal. Se trata de experiencia transpersonal no adquirida personalmente, una posesión adquirida en "el más allá". Dicho conocimiento es correctamente considerado como conocimiento ancestral, y el niño como un antepasado renacido.

La teoría hereditaria, que demuestra que el niño es portador de la herencia biológica ancestral, y que hasta cierto punto "es" dicha herencia, también tiene una justificación psicológica. Por eso Jung define lo transpersonal –o los arquetipos e instintos del inconsciente colectivo- como el "depósito de la experiencia ancestral".[47]

De allí que el niño, cuya vida es una entidad prepersonal, esté en gran parte determinado por el inconsciente colectivo, y que de hecho se constituya en el portador viviente de la experiencia ancestral.

En el mundo de la conciencia crepuscular, donde el Yo débilmente desarrollado continúa bajo el dominio del inconsciente, gobierna, junto al simbolismo cuyas etapas mitológicas estamos tratando de describir, otro grupo de símbolos que corresponden a la imagen mágica del cuerpo que hay en la psique. Ciertos grupos de símbolos están coordinados con ciertas regiones del cuerpo. Incluso en la actualidad el esquema primitivo del cuerpo de barriga, pecho y cabeza se usa en la psicología moderna, en la que "estómago" es una abreviación del mundo instintivo; "pecho" y "corazón" representan la zona de los sentimientos, y "cabeza" y "cerebro" la zona del espíritu. La moderna psicología y el lenguaje son influenciados hasta el día de hoy por este esquema original del cuerpo. El esquema está más desarrollado en la psicología de la India; en el yoga Kundalini la conciencia ascendente despierta y activa los diferentes centros cuerpo-alma. Supuestamente el diafragma corresponde a la superficie de la tierra, y el desarrollo más allá de esta zona está coordinado con el "sol naciente", el estado de conciencia que ha empezado a dejar atrás al inconsciente y a todas sus ataduras a él.

El esquema corporal, en tanto arquetipo del hombre original bajo cuya imagen el mundo fue creado, es el símbolo básico en todos los sistemas donde las partes del mundo están coordinadas con regiones del cuerpo. Esta coordinación se encuentra en todos sitios, tanto en Egipto como en México, en la literatura hindú y en la cábala. No sólo Dios, sino también el mundo entero son creados según la imagen del hombre. La relación del mundo y los dioses con el esquema corporal es la forma concretista más temprana de la "imagen antropocéntrica del mundo", en cuya mitad o "corazón" del mundo se sitúa el hombre. Esta imagen proviene de las sensaciones del propio cuerpo, sensaciones que están cargadas con mana y que comúnmente son confundidas como narcisistas.

La carga de mana originalmente asociada con cualquier cosa que pertenezca al cuerpo se expresa en el temor del hombre primitivo hacia las influencias mágicas debido al hecho de que todas las partes del cuerpo, desde el pelo hasta el excremento, pueden representar a la totalidad del mismo y hechizarlo. Asimismo, el simbolismo de los mitos de la creación, donde todo aquello que sale del cuerpo es creativo, proviene de la potencia del mana. No solo el semen, sino también la orina y la saliva, el sudor, las heces, el aliento, las palabras y flatos, están cargados de creación. De todos ellos proviene el mundo, y el completo "vaciamiento" equivale a "nacimiento".

Para el hombre primitivo y para el niño, portadores de un inconsciente sobreacentuado, el acento principal recae sobre la región visceral y el peso muerto de la vida vegetativa. El "corazón" es para ellos el centro más elevado, y representa lo que la cabeza significa para nosotros. Para los griegos, el estómago era la sede de la conciencia, para los indios y los hebreos, el corazón. En ambos casos el pensamiento es emocional, y está vinculado con los afectos y las pasiones. La disolución de los componentes emocionales aún no es completa (ver Parte II). Sólo si un pensamiento es una pasión que afecta el corazón, podrá alcanzar a la conciencia del Yo y ser percibido; la conciencia sólo se ve afectada por la proximidad de la idea al arquetipo. Pero el corazón también es la sede de las decisiones éticas; simboliza el centro de la personalidad, y, en el Juicio de los Muertos egipcio, era pesado en una balanza. El corazón desempeña el mismo rol en el misticismo judío[48], e incluso hoy en día aún hablamos de un hombre de "buen corazón" como si éste fuera un órgano que cumpliera funciones éticas. Todo lo que se encuentre situado por debajo del corazón pertenece al reino del instinto. El hígado y los riñones son centros viscerales de gran importancia para la vida psíquica. "Dios pone a prueba el corazón y las riendas" del hombre cuya conciencia e inconsciente serán examinados, y el estudio del hígado como centro adivinatorio en la aruspicina es tan bien conocido como el destino de Prometeo, quien, debido al robo del fuego sagrado y al sobredimensionamiento de su conciencia producto de la *hybris*, fue castigado con el "remordimiento de conciencia" por Zeus, quien envió un águila para que se alimentara de su hígado. Pero todos los centros viscerales, que también funcionan como centros afectivos que controlan la sexualidad, son asimismo centros de un orden superior. Por debajo descansa el plano psíquico de los procesos intestinales del tracto alimentario. El instinto de alimentación –el hambre- es uno de los instintos psíquicos más elementales del hombre, y la psicología del estómago desempeña de modo correspondiente un rol importante entre los primitivos y los niños. El estado de ánimo es más dependiente de si uno está satisfecho o no, o sediento o no, en la medida que sea menor el desarrollo de la conciencia y del Yo. Para el Yo embrionario el aspecto nutricional es el único factor de importancia, y esta esfera está todavía fuertemente acentuada en el Yo infantil que considera al uróboros maternal como la fuente de alimento y satisfacción.

El uróboros es llamado con acierto "el que se come la cola", y el símbolo del canal alimentario domina por completo esta etapa. El estado "pantanoso" del uróboros y del matriarcado inicial, tal como lo describe Bachofen, es un mundo en que todas las criaturas se devoran entre sí. El canibalismo es sintomático de este estado de cosas. A este nivel, que es pregenital porque lo sexual aún no es operativo y la tensión polar de los sexos se encuentra en suspenso, sólo hay uno más fuerte que come y uno más débil que es comido. En este mundo animal –desde que el celo es relativamente escaso- la psicología visceral del hambre ocupa el primer plano. El hambre y la alimentación son los estímulos originales de la humanidad.

En todas partes encontramos en los mitos de la creación inicial el simbolismo alimenticio pregenital, el cual es transpersonal porque emergió del original estrato colectivo de símbolos. La sístole y diástole de la existencia humana convierten en centrales las funciones del tracto digestivo. Alimentarse = entrada, nacimiento = salida, el alimento como el único contenido, ser alimentado como la forma fundamental de la existencia vegetativa-animal, tal es el lema. Vida = poder = alimento, la fórmula más temprana para obtener poder sobre cualquier cosa, aparece en el más antiguo de los Textos de las Pirámides. Estos dicen acerca de los muertos resucitados:

Las nubes del cielo por encima, la lluvia de estrellas debajo (?); las montañas levantándose, el ganado del dios-Tierra se estremece...a la vista de él, ya que él aparece ante ellos con el alma viviente de un dios, que vive a costa de sus padres y devora a sus madres.

Es él quien devora a los hombres y vive a costa de los dioses...el que coge las calaveras... él las coge para sí. Él, el de la resplandeciente cabeza las vigila y las conduce hasta él (?)...

Las más grandes son su desayuno, las medianas son su almuerzo y las más pequeñas su cena. A quienesquiera que encuentre en su camino, él se los come crudos.

Él les ha arrebatado el corazón a los dioses. Él se ha comido la Corona Roja y tragado la Corona Verde. Él se come los pulmones de los hombres sabios; está satisfecho de vivir a costa de los corazones y de la magia de ellos; él se regocija (?)...si puede devorar a aquellos que están en la Corona Roja. Él florece y la magia de ellos está en su cuerpo, y nadie puede arrebatarle su gloria. Él ha devorado el entendimiento de todos los dioses...[49]

También encontramos el correspondiente simbolismo en la India. En uno de los relatos de la creación, las primeras divinidades se precipitan de cabeza en el mar, y "Hambre" y "Sed" son situados entre los poderes negativos de las aguas primordiales. El relato continúa:

Hambre y Sed le dijeron (al Sí Mismo): "Encuentra también para nosotros una morada".

A ellos les dijo: "Les asigno a ustedes dos una parte entre estas divinidades. Los convierto en iguales a ellos". Por lo tanto, cualquiera fuera la divinidad a la que se le hiciera una ofrenda, Hambre y Sed recibirían una parte de ésta.

Él reflexionó: "A partir de ahora hay mundos y guardianes de mundos. Crearé alimento para ellos".

Él se reprodujo sobre las aguas. Y a partir de aquello que se reprodujo sobre las aguas emergió una forma. La forma que emergió es alimento".[50]

El alimento se convierte en un "contenido cósmico" a ser apresado, y cuando el Sí Mismo finalmente se las arregla para apresarlo con *apana* (el aliento digestivo), "él lo consume". En otro pasaje el hambre aparece simbolizado como la muerte; él es el comensal y el devorador, tal como sabemos a partir del aspecto mortífero y devorador del Uróboros.

Incluso en la actualidad el lenguaje no puede apartarse de estas imágenes elementales. Comer, devorar, hambre, muerte y boca van juntos; y nosotros aún hablamos, al igual que el primitivo, de "las garras de la muerte", una "guerra aniquiladora", una "enfermedad que consume". "Ser tragado y comido" es un arquetipo que aparece no sólo en las pinturas medievales del infierno y el demonio; nosotros mismos expresamos el hecho de que algo más grande se trague algo más pequeño con las mismas imágenes, cuando decimos que un hombre está "consumido" por su trabajo, por un movimiento o por una idea, o "comido" por los celos.

En este nivel, donde el uróboros está coordinado con la cosmogonía, el mundo o el contenido cósmico a ser "asimilado" tiene carácter de alimento. El alimento es una fase de Brahma:

Todas las criaturas son producidas a partir del alimento,
Todas las criaturas que pueblan la tierra.
Gracias al alimento ellas sobreviven
Y en alimento finalmente se convierten al morir.
El alimento es el jefe entre los seres,
Por lo tanto estos lo llaman la panacea.
Verdaderamente obtiene todo el alimento
Aquél que adora a Brahma como alimento
Porque el alimento es el jefe entre los seres,
Por lo tanto estos lo llaman la panacea.
Todas las criaturas nacen del alimento,
Gracias al alimento ellas continúan creciendo.
Las criaturas se alimentan de él, él de las criaturas,
Por lo tanto él es llamado alimento.[51]

Brahma surge a través de tapas.
De Brahma proviene el alimento,
Del alimento el aliento, el espíritu, la verdad,
Los mundos y, en las obras, la inmortalidad.[52]

El mismo simbolismo es utilizado en el Maitrayana Upanishad,[53] donde la relación entre el mundo y Dios es equivalente entre aquella que hay entre el alimento y quien come el alimento. Dios, una vez glorificado como el alimentador del mundo, es después visto como el devorador del mundo, ya que el mundo es el alimento de los sacrificios de Dios.

Al igual que en la psicología y mitologías primitivas, el "*uróboros alimenticio*" es una entidad cósmica, de modo que su simbolismo también aparece en la relativamente tardía especulación filosófica de la India con el propósito de clarificar las relaciones entre Dios como "sujeto" y el mundo como "objeto", y viceversa.

En esta conexión debemos mencionar el "sacrificio" que se ofrece al dios en forma de alimento y que es "comido" por él. Constituye a la misma vez un acto de incorporación o "digestión interna", y de captura para incrementar el poder.

De este modo, en la India el mundo es el "alimento de los dioses". Tal como Deussen ha explicado, el mundo, según una antigua idea védica, fue creado por Prajapati, quien es a la misma vez la vida y la muerte –o el hambre. Fue creado para ser comido en un sacrificio que él se ofrecía a él mismo. Es de este modo como es interpretado el sacrificio del caballo,[54] el caballo que representa al universo, al igual que el toro en otras culturas:

Cualquiera haya sido su manifestación, se resolvió a comer. Porque el comió (*ad*) todo, él es llamado infinito (*aditi*). Por lo tanto aquél que conoce la esencia de aditi se alimenta del mundo; todo se convierte en comida para él.[55]

Sobre la base de este texto es claro que una época posterior, interpretando correctamente el antiguo simbolismo, los ha espiritualizado, o "digerido internamente", debido a que el acto de comer, digerir y asimilar el mundo ahora aparece como una manera de poseer y obtener poder sobre él. "Conocer la esencia de aditi" es experimentar el infinito ser del creador que "come" el mundo que él mismo ha creado. De esta manera, en el nivel primitivo, la realización conciente es llamada comer.

Cuando hablamos de que la mente conciente "asimila" un contenido inconsciente, no estamos diciendo mucho más de lo que está implícito en el símbolo de comer y digerir.

Los ejemplos de las mitologías de India y Egipto podrían multiplicarse a voluntad debido a que este simbolismo de los alimentos elementales es arquetípico. Dondequiera que el licor, frutas, hierbas, etcétera, aparezcan como los vehículos de la vida y la inmortalidad, incluyendo el "agua" y el "pan" de vida, el sacramento del Espíritu, y toda forma de culto alimenticio existente en la actualidad, tendremos ante nosotros este antiguo modo de expresión humana. La materialización de los contenidos psíquicos, por medio de la cual aquellos contenidos que nosotros podríamos llamar "psíquicos" –como la vida, la inmortalidad y la muerte– toman forma material en los mitos y rituales y aparecen como agua, pan, fruta, etcétera, es una característica de la mente primitiva. El interior es proyectado el exterior, como suele decirse. En realidad, se trata de una "psiquización" del objeto: todo lo externo a nosotros es experimentado simbólicamente, como si estuviera saturado de un contenido que nosotros coordinamos con la psique como algo psíquico o espiritual. Este objeto material externo es luego "asimilado", esto es, comido. La realización conciente es "representada" en el esquema elemental de la asimilación nutritiva, y el acto ritual concreto de la comida es la primera forma de asimilación conocida por el hombre.[56] Por encima de la totalidad de esta esfera simbólica asoma el uróboros maternal en su aspecto madre-hijo, donde la necesidad es hambre y la satisfacción significa saciedad.

El cuerpo y el sentido "autoerótico-narcisista" de sí mismo –revisaremos esta idea más adelante- es un circuito cerrado uróborico. En esta etapa pregenital la autogratificación no equivale a masturbación, sino a la sensación de ser alimentado, con el dedo que se chupa el infante como sustituto.[57] "Obtener" es "comer", no significa "ser fertilizado"; "producir", "expresar", significan "excretar", "escupir", "orinar" -posteriormente, "hablar"-, pero no "dar a luz" o "engendrar". La etapa masturbatoria de la creación uróborica es, por otro lado, de carácter genital, y precede a la etapa sexual del Mundo Parental, que es la etapa de la propagación mediante la dualidad, y ambos son precedidos por la etapa del uróboros alimenticio.

Todas las funciones corporales mencionadas anteriormente simbolizan algo que es a la misma vez un proceso psíquico. Los ritos del canibalismo y los banquetes fúnebres, los dioses que se comen en los Textos de las Pirámides, y los misterios de comunión, representan un acto espiritual.

La asimilación e ingestión del "contenido", el alimento comido, produce un cambio interno. La transformación de las células del cuerpo a través de la ingesta de alimentos es el más elemental de los cambios animales experimentados por el hombre. Cómo un hombre cansado, debilitado y hambriento puede convertirse en un ser alerta, fuerte y satisfecho, o cómo un hombre que desfallece de sed puede ser refrescado e incluso transformado por una bebida intoxicante: ésta es, y seguirá siendo, una experiencia fundamental en tanto el hombre exista.

La aparición de los correspondientes simbolismos no significan una "regresión a la zona oral" en el sentido de que se trate de una zona de placer "infantil-perversa" que debemos superar, sino simplemente un retorno al simbolismo uróborico *(ilustración 1)*, acentuada positivamente por el inconsciente. Ser fertilizado por el alimento no implica la ignorancia del acto sexual, como tampoco es bajo ningún aspecto un "sustituto inculto"; esto significa "asimilación total" más que "unión con". Es algo diferente de la fertilización por el viento mencionada líneas arriba; en el comer, el acento recae sobre la ingesta corporal, pero en el último caso sobre la invisibilidad del agente animador y fertilizador.[58]

Por consiguiente, en la etapa del uróboros maternal alimenticio, los pechos son siempre enfatizados notoriamente, como por ejemplo en las pinturas mitológicas de la Gran Madre de muchos pechos *(ilustración 12)* o en las innumerables estatuas de la diosa que aprieta sus pechos. Aquí la nutricia Gran Madre es más generativa que parturienta. Los pechos y el fluido lácteo son elementos generativos que también pueden aparecer en forma fálica, porque en esos casos la leche es entendida simbólicamente como un agente fertilizador. La madre que proporciona leche, cuyo símbolo más común es la vaca, es procreativa, y en ese sentido puede también tener carácter paternal. Su hijo, como algo que ella "fertiliza", en ese caso es receptivo y femenino, al margen de su sexo. El uróboros materno es todavía hermafrodita y presexual, al igual que el hijo. De este modo, la madre se propaga mediante la nutrición que proporciona, del mismo modo que el hijo es fertilizado por el alimento que recibe y da a luz al evacuar.

Para ambos el fluido nutriente es un símbolo de la vida sin tensión polar, y completamente no sexual.

La acentuación de los pechos de la Madre y su carácter fálico, sin embargo, constituye la fase de transición. La situación original es una de completa contención en el uróboros. Cuando emerge el carácter fálico de los pechos, o la Madre es vista como la portadora del falo, se trata de un signo de que el sujeto infantil está comenzando a diferenciarse. Los esfuerzos activos y pasivos gradualmente se convierten en distintos; los opuestos hacen su aparición. Concebir mediante la alimentación y dar a luz mediante la evacuación son diferenciados como actos separados dentro del fluido nutriente, y el Yo comienza a diferenciarse del uróboros. Esto significa el fin de la beatífica etapa uróbica de la autarquía, de la perfección y de la absoluta autosuficiencia. Mientras el Yo estuvo nadando en el estómago del uróboros, en tanto mero germen del Yo, compartía esa paradisíaca perfección. La autarquía domina por completo en el vientre, donde la existencia inconsciente está combinada con la ausencia de sufrimiento. Todo es recibido en la medida precisa; no hay necesidad de realizar ningún esfuerzo, ni siquiera una reacción instintiva, mucho menos una conciencia del Yo reguladora. La propia existencia y el mundo circundante –en este caso, el cuerpo de la madre- existen en *participation mystique*, que nunca más será obtenida en una relación con el entorno. Este estado de ausencia del Yo, no interrumpido por reacciones placer-dolor, es naturalmente experimentado por una posterior conciencia del Yo como una de las formas más perfectas de autarquía al proporcionar completa satisfacción. Platón describe la formación del mundo en palabras que recuerdan esta contención en el interior del uróboros:

No tuvo necesidad de ojos, ya que nada había en el exterior para ser visto; tampoco de oídos, ya que Nada había en el exterior para ser oído. No había aire alrededor para ser respirado; no necesitaba de ningún órgano mediante el cual se proporcionara alimento o se deshiciera de éste después de digerirlo. Nada salía de él ni entraba de ningún lado, porque nada existía. Estaba hecho de este modo a propósito, sus propios desechos le proporcionaban alimento, representando y siendo representado completamente desde adentro y desde afuera, porque su creador consideró que un ser que fuera autosuficiente sería de lejos mucho mejor que otro que dependiera de cualquier cosa.[59]

Una vez más nos encontramos con el ciclo uróbico de la autopropagación en el nivel alimentario. Al igual que el uróboros se fertiliza a sí mismo en la boca al morderse la cola, "sus propios desechos le proporcionan alimento", un símbolo siempre recurrente de la autonomía y la autosuficiencia. Esta imagen primordial del uróboros autárquico subyace al homúnculus de la alquimia, que es engendrado en lo redondo –la retorta- por la rotación de los elementos, y que incluso subyace al *perpetuum mobile* de la física.

Debemos concentrarnos en el problema de la autarquía en todas las etapas de nuestra investigación, porque está ligada con una importante tendencia en el desarrollo del hombre, concretamente, con el problema de su autoformación. Hasta aquí hemos distinguido tres etapas de la autarquía urobórica: la primera es la etapa pleromática de la perfección paradisíaca del no-nato, la etapa embrionaria del Yo, que una conciencia posterior contrastará con los sufrimientos del Yo no autárquico en el mundo. La segunda etapa es la del uróboros alimentario, un circuito cerrado cuyos "propios desechos le proporcionan su alimento". La tercera, la fase genital-masturbatoria es aquella de Atum "copulando en su propia mano". Todas estas imágenes, como la de la autoincubación de quien queda embarazado a través de tapas –una forma posterior de autarquía espiritual- son imágenes del principio creativo autocontenido.

La autarquía urobórica, incluso cuando aparece como dominante arquetípica, no debe ser reducida al nivel del autoerotismo y narcisismo. Ambas concepciones sólo son válidas en casos de mal desarrollo, cuando la etapa evolutiva dominada por el uróboros persiste por un periodo excesivo de tiempo. Pero aún así el aspecto positivo debe tenerse en cuenta. La autarquía es tan necesaria como objetivo de vida y desarrollo como lo es la adaptación. El autodesarrollo, la autodiferenciación, y la autoformación son tendencias de la libido no menos legítimas que la relación extravertida con el objeto y la relación introvertida con el sujeto. La evaluación negativa que está implícita en los términos "autoerotismo", "autismo" y "narcisismo" sólo está justificada en los casos patológicos donde existe una desviación de esta natural actitud básica, ya que el desarrollo del Yo, de la conciencia, de la personalidad y, finalmente, de la individualidad misma, se encuentran en realidad prefiguradas en la autarquía cuyo símbolo es el uróboros. En muchos casos, por lo tanto, la aparición del simbolismo urobórico, especialmente si su carácter formativo y estabilizador está fuertemente marcado como, por ejemplo, en el mandala, indica que el Yo se está desplazando en dirección al Sí Mismo, más que en dirección a la adaptación al objeto.

La separación del uróboros, la entrada en el mundo y el encuentro con el principio universal de los opuestos son los objetivos esenciales del desarrollo humano e individual. El proceso de asimilación de los objetos de los mundos interno y externo, de adaptarse a la vida colectiva de la humanidad tanto interior como exteriormente, gobierna con distintos niveles de intensidad la vida de cada individuo. Para el extravertido, el acento descansa en los objetos externos, la gente, las cosas y las circunstancias; para el introvertido, el acento descansa en los objetos internos, los complejos y arquetipos. Incluso el desarrollo del introvertido, que se relaciona principalmente con el trasfondo psíquico, está en este sentido "vinculado al objeto", a pesar del hecho de que los objetos se encuentran en su interior y no en el exterior, fuerzas psíquicas más que fuerzas sociales, económicas o físicas.

Pero junto con esta tendencia de desarrollo hay otra, igualmente legítima, que está relacionada consigo misma o "centrovertida", y que promueve el desarrollo de la personalidad y la realización individual. Este desarrollo puede derivar sus contenidos por igual del interior que del exterior, y es alimentado tanto por la extraversión como por la introversión. Su centro de gravedad, sin embargo, no descansa en los objetos ni en las relaciones objetivas, ya sea que el objeto en cuestión sea interno o externo, sino en su autoformación; es decir, en la construcción y conformación de una personalidad que, en tanto núcleo de todas las actividades vitales, utiliza todos los objetos de los mundos externo e interno como materiales de construcción de su propia totalidad. Esta totalidad es un fin en sí misma, autárquica; es independiente de cualquier valor de utilidad que pueda tener ya sea para el colectivo externo o para las potencias psíquicas internas.

Que no obstante estamos tratando aquí con un principio creativo de importancia decisiva para la civilización, será mostrado en el momento adecuado.

La autoformación, cuyos efectos en la segunda mitad de la vida Jung ha denominado "individuación"[60], tienen su patrón de desarrollo crítico no sólo en la primera mitad de la vida, sino también más atrás, en la infancia. El crecimiento de la conciencia y del Yo está preponderantemente dirigido por este patrón. La estabilidad del Yo, esto es, su habilidad para permanecer firme ante las tendencias desintegradoras del inconsciente y del mundo, se desarrolla muy temprano, al igual que la tendencia hacia la expansión de la conciencia, que igualmente es un importante prerrequisito para la autoformación. Aunque en la primera mitad de la vida el Yo y la conciencia están principalmente orientados hacia la adaptación, y la tendencia autoformativa parece estar en suspenso, los comienzos de este proceso de autorrealización, si bien comienzan a ser notorios con el incremento de la madurez, se originan en la primera infancia, y es allí donde se deciden las primeras luchas para la autoformación. El supuesto narcisismo, autismo, autoerotismo, egocentrismo, y, como hemos visto, antropocentrismo de esta etapa del uróboros, tan obvia en la relación autárquica y naive del niño consigo mismo, es la precondición del todo el autodesarrollo subsecuente.

El mismo simbolismo urobórico que aparece al comienzo, antes de que empiece el desarrollo del Yo, reaparece al final, cuando el desarrollo del Yo es reemplazado por el desarrollo del Sí Mismo, o individuación. Cuando el principio universal de los opuestos ya no tiene el predominio, y devorar el mundo o ser devorado por el mundo ha dejado de tener importancia primordial, el símbolo del uróboros aparecerá como mandala en la psicología del adulto.

Ahora, el objetivo de la vida es ser independiente del mundo, separarse de él y apoyarse en uno mismo. El carácter autárquico del uróboros aparece como un símbolo positivo que apunta hacia una nueva dirección. Mientras que el incesto pleromático del neurótico y su fijación pleromática denota una incapacidad para alejarse de sus orígenes y una renuncia a nacer en el mundo, la aparición del mandala y el simbolismo del uróboros en el hombre maduro es una indicación de que una vez más debe liberarse de este mundo –debido a que ya "comió del mundo hasta el hartazgo"- y encontrarse consigo mismo. Mediante un nuevo proceso, él tiene que ratificarse fuera de este mundo, al igual que tuvo que ratificarse en este mundo con su Yo naciente.

De allí que la "perfecta" figura del uróboros, situada como está en el centro del mundo inconsciente del primitivo y del niño[61], sea simultáneamente el símbolo central de la segunda mitad de la vida y el núcleo de la tendencia de desarrollo que hemos llamado la autoformación o centroversión. El símbolo del mandala circular está presente tanto en el comienzo como en el final. En el comienzo adopta la forma mitológica del paraíso; al final, la de la Jerusalén Celestial. La perfecta figura del círculo de cuyo centro nacen los cuatro brazos de una cruz, en la cual los opuestos están en reposo, es un símbolo históricamente muy temprano y a la vez muy tardío. Se la encuentra en los santuarios de la Edad de Piedra; es el paraíso donde los cuatro ríos tienen su fuente, y en la mitología cananea es el punto central donde se sienta el gran dios El, "en la fuente de los ríos, en medio de las fuentes de los dos océanos".[62]

El uróboros, fácil de encontrar en todas las épocas y culturas, también aparece como el último símbolo del desarrollo psíquico individual, con el significado de la redondez de la psique, la totalidad de la vida y la perfección recuperada. Es el lugar de la transfiguración y la iluminación *(ilustración 11)*, de la finalidad, así como el lugar del origen mitológico.

De esta manera el Gran Círculo del uróboros describe un arco sobre la vida del hombre, abarcando su primera infancia y recibiéndolo de nuevo, en forma alterada, al final. Pero en su vida individual, también, el pleroma de la unidad universal puede buscarse y encontrarse en la experiencia religiosa. En el misticismo, donde la figura del uróboros que reingresa-en-sí-mismo aparece como el "océano de la divinidad", hay a menudo una disolución del Yo, una rendición extática que es equivalente al incesto uobórico. Pero cuando, en lugar del éxtasis de muerte del Yo, predomina el principio de renacimiento *"Stirb und Werde"*, y el tema del renacimiento predomina sobre el de la muerte, se trata de un proceso creativo y no de una regresión.[63] Su relación con la etapa urobórica será discutida ampliamente más adelante, ya que la distinción entre los procesos creativos y patológicos es de la mayor importancia en toda psicología profunda.

Para ambos procesos el uróboros es apropiado como símbolo del origen. En los fenómenos creativos, y no sólo en los fenómenos religiosos, la figura abarcadora de toda la vida del uróboros también significa el mar regenerador y la fuente de una vida superior. Esta figura, sin embargo, también es la misma cuyo férreo abrazo impide al neurótico nacer a la vida. Entonces ya no se trata más de la figura primordial del uróboros, sino, en el caso de un Yo más desarrollado, la indicación de que se ha alcanzado una etapa adicional, a saber, el dominio del uróboros sobre el Yo, o la etapa de la Gran Madre.

II

LA GRAN MADRE

El Yo bajo el dominio de la Gran Madre

Cuando el Yo comienza a emerger desde su identidad con el uróboros, y cuando cesa la conexión embrionaria con el vientre, el Yo asume una nueva actitud ante el mundo. La visión del mundo del individuo cambia con cada etapa de su desarrollo, y la variación de los arquetipos y símbolos, dioses y mitos, es la expresión, pero también el instrumento, de este cambio. Separarse del uróboros significa haber nacido y descendido al mundo inferior de la realidad, llena de peligros e incomodidades. El Yo naciente se percata de las cualidades placer-dolor, y a partir de ellas experimenta sus propios placer y dolor. En consecuencia, el mundo se torna ambivalente. La vida inconsciente de la naturaleza, que también es la vida del uróboros, combina la destrucción absolutamente carente de sentido con el supremo significado de la creación instintiva; ya que la unidad llena de significado del organismo es tan "natural" como el cáncer que lo devora. Lo mismo se aplica a la unidad de vida al interior del uróboros, la cual, como el pantano, engendra, da a luz y mata nuevamente en un ciclo sin fin. El mundo experimentado por el Yo de la humanidad que recién despierta es el mundo del matriarcado de J.J. Bachofen con sus diosas de la maternidad y el destino. La madre malvada y devoradora, y el pródigo amor de la madre buena, son los dos lados de la Madre Diosa urobórica que reina sobre esta etapa de la psique.

La creciente ambivalencia da origen a una actitud igualmente ambivalente en la parte del Yo que se encuentra en poder del arquetipo.

El aplastante poder del inconsciente, esto es, el aspecto devorador y destructivo bajo el cual éste también se manifiesta, es visto en sentido figurado como la madre malvada, ya sea como la sangrienta diosa de la muerte, las plagas, la escasez, las inundaciones y la fuerza del instinto, o ya sea como la dulzura que conduce a la destrucción. Pero, en tanto madre buena, ella es plena y abundante; la dispensadora de vida y felicidad, la tierra nutritiva, la cornucopia de fructífero vientre. Ella es la experiencia instintiva que la humanidad tiene de la profundidad y belleza de la tierra, de la bondad y gracia de la Madre Naturaleza que diariamente satisface la promesa de redención y resurrección, de la nueva vida y el nuevo nacimiento *(ilustraciones 12, 13 y 18)*.

Contra todo esto el Yo –la conciencia, el individuo- permanece pequeño e impotente. Se siente a sí mismo como una pizca indefensa y diminuta, envuelto e irremediablemente dependiente, una pequeña isla que flota en la vasta extensión del océano primordial. En esta etapa la conciencia aún no ha conseguido arrancar ningún punto de apoyo en medio de la inundación del ser inconsciente. Para el Yo primitivo todo está todavía envuelto en los abismos acuáticos, en cuyos remolinos se revuelve de un lado para otro sin orientación alguna, sin sentido de la separación, indefenso contra este torbellino de constitución misteriosa que lo empantana una y otra vez desde adentro y desde afuera.

Expuesto a las fuerzas oscuras del mundo y del inconsciente, el hombre de los orígenes necesariamente debió sentir que la vida estaba llena de peligros. La vida en el cosmos psíquico del primitivo es una vida llena de amenazas e incertidumbres; y el *daemonismo* del mundo exterior, con sus enfermedades y muertes, carestías e inundaciones, sequías y terremotos, aumenta más allá de todo límite cuando se contamina con lo que hemos denominado el mundo interno. Los terrores de un mundo gobernado por la irracionalidad del azar y no mitigado por el conocimiento de las leyes de la causalidad se convierten en más siniestros aún por los espíritus de los muertos, por demonios y dioses, brujas y magos. Poderes invisibles emanan de todos estos seres, y la realidad de estos efluvios que todo lo impregnan, se manifiestan en temores, arrebatos emocionales, frenesíes orgiásticos y epidemias psíquicas, ataques estacionales de lujuria, impulsos asesinos, visiones, sueños y alucinaciones. Basta saber cuán grande, incluso hoy en día, es el temor primordial al mundo que tiene el hombre occidental a pesar de su relativa conciencia altamente desarrollada, para comprender el temor al mundo en el primitivo y su sensación de peligro.

Este mismo horror ante fuerzas anónimas al acecho también es conocido por el niño, que todavía es incapaz de orientación y discriminación concientes, y que confronta cada evento como si fuera una innovación devastadora, expuesto a todos los caprichos del hombre y del mundo. En él, también, habita este temor primitivo que proviene de un mundo exterior contaminado con el interior y convertido en misterioso por efecto de la proyección, tal como podemos ver en las imágenes dinamicistas y animistas del mundo. Este temor es una expresión de la situación del despertar cuando una conciencia del Yo débil y pequeña se enfrenta contra el cosmos. La supremacía del mundo de los objetos y del mundo del inconsciente es una experiencia que debe ser aceptada. Por esta razón, el temor es un fenómeno normal en la psicología del niño. Aunque el niño vaya madurando en la medida que la conciencia incremente sus fuerzas, el miedo proporciona al mismo tiempo un incentivo transpersonal para dicho desarrollo. Algunos componentes vitales para el crecimiento del Yo y para la evolución de la conciencia, la cultura, la religión, el arte y la ciencia brotan de la urgencia de superar este temor al darle expresión concreta. Por lo tanto es equivocado reducirlo a factores personales o ambientales y buscar deshacerse de ellos de esa forma.

Debido a la desorientación del Yo infantil, los componentes placer-dolor no se experimentan por separado, o en el mejor de los casos el objeto de la experiencia se ve coloreado por una mezcla de ambos. La no separación de los opuestos y la ambivalencia resultante del Yo hacia los objetos evocan un sentimiento de temor e impotencia. El mundo es urobórico y supremo, ya sea que esta experiencia urobórica se experimente como el mundo o el inconsciente, el propio entorno, o el propio cuerpo.

El predominio del uróboros durante la fase infantil de la conciencia del Yo es lo que Bachofen describe como el tiempo del matriarcado, y todos los símbolos que él asocia con este tiempo todavía aparecen en esta etapa psíquica. Debemos enfatizar nuevamente que "etapa" se refiere a una capa estructural y no a una época histórica. En el desarrollo individual y quizá también en el de lo colectivo, estas etapas no descansan unas sobre otras en una disposición ordenada, pero, al igual que en la estratificación geológica de la tierra, las capas más recientes podrían ser empujadas hacia la superficie y las más antiguas hacia el fondo.

Más adelante consideraremos el contraste existente entre el desarrollo masculino y el femenino. Pero desde ya tenemos que dejar establecido una cosa en apariencia paradójica: incluso en la mujer, la conciencia posee un carácter masculino. La correlación "conciencia-luz-día" e "inconsciente-oscuridad-noche" es igual para ambos sexos, y no se ve alterada por el hecho de que la polaridad instinto-espíritu esté organizada de manera diferente en los hombres y en las mujeres. La conciencia, como tal, es masculina incluso en las mujeres, al igual que el inconsciente es femenino en los hombres.[64]

El matriarcado de Bachofen representa la etapa en la cual la conciencia del Yo aún no está desarrollada y todavía se encuentra inmersa en la naturaleza y el mundo. En consecuencia, el principio uróbico está también asociado con el predominio del simbolismo de la tierra y la vegetación.

No es la tierra la que imita a la mujer, sino la mujer quien imita a la tierra. Los antiguos consideraban el matrimonio como un asunto agrícola; toda la terminología de la ley matrimonial ha sido tomada prestada de la agricultura.[65]

Dice Bachofen, quien trae a colación el comentario de Platón:

En la fertilidad y la generación, la mujer no le da el ejemplo a la tierra, sino que es la tierra quien le da el ejemplo a la mujer.[66]

Estas observaciones reconocen la prioridad de lo transpersonal y la naturaleza derivada de lo personal. Incluso el matrimonio, la regulación del principio sexual de los opuestos, se deriva del principio terreno del matriarcado.

En esta etapa, el simbolismo del alimento y los órganos coordinados con éste son de capital importancia. Esto explica por qué las culturas de la Madre Diosa y sus mitologías están conectadas cercanamente con la fertilidad y el crecimiento, y particularmente con la agricultura, y de allí con la esfera de los alimentos, que constituye la esfera material y corporal.

La etapa del uróboros matriarcal se caracteriza por la relación del niño con su madre, quien le proporciona nutrición *(ilustración 12)*, pero al mismo tiempo es un periodo histórico en el cual la dependencia del hombre con respecto a la tierra y a la naturaleza está en su punto máximo. Conectado con ambos aspectos se encuentra la dependencia del Yo y de la conciencia con respecto al inconsciente. La dependencia de la secuencia "niño-hombre-Yo-conciencia" de la secuencia "madre-tierra-naturaleza-inconsciente", ilustra la relación de lo personal con lo transpersonal y la dependencia del primero con respecto del segundo.

Esta etapa de desarrollo está gobernada por la imagen de la Madre Diosa con el Niño Divino *(ilustración 13)*. Esta imagen enfatiza la naturaleza necesitada e indefensa del niño y el lado protector de la madre. En forma de cabra, amamanta al Zeus niño de Creta y lo protege de ser devorado por su padre; Isis devuelve al niño Horus a la vida cuando a éste lo muerde un escorpión; y María protege al niño Jesús huyendo de Herodes, al igual que Leto esconde a sus hijos concebidos por intervención divina de la cólera de las diosas hostiles. El niño es el dios acompañante de la Gran Madre. Como niño y cabiro permanece a su lado y por debajo, como su criatura dependiente. Incluso para el joven dios, la Gran Madre es destino. Cuánto más, por lo tanto, para el niño, cuya naturaleza es la de ser un apéndice de su cuerpo.

Esta relación está expresada de manera más vívida en los símbolos "prehumanos" donde la Madre es el mar, un lago o un río, y el niño un pescado que nada en las aguas envolventes.[67]

El pequeño Horus hijo de Isis, Jacinto, Erictonio y Dionisos, Melicertes el hijo de Ino, e innumerables otros se encuentran bajo el control de la todopoderosa Madre Diosa. Para ellos es aún la benéfica alumbradora y protectora, la joven Madre, la Virgen. Todavía no hay conflicto a la vista, ya que la original contención del niño en el vientre de uróboros es un estado ininterrumpido de dicha recíproca. El Yo adulto asocia a la Virgen con su etapa infantil, pero el Yo infantil, al no poseer una conciencia central, aún siente el amorfo carácter pleromático del uróboros maternal.

Sin embargo, el niño sufre el mismo destino que el adolescente amante que lo sucede: es asesinado. Su sacrificio, muerte y resurrección constituyen los ritos centrales de todos los cultos de sacrificios de niños. Nacer para morir, morir para renacer; el niño está coordinado con la naturaleza estacional de la vegetación. El Zeus-niño cretense, alimentado por la Gran Madre en forma de cabra, vaca, perra, puerca, paloma o abeja,[68] nace cada año, sólo para morir cada año. Pero el niño también es luz y por lo tanto más que mera vegetación:

Un mito, muy original en su primitivismo aunque sólo recogido en tiempos posteriores, nos dice que el niño nacía cada año, y que cada año una luz brillaba en una gruta "donde la sangre fluía con el nacimiento de Zeus."[69]

El destino de niño muerto y sacrificado, sin embargo, no es trágico, a diferencia del destino del amante adolescente. En su regreso a la Madre letal, la *mater larum* de los romanos, el niño encuentra abrigo y comodidad, ya que al estar contenido en la Gran Madre ésta lo envuelve, en la vida o en la muerte.[70]

Durante la fase en la cual la conciencia comienza a convertirse en autoconciencia, esto es, a reconocerse y discriminarse como un Yo individual separado, el uróboros maternal lo eclipsa al igual que un destino trágico y oscuro. Sentimientos de transitoriedad y mortalidad, impotencia y aislamiento, ahora colorean la imagen que el Yo tiene del uróboros, en absoluto contraste con la situación original de satisfacción.

Mientras que, al comienzo, el estado del despertar era de absoluto agotamiento para la débil conciencia del Yo y dormir era una dicha, de modo que podía rendirse entusiasmado al incesto urobórico y regresar al Gran Círculo, ahora este regreso se convierte en más y más difícil, y es logrado cada vez con mayor repugnancia en la medida que las demandas por su propia existencia independiente cobran mayor insistencia. Para la luz alboral de la conciencia, el uróboros maternal se convierte en oscuridad y noche. El paso del tiempo y el problema de la muerte se convierten en sentimientos dominantes de la vida; Bachofen describe a los nacidos de la madre, que saben que han nacido sólo de la tierra y de la madre, como "tristes por naturaleza", debido a que la descomposición y la necesidad de la muerte constituyen un lado del uróboros sólo porque el otro lado significa nacimiento y vida. La rueda del mundo, el amenazante paso del tiempo, las Moiras, y la rueda del nacimiento y la muerte, todos estos símbolos expresan la tristeza que impera sobre la vida del Yo adolescente.

En esta tercera fase, el germen del Yo ha alcanzado ya un cierto grado de autonomía. Las etapas embrionaria e infantil han sido superadas, pero aunque el adolescente ya no se enfrenta al uróboros meramente como un niño, todavía no se ha librado de su protectorado.

El desarrollo del Yo va de la mano con un aumento de la representación plástica de los objetos con los cuales se relaciona. El uróboros materno, amorfo en el sentido de que la figura humana tiene una forma, ahora es reemplazado por la figura de la Gran Madre.

El carácter urobórico de la Gran Madre es evidente donde quiera que ella sea adorada en forma andrógina, tal como es el caso de la diosa barbada en Chipre y Cartago.[71] La mujer con la barba, o con falo, revela su carácter urobórico a través de la no diferenciación entre lo masculino y lo femenino. Sólo posteriormente este híbrido será reemplazado por figuras inequívocamente sexuales, ya que su carácter mezclado y ambivalente representa la etapa más temprana a partir de la cual los opuestos serán diferenciados.

De esta manera la conciencia infantil, constantemente atenta a sus ligaduras y dependencia con respecto a la matriz de la cual surgió, gradualmente se convierte en un sistema independiente; la conciencia se convierte en autoconciencia, y un Yo que reflexiona y que tiene conocimiento de él mismo emerge como el centro de la conciencia. Incluso antes que el Yo se centre hay un cierto tipo de conciencia, al igual que podemos observar actos concientes en los infantes antes de la aparición de la conciencia del Yo. Pero sólo cuando el Yo se experimenta a él mismo como algo diferente y distinto del inconsciente es que la etapa embrionaria queda superada, y sólo entonces puede formarse un sistema consciente que pueda sostenerse por sí mismo. Esta temprana etapa de las relaciones conciencia-inconsciente está reflejada en la mitología de la Gran Madre y su conexión con el hijo-amante. Las figuras de Atis, Adonis, Tammuz y Osiris[72] en las culturas de cercano Oriente no son simplemente nacidos de una madre; por el contrario, este aspecto queda por completo eclipsado por el hecho de que ellos son los amantes de sus respectivas madres: ellos son amados, asesinados, enterrados y lamentados por ellas, y vuelven a renacer a través de ellas. La figura del hijo-amante es la etapa que sigue a las etapas del embrión y del niño. Al diferenciarse del inconsciente y al reafirmar su otredad masculina, acaba transformado casi completamente en el compañero del inconsciente maternal; él es el amante y el hijo de ella. Pero aún no es lo suficientemente fuerte como para lidiar con ella, ya que sucumbe a ella en la muerte y es devorado. La madre-amada se convierte en la terrible Diosa Muerte. Ella todavía juega al gato y al ratón con él, e incluso eclipsa su renacimiento. Donde, al igual que el dios que muere para resucitar nuevamente, él está conectado con la fertilidad de la tierra y la vegetación, la soberanía de la Madre Tierra es tan obvia como cuestionable su independencia. El principio masculino aún no es una tendencia paternal que contrapese al principio femenino-maternal; aún es juvenil y primaveral, apenas el comienzo de un movimiento independiente que lo llevará fuera del lugar de origen y de la relación infantil.

Estas relaciones están resumidas en Bachofen:

La madre es anterior al hijo. Lo femenino tiene prioridad, mientras que la creatividad masculina sólo aparece después como un fenómeno secundario. La mujer viene primero, pero el hombre "deviene". El dato principal es la tierra, la sustancia básica maternal. La creación visible procede de su vientre, y es sólo entonces cuando los sexos se dividen en dos, sólo entonces la forma masculina adquiere el ser. De esta manera, masculino y femenino no aparecen en simultáneo, no son de la misma categoría...La mujer es primero, el hombre es sólo lo que brota de ella. Él es parte del mundo creado visible pero siempre cambiante; él sólo existe en forma perecedera. La mujer existe a partir de lo eterno, lo autosuficiente e inmutable; el hombre, al evolucionar, está sujeto a continuo deterioro. En el reino de lo físico, por lo tanto, el principio masculino posee un rango secundario, subordinado a lo femenino. En esto descansa el principio de la ginocracia; aquí está enraizada aquella antigua concepción de una madre inmortal que se une con un padre inmortal. Ella es perennemente la misma, pero a partir del hombre las generaciones se multiplican hasta el infinito. Siempre la misma Gran Madre se empareja con hombres siempre nuevos.

La creación visible, la descendencia de la Gran Madre, se conforma a sí misma según la idea de un Progenitor. Adonis, la imagen del mundo de la naturaleza que anualmente se descompone y resurge, se convierte en "Papas", el único engendrador de lo que él realmente es. Sucede lo mismo con Pluto. Como hijo de Deméter, Pluto es el mundo creado, visible, que continuamente se renueva a sí mismo. Pero como esposo de Penia, él es el padre y el engendrador. Él es a la misma vez las riquezas que brotan del vientre de la tierra, y el otorgador de las mismas; el objeto y la potencia activa, creador y criatura, causa y efecto. Pero la primera manifestación terrenal del poder masculino toma la forma de un hijo. A partir del hijo inferimos al padre; la existencia

y naturaleza del poder masculino se evidencian sólo a través del hijo. Aquí radica la subordinación del principio masculino al de la madre. El hombre aparece como criatura, no como creador; como efecto, no como causa. Lo contrario sucede con la madre. Ella viene antes que la criatura, aparece como causa, la principal otorgadora de vida, no como efecto. A ella no se la infiere a partir de la criatura, pero es conocida por derecho propio. En una palabra, la mujer primero existe como madre, y el hombre primero existe como hijo.[73]

Luego el hombre cobra forma a partir de una mujer por una metamorfosis milagrosa de la naturaleza, que se repite en cada nacimiento de todo hijo varón. En el hijo, la madre aparece transformada en el padre. El chivo, sin embargo, es tan sólo un atributo de Afrodita, sujeto a ella y concebido para su uso. (Las hijas-hijos de Entoria, en el poema de Eratóstenes, Erígona, mencionado por Plutarco, tienen un significado similar.) Cuando un hombre nace del vientre de una mujer, la mujer misma se maravilla ante la nueva aparición, ya que ella reconoce en la forma de su hijo la imagen del poder fecundador al que le debe su maternidad. Sus ojos brillan de encanto al pasear la vista sobre sus extremidades. El hombre se convierte en su juguete, el chivo es su montura, el falo su permanente acompañante. Cibeles la madre eclipsa a Attis, Vibrius es empequeñecido por Diana, Faetón por Afrodita. Por todos lados el principio material, femenino y natural tiene la ventaja; toma al principio masculino, que es secundario y subsiste sólo en forma perecedera como un epifenómeno siempre cambiante, y lo coloca sobre sus faldas, tal como Deméter toma la cesta.[74]

Los jóvenes a quienes la Madre selecciona para que sean sus amantes pueden fecundarla, incluso pueden ser dioses de la fertilidad, pero aún así permanece el hecho de que sólo son consortes fálicos de la Gran Madre, zánganos que sirven a la abeja reina, quienes son eliminados tan pronto han cumplido con su deber de fecundarla.

Por esta razón los juveniles dioses acompañantes siempre aparecen en forma de enanos. Los pigmeos que eran adorados en Chipre, Egipto y Fenicia –todos territorios de la Gran Madre- muestran su carácter fálico al igual que los dióscuros, los cabiros y los dáctilos, incluyendo también la figura de Harpócrates. La serpiente servicial –aparte de su naturaleza numinosa- es también un símbolo del falo fertilizador. Ése es el porqué de que la Gran Madre a menudo aparezca asociada con las serpientes. No sólo en la cultura creto-micénica y en sus ramificaciones griegas, sino incluso tan lejos como en Egipto, Fenicia y Babilonia, además de la historia bíblica del Paraíso, la serpiente es la acompañante de la mujer.

En Ur y en Erech encontraron, en las capas más bajas de las excavaciones, representaciones primitivas de cultos muy antiguos con imágenes de la Diosa Madre y su hijo, en las cuales las cabezas de ambos eran cabezas de serpientes.[75] La forma urobórica de la Diosa Madre más antigua es la serpiente, señora de la tierra, de las profundidades y del inframundo, que constituye la razón de que el niño todavía unido a ella sea también una serpiente. Ambos terminan siendo humanizados con el decurso del tiempo, pero conservan la cabeza de serpiente. Luego, las líneas de desarrollo divergen. La figura completamente humana del final, la Virgen humana con el niño humano, tiene entre sus precursores a las figuras de la madre humana acompañada de la serpiente en la forma de un niño o un falo, así como en las figuras del niño con la serpiente.

El uróboros es una serpiente circular, como por ejemplo la Tiamat babilónica o Serpiente del Caos, o el Leviatán, que, en tanto océano, "trenza su cinturón de olas sobre las tierras",[76] y posteriormente divide o es dividido en dos.

Cuando la Gran Madre asume forma humana, la parte masculina del uróboros – el demonio fálico con forma de serpiente- aparece al lado de ella como el residuo de la naturaleza originariamente bisexual del uróboros.

De este modo, es característico que los jóvenes fálicos, las deidades de la vegetación, no sean sólo deidades de la fertilidad; como algo surgido de la tierra, ellos son la vegetación misma. Su existencia hace productiva la tierra, pero tan pronto como ellos hayan alcanzado la madurez deben ser asesinados, segados y cosechados. La Gran Madre con la espiga de trigo, su hijo el trigo, es un arquetipo cuyo poder se extiende tan lejos como en los misterios de Eleusis, la Virgen Cristiana y la Hostia de trigo en la cual es comido el cuerpo de trigo del hijo. Los jóvenes que pertenecen a la Gran Madre son dioses de la primavera que deben ser llevados a la muerte para que la Gran Madre los lamente y luego renazcan.

Todos los amantes de las Diosas Madre tienen ciertas características en común: todos ellos son jóvenes cuya belleza y hermosura son tan llamativas como su narcisismo. Son delicadas flores, simbolizados por los mitos como anémonas, narcisos, jacintos o violetas, que nosotros, con nuestra marcada mentalidad masculina-patriarcal, asociaríamos fácilmente con mujeres jóvenes. Lo único que podemos decir acerca de estos jóvenes, cualesquiera sean sus nombres, es que complacen a la diosa apasionada mediante su belleza física. Aparte de esto, ellos son, en contraste con las heroicas figuras de la mitología, carentes de fuerza y carácter, faltos de toda individualidad e iniciativa. Ellos son, en todo el sentido de la palabra, amables muchachos cuya autoatracción narcisista es obvia *(ilustración 14)*.

El mito de Narciso deja muy en claro que se trata de una atracción hacia el propio cuerpo. Especialmente característico de esta etapa adolescente es la acentuación narcisista del falo como epítome del cuerpo y de la personalidad narcisista.

El culto de la fertilidad fálica, al igual que la orgía sexual fálica, es en todas partes típico de la Gran Madre. Las fiestas de fertilidad y los ritos de primavera son sagrados para los juveniles falos y su desenfrenada sexualidad. Esto puede formularse mejor de otra manera: el falo del joven dios es sagrado para la Gran Madre debido a que ella no está en absoluto interesada en el joven, sino en el falo del cual él es portador.[77]

Sólo posteriormente, con la personalización secundaria, el sacramento fundamental de la fertilidad con sus espantosos ritos de castración es reemplazado por el motivo del amor.

Entonces, en lugar de un ritual impersonal y suprapersonal que garantice cósmicamente la fertilidad de la tierra para la comunidad, nos encontramos con mitos relacionados con seres humanos. Sólo entonces escuchamos historias acerca de las aventuras de los dioses y las diosas con los mortales, y la línea finalmente termina con la novela romántica y las historias de amor, que son más adecuadas para la psicología personalista de los tiempos modernos.

El duro contraste entre estos banquetes orgiásticos en los cuales el joven y su falo desempeñan el papel central, y el subsecuente ritual de castración y asesinato, define arquetípicamente la situación del Yo adolescente bajo el predominio de la Gran Madre. Aunque esta situación es histórica y cultural, debe entenderse en términos del desarrollo psicológico del Yo. La relación del hijo-amante con la Gran Madre es una situación arquetípica que es operativa incluso hoy en día, y la superación de la misma es la precondición para cualquier desarrollo posterior de la conciencia del Yo.

Esos muchachos semejantes a flores no son suficientemente fuertes como para resistir y terminar con el poder de la Gran Madre. Ellos son más mascotas que amantes. La diosa, llena de deseo, escoge para sí a los muchachos, e incrementa la sexualidad de estos. La iniciativa nunca proviene de ellos, que siempre son las víctimas y mueren como adorables flores. El joven en esta etapa carece de masculinidad, de conciencia, de un Yo espiritual superior. Está narcisistamente identificado con su propio cuerpo masculino y con su marca distintiva, el falo. No sólo la Madre Diosa lo ama únicamente por su falo, sino que también, al castrarlo, toma posesión del falo y se convierte ella misma en fructífera; además, y por estar identificado con el falo, el destino del joven se convierte en consecuencia en un destino fálico.

Todos estos jóvenes, con sus débiles Yo y sin personalidad, sólo tienen un destino colectivo, no un destino propio; todavía no son individuos y por lo tanto carecen de existencia individual, sólo poseen una existencia ritual. Tampoco la Gran Madre está relacionada con un individuo, sino sólo con el joven como figura arquetípica.

Cada renacimiento a través de la Gran Madre, su aspecto positivo y sanador, es en este sentido "no relacionado". No se trata de un Yo, mucho menos de un Sí Mismo o de una personalidad, lo que renace y se reconoce a sí mismo como renacido; el renacimiento es un suceso cósmico, anónimo y universal al igual que "la vida". Desde el punto de vista de la Madre Tierra o Gran Madre, toda la vegetación es la misma, cada criatura recién nacida es el preferido de mamá que permanece uno y el mismo en cada primavera y en cada nacimiento, de la misma manera en que ella permanece una y la misma. Pero esto significa que para ella el recién nacido es un renacido, y que cada amado es uno y el mismo amado. Y cuando la diosa se une ritualmente con cada rey de la fertilidad, con el padre, el hijo o el nieto, o con cada uno de sus arciprestes, estos son uno y el mismo para ella, porque para ella la unión sexual significa sólo una cosa, sin importar quién sea el portador del falo, que es el único objeto que tiene importancia. De igual modo, en sus sacerdotisas, las prostitutas sagradas, ella es un vientre múltiple, pero en la realidad continúa siendo la misma, la Diosa única.

La Gran Madre es una virgen, también, en un sentido diferente al que le asigna el patriarcado, que posteriormente la malinterpretó como símbolo de castidad. Precisamente en virtud de su fecundidad ella es una virgen, esto es, no relacionada ni dependiente de ningún hombre.[78] En sánscrito, "mujer independiente" es sinónimo de ramera. De allí que una mujer que no esté unida a un hombre no sólo sea un tipo femenino universal, sino también un tipo sagrado en la antigüedad. En su independencia, la amazona no está unida a ningún hombre, pero tampoco lo está la mujer que representa y que es responsable de la fertilidad de la tierra. Ella es la madre de todo lo que ha nacido o esté por nacer; pero sólo en un breve acceso de pasión, si acaso, ella arde por un hombre, quien solamente es un medio para lograr un fin, el portador del falo. Todos los cultos fálicos –todos solemnizados por mujeres- inciden en el mismo punto: el poder anónimo del agente fertilizante, el falo que se yergue por sí mismo. El elemento humano, individual, es únicamente el portador –el portador intercambiable y pasajero- de aquello que no muere y que no es intercambiable porque es siempre el mismo falo.

En consecuencia, la diosa de la fertilidad es a la misma vez madre y virgen, la hetaira que no pertenece a ningún hombre pero que está lista para entregarse a cualquiera de ellos. La diosa está allí para cualquiera que, como ella, esté al servicio de la fertilidad. Al regresar a su vientre, él está a su servicio, la sagrada representante del gran principio de la fertilidad. El "velo nupcial" debe entenderse en este sentido, como símbolo de *kedesha*, la ramera. Ella es "desconocida", esto es, anónima. Ser "desvelada" significa estar desnuda, pero ésta es sólo otra forma de anonimato. Siempre la diosa, lo transpersonal, es el factor real y operativo.

La encarnación personal de esta diosa, esto es, la mujer particular, carece de importancia. Para el hombre ella es una *kedesha*, una santa (*kadosh* = sagrado), la diosa que remueve las capas más profundas de su ser en la sexualidad. Yoni y lingam, femenino y masculino, son dos principios que se unifican en un nivel que trasciende a la persona, en santidad, donde lo personal resulta ensombrecido y permanece insignificante.

Los jóvenes, que personifican la primavera, pertenecen a la Gran Madre. Ellos son sus esclavos, su propiedad, porque son los hijos que ella ha parido. En consecuencia, los ministros y sacerdotes escogidos por la Diosa Madre son eunucos. Ellos han sacrificado el objeto que para ella es de capital importancia, el falo. Por ello, el fenómeno de la castración asociado con esta etapa aparece aquí por primera vez en sentido propio, porque está relacionado específicamente con el órgano genital. La amenaza de la castración hace su aparición con la Gran Madre y es letal. Para ella, amar, morir y ser emasculado son la misma cosa. Sólo los sacerdotes, por lo menos en épocas tardías, escapaban de morir porque, al castrarse ellos mismos, voluntariamente se sometían a una muerte simbólica en nombre de ella *(ilustración 15)*.[79]

Una característica esencial de esta etapa del Yo adolescente es que lo femenino, bajo el aspecto de la Gran Madre, se experimenta como si produjera una fascinación negativa. Dos elementos son especialmente comunes y muy marcados: el primero es la naturaleza sangrienta y salvaje de la gran Diosa Madre, el segundo es su poder como hechicera y bruja.

Adorada desde Egipto hasta la India, desde Grecia y Asia Menor hasta la más oscura África, la Gran Madre siempre fue considerada como una diosa de la caza y la guerra; sus ritos eran sangrientos, sus festivales orgiásticos. Todos estos elementos están interconectados de manera esencial. Esta "capa sangrienta" que yace en lo más profundo de la Madre Tierra contribuye a hacer más comprensible por qué los jóvenes a quienes ella ama temen la castración.

El vientre de la tierra clama por ser fertilizado, y los sacrificios de sangre y cadáveres son sus alimentos preferidos. Éste es el aspecto terrible, el lado mortífero de la personalidad de la tierra. En los primeros cultos de fertilidad, los sangrientos fragmentos de la víctima sacrificada eran repartidos como preciosos regalos y ofrecidos a la tierra para propiciar su fertilidad. Estos sacrificios humanos por la fertilidad ocurrían en todos los lugares del mundo, de manera independiente, en los ritos de América y en el Mediterráneo oriental, en Asia y en el norte de Europa. Por todos lados la sangre desempeña un rol fundamental en los rituales de fertilidad y en los sacrificios humanos. La gran ley terrestre que afirma que no puede haber vida sin muerte fue comprendida muy temprano, y mucho antes aún fue representada mediante el ritual para expresar que el fortalecimiento de la vida sólo podía comprarse al precio del sacrificio por la muerte. Pero la palabra "comprarse" es en realidad una posterior y espuria racionalización. La matanza y el sacrificio, el desmembramiento y los ofrecimientos de sangre, son garantías mágicas de la fertilidad de la tierra. Entenderíamos erróneamente esos ritos si los llamáramos crueles. Para las culturas ancestrales, e incluso para las víctimas mismas, la secuencia de eventos era necesaria y evidente por sí misma.

El fenómeno básico que yace detrás de la conexión de la mujer con la sangre y la fertilidad es con toda probabilidad el cese de flujo menstrual durante el embarazo, por cuyo medio, según la visión arcaica, el embrión era creado.[80] Esta conexión intuitivamente percibida se extiende por debajo de la relación que existe entre sangre y fertilidad. La sangre significa productividad y vida, al igual que el derramamiento de sangre significa pérdida de vida y muerte. En consecuencia, el derramamiento de sangre originalmente fue un acto sagrado, ya fuera que se tratara de la sangre de una bestia salvaje, un animal doméstico o de un hombre. La tierra necesita beber sangre si quiere ser fértil, y por lo tanto se le ofrecen libaciones de sangre para incrementar su poder. Pero la señora de la zona de sangre es la mujer. Ella posee la sangre mágica que hace florecer la vida. De ahí que la misma diosa sea muy a menudo la señora de la fertilidad, la guerra *(ilustración 16)* y la caza.

El carácter ambivalente de la Gran Madre Diosa, si no consideramos la India, se ve con mayor claridad en Egipto, donde las grandes diosas –ya sea que se llamaran Neith o Hathor, Bast o Mut- no sólo son diosas nutricias que proporcionan vida y le dan sustento, sino también diosas del salvajismo, de la sed de sangre y la destrucción.

Neith, la vaca celestial y primera parturienta, "la madre que cargó con el sol, que dio a luz antes de que existiera el nacimiento", y de quien Erman encuentra notable que "en tiempos antiguos era especialmente adorada por las mujeres",[81] era una diosa de la guerra y encabezaba la carga en las batallas. Esta misma Neith, invocada para que arbitrara en la disputa sobre Horus, dice amenazadoramente: "O montaré en cólera y los cielos caerán sobre la tierra".[82]

De igual modo, Hathor, la vaca y donadora de leche, es la madre. Ella, también, es la madre del sol, es especialmente honrada por las mujeres, y es la diosa del amor y el destino. La danza, el canto, el ruido de los címbalos, el traqueteo de los collares y el golpeteo de los tamborines, pertenecen a sus festividades y dan fe de su naturaleza provocativa y orgiástica. Ella es una diosa de la guerra, o más bien la sedienta de sangre y frenética despojadora de la humanidad. "Así como verdaderamente estás vivo, yo me he impuesto sobre los hombres, y todo esto ha sucedido según mi voluntad"[83], dice cuando emite un juicio sobre los hombres. Tan embriagada de sangre se encontraba, que los dioses, para salvar a la raza humana de la destrucción total, tuvieron que preparar gran cantidad de cerveza roja que ella finalmente confundió con sangre. "Después se la bebió toda, y le supo bien, y regresó a casa ebria y sin poseer a ningún hombre".

Hathor está identificada con la amistosa diosa-gato Bast, quien en su aspecto terrible es la diosa-león Sekhmet. De modo que no tiene por qué llamar la atención, tal como afirma Kees,[84] el hecho de que la adoración del león haya sido predominante a lo largo del Alto Egipto. El léon es el símbolo más hermoso y más obvio del carácter lacerante de la gran deidad femenina.

Sekhmet, también, es la diosa de las batallas, quien arroja fuego. Bajo la forma de la amistosa Bast, sus ritos son celebrados con música, danzas y el címbalo, pero en su garra sostiene la cabeza de un león, "como para demostrar que su terrible cabeza le queda igual de bien".[85]

A la luz de esta conexión debemos mencionar la leyenda de la diosa-león Tefnut, quien tiene que ser llevada de vuelta a Egipto desde el desierto. Thoth, el dios de la sabiduría, asume esta tarea. Cuando él la reprende y le dice cuán desolado quedó Egipto al haberlo abandonado debido a su rabia, ella comienza a llorar "como un chaparrón", pero repentinamente sus lágrimas se transforman en cólera y se convierte en león. "Su melena humeaba con el fuego, su espalda tenía el color de la sangre, su semblante resplandecía como el sol, sus ojos brillaron con fuego".[86]

Nuevament, Ta-urt, un enorme monstruo embarazado erguido sobre sus patas traseras, cuyo culto data de tiempos prehistóricos,[87] está representado como un hipopótamo con espalda de cocodrilo, patas de león y manos humanas *(ilustración 17)*. Ella es la protectora de las mujeres durante el parto, y de las madres en periodos de lactancia, aunque su aspecto de Madre Terrible es evidente. Posteriormente, en tanto Hesamut, se la correlacionó con la constelación de la Osa, cuyas características maternales son bien conocidas.

La sangre también desempeña un papel decisivo en los tabús femeninos que, desde los tiempos más remotos hasta las muy avanzadas culturas y religiones patriarcales, han causado que los hombres se aparten de todos los asuntos femeninos como si estos fueran algo numinoso. La sangre de la menstruación, la defloración y el nacimiento les prueba a los hombres que las mujeres poseen una conexión natural con esta esfera. Pero en el trasfondo yace un oscuro conocimiento de la afinidad de sangre con la Gran Madre, quien, en tanto señora ctónica de la vida y la muerte, demanda sangre y da la impresión de ser dependiente del derramamiento de la misma.

Sabemos de los tiempos prehistóricos el rol que desempeñaron los reyes divinos, quienes tenían que suicidarse o ser muertos cuando sus poderes fallaban y ya no podían garantizar personalmente la fertilidad. Este cuerpo de ritos, cuya significación y amplia distribución ha sido descrito por Frazer, está dedicado a la Gran Madre y sirven a su fertilidad. Si aún en la actualidad, en África, el rey sagrado es el hacedor de lluvia, la lluvia y la vegetación a la misma vez,[88] lo fue también desde el comienzo de los tiempos en tanto hijo-amante de la Gran Madre. Frazer dice:

Hay razones para pensar que en los primeros tiempos Adonis era en ocasiones personificado por un hombre vivo que sufría una muerte violenta en representación del dios.[89]

Ésta es una subestimación, ya que todo apunta al hecho de que en los tiempos antiguos una víctima humana, ya fuera dios, rey o sacerdote, era siempre ofrecido en sacrificio para asegurar la fertilidad de la tierra.

Originalmente la víctima era el varón, el agente fertilizador, desde que la fertilización es sólo posible mediante libaciones de sangre, que es donde reside la vida. La tierra femenina necesita la sangre-semilla fertilizadora del varón.

Aquí, como en ningún otro lado, podemos ver el significado de la deidad femenina. La naturaleza emocional, pasional, de lo femenino librado a su suerte es una cosa terrible para el hombre y su conciencia. El lado peligroso de la lascivia de la mujer, aunque reprimido, malentendido y minimizado en los tiempos patriarcales, aún constituía una experiencia viva en las épocas remotas. En lo profundo de los estratos evolutivos del adolescente, el temor a ese lado todavía habita en cada hombre y funciona como un veneno dondequiera que una falsa actitud de conciencia reprima al inconsciente esta capa de realidad.

La mitología, sin embargo, nos dice que el desenfreno y sed de sangre de la mujer están subordinados a una ley natural superior, la de la fertilidad. El elemento orgiástico no está presente sólo en los festivales sexuales, que son las festividades de la fertilidad. Las mujeres también celebraron ritos orgiásticos entre ellas. Estos ritos, a menudo conocidos por nosotros sólo gracias a los misterios posteriores, en su mayoría giran en torno al desmembramiento orgiástico del animal sagrado o de la deidad animal, cuyos sangrientas porciones eran decoradas y cuya muertes servían a la fertilidad de la mujer y, en consecuencia, a la de la tierra.

Muerte y desmembramiento o castración son el destino del juvenil dios portador de falo. Ambos temas son claramente visibles en el mito y el ritual, y están asociados con las orgías sangrientas en el culto a la Gran Madre. El desmembramiento del cadáver del Rey de la Estación y el entierro de sus partes constituyen una vieja muestra de magia de fertilidad. Pero sólo cuando veamos los *disjecta membra* como una unidad, podremos obtener el significado original. La preservación del falo y su embalsamamiento como garante de la fertilidad constituyen el otro lado de este ritual. Ambos complementan a la castración, y juntos conforman una totalidad simbólica.

Detrás del arquetipo de la Gran Madre amenaza la experiencia de la muerte, cuando la tierra se lleva consigo a su progenie muerta y la divide y disuelve para la Madre Terrible, quien, en su proyección terrenal, se convierte en la comedora de carne y finalmente en el sarcófago –el último vestigio de los muy antiguos y largamente practicados cultos de fertilidad.

Castración, muerte y desmembramiento, a este nivel son todos equivalentes. Los tres se correlacionan con la descomposición de la vegetación, con la cosecha y la caída de los árboles. Castración y caída de árboles, asociados muy de cerca en los mitos, son simbólicamente idénticos. Ambos se encuentran en el mito de Atis de la Cibeles frigia, en el mito de la Astarté siria y de la Artemisa efesia, y en el cuento Bata del ciclo de Osiris. El significado de ciertos elementos paralelos, esto es, el hecho de que Atis se autoemascule debajo de un pino, se transforme en pino, sea colgado de un pino, y sea talado como un pino, no puede ser elucidado aquí.

El sacrificio sacerdotal del cabello es igualmente un símbolo de la emasculación, a igual que, a la inversa, un cabello en extremo largo es tomado como un signo de elevada virilidad. El sacrificio del cabello de los hombres es una antigua señal de sacerdocio *(ilustración 15)*, desde la calvicie de los hierofantes egipcios a la tonsura de los sacerdotes católicos y monjes budistas. A pesar de las grandes disparidades de los puntos de vista religiosos, la ausencia de cabello siempre está asociada con abstinencia sexual y celibato, esto es, con una autocastración simbólica. El afeitado de la cabeza desempeña un rol oficial en el culto de la Gran Madre, y no sólo como una señal de luto por Adonis ya que aquí, nuevamente, talar el árbol, cosechar el grano, la descomposición de la vegetación, cortarse el cabello y castración son idénticos. El equivalente en la mujer es el sacrificio de su castidad. Al entregarse, la devota se convierte en propiedad de la Gran Madre y finalmente se transforma en ella. Los sacerdotes de Gades (la moderna Cádiz), al igual que los sacerdotes de Isis, se afeitaban la cabeza, y, de un modo desconocido por nosotros, los barberos se contaban entre los sirvientes de Astarté.[90]

Al usar ropa de mujer, costumbre practicada entre los galos, los sacerdotes castrados de la Gran Madre en Siria, Creta, Efeso, etcétera, y que aún se preserva en el vestuario de los sacerdotes católicos de la actualidad, el sacrificio era llevado al punto de la identificación *(ilustración 15)*. No sólo es el varón el sacrificado a la Gran Madre, sino que también se convierte en su representante, en una mujer que usa sus vestidos. Ya sea que sacrifique su masculinidad mediante la castración o la prostitución masculina, sólo se trata de una variante. Los eunucos son, en tanto sacerdotes, también prostitutas sagradas, ya que los *kedeshim*, al igual que las *kedeshoth* o prositutas sagradas femeninas, son representantes de la diosa cuyo carácter orgiástico sexual supera su carácter de fertilidad. Desde que estos sacerdotes castrados desempeñan un rol principal en los cultos de la edad de Bronce en Siria, Asia Menor e incluso en la Mesopotamia, encontramos las mismas presuposiciones al trabajar en todos los territorios de la Gran Madre.[91]

Muerte, castración y desmembramiento son los peligros que amenazan al amante juvenil, pero estos no caracterizan adecuadamente la relación que mantiene con la Gran Madre. Si ella sólo fuera terrible, tan sólo una diosa-muerte, su resplandeciente imagen carecería de algo que tal vez la convierte en más terrible todavía y, a la misma vez, en infinitamente deseable. Y es que ella también es la diosa que conduce a la locura y que fascina, la seductora y la que proporciona placer, la soberana hechicera. La fascinación del sexo y la orgía de embriaguez que culminan en inconsciencia y muerte, están inextricablemente combinadas en ella.

Mientras que el incesto urobórico significaba disolución y extinción, porque tenía carácter total y no genital, el incesto en la etapa adolescente es genital y restringido absolutamente a lo genital. Aquí, la Gran Madre se convierte por completo en vientre, al igual que el joven amante se convierte por completo en falo, y el proceso entero permanece enteramente en el nivel sexual.

De aquí que el falo y el culto fálico vayan juntos con la sexualidad de la etapa adolescente, y el aspecto letal de esta etapa aparece asimismo como el asesinato del falo, esto es, como castración. El carácter orgiástico de los cultos de Adonis, Atis y Tammuz, para no hablar del de Dioniso, forman por completo parte de esta sexualidad. El joven amante experimenta una orgía de sexo y el Yo se disuelve en el orgasmo, es trascendido en la muerte. En este nivel, orgasmo y muerte van juntos, al igual que el orgasmo y la castración.

Para el juvenil dios, con su Yo débilmente desarrollado, los aspectos positivos y negativos de la sexualidad se encuentran peligrosamente cerca uno del otro. Cuando, intoxicado, rinde su Yo y regresa al vientre de la Gran Madre, regresionando a la etapa preyoica, él no está consumando el beatífico incesto urobórico de la primera etapa, sino el éxtasis mortal de un inceso sexual perteneciente a una etapa posterior, cuyo lema es: *post coitum omne animal triste*. Aquí la sexualidad significa la pérdida del Yo y ser dominado por la mujer, que es una experiencia típica, o más bien arquetípica, en la pubertad. Ya que el sexo es experimentado como los todopoderosos falo y vientre transpersonales, el Yo perece y sucumbe ante la suprema fascinación del no-Yo. La Madre todavía es muy grande, el asiento del inconsciente está demasiado cerca como para que el Yo resista la oleada de sangre.[92]

La Gran Madre es una hechicera que confunde los sentidos y vuelve locos a los hombres. Ningún adolescente puede resistirse a ella; él se le ofrece como falo. Ya sean forzados a ello o, si no, dominados por la Gran Madre, los frenéticos jóvenes se automutilan y le ofrecen el falo en sacrificio.

La locura es un desmembramiento del individuo, al igual que el desmembramiento del cuerpo en la magia de fertilidad simboliza la disolución de la personalidad.

Desde que la disolución de la personalidad y de la conciencia individual pertenece a la esfera de la Diosa Madre, la insania es un síntoma siempre recurrente de posesión por ella o sus representantes. De este modo —y en esto radica su poder a la vez mágico y terrible-, el joven arde en deseos incluso cuando está amenazado de muerte, incluso cuando la consumación de su deseo signifique la castración. La Gran Madre es por lo tanto la bruja que transforma a los hombres en animales —tal como Circe, señora de las bestias salvajes, que sacrifica al varón y lo desgarra. De hecho, el varón le sirve como animal, y sólo como eso, ya que ella gobierna el mundo animal de los instintos, que vela por ella y su fertilidad. Esto explica el teriomorfismo de los consortes masculinos de la Gran Madre, sus sacerdotes y víctimas. Y ésta es la razón según la cual, por ejemplo, los devotos masculinos de la Gran Diosa, quienes se prostituían en su nombre, eran llamados *kelabim*,[93] "perros", y vistieran ropas de mujer.

Para la Gran Madre, el joven divino significa felicidad, gloria y fertilidad, pero ella permanece eternamente infiel hacia él y sólo le retribuye con desgracias. Gilgamesh le responde con firmeza a Ishtar ante sus artimañas seductoras *(ilustración 16),* cuando ella "alzó la vista hacia la belleza de Gilgamesh":

[¿Qué podré ofrecerte] a ti, para poder tomarte en matrimonio?
[¿Podré ofrecerte aceite] para el cuerpo, y vestidos?
[¿Podré ofrecerte] pan y víveres? [...] alimento para dioses,
[...] bebidas para la realeza.
[...]
[...si yo] te tomo en matrimonio?
[Tú no eres otra cosa que un brasero que se extingue] en el frío;
Una puerta trasera [que no] evita el paso de las tempestades y los huracanes;
Un palacio que aplasta a los valientes [...];
Un turbante cuya cubierta [...];
Brea que ensucia a quienes la utilizan;
Impermeable que deja que el agua [lo atraviese];
Piedra caliza que [hace saltar] el terraplén de piedra;
Jaspe [cuyo...] tierra enemiga;
¡Un zapato que [pincha el pie] a su propietario!
¿A qué amante has amado por siempre?
¿Cuál de tus pastores te complació [todo el tiempo]?
Ven, y por ti les pondré nombre a tus amantes:

De...[...]...
A Tammuz, el amante de tu juventud.
Le has ordenado lamentarse año tras año.
Habiendo amado al pájaro moteado de los rebaños,
Lo golpeaste rompiéndole las alas.
En las arboledas está sentado, llorando "¡Mis alas!"
Después amaste a un león, perfecto en su fuerza;
Siete hoyos y siete cavaste para él.
Luego amaste a un semental, famoso en batalla;
El látigo, la espuela y la fusta ordenaste para él.
Decretaste para él que galopara siete leguas,
Tú decretaste para él que bebiera del fango;
¡Para su madre, Sililí, ordenaste lamentos!
Después amaste al pastor del rebaño,

Que se cubría de cenizas cada vez que lo reunía para ti;

Aún así lo golpeaste, convirtiéndolo en lobo,

De modo que sus propios ayudantes lo espantaron,

Y sus perros le mordieron los muslos.

Después amaste a Ishullanu, el jardinero de tu padre,

Quien te llevaba canastas con dátiles todos los días,

Y que diariamente limpiaba tu mesa.

Levantaste tus ojos hacia él, y le dijiste:

"Oh, mi Ishallanu, saboreemos tu vigor!

Estira tu 'mano' y toca nuestra 'modestia'!"

Ishallanu te respondió:

"¿Qué es lo que quieres conmigo?

¿Acaso mi madre no ha cocinado? ¿Acaso no he comido,

Como para que ahora tenga que probar el alimento de la ofensa y las maldiciones?

¿Es que acaso la pared de junco es capaz de proteger del frío?"

Cuando lo escuchaste decirte esto,

Lo golpeaste y lo convertiste en araña.

Lo colocaste en medio de ...[.];

Ahora él no puede subir...tampoco puede bajar...

Si fuéramos amantes, me tratarías como los has tratado a ellos.[94]

Mientras más fuerte se vuelve la conciencia masculina del Yo, más atento se muestra con respecto a la naturaleza emasculadora, hechicera, mortal y pasmosa de la Gran Diosa.

Los dominios de la Madre Terrible

Con miras a ilustrar los elementos principales del arquetipo de la Gran y Terrible Madre y su hijo-amante, tomaremos como ejemplo al gran mito de Osiris e Isis *(ilustración 18)*. La versión patriarcal de este mito muestra claras huellas de la transición del matriarcado al patriarcado, y a pesar del reordenamiento editorial y de la alteración del material, aún es posible para nosotros escuchar los tonos originales. El mito también ha sido preservado como el cuento más antiguo en la literatura mundial, concretamente, como la historia de Bata. A pesar de las personalizaciones secundarias que son inevitables con el paso del mito al cuento, esta historia también preserva de manera clara e interpretable las relaciones y símbolos que desvelan el significado original.

En el mito, Isis, Nephtys, Set y Osiris forman una cuaternidad de dos hermanos y dos hermanas. Incluso en el vientre, Isis y Osiris son inseparables, y en su fase final el mito representa a Isis como símbolo positivo del amor conyugal y maternal. Pero, junto con sus características como madre-esposa, Isis también preserva algo mágico y maternal en sus relaciones con Osiris. Así, cuando este último es asesinado y desmembrado por su enemigo y hermano, Set, es su hermana-esposa, Isis, quien provoca su renacimiento, probando de este modo que ella es, al mismo tiempo, la madre de su hermano-esposo. En desarrollos posteriores del mito, ella queda desprovista por completo del rol de Gran Madre y asume el de esposa. Sin embargo Isis, quien busca, lamenta, encuentra, reconoce y da a luz a su esposo muerto, todavía es la gran diosa adorada por los jóvenes, cuyos ritos están tipificados en todos lados por la secuencia de muerte, lamentos, búsqueda, recuperación y renacimiento.

Es una función esencial de la "buena" Isis renunciar a su dominio matriarcal, algo que constituía un elemento evidente en el original matriarcado de las Reinas Egipcias. Típico de esta rendición, y de la transición al sistema patriarcal, es la lucha de Isis para obtener de los dioses el reconocimiento de la legitimidad de su hijo Horus. Mientras que en el "sistema uterino", tal como Moret lo llama,[95] un hijo siempre es el hijo de su madre, Isis lucha por el reconocimiento de la paternidad de Osiris a favor de Horus, quien deberá asumir la herencia paternal del patriarcado. En esta herencia estaba basado el linaje de los faraones egipcios, cada uno de los cuales se llamaba a sí mismo "Hijo de Horus". Osiris es "aquel que establece justicia sobre las dos tierras; él deja al hijo en lugar de su padre".[96]

Un elemento a destacar, y en cierto modo de una incongruencia evidente, que ha sido preservado, contradice el aspecto positivo de Isis como esposa y madre. Horus reasume la lucha de su padre contra su asesino Set, e Isis lo alienta. Pero cuando Set es alcanzado por la lanza de Isis, éste clama misericordia, diciendo:

"¿Empuñarás las armas en contra del hermano de su madre [de Horus]?". El corazón de Isis sintió compasión y ella le gritó a la lanza. "¡Déjalo, déjalo! Mira, él es mi hermano, somos hijos de la misma madre." Y la lanza lo dejó. Entonces la majestuosidad de Horus se levantó furiosa en contra de su madre Isis, al igual que una pantera del Alto Egipto. Y ella huyó de él ese día, cuando comenzó la batalla en contra del agitador Set. Y Horus le cortó la cabeza a Isis. Pero Thoth, gracias a su magia, le cambió el aspecto y se la repuso, y de ahí en adelante Isis fue llamada "la primera de las vacas".[97]

Es característico que Set, al acusar a su hermana Isis, deba decir que, después de todo, son hermanos e hijos de la misma madre, y que por lo tanto ella no debe amar al "extranjero" más de lo que lo ama a él.[98] Este extranjero es, ya sea Osiris, quien aquí no es considerado hermano de Isis sino su esposo, o, tal como sostiene Erman, su propio hijo Horus. Esto quiere decir que el punto de vista de Set es puramente matriarcal, derivado de la época de la exogamia, cuando el hijo se marchaba y el tío maternal era y permanecía como la cabeza de familia. El punto de vista patriarcal como opuesto al matriarcal está formulado de manera clásica por uno de los dioses en la disputa acerca de la soberanía de Horus: "¿Debe ser entregado el poder al hermano de la hermana, cuando en realidad existe un hijo del propio cuerpo de ésta?" La petición de Set contrasta con dicha formulación: "¿Le entregarás el poder a mi hermano pequeño, mientras yo, el hermano mayor, esté presente?".[99]

De este modo, es evidente que Isis ha regresionado, volviendo a la relación hermano-hermana, la cual, según sabemos por Bachofen, tiene prioridad sobre la relación esposo-esposa. Isis defiende a su hermano Set porque son hermanos de la misma madre, aun cuando él ha asesinado al esposo de Isis, Osiris, y lo ha cortado en pedazos. Horus, en tanto vengador de su padre, se convierte en culpable de matricidio. El problema de *La Orestíada*, del cual nos ocuparemos más adelante como un ejemplo de las lealtades conflictivas del hijo hacia el padre y la madre, afloran aquí en conexión con Isis, cuya función esencial descansa en formar un puente desde el orden matriarcal de la sociedad hacia el orden patriarcal.

Puede observarse una huella adicional del aspecto originalmente "terrible" de Isis en el extraño hecho de que, cuando interviene en la batalla entre Horus y Set, su lanza primero hiere a su hijo Horus; un error que repara de inmediato. El lado terrible de Isis es evidente en varios otros rasgos secundarios, y aunque estos no pertenecen al auténtico drama Isis-Osiris, son no obstante extremadamente significativos. Durante la búsqueda de Osiris, Isis se convierte en ayudante de la "Reina Astarté", en Biblos. Allí, Isis procura convertir en inmortal al hijo de la reina tendiéndolo sobre el fuego, intento en el que fracasa. El hijo menor del rey muere al contemplar los violentos sollozos de Isis mientras ésta se lanza sobre el ataúd de Osiris, e Isis se lleva consigo a Egipto al hijo mayor del rey. Cuando el muchacho la sorprende en el acto de besar, bañada en lágrimas, el rostro del difunto Osiris, furiosa le lanza una mirada tan terrible que él muere de pánico en el acto.[100] Esta clara prueba de su brujería es disimulada, en tanto detalle secundario, en la clandestina destrucción de los hijos de Astarté, reina de Biblos –con quien, sin embargo, siempre se identifica a Isis-. La buena Isis egipcia, la madre "ejemplar" de Horus, se presenta al lado de la Madre Terrible, quien en Biblos asesina a sus hijos, los hijos de Astarté.

Astarté y una de sus dobles, Anath, fueron ambas adoradas como Isis en el santuario de Filos, lo que demuestra la afinidad entre las dos diosas.[101] La figura de Astarté-Anath corresponde a la Isis matriarcal, que está asociada con su hermano Set. Y en el litigio sobre Horus, Anath es cedida a Set como "indemnización".[102] Cuando culmina el desarrollo patriarcal de Isis y sólo destaca como buena mujer y madre, su aspecto matriarcal terrible es delegado sobre Set, el tío maternal de Horus.

Otro hecho sorprendente es que Horus engendra a sus cuatro hijos por medio de su madre Isis. Esto sólo repite lo que sucede en todos aquellos territorios que pertenecen a la Gran Madre. Para todas las generaciones de hombres, ella permanece como la Única.

El aspecto terrible de Isis también se revela en la circunstancia de que Osiris, quien renace gracias a su ayuda, permanece castrado. Su miembro nunca fue descubierto; fue tragado por un pez. Desmembramiento y castración ya no son más llevados a cabo por Isis, sino que son realizados por Set.

El resultado, sin embargo, es el mismo.

Debe destacarse que Isis concibe a Horus, el Harpócrates de los griegos, con el concurso del fallecido Osiris. Que este hijo-dios sea concebido por Osiris después de su muerte es un hecho en cierto modo desconcertante. El simbolismo se repite en la historia de Bata, cuya esposa resulta embarazada por una astilla del árbol Bata. El asunto se vuelve más inteligible si tomamos en cuenta que la fecundación de la Gran Madre presupone la muerte del varón, y que la Madre Tierra sólo puede ser fructífera por medio de la muerte, el asesinato, la castración y el sacrificio.

El Horus-niño engendrado por el fallecido Osiris es representado, por un lado, con piernas débiles, y por otro, itifálicamente. Él mantiene su dedo pegado a la boca, lo que indica supuestamente que lo está chupando. Generalmente aparece sentado en el centro de una flor, y su marca distintiva es un largo mechón de cabello ensortijado, junto al cual sostiene la cornucopia y la urna. Él simboliza el sol del amanecer y su significado es indudablemente fálico. El falo erecto, el dedo, y el mechón de cabello dejan evidencia de esto. Al mismo tiempo, cuenta con atributos femeninos y es lo que podríamos llamar un preferido de mamá. Incluso cuando, y esto es curioso, está disfrazado de hombre mayor, lleva una canasta. Este Harpócrates representa la etapa infantil de la existencia en el uróboros; es el amamantado, atrapado en el ovillo materno. Su padre es un espíritu alado, el fallecido Osiris, y así este Horus pertenece a la etapa matriarcal del uróboros, en la que no existe el padre personal sino solamente la gran Isis.

El desmembramiento de Osiris y el robo de su falo, posteriormente atribuido a Set, constituyen las porciones más antiguas del ritual de fertilidad. Isis compensa esto al reemplazar el miembro perdido con un falo de madera con el cual el fallecido Osiris la embaraza. Podemos reconstruir el ritual de esta manera: mientras los pedazos de Osiris se esparcen sobre los campos, para garantizar así la fertilidad anual, el falo continúa perdido. Debido a ello, el miembro sustraído a Osiris permanece embalsamado y preservado hasta la siguiente fiesta de resurrección de la fertilidad. Pero es con este falo embalsamado que Isis concibe al niño Horus. De aquí que para este Horus, así como para Horus el dios-sol, es más significativo que Isis sea su madre que Osiris su padre.

El hecho de que la reina de Biblos sea identificada con Hathor, la diosa con cabeza de vaca, y que Isis haya obtenido su cabeza de vaca por traicionar a Horus y a Osiris, completan la figura. El Libro de los Muertos contiene recuerdos de la terrible Isis, cuando habla del "cuchillo asesino con el cual Isis cortó un pedazo de carne de Horus",[103] y del "hacha de Isis".[104] Nuevamente, cuando se nos dice que Horus destruyó "la inundación de su madre",[105] nos están confirmando su aspecto devorador.

Hallamos lo mismo en Hathor. Ella aparece como hipopótamo y como vaca. El hipopótamo estaba originalmente consagrado a Set, pero el mito de Osiris relata cómo pasó a la facción Osiris-Horus. Aquí, también, se trata de la cuestión de superar a la Gran y Terrible Madre en la forma de un hipopótamo hembra preñada, y de su transformación en la madre buena, la vaca.

Sólo cuando Horus, en tanto hijo de su padre, decapita a la terrible Isis, hermana de Set, su aspecto espantoso es destruido y transformado. Thoth, el dios de la sabiduría, entonces le proporciona la cabeza de vaca, símbolo de la madre buena, y ella se convierte en Hathor. Como tal, ella es la madre buena y esposa sumisa de la época patriarcal. Su poder es delegado a su hijo Horus, heredero de Osiris, y a través de él a los patriarcales faraones de Egipto; su lado terrible es reprimido en el inconsciente.

Podemos encontrar evidencias de esta represión en otra de las figuras mitológicas de Egipto. Junto a las escaleras en las cuales, durante el Juicio de los Muertos, se pesan los corazones, se sienta la monstruosa Amam o Am-mit, "devoradora de los muertos". Aquellos muertos que no hayan pasado la prueba son comidos por este "monstruo femenino"[106] y son destruidos para siempre. Este monstruo tiene una forma que llama la atención: "Su parte delantera un león, su parte trasera un hipopótamo, y su parte media un león".[107]

Ta-urt[108,] también, es una combinación de hipopótamo, cocodrilo y leona; sólo que aquí los rasgos de la diosa-león Sekhmet se enfatizan con mayor fuerza. De este modo, la devoradora de los muertos es la Madre Terrible de la muerte y el inframundo, aunque no en su espléndida forma original. Ella está "reprimida" y se agazapa junto a las escaleras del juicio como un espanto. Tal como dice Erman[109], ella "no gozaba de las simpatías de la fantasía popular".

Confirmación posterior de esto la proporciona el Libro de los Muertos, donde se dice de Amam, aquí representado como el dios de los muertos, que

Determinó que los cedros no crecieran y que las acacias no florecieran.[110]

La Madre Terrible no podría ser mejor descrita que con estas palabras, más aún si recordamos que el cedro y la acacia están, simbólicamente, íntimamente conectados con Osiris, cuya vida e inmortalidad representan.

El aspecto terrible de Isis queda resaltado aún más en la Historia de los Dos Hermanos, cuya conexión con el mito de Isis-Osiris está ampliamente reconocida y ha sido autenticada por las últimas excavaciones en Biblos.[111]

Enumeraremos brevemente los temas que relacionan al mito de Osiris con la historia de Bata. El fallecido Osiris, a quien Isis busca, fue encontrado en Biblos, Líbano, y fue encontrado además con forma de árbol; esto es, estaba encerrado dentro de un árbol. Desde allí fue llevado de regreso a Egipto. El principal símbolo de Osiris es el "pilar *djed*", un árbol fetiche, suficientemente llamativo por sí mismo desde que en Egipto no hay árboles; y en Biblos, también, un árbol, envuelto en lino y ungido, fue adorado como el "madero de Isis".[112] La importación de árboles provenientes de Líbano constituyó una de las condiciones esenciales para la cultura egipcia, pero sobre todo para el culto a los muertos. Sabemos que los tributos egipcios a la reina de Biblos se remontan al año 2800 a.C. Incuestionablemente, los cercanos vínculos entre los centros culturales egipcios y sirios se remontan más atrás todavía.

El fálico árbol fetiche, como símbolo del amante juvenil, es conocido por nosotros gracias a numerosos mitos. En un grado aun mayor que el de la cosecha del grano, que significa la muerte del hijo nacido de la Madre Tierra, la tala de árboles constituyó un acto ritual. La poderosa fuerza de este hijo, en su forma de árbol, hace del sacrificio algo más significativo e impresionante. Ya hemos discutido el asesinato y colgamiento en el árbol del hijo-amante-sacerdote, y también hemos destacado que su castración debe ser equiparada con la tala de árbol.[113] Que nuestro punto de vista es correcto se ve corroborado por el hecho de que el proceso inverso, la erección del pilar *djed* de Osiris en las ceremonias de coronación en el festival Sed, simboliza la renovación de la fuerza del faraón.

La Historia de los dos Hermanos tiene por ubicación el Valle de los Cedros, cerca de Biblos. La heroína, la esposa del hermano mayor de Bata, intenta seducir a Bata. Se trata del antiguo tema de José. Bata se resiste a sus halagos; la esposa lo acusa con su esposo, quien en seguida trata de matar a su hermano menor. Bata, en señal de su inocencia, se castra. Luego, los dioses crean una esposa maravillosa como compañera del castrado Bata. Bata le advierte –y éste es un elemento a destacar- acerca de los peligros del mar, diciéndole: "No sigas, no vaya a ser que el mar te arrastre. No puedo protegerte del mar, debido a que soy una mujer como tú".[114]

Esta advertencia acerca del mar es sumamente interesante. Recordemos que el falo de Osiris fue tragado por un pez, del tipo que los egipcios consideraban sagrado y no podían comer.[115]

Las excavaciones en la antigua Ugarit (en la actualidad, Ras Shamra, Siria) han hecho de Astarté, Señora del Mar, una figura tan familiar para nosotros como lo es Afrodita, la nacida de la espuma. Siempre el océano primordial –"las aguas de las profundidades" de la leyenda judía- son las aguas territoriales de la Madre Terrible. Por ejemplo, Lilith, la comedora de niños, la adversaria del hombre, quien rechaza someterse a Adán, se retira a un lugar llamado el "barranco del mar".[116] La esposa de Bata se encuentra en peligro de ser arrastrada por las olas, esto es, de ser dominada por su aspecto negativo de Astarté. Astarté tuvo originalmente la forma de un pez, en su aspecto de Atargatis. Como Derceto, también, Astarté se parecía a un pescado o fuente de agua, y en muchos de los mitos ella se zambulle en su elemento nativo.

En la historia de Bata, lo que Bata verdaderamente teme, y que ningún pobre eunuco afeminado puede evitar, sucede de modo natural. Su esposa se convierte en esposa del rey egipcio, y ella maldice al cedro, que está identificado con Bata, cuyo "corazón reposa sobre esta flor", la cual es podada. El fallecido Bata, sin embargo, es resucitado por su hermano y llega a Egipto con forma de toro. Una vez más es asesinado, y de las gotas de su sangre brotan árboles de si comoro, los cuales igualmente son talados a petición de su esposa. Pero esta vez, Bata se mete en la boca de su esposa bajo la forma de una astilla de madera del árbol, y ella queda embarazada. De esta manera, él nace nuevamente como su propio hijo nacido de la Madre Terrible, es adoptado por el rey de Etiopía, y posteriormente se convierte rey de Egipto. En su ascensión al trono como el patriarca, mata a su esposa, que también era su hermana, y convierte a su hermano en Príncipe de la Corona.

Aquí no podemos ocuparnos del tema de los dos hermanos ni del tema de la autopropagación, ya que pertenecen a la etapa posterior de la lucha contra el dragón y el conflicto con el principio masculino. Sólo señalaremos su conexión con el mito de Osiris y con la figura de la Madre Terrible que acecha detrás de Isis, la buena esposa y madre.

Bata es el hijo-amante de la Gran Madre, tal como podemos esperar de la esfera cultural a la cual Biblos pertenece. El tema de José, la caída del árbol, la autocastración, la forma animal de la víctima, que es sacrificada como toro, el sacrificio de sangre como el principio de fertilidad que causa el crecimiento del árbol, sólo para ser talado nuevamente, todo esto nos es familiar. En todas partes lo femenino es "terrible"; ella es la seductora, el instrumento de la castración, causa de las dos caídas del árbol y de la muerte del toro. Pero, a pesar de todo, ella no sólo es terrible; también es madre diosa fructífera, que resulta embarazada por la astilla de madera para dar a luz a su hijo Bata, el seducido, asesinado y sacrificado.

Osiris, al igual que Bata, tiene la forma de un árbol y de un toro. El árbol caído es su emblema, y no sólo el cedro fue de hecho importado a Egipto procedente de Líbano, sino que el mito relata expresamente que Osiris fue encontrado por Isis en Biblos con forma de árbol y que fue llevado a Egipto desde allí. El mito claramente asocia por completo a Osiris, deidad de la vegetación, con Adonis, Atis y Tammuz. Incluso su culto es el del dios que muere y resucita.[117]

Pero el poder del uróboros maternal se encuentra, tal como hemos visto, en decadencia con Isis. La figura de la terrible Astarté, diosa de Biblos, retratada con claridad en la historia de Bata, se ve superada por Isis, la madre buena; pero a su lado aparece la figura negativa de Set, el principio masculino y hermano gemelo, quien asume el rol del asesino. Mientras que en la leyenda de Atis el lado masculino-negativo de la andrógina Diosa Madre urobórica sólo aparece como el jabalí que mata a Atis, en el mito de Osiris esta figura es una entidad independiente que demuestra ser hostil no sólo hacia Osiris sino, al final, también hacia Isis.

La historia de Bata representa la naturaleza terrible de la Gran Madre así como la naturaleza de lo femenino en general. Pero con el tránsito del reinado matriarcal de las reinas egipcias y con la llegada del Horus patriarcal, el dios-sol, bajo los faraones, Isis gradualmente se mezcla con el arquetipo de la Madre Buena, quien preside la familia patriarcal *(ilustración 18)*. Su naturaleza mágica, como matriz regeneradora de su propio hermano y esposo, fue relegada a un segundo plano.

Importantes corroboraciones de todo esto han sido proporcionadas por los recientemente descubiertos mitos cananeos, que salieron a la luz durante las excavaciones de Ras Shamra. Mencionamos estos hechos sólo en relación al simbolismo del uróboros y de la Gran Madre.

Albright[118] ha determinado que la religión cananea, en comparación con las religiones de sus vecinos, permaneció relativamente primitiva y aborigen. Como ejemplo, cita el hecho de que las relaciones entre las divinidades, e incluso sus sexos, variaban; además menciona la tendencia de la mitología cananea a juntar a los opuestos, de modo que, por ejemplo, el dios de la muerte y la destrucción es también el dios de la vida y la curación, al igual que la diosa Anath es la destructora y, al mismo tiempo, la diosa de la vida y la propagación. La coincidencia urobórica de los opuestos está expresada en esta yuxtaposición de elementos positivos y negativos, de atributos masculinos y femeninos.

Las tres diosas Asherah, Anath y Ashtaroth son simplemente tres manifestaciones diferentes, pero indistintas, del arquetipo de la Gran Madre. Asherah es la enemiga del héroe Baal y madre de los monstruos del desierto que causan su muerte, y al mismo tiempo es la enemiga de Anath, la diosa-hermana de Baal. Pero aquí también, al igual que con Isis, madre-amada y hermana, destructora y colaboradora, constituyen aspectos inseparables. El arquetipo aún no se ha se ha dividido y todavía no hay diosas singulares de contornos precisos.

Al igual que Isis, Anath resucita a su hermano-marido muerto y derrota al malvado hermano Mot-Set. En Ashtaroth, cuyo nombre Albright traduce como "criadora de ovejas", podemos reconocer la figura primordial de Rahel, la madre oveja. Pero Ashtaroth y Anath son simultáneamente vírgenes y madres de los pueblos, "las grandes diosas que conciben, pero que no dan a luz, esto es, las diosas que son perennemente fructíferas sin perder nunca su virginidad; ellas son por lo tanto diosas madres y cortesanas divinas a la misma vez." Además, las tres son diosas siniestras del sexo y la guerra, cuya sed de sangre rivaliza incluso con las de Hathor y la Kali india. La posterior imagen de la diosa desnuda galopando sobre un caballo y blandiendo una lanza está esbozada vívidamente en la épica de Baal. Después de que ella asesinara a la raza de los hombres, "la sangre era tan abundante que se hundió hasta las rodillas, no, hasta el cuello. Debajo de sus pies había cabezas humanas; sobre ella, manos humanas que volaban como langostas; en su deleite sensual ella se adornó con cabezas y manos amarradas a su cinturón." El placer que le produce la carnicería está descrito con un lenguaje de mayor sadismo: "Su hígado se removió a carcajadas, su corazón estaba lleno de dicha, el hígado de Anath estaba exultante."[119]

Al igual que con todas las diosas de este tipo, la sangre es rocío y lluvia para la tierra, la cual debe beber sangre para ser fructífera. En Ashtaroth también podemos reconocer la imagen primordial de la Señora del Mar; ella es la más temprana y más salvaje representación de la diosa marina Afrodita, y en un cuento egipcio[120] los dioses, amenazados por el mar, llevaron a la Astarté siria a Egipto de modo que pudieran apaciguarla mediante la veneración.

No sólo el nacimiento y la muerte están vinculados en la mitología cananea, también la forma originalmente hermafrodita del uróboros reaparece en la relación entre la masculina estrella matutina, Astar o Attar, y la femenina estrella de la noche, la Ishtar de Mesopotamia.[121] La androginia en una deidad es una característica primitiva, tal como lo es, también, la combinación de virginidad y fertilidad en las diosas, y la fertilidad y la castración en los dioses. Los rasgos masculinos en la mujer aún coexisten junto con los rasgos femeninos del varón. Si la diosa sostiene el lirio, el símbolo femenino, en una mano y la serpiente, el símbolo masculino, en la otra, esto responde por completo al hecho de que los eunucos que la sirven son prostitutos masculinos, bailarines y sacerdotes.[122] En Canaán, por lo tanto, encontramos todos los elementos del canon determinado por la figura urobórica de la Gran Madre y por la completa indiferenciación del principio masculino.

La cultura greco-micénica es igualmente un típico dominio de la Gran Madre; los mismos grupos de características simbólicas y rituales se repiten y encuentran en Egipto y en Canaán, en Fenicia, Babilonia, Asiria y en las culturas del cercano Oriente, entre los hititas así como entre los indios. La cultura egea conforma un puente entre Egipto y Libia por un lado, y entre Grecia y Asia Menor por otro. Para nosotros no es de importancia cómo han fluido las corrientes culturales en términos históricos, porque la pureza de la figura arquetípica es, por lejos, de mucho mayor importancia para nuestro tema que la pregunta acerca de la prioridad.

Debemos confiar principalmente en representaciones pictóricas de la religión creto-micénica, ya que los textos aún no han sido descifrados; pero aquí nuevamente la interpretación comparativa de los símbolos demuestra su valor y nos conduce al arquetipo de la Gran Madre. La cultura creto-egea está dominada por la figura de la Gran Madre como una diosa de la naturaleza; originalmente era adorada en cuevas, y sus sacerdotes eran mujeres. Ella era la señora de las montañas y de los animales salvajes. Las serpientes y las criaturas del inframundo eran sagradas para ella, pero los pájaros, también, simbolizan su presencia. La paloma era especialmente un atributo suyo, y continuó siendo representada como una diosa-paloma, al igual que Afrodita y María (la paloma del Espíritu Santo). Su culto data evidentemente desde la edad de Piedra, tal como lo indican las vestiduras de pieles que se usaron en sus rituales. Su personalidad de Gran Madre se revela en los vestidos de las diosas y sus sacerdotisas, y en el atuendo de las mujeres en general, que dejaban los pechos al aire; también es evidente por las numerosas representaciones de madres animales que perduran hasta nuestros días. El significado mitológico de estas pinturas de vacas con becerros, y de cabras con niños,[123] está obviamente en conexión con los mitos que han llegado a nosotros desde Grecia vía Creta. Ya hemos mencionado que el juvenil Zeus era el Zeus cretense niño que fue amamantado por una cabra, vaca, perra o puerca, siendo éstas las representantes de Gea, la Madre Tierra, a cuyo cargo fue encomendado.[124]

Un aspecto central del gran culto de la fertilidad cretense es el toro, el instrumento masculino de la fertilidad y también su víctima. Él es el principal protagonista en las cacerías y festivales; él es la sangre de los sacrificios; su cabeza y cuernos son, junto con el hacha doble, o *labrys* (el sagrado implemento del sacrificio[125]), un símbolo típico de los lugares sagrados cretenses. Este toro simboliza al dios juvenil, el hijo-amante de la Gran Madre quien, como la Europa de la mitología griega, reinaba en Creta. Ella es la consorte del toro cretense, bajo cuya forma Zeus la raptó.

Al igual que Eshmun se autoemasculó con el labrys para escapar de Astronöe, también conocida como Astarté-Afrodita, los titanes mataron a Zagreo-Dionisos con el labrys.[126] Éste es el instrumento de la castración sacramental, con el cual el toro, quien posteriormente aparece como sustituto de Dionisos, fue sacrificado. Su forma neolítica aún se preserva en los cuchillos de sílex con los cuales los galos, sacerdotes de Asia.Menor, se castraban a sí mismos, y también en el cuchillo de sílex atribuido a Set. En tiempos posteriores el sacrificio, la castración y el desmembramiento ya no fueron ejecutados sobre una víctima humana, sino sobre un animal. Cerdo, toro y chivo representaban a los dioses Dionisos, Zagreo, Osiris, Tammuz, etcétera. La decapitación del toro consecuentemente reemplazó al sacrificio del falo, y de la misma manera sus cuernos se convirtieron en símbolos fálicos. En Egipto no estaba permitido comer la cabeza de toro sagrado Osiris-Apis, sino que ésta era arrojada al Nilo; y esto es consistente con el mito, que relata que el falo de Osiris despareció en el Nilo después de su desmembramiento. La conexión entre falo y cabeza tiene profundo significado en las etapas mitológicas del desarrollo de la conciencia. Aquí es suficiente decir que uno puede representar al otro y que, de modo característico, la cabeza del toro simboliza el falo humano. Esta sustitución se vuelve más comprensible cuando se tiene en cuenta que el toro aún aparece como un símbolo arquetípico de la sexualidad y la fertilidad en los sueños modernos.

Nuestra afirmación de que en Creta, también, el ritual de fertilidad era originalmente llevado a cabo entre la Gran Madre y su hijo-amante, y que culminaba en el sacrificio de éste, pero que posteriormente fue reemplazado por el sacrificio de un toro, encuentra abundante respaldo. Los detalles individuales sólo adquieren significado cuando ocupan la ubicación que les corresponde dentro de la totalidad, concretamente, dentro de la dominancia arquetípica de la Gran Madre. Al igual que en todos sitios, la diosa Gran Madre de Creta, la Deméter de los griegos, es, en tanto señora del inframundo, también una diosa de la muerte.[127] Los muertos, llamados por Plutarco "demetrioi", son propiedad de ella; su vientre terrenal es el vientre de la muerte, pero también es el regazo de la fertilidad desde el cual emerge todo lo vivo.

La identificación de Tammuz, Atis, Adonis, Eshmun, etcétera, con el Zeus cretense encuentra sustento adicional en el comentario atribuido a Teodoro de Mopsuestia:

Los cretenses solían decir que Zeus fue un príncipe a quien un cerdo salvaje despedazó, y que fue enterrado.[128]

El jabalí es un típico símbolo del hijo-amante condenado, y la muerte del jabalí es una representación mitológica de su sacrificio a la Gran Madre. En un relieve en bronce etrusco, la Gran Madre está representada en su forma original como Gorgona, estrangulando leones con ambos brazos y separando ampliamente sus piernas en actitud de exhibicionismo ritual.[129] El mismo fragmento también muestra la cacería del jabalí tal como lo conocemos por las pinturas cretenses y en Grecia en los tiempos de la soberanía cretense.

La matanza del jabalí es el símbolo más antiguo que conocemos para la muerte del hijo-amante de la Gran Madre. Aquí la diosa de la fertilidad es una cerda, y esto es igualmente cierto en el caso de Isis y posteriormente en el de Deméter, en Eleusis. Cuando la diosa-cerda es desalojada por la vaca, y Hathor-Isis, por ejemplo, aparece en lugar de la Isis porcina, quien aún estaba asociada con un Set porcino, entonces el cerdo igualmente es reemplazado por el toro.

Tal como hemos visto, la cosecha y la tala del árbol son los equivalentes de la muerte, desmembramiento y castración en el ritual de fertilidad; y en Creta el rompimiento de las ramas y el desprenderse de las frutas se presentan ocupando un lugar importante en los ritos, junto con la sagrada danza orgiástica y una lamentación.[130]

El canon de los posteriores festivales de Adonis, para los cuales los sacerdotes se vestían de mujer, quedó así establecido. Más aún, la renovación ritual del gobierno cretense, que debía seguir después de cada "gran año" de ocho años de duración, ofrece paralelos cercanos al festival Sed de renovación entre los egipcios.

Al igual que la renovación del reinado debe interpretarse como un posterior sustituto del original sacrificio del rey anual, también en Creta podemos seguir el camino que lleva desde su castración y muerte anual hasta la sustitución por una víctima humana, y eventualmente animal, y, por último, al festival de renovación, cuando el poder real era restaurado ritualmente. Los sacrificios humanos al Minotauro, el rey-toro de Creta, que según la leyenda griega originalmente consistía en un tributo de siete mancebos y doncellas, probablemente pueda explicarse de este modo, al igual que la pasión que demuestra la reina Parsifae, madre del Minotauro, hacia el toro.

Desde Egipto, África y Asia, e incluso desde Escandinavia, se acumula evidencia de que los sacrificios humanos garantizaban y prolongaban la fuerza del rey.[131] En Creta, como en Egipto, el naciente patriarcado, con su concentración de poder en manos del rey y sus nobles, evidentemente quebró la sagrada soberanía de la madre-diosa. En el proceso, el rey anual fue reemplazado por otro que tuvo en principio que prolongar su vida combatiendo, pero posteriormente se convirtió en un inquebrantable reinado que sacralizó su continuidad mediante sacrificios vicarios y ritos anuales de renovación y regeneración.

Hemos mostrado que la zona creto-micénica de la adoración a la Gran Madre está vinculada con el Asia Menor, Libia y Egipto, pero sus vínculos con la historia mítica y legendaria de Grecia aparecen ahora iluminados bajo una nueva luz. La agudeza histórica de los mitos queda demostrada por sí misma; las dudas acerca de su veracidad se derivan de una época que ha perdido todo conocimiento de la cultura egea. Una vez más Bachofen fue el único que ha reconocido, con su penetrante mirada mitológica, el verdadero contenido de la cultura cretense a partir de sus registros históricos, incluso antes de que el actual material de la civilización egea fuera desenterrado.

De Europa y sus asociaciones con el toro, con el Zeus cretense y el Zeus de Dódona, y con Dionisos, se deriva la sombría dinastía cretense: Minos, Rabdamanto y Sarpedón. El hermano de Europa era Cadmo, cuya historia en Grecia aún tenemos que trazar. Ambos eran hijos de Agenor, rey de Fenicia, que tuvo entre sus ancestros a Libia, hija de Épafo, y a Io, madre de éste, la errante vaca lunar, y blanca como la leche, de Micenas. En Egipto, Épafo era adorado como el toro Apis, e Io como Isis.

Libia, Egipto, Fenicia, Creta, Micenas, Grecia —la conexión histórica entre estas culturas está formulada como una genealogía. Del mismo modo, podemos reconocer la secuencia simbólica y mitológica: la blanca vaca lunar, la Io micénica, es la Isis egipcia y la Europa cretense, mientras que asociadas con ellas se encuentran el toro cretense Zeus-

Dionisos, el toro egipcio Apis, y el Minotauro.

Igualmente significativa es la historia de Cadmo, el legendario hermano de Europa, quien vino de Fenicia para fundar la ciudad de Tebas. Heródoto le atribuye la transmisión de los misterios de Osiris-Dionisos desde Egipto a Pitágoras; en otras palabras, Heródoto rastrea los orígenes de los tardíos misterios griegos, y de sus precursores pitagóricos y órficos, en Egipto vía Fenicia. También vincula al Zeus de Dódona, al Hermes fálico y al culto pregriego o pelásgico de los cabiros, en Samotracia, con el culto de Osiris, en Egipto, y el de Amón, en Libia. En un comienzo estas conexiones fueron negadas por la ciencia, pero en la actualidad resultan obvias, desde que la continuidad cultural que se extiende desde Libia y Egipto, vía la Fenicia cananea y Creta, hasta Grecia, está avalada por abundantes evidencias fácticas.

Cadmo, fundador de Tebas, está en el mismo nivel que Atenea, pero mantiene una relación extremadamente ambivalente con Afrodita y su esposo, Ares. Él mata al dragón ctónico, hijo de Ares, pero se casa con Harmonía, hija de Ares y Afrodita. La vaca con la hoz en forma de luna que lo conduce desde Delfos, fundada por los cretenses, hasta el lugar donde deberá ser fundada Tebas, y en cuyo nombre él se sacrifica, es la antigua madre y diosa lunar de los días pregriegos. Ella gobierna su vida y la de sus hijos, y demuestra ser más poderosa que la colaboradora de Cadmo, Atenea.[132]

Se trata de la antigua diosa-vaca Afrodita cuya imagen irrumpe en las hijas de Cadmo, y en ellas se manifiesta el terrible poder mitológico de la Madre Diosa. Una de sus hijas es Sémele, madre de Dionisos, que queda como una diosa que da a luz un dios aun cuando, en tanto amante mortal de Zeus, muere por los rayos de éste. La segunda hija es Ino. En un arranque de locura se arroja al mar junto con su hijo Melicertes. Melicertes pertenece al ciclo de os dioses hijos-amantes que están perdidos y que son asesinados, lamentados y adorados con ritos orgiásticos. La tercera hija es Ágave, madre de Penteo; ella también es una madre terrible, ya que asesina y corta en pedazos a su hijo en la locura de la orgía y exhibe su cabeza sangrante en señal de triunfo. Penteo se convierte en Dionisos-Zagreo, el dios desmembrado a quien trató de resistir. La cuarta hija es Autónoe, madre de Acteón, el joven cazador que involuntariamente contempló a la virginal Artemisa en su desnudez, y, embargado de terror, huyó de ella transformado en ciervo, sólo para ser destrozado a mordiscos por sus propios perros. Una vez más, transformación animal, desmembramiento y muerte. La virginal Artemisa, diosa de los bosques, es una forma pregriega de la diosa Madre Terrible, y es también la Artemisa de Éfeso, Beocia, etcétera.

Tales son las hijas de Cadmo, y a través de ellas apreciamos la terrible influencia de la temible Afrodita. El único hijo de Cadmo es Polidoro, su nieto es Layo, y su biznieto Edipo. Incluso con el biznieto la relación madre-hijo conduce a la catástrofe. Sólo con Edipo la fatal vinculación entre la Gran Madre y el hijo-amante llega finalmente a término. Europa y Cadmo forman un tributario de la corriente mitológica que comienza en Libia (Io) y alcanza Grecia vía Fenicia. El otro tributario, que también comienza en Libia, conduce a las Danaides y a Argos. Argos, una zona importante de la cultura cretense en

Grecia, está asociada en la leyenda con Dánao, quien introdujo el culto de Apolo Licio. Según Heródoto,[133] las hijas de éste, las Danaides, llevaron el banquete de Deméter, la Tesmoforia, a Grecia desde Egipto. La Tesmoforia y sus misterios conformaban un festival de fertilidad, cuyo aspecto central era un hoyo que representaba el vientre de la Madre Tierra. Las ofrendas se arrojaban al interior del hoyo-vientre, concretamente, piñones, el falo del hijo-árbol, y cerdos vivos, siendo estos la descendencia de la Madre Tierra grávida, o la puerca. El hoyo estaba infestado de serpientes, las permanentes compañeras de la Gran Madre, que siempre están asociadas con su vientre gorgonesco. Los desagradables restos de los cerdos después eran extraídos nuevamente y, de acuerdo con los antiguos ritos de fertilidad, los cortaban en pedazos y los esparcían sobre los campos.

Bachofen ha demostrado convincentemente que las Danaides, al asesinar a los novios a quienes se vieron forzadas a aceptar, pertenecen a la esfera de la virgen-madre "emancipada". Hipermnestra es la única que, en contra del mutuo acuerdo, no asesina a su marido, y con ella la relación amorosa en la mitología comienza a ser un asunto de decisión personal. Por consiguiente, ella se convierte en la primera madre de un linaje de héroes como Perseo y Heracles, que terminan con el poder negativo de la Gran Madre e instauran una cultura masculina. Ambos pertenecen al tipo de héroe engendrado por una deidad masculina y que luego es ayudado por Atenea. El mito de Perseo es el mito del héroe que conquista el símbolo de la dominación matriarcal en el caso de la Gorgona libia, al igual que Teseo lo logra después en el caso del Minotauro.

De este modo, en la descendencia de Io, aunque no sólo en la rama mitológica, el conflicto entre el mundo patriarcal y matriarcal está representado como una historia épica y personalizado como una historia familiar en los mitos de héroes griegos. Incuestionablemente, el estudio científico de la historia y la religión en la actualidad puede verse satisfecho mediante la reducción a agrupaciones etnológicas; pero desde un punto de vista psicológico, que tiene en mente el desarrollo de la conciencia humana, la superación de la etapa de la Gran Madre y su hijo-amante por una nueva etapa mitológica no es una ocurrencia histórica fortuita, sino un necesario evento psicológico. Correlacionar la nueva etapa con una raza o grupo nacional definidos es imposible, tal como lo vemos en el presente, ya que junto con la superación del arquetipo de la madre dentro de la esfera cultural greco-indogermánica se presenta como contraparte no menos radical la esfera hebraica-semítica.

La conquista del arquetipo de la Madre ocupa su lugar adecuado en el mito del héroe, y nos ocuparemos del tema más adelante. Por el momento, debemos examinar más de cerca la etapa de la Gran Madre y su dominio sobre el hijo-amante.

La conexión histórica y mitológica entre las esferas creto-egea y griega resulta evidente en otras figuras del mito griego. Hécate, la diosa aterrorizadora, es la madre de Empusa, la devoradora de hombres, y de las lamias, que les chupan la sangre a los hombres jóvenes y devoran sus carnes. Pero esta Hécate uróborica y de cuerpo triple, señora de los tres reinos -cielo, tierra e inframundo-, es la maestra de Circe y Medea en las artes de la magia y la destrucción. A ella se le atribuye el poder de encantar a los hombres y transformarlos en animales, y de golpear con la locura, cuyo obsequio le pertenece a ella así como a todas las diosas lunares. Los misterios de la Gran Madre eran celebrados por mujeres, de manera pacífica en Eleusis, pero de modo sanguinario en el culto a Dionisos; y el despedazamiento orgiástico del chivo y del toro, con la comida de los fragmentos sanguinolientos como un acto simbólico de fertilización, se extiende desde Osiris a Dionisos-Zagreo y a Orfeo, Penteo y Acteón. Como reza la oración órfica: "La víctima debe ser despedazada y devorada".[134] La diosa madre es la señora de los animales salvajes, ya sea que ella aparezca como Tauropolos, el que lucha cuerpo a cuerpo con el toro, en Creta y Asia Menor, estrangulador de serpientes, pájaros y leones, o como Circe, que esclaviza a los hombres que ha transformado en bestias.

Que la adoración de la Diosa Tierra y Muerte esté a menudo asociada con distritos pantanosos ha sido interpretado por Bachofen como símbolo de un nivel de existencia húmeda y oscura en la cual, hablando uroboricamente, vive el dragón femenino que devora a su descendencia tan pronto como la ha procreado. Guerra, flagelación, ofrendas de sangre y caza no son sino formas atenuadas de su adoración. La Gran Madre en este aspecto no sólo se encuentra en tiempos prehistóricos. Ella gobierna sobre los misterios eleusinos de fecha posterior, y Eurípides todavía conoce a Deméter como la diosa colérica que conduce un carruaje tirado por leones y que está acompañada de báquicos tamboriles, tambores, címbalos y flautas. Ella es lo suficientemente sombría como para encontrarse en las cercanías de las asiáticas Artemisa y Cibeles, y también de las diosas egipcias. La Artemisa de Ortia, de Esparta, requiere sacrificios humanos y el flagelo de niños; los sacrificios humanos también eran requeridos por la Artemisa de Taurina; y la Artemisa de Alfabia era adorada por mujeres mediante danzas nocturnas, para las cuales ellas se cubrían los rostros con barro.

Aquí no se trata de diosas "bárbaras" adoradas mediante prácticas "sensuales" y "asiáticas"; todos estos aspectos constituyen simplemente los estratos más profundos de la adoración de la Gran Madre. Ella es la diosa del amor, y ejerce su poder sobre la fecundidad de la tierra, los hombres, el ganado y los campos; ella también posee autoridad sobre todo lo nacido y es, de esta manera y al mismo tiempo, la diosa del destino, la sabiduría, la muerte y el inframundo. En todo lugar sus ritos son frenéticos y orgiásticos; como señora de los animales silvestres gobierna a todos los seres masculinos, los cuales, en forma de toro y león, sostienen el peso de su trono.

Existen numerosas representaciones de estas diosas mostrando sus genitales como una forma de exhibicionismo[135] ritual, tanto en India como en Canaán, como, por ejemplo, la Isis egipcia o las griegas Deméter y Baubo. La diosa desnuda que "duerme sobre el piso y se abandona al amor" es una versión temprana de la Gran Madre, y podemos encontrar versiones aún más antiguas en los monstruosos ídolos femeninos de los tiempos neolíticos. Su atributo es el cerdo, un animal altamente prolífico; y sobre éste, o sobre un cesto –un símbolo femenino al igual que la cornucopia- la diosa aparece sentada con las piernas abiertas, incluso en los misterios supremos de Eleusis[136].

El cerdo, en tanto primitivo emblema de la Gran Madre, se presenta no sólo como símbolo de fertilidad, sino que también figura en la fase más temprana como una proyección cósmica:

La imagen herética de la mujer-cielo como cerda, que muestra a los niños-estrella ingresando en su boca como si fuera una cerda devorando a sus vástagos, se encuentra en un impresionante texto lingüístico muy antiguo preservado en la tumba falsa de Seti I, en el templo de Osiris, en Abidos[137].

Isis, al igual que Nut, la Core de Kosmou,[138] aparece como una "cerda blanca"[139], y la cabeza del viejo dios Set ha sido interpretada como la de un cerdo[140]. En Troya, Schliemann encontró la figura de un cerdo moteado con estrellas, que evidentemente representa a la mujer-cielo como cerda, y el culto de la cerda como diosa-madre ha dejado numerosas huellas.

Probablemente la más primitiva y más antigua asociación del cerdo es con los genitales femeninos, que incluso en griego y en latín eran llamados "cerdo", de modo que la asociación puede rastrearse aún más atrás en el primitivo nombre de la concha del caracol caurí[141]. La imagen de Isis sentada con las piernas abiertas sobre un cerdo, conduce en línea directa, vía Creta y Asia menor, hasta Grecia. Acerca de Creta, donde el rey Minos fue amamantado por una cerda, Farnel dice:

Los cretenses consideraban sagrado a este animal y no probaban de su carne; y los hombres de Praesos ejecutaban ritos secretos con la cerda, haciendo de ésta la primera ofrenda del sacrificio[142].

El hecho de que los sirios de Hierápolis pudieran, en tiempos de Luciano, discutir la santidad o no santidad del cerdo es sencillamente un signo de ignorancia y decadencia. Su santidad está comprobada no sólo por los bajorrelieves de la madre-cerda encontrados en Biblos[143] y que probablemente pertenezcan al culto de Adonis, sino más aún por la costumbre fenicia de no comer cerdo y de sacrificar estos animales en el aniversario de la muerte de Adonis. Frazer[144] ha demostrado la identidad entre Atis, Adonis y Osiris y su identificación con el cerdo. Dondequiera que esté prohibido comer cerdos y se sostenga que el cerdo es un animal impuro, podemos estar seguros del carácter originalmente sagrado de este animal. La asociación de los cerdos con el simbolismo sexual y de fertilidad llega hasta nuestros días, donde los asuntos en materia de sexo todavía son descritos como "cochinadas".

Kerényi ha llamado la atención acerca de la conexión entre el cerdo como "animal uterino" de la tierra y Deméter y Eleusis[145]. Es importante recordar que cuando a Eleusis se le permitió acuñar su propia moneda, el cerdo fue escogido como símbolo de sus misterios.[146]

La gran fiesta de Afrodita en Argos, donde las mujeres aparecían vestidas como hombres, y los hombres como mujeres usando velos, fue llamada "Hysteria" debido a los sacrificios de cerdos asociados con ésta.

En la celebración de estos aniversarios, las sacerdotisas de Afrodita alcanzaban un estado de euforia salvaje, y el término Histeria quedó identificado con un estado de desarreglo emocional asociado con dichas orgías...La palabra Histeria fue usada en el mismo sentido de Afrodisia, esto es, como sinónimo de los festivales en honor a la diosa.[147]

También podemos mencionar que es Afrodita en su aspecto original de Gran Madre quien envía la "Manía Afrodisiaca".

No sólo esto enfatiza la conexión del arquetipo de la Gran Madre con la sexualidad y la "histeria", pero es aun más significativo que la festividad hermafrodita con sus intercambios de sexo y vestimentas fuera llamada "Hybristica". El repudio por el estado híbrido, uroбórico, de la Grecia patriarcal está claramente expresado en esta denominación, de la cual se puede conjeturar que es afín a *hybris* ("lascivia", "inmoralidad", "escándalo").

El cerdo, por tanto, simboliza lo femenino, el vientre fructífero y receptivo. En tanto "animal uterino" pertenece a la tierra, el foso abierto, el cual, en la Tesmoforia, es fertilizado mediante sacrificios de cerdos.

Entre los símbolos del abismo devorador debemos considerar al vientre en su aspecto aterrador, las numinosas cabezas de la Gorgona y la Medusa, la mujer con barba y falo, y la araña come-hombres. El vientre abierto es el símbolo de la madre urobórica, especialmente cuando está conectado con símbolos fálicos. La boca rechinante de la medusa con sus colmillos de jabalí revela estos aspectos de modo evidente, mientras que la lengua que sobresale está obviamente conectada con el falo. El vientre que se cierra de súbito -esto es, que castra- aparece como las mandíbulas del infierno, y las serpientes que se retuercen alrededor de la cabeza de la Medusa no constituyen elementos personalistas -vello púbico- sino agresivos elementos fálicos que caracterizan el temible aspecto del vientre urobórico.[148] La araña puede clasificarse entre este grupo de símbolos, no sólo porque devora al macho después del coito, sino también porque simboliza lo femenino en general, que teje redes para el macho incauto.

Este peligroso aspecto se ve notoriamente realzado por el elemento del tejido, tal como lo encontramos en las Moiras, que tejen el tapiz del destino, o en las Nornas, que tejen la tela del mundo en el cual todo hombre nacido de mujer se encuentra imbricado. Finalmente, llegamos al velo de Maya, denunciado tanto por hombres como por mujeres como "ilusión", el vacío que absorbe, la caja de Pandora.

Dondequiera que el aspecto dañino de la Gran Madre predomine o sea igual a su lado positivo y creativo, y dondequiera que su lado destructivo -el elemento fálico-

aparezca junto a su vientre fructífero, el uróboros se encuentra aún operativo en el trasfondo. En todos estos casos, la etapa adolescente del Yo todavía no ha sido superada, y tampoco el Yo se ha vuelto independiente del inconsciente.

Las relaciones entre el hijo-amante y la Gran Madre

Podemos distinguir diversas etapas en el vínculo del amante juvenil con respecto a la Gran Madre.

La etapa más temprana está marcada por una rendición natural al destino, al poder de la madre o uróboros. En esta etapa, el sufrimiento y el dolor permanecen anónimos; los dioses juveniles de la vegetación, similares a flores y condenados a morir, se encuentran muy cerca de la etapa del niño sacrificado. En esta etapa se encuentra implícita la pía esperanza de la criatura natural de que él, al igual que la naturaleza, renacerá a través de la Gran Madre, merced a la abundancia de su gracia, sin actividad ni mérito de su parte. Esta etapa se caracteriza por la completa impotencia frente a la madre urobórica, y por el arrollador poder del destino, tal como todavía lo encontramos en la tragedia griega y particularmente en la figura de Edipo. La masculinidad y la conciencia aún no han alcanzado la independencia, y el incesto urobórico ha cedido su lugar al incesto matriarcal de la adolescencia. El éxtasis mortal del incesto sexual es sintomático de un Yo adolescente aún no lo suficientemente fuerte como para resistir las fuerzas simbolizadas por la Gran Madre.

La transición a la siguiente etapa está conformada por los "luchadores". En ellos, el temor a la Gran Madre es el primer signo de centroversión, autoformación y estabilidad del Yo. Este temor se expresa mediante varias formas de huidas y resistencia. La principal expresión de huida, que aún se encuentra completamente bajo el dominio de la Gran Madre, es la autocastración y el suicidio (Atis, Eshmun, Bata, etcétera). Aquí la actitud de resistencia, su renuncia a amar, conduce, sin embargo, precisamente a lo que más desea la Gran Madre, es decir, al sacrificio del falo, aunque el sacrificio se realiza de manera negativa. Los jóvenes que huyen mediante el terror y la locura de las demandas de la Gran Madre revelan, en el acto de la autocastración, su permanente fijación al símbolo central del culto de la Gran Madre, el falo; y esto es lo que le sacrifican, a pesar de que concientemente se nieguen y su Yo proteste.

Este alejarse de la Gran Madre como expresión de centroversión puede verse claramente en las figuras de Narciso, Hipólito y Penteo. Los tres resisten los abrasadores amores de las grandes diosas, pero son castigados por ellas o por sus representantes. En el caso de Narciso, que rechaza el amor y luego se encapricha fatalmente con su propio reflejo, el volverse hacia uno mismo alejándose del objeto que todo lo absorbe con sus inoportunas demandas es lo suficientemente obvio. Pero no es suficiente otorgar preminencia exclusiva a esta acentuación y al amor hacia el propio cuerpo. La tendencia de una conciencia del Yo que empieza a darse cuenta de sí misma, la tendencia de toda autoconciencia, de toda reflexión, a verse a sí misma como si se mirara en un espejo, es un elemento necesario y esencial en esta etapa. La autoformación y autorealización comienzan formalmente cuando la conciencia humana se desarrolla y se convierte en autoconciencia. La autoreflexión es una característica de la fase de pubertad de la humanidad tanto como lo es de la fase de pubertad del individuo. Es una fase necesaria del conocimiento humano, y sólo la persistencia en esta etapa tiene efectos fatales. El fin de la fijación en la Gran Madre mediante la autoreflexión no es un símbolo de autoerotismo, sino de centroversión.

Las ninfas que persiguen en vano a Narciso con su amor, son sencillamente fuerzas afrodisíacas en forma personalizada, y resistirse a ellas es equivalente a resistirse a la Gran Madre. Más adelante examinaremos el significado de la fragmentación de los arquetipos para el desarrollo de la conciencia. En los mitos griegos podemos ver cómo ocurre esta fragmentación. El aspecto terrible de la Gran Madre es reprimido casi por completo, y sólo puede contemplarse fugazmente detrás de la seductora figura de Afrodita. Y Afrodita misma ya no aparece más en su majestad suprapersonal; está dividida y personalizada en la forma de ninfas, sirenas, duendes acuáticos y dríadas, o también aparece como la madre, la madrastra, o la amada, como Helena o Fedra.

Esto no quiere decir que el proceso siempre siga un curso perfectamente claro en la historia de la religión. Nuestro punto de partida es el arquetipo y su relación con la conciencia. Cronológicamente, sin embargo, las ninfas -esto es, aspectos parciales del arquetipo- pueden aparecer tan fácilmente antes como después de la adoración histórica del arquetipo de la madre. Estructuralmente continúan siendo aspectos parciales del arquetipo y son fragmentaciones psíquicas del mismo, aun cuando el historiador pueda señalar un culto a las ninfas que sea anterior al culto a la Gran Madre. En el inconsciente colectivo todos los arquetipos son contemporáneos y existen uno al lado del otro. Sólo con el desarrollo de la conciencia llegamos a una jerarquía graduada dentro del mismo inconsciente colectivo. (Véase Parte II.)

Narciso, seducido por su propio reflejo, es en realidad víctima de Afrodita, la Gran Madre. Él sucumbe a la ley fatal de la diosa. Su sistema yoico es superado por la terrible fuerza instintiva del amor que ella gobierna. El hecho de que ella se valga del reflejo de Narciso para efectuar la seducción la convierte en sumamente peligrosa.

Penteo es otro de estos "luchadores" que no puede cumplir con éxito el heroico acto de liberación. Aunque sus esfuerzos están dirigidos en contra de Dionisos, el destino que lo aguarda por sus pecados muestra que su verdadero enemigo es la Gran Madre. Que Dionisos tiene afinidades con la adoración orgiástica de la Gran Madre y con sus hijos-amantes Osiris, Adonis, Tammuz, etcétera, es de sobra conocido. No podemos abordar la problemática figura de Sémele, la madre de Dionisos, pero Bachofen correlaciona a Dionisos con la Gran Madre, y las modernas investigaciones lo confirman con esto:

Dionisos fue adorado en Delfos como el infante o Cupido en la cesta. Se trata de un culto ctónico con la diosa-luna Sémele como Madre Tierra. Debido a que se originó en Tracia y luego se estableció en Asia menor, para después mezclarse con el culto a la Magna Madre, es probable que....un generalizado culto primordial perteneciente a la religión pregriega perviva en éste.[149]

El heroico rey Penteo, tan orgulloso de su racionalidad, intenta con la ayuda de su madre, pariente cercana de Dionisos, oponerse a las orgías, pero ambos son arrollados por el frenesí dionisíaco. Penteo sufre el destino de todas las víctimas de la Gran Madre: presa de la locura, se viste con ropas de mujer y se une a las orgías, después de lo cual su madre, completamente loca, lo confunde con un león y lo destroza en pedazos. Después ella lleva a casa la cabeza ensangrentada de su hijo en señal de triunfo -un recuerdo del original acto de castración que acompañaba al desmembramiento del cadáver-. De este modo, su madre, en contra de los dictados de su mente conciente, se convierte en la Gran Madre, mientras que el hijo, a pesar de la resistencia mostrada por su Yo, se convierte en su hijo-amante. Locura, transformación al usar ropas de mujer, luego en animal, desmembramiento y castración: la totalidad del destino arquetípico se ve cumplida; Penteo, escondiéndose en la copa de un pino, se convierte en Dionisos-Atis, y su madre en la Magna Madre.

La figura de Hipólito ocupa un lugar correspondiente junto a la de Penteo y Narciso. Por su amor a Artemisa, por su castidad y el amor hacia él mismo, desprecia a Afrodita al despreciar el amor de su madrastra Fedra, y bajo las órdenes de su padre y con la ayuda del dios Poseidón, sus propios caballos lo arrastran a la muerte.

Aquí no podremos estudiar el conflicto más profundo que bulle en Hipólito, atrapado entre el amor a su madre, Reina de las Amazonas, y el amor a su madrastra, hermana de Ariadna, y que influye en su resistencia hacia Fedra y en su devoción hacia Artemisa. Sólo haremos un breve análisis del mito en la medida que sea relevante para nuestro tema. Debido a la personalización secundaria, este mito, tal como lo dramatizó Eurípides, se ha convertido en destino personal recubierto de detalles personalistas, pero aún sigue siendo lo suficientemente transparente como para interpretarse según su versión original.

La despreciada Afrodita y la despreciada madrastra van juntas. Ellas representan a la Gran Madre que amorosamente persigue al hijo y lo mata cuando éste se resiste. Hipólito está ligado a la virgen Artemisa, no a la original madre-virgen, sino a Artemisa como figura espiritual, la "amiga" que se parece a Atenea.

Hipólito se encuentra en la etapa de resistencia crítica a la Gran Madre, ya conciente de sí mismo como un joven que lucha por su autonomía e independencia. Esto resulta evidente a partir de su repudio de las insinuaciones y de la sexualidad fálica y orgiástica de la Gran Madre. Su "castidad", sin embargo, significa mucho más que un rechazo del sexo; significa la aparición en la conciencia de la masculinidad "superior", en tanto opuesta de la variante inferior "fálica". A nivel subjetivo, se trata de la realización consciente de la masculinidad "solar" que Bachofen contrasta con masculinidad "ctónica". La masculinidad superior está correlacionada con la luz, el sol, el ojo y la conciencia.

El amor de Hipólito por Artemisa y por la castidad de la naturaleza está negativamente caracterizada por su padre como "orgullo virtuoso" y "autoadoración".[150]

Es debido a estos rasgos que Hipólito pertenece lo que podríamos llamar una sociedad juvenil. Más adelante nos ocuparemos del fortalecimiento del principio de masculinidad a través de las amistades masculinas y también del significado de la hermana "espiritual" para el desarrollo de la conciencia masculina. En Hipólito, sin embargo, el desafío del joven termina en tragedia. Interpretado personalistamente, esto significa que Afrodita toma venganza; las acusaciones difamatorias de la madrastra a quien ha despreciado son creídas por su padre Teseo; ella se suicida, y el padre maldice al hijo. Mecánicamente, Poseidón debe satisfacer la promesa que le hizo a Teseo, y lleva a Hipólito a la muerte. Esta historia más bien sin sentido de una intriga de Afrodita, que no deja de ser trágica para nuestra manera de pensar, adquiere un significado muy diferente cuando es interpretada psicológicamente.

Al igual que Edipo, que no puede oponer resistencia al incesto heroico, Hipólito tampoco podrá sostener una actitud desafiante. El poder de la Gran Madre, la locura de amor que envía Afrodita, es más fuerte que la resistencia de su Yo conciente. Hipólito es arrastrado por sus propios caballos -es decir, cae víctima del mundo de sus instintos, de cuya subyugación se mostraba tan orgulloso- que, curiosamente, son yeguas, con lo que cumple con la voluntad mortífera de Afrodita. Cuando uno sabe cómo la Gran Madre lleva a cabo sus venganzas en los mitos es que uno puede ver la historia en su contexto adecuado. La automutilación y el suicidio de Atis, Eshmun y Bata; Narciso muriendo por atracción hacia él mismo; Acteón, al igual que muchos otros jóvenes, transformado en animal y despedazado; todo esto guarda coherencia. Y ya sea que se trate de Aithon ardiendo en las llamas de su propia pasión, o Dafnis languideciendo en deseos insaciables porque no puede amar a la muchacha que le envió Afrodita; ya sea que interpretemos como locura, amor o retribución el que Hipólito sea arrastrado a la muerte, en todos los casos el hecho central es la venganza de la Gran Madre, el avasallamiento del Yo por fuerzas subterráneas.

De modo característico, también, Poseidón, incluso sólo de manera indirecta, es un instrumento en las manos de Afrodita, detrás de cuya belleza acecha la Madre Terrible. Es Poseidón quien envía al toro monstruoso desde el mar, el cual saca de quicio a los caballos de Hipólito y que hace que arrastren a su dueño. Una vez más encontramos la figura fálica de el-que-sacude-la-Tierra y señor de las profundidades, compañero de la Gran Madre. Afrodita busca venganza porque Hipólito, en medio del creciente orgullo de la conciencia del Yo, la "desprecia" y declara que ella es la "más baja entre las divinidades".[151] Ya nos hemos topado con este desarrollo en la lucha de Gilgamesh contra Ishtar. Pero en contraste con la figura de Hipólito -un héroe realmente negativo-, Gilgamesh, con su masculinidad más poderosamente desarrollada, es un héroe verdadero. Ayudado por su amigo Engidu, vive la vida del héroe completamente separado de la Gran Madre, mientras que Hipólito permanece inconscientemente ligado a ella aunque la rechace y la desafíe con su mente conciente.

El joven que lucha por la autoconciencia comienza ahora, en la medida que es un individuo, a tener un destino personal, y para él la Gran Madre se convierte en la mortífera e infiel madre. Ella escoge a un joven tras otro para amarlo y destruirlo. De esta manera ella se convierte en "la ramera". La sagrada prostituta -lo que en realidad es la Gran Madre, en tanto recipiente de la fertilidad- asume los rasgos negativos de la inconstante mujerzuela y destructora. Con esto comienza la gran reevaluación de lo femenino, su conversión a lo negativo, posteriormente llevado a los extremos por las religiones patriarcales de Occidente. El crecimiento de la autoconciencia y el fortalecimiento de la masculinidad empujan la imagen de la Gran Madre hacia un segundo plano; la sociedad patriarcal la divide en dos, y mientras que sólo la imagen de la buena Madre permanece en la conciencia, su aspecto terrible queda relegado al inconsciente.[152]

El resultado de esta fragmentación es que la Gran Madre ya no es más la asesina, sino un animal hostil, por ejemplo, un jabalí o un oso, con la figura de la madre buena lamentándose a su lado. Bachofen[153] ha demostrado que el oso es un símbolo de la madre, y ha enfatizado la identidad de éste con Cibeles. En la actualidad sabemos que el oso como símbolo de la madre pertenece al acervo común de arquetipos y que se encuentra tanto en Europa como en Asia.[154] Bachofen también ha demostrado que la posterior sustitución del león por el oso coincide con el desplazamiento del culto de la madre por el culto del padre.[155] El círculo se completa con las evidencias que presenta Winckler de que, en astrología, el dios-sol se oculta en la constelación del Gran Oso, también llamado el Jabalí.[156] Desde que las imágenes astrológicas son proyecciones de imágenes psíquicas, podemos encontrar las mismas conexiones aquí que en la mitología. En desarrollos posteriores, por lo tanto, la figura de la Gran Madre se divide en una mitad negativa, representada por un animal, y en una mitad positiva que posee forma humana.

Atis y el Zeus cretense son muertos por un jabalí, una variante del motivo de la castración, que también está vinculado con el tabú de comer carne de cerdo en el culto de Atis y con la figura porcina de la Gran Madre. El significado paterno del jabalí como el de un vengador enviado por una deidad paterna celosa constituye una importación tardía. El padre no desempeña rol alguno en esta etapa del joven dios condenado a morir. De hecho el joven divino es, sin saberlo, su propio padre con forma diferente; aún no hay otro progenitor paterno que no sea el mismo hijo. El reino del uróboros materno se caracteriza por el hecho de que los elementos "masculinos", posteriormente atribuidos al padre, todavía conforman parte integral de la naturaleza urobórica de la Gran Madre. De la misma manera podemos considerar al solitario diente de las Gracias, y al resto de elementos evidentemente masculinos asociados con las Moiras, las ancianas feas y las brujas. Así como la barba y el falo son elementos propios de su naturaleza andrógina, así también la Gran Madre es la cerda que pare y el jabalí que asesina.

La aparición del asesino masculino en el ciclo de los mitos de la Gran Madre es un avance evolutivo, ya que eso significa que el hijo ha obtenido una considerable dosis de independencia. Al comenzar, el jabalí es parte del uróboros, pero al final termina formando parte del hijo. El jabalí es entonces el equivalente de la autodestrucción, que el mito representa como autocastración. Ningún rasgo paternal está asociado todavía al asesino masculino; simplemente es un símbolo de la tendencia destructiva que se vuelve en contra de él en el acto de autosacrificio. Esta dicotomía puede observarse en el tema de los hermanos gemelos hostiles, el arquetipo de la escisión. Frazer y Jeremias[157] han demostrado que el héroe y la bestia que lo asesina a menudo son idénticos, aunque no ofrecen ninguna explicación acerca de este hecho.

El tema de los hermanos gemelos hostiles pertenece al simbolismo de la Gran Madre. Aparece cuando el varón conquista la autoconciencia al dividirse en dos elementos opuestos, uno destructivo y el otro creativo.

La etapa de los luchadores marca la separación del Yo conciente del inconsciente, pero el Yo aún no es lo suficientemente estable como para alcanzar la separación de los Primeros Padres ni la victoriosa lucha del héroe. Tal como hemos enfatizado, la centroversión se manifiesta en un inicio de modo negativo, en la forma de temor, huida, desafío y resistencia. Esta actitud negativa del Yo, sin embargo, todavía no está dirigida en contra del objeto, la Gran Madre, como sí sucede con el héroe, sino que se vuelve en contra del Yo como autodestrucción, automutilación y suicidio.

En el mito de Narciso, el Yo, buscando quebrar el poder del inconsciente mediante la autoreflexión, sucumbe a un catastrófico auto-amor. Su suicidio mediante ahogamiento simboliza la disolución de la conciencia del Yo, y lo mismo se repite en los tiempos modernos entre los jóvenes suicidas como Weininger y Seidel. El libro de Seidel, *Bewusstein als Verhängnis*, y el trabajo del misógino Weininger llevan la clara impronta de haber sido escritos por amantes de la Gran Madre. Ambos están fatalmente fascinados por ella, e incluso en la fútil resistencia que le presentan están cumpliendo su destino arquetípico.[158]

La situación arquetípica del amante renuente y luchador en apuros desempeña una parte importante en la psicología del suicidio entre los modernos neuróticos, y también ocupa un lugar legítimo en la psicología de la pubertad, de la cual los luchadores constituyen los representantes arquetípicos. La negación, la autonegación, el *Weltschmerz*, las tendencias suicidas acumuladas, son propias de este periodo, y también lo es la fascinación -a la misma vez atractiva y peligrosa- que emana de lo femenino. El final de la pubertad está señalado por la lucha exitosa del héroe, tal como lo testifican los rituales de iniciación. Los jóvenes que mueren por su propia mano en la pubertad representan a todos aquellos que sucumben a los peligros de esta lucha, quienes no pueden aprobar y perecen en las pruebas de iniciación que aún tienen lugar en la actualidad, pero en el inconsciente. Su autodestrucción y trágica escisión son, sin embargo, heroicas. Los luchadores pueden ser descritos como héroes negativos, condenados. El asesino masculino en actividad detrás de la tendencia destructiva es todavía, así el Yo no lo sepa, el instrumento de la Gran Madre, y el jabalí que mata a Adonis es, como si fuera, el colmillo de la Gorgona vuelto independiente; pero, por todo ello, el Yo que se suicida es más activo, más independiente e individual que el lánguido amante y su triste resignación.

En la separación del antagonista masculino del uróboros masculino-femenino, y en la división de la Gran Madre en una madre buena y en su consorte masculino destructivo, podemos alcanzar a distinguir una cierta diferenciación de conciencia y un resquebrajamiento del arquetipo. Esta separación y la consecuente aparición del conflicto entre los hermanos gemelos marcan una importante etapa en el camino hacia la disolución final del uróboros, la separación de los Primeros Padres y la consolidación de la conciencia del Yo.

Una vez más debemos considerar las imágenes primordiales, mitológicas, que representan este evento. Al igual que el tema de los gemelos es un factor determinante en el mito egipcio de Osiris y Set y desempeña una parte decisiva en la mitología cananea, en la cual aparece como la lucha entre Baal y Mot, Resheph y Shalman, de igual modo los encontramos, con variantes personalistas, en la historia bíblica de Jacob y Esaú, y en las leyendas judías.

Es interesante notar que actualmente existe una representación pictórica de este grupo de símbolos, hacia los cuales Albright ha llamado la atención:

Un ídolo de alrededor del siglo XII a.C., proveniente de Beth-shan [Palestina], muestra un sorprendente cuadro en relieve: una diosa desnuda sostiene dos palomas en sus brazos mientras está sentada con las piernas abiertas enseñando su sexo; debajo de ella hay dos deidades masculinas cuyos brazos están entrelazados mientras luchan (?), con una paloma a los pies de uno de ellos; hacia ellos y desde abajo se arrastra una serpiente y desde uno de los lados avanza un león.[159]

La lucha entre la serpiente y el león -una lucha de vida o muerte- también ha sido preservada en el muy posterior mitraísmo, y el significado es el mismo. Esta religión, al ser patriarcal, introdujo ciertas variaciones; pero en las imágenes del culto del sacrificio del toro encontramos, debajo del toro, los mismos dos animales, la serpiente y el león, que simbolizan la noche y el día, el cielo y la tierra. El conjunto está flanqueado por los representantes de la vida y de la muerte, dos jóvenes con antorchas, una apuntando hacia arriba y la otra hacia abajo. El vientre de la Gran Madre, en donde los opuestos estaban originalmente contenidos, aparece aquí sólo en forma simbólica como *el krater*, garante del renacimiento, y los dos animales son mostrados avanzando en su dirección. Una religión masculina como el mitraísmo no toleró más la representación directa de ninguna deidad femenina.

Desafortunadamente no podemos, en el presente contexto, mostrar cómo los arquetipos son tan operativos en la actualidad, en el inconsciente, como lo fueron siempre en las proyecciones de la mitología. Sólo podemos señalar que la imagen primordial de Beth-shan surgió inconscientemente en la obra de un escritor moderno, Robert Louis Stevenson, en la cual conserva el mismo significado que tuvo miles de años atrás. En su *Dr. Jekyll y Mr. Hyde*, una recapitulación moderna en forma personalista de la lucha mitológica entre los hermanos gemelos Set y Osiris[160], el Dr. Jekyll de Stevenson escribe lo siguiente en su diario. Este pasaje conforma el tema de la totalidad de la historia:

Fue la maldición de la Humanidad que estos incongruentes haces de leña estuvieran unidos de este modo, que incluso en el agonizante vientre de la conciencia[161] estos gemelos polares estuvieran continuamente luchando entre sí. Cuán disociados estaban.

En el presente, la última realización consciente de este problema psicológico se encuentra en el psicoanálisis de Freud, quien postula la oposición entre un instinto de vida y un instinto de muerte en el inconsciente. El problema también reaparece como el principio de los opuestos en la Psicología Analítica de Jung. Aquí, entonces, tenemos el mismo arquetipo psíquico -los hermanos gemelos trenzados en una lucha de vida o muerte dentro del vientre de la Gran

Madre- como un mito, como una imagen pictórica, como el tema de una historia breve, y como un concepto psicológico.

Retomaremos el significado de este problema para el desarrollo de la masculinidad cuando examinemos la diferencia entre el "Macho Terrible" y el "Padre Terrible".[162] Aquí sólo podemos decir que, como consecuencia de que el varón ya no se ve confrontado por el poder superior de la Gran Madre, sino con otro varón que le es hostil, la situación conflictiva deriva en otra en la que la autodefensa se convierte en posible por vez primera.

El desarrollo psicológico corresponde a un cambio en el original ritual de fertilidad que conforma el telón de fondo de estos mitos.[163] En el comienzo, el joven rey de la fertilidad era asesinado, su cadáver cortado en pedazos y esparcido por los campos, y su falo era momificado como garantía de buena cosecha al año siguiente. Si la representante femenina de la Diosa Tierra era sacrificada al mismo tiempo es cuestionable, pero en el comienzo probablemente lo fuera. Con el surgimiento de la deidad madre, sin embargo, su representante, la Reina Tierra, permanecía viva para celebrar su matrimonio anual con el joven rey. En tiempos posteriores, el sacrificio parece haber sido reemplazado por un combate. El rey anual consolidaba su posición y se le permitía luchar por su vida combatiendo contra el próximo aspirante. Si era vencido, era sacrificado como el año viejo; si obtenía la victoria, entonces su oponente moría en lugar de él. Posteriormente, cuando el matriarcado se transformó en patriarcado, se celebraba anualmente o a determinados intervalos un rito de renovación, y el rey conservaba la vida gracias a los sacrificios vicarios de humanos o animales que tenían lugar en las festividades, lo que en Egipto era conocido como la "Erección del venerable *Djed*" y que volvía innecesaria su muerte. Así, este desarrollo corre paralelo a lo que originalmente ocurría con la Reina-Diosa.

Veremos la etapa final de la contienda entre la conciencia del Yo y el inconsciente cuando, en una fase posterior de desarrollo, la mujer quede excluida por el patriarcado como mero recipiente, y el varón, al reproducirse él mismo, se convierta en el agente de su propio renacimiento.

Durante la etapa de transición, sin embargo, la fuerza regeneradora, la magia creativa de la madre, continúa existiendo al lado del principio masculino. Ella produce la totalidad y lo nuevo, recompone las piezas rotas hasta volver a formar la unidad, proporciona nuevas formas y vida nueva a lo corruptible, y conduce más allá de la muerte. Pero el núcleo de la personalidad masculina permanece inafecta por la fuerza regeneradora de la madre. No perece, y parece tener conocimiento anterior al renacimiento. Es como si cierto remanente, pariente cercano del "pequeño hueso Luz", o cóccix,[164] de la leyenda judía, no pudiese ser destruido por la muerte y contuviera en su interior el poder de llevar a cabo su propia resurrección. En contraste con el mortífero incesto urobórico, donde el Yo embrionario se disuelve como la sal en el agua, el Yo fortalecido se lanza adelante hacia una vida que trasciende la muerte. Aunque esta vida es conferida por la madre, está a la misma vez misteriosamente condicionada por el núcleo residual del Yo. Tal como uno de los himnos de los Rig-Veda dice:

Arrastrándose al interior de la tierra, la madre,
¡Al interior de la ancha, espaciosa, más sagrada tierra!
Suave como la lana es la tierra para el sabio.
Que te proteja en la próxima etapa del viaje.

Arquea tu amplia espalda, no presiones hacia abajo,
Ábrete relajadamente, déjalo entrar con facilidad;
Como una madre con su hijo, con el dobladillo de tu vestido,
Cúbrelo, oh, tierra.[165]

La muerte no es el fin, sino un paso. Es un periodo de barbecho, pero también un refugio proporcionado por la madre. El Yo agonizante no se regocija cuando se encuentra "de regreso nuevamente" en la madre y ha dejado de existir, sino que lanza hacia adelante su voluntad de vivir más allá de la muerte y la atraviesa hasta llegar a la próxima etapa del viaje, la nueva vida.

Este desarrollo, donde la muerte no es el fin predestinado y la mortalidad del individuo no es el único aspecto de la vida, ya no se ve consumado, sin embargo, en el antiguo contexto, esto es, en la relación del amante juvenil con la Gran Madre. El principio masculino es ahora lo suficientemente fuerte como para alcanzar la conciencia de sí mismo. La conciencia del Yo ya no es más el hijo-satélite del uróboros maternal, encadenado al todopoderoso inconsciente, sino que se ha convertido en verdaderamente independiente y capaz de mantenerse firme por sí mismo.

Con esto llegamos a la siguiente etapa en la evolución de la conciencia, concretamente, la separación del Mundo Parental, o el principio de los opuestos.

III

LA SEPARACIÓN DEL MUNDO PARENTAL: EL PRINCIPIO DE LOS OPUESTOS

Rangi y Papa, el cielo y la tierra, eran considerados como la fuente de donde todas las cosas, dioses y hombres se originaron. Allí había oscuridad, porque estos dos permanecían unidos, sin haberse todavía separado; y los hijos concebidos por ellos siempre estaban preguntándose acerca de cuál podría ser la diferencia entre luz y oscuridad. Ellos sabían que los seres se habían multiplicado e incrementado en gran número, y aun así la luz nunca había brillado sobre ellos, sino que la oscuridad continuaba. De aquí que estos dichos fueran encontrados en el antiguo karakia: "Había oscuridad desde la primera división del tiempo hasta la décima, la centésima, la milésima" -esto es, durante un vasto espacio de tiempo; y cada una de estas divisiones del tiempo fue considerada como un ser, y cada una fue llamada Po, y fue debido a ellos que aún no había ningún brillante mundo de luz, sino sólo oscuridad para los seres que entonces existían.

Por último, cansados por la opresión de la oscuridad, los seres concebidos por Rangi y Papa consultaron entre ellos, diciendo: "Determinemos qué haremos con Rangi y Papa; si será mejor asesinarlos o solamente separarlos". Entonces habló Tu-matauenga, el más feroz de los hijos de Rangi y Papa: "Debemos asesinarlos".

Entonces habló Tane-mahuta, el padre de los bosques y de todas las cosas que habitaban los bosques, o que estaban construidas con madera: "No, no lo hagamos. Es mejor separarlos, y dejar que Rangi esté sobre nosotros, y que Papa quede bajo nuestros pies. Hagamos que Rangi se convierta en un desconocido para nosotros, pero que la tierra permanezca cerca de nosotros como una madre que amamanta".

A este propósito los hermanos consintieron, con la excepción de Tawhirimatea, el padre de los vientos y las tormentas; y él, temiendo el final de su reino, se sintió apenado de sólo pensar que fueran a separar a sus padres.

De aquí que, también, estos dichos de los antiguos se encuentren en la karakia: "El Po, el Po, la luz, la luz, la búsqueda, la indagación, en caos, en caos", que significa cómo la prole de Rangi y Papa intentaron encontrar alguna manera de lidiar con sus padres, de modo que los seres humanos pudieran multiplicarse y vivir. También el dicho: "La multitud, la extensión", que significa la multitud de pensamientos que tuvieron y la extensión de tiempo que consideraron...

Habiendo acordado un plan, Rongo-ma-Tane, el dios y padre de la comida cultivada, se levantó para separar a Rangi y a Papa; luchó, pero no los separó. Después Tangaroa, el dios de los peces y los reptiles, se levantó y también luchó, pero no los separó. Después Haumia-tikitiki, el dios y padre de la comida que brota sin ser cultivada, se levantó y luchó, pero inútilmente. Después Tu-matauenga, el dios y padre de los feroces seres humanos, se levantó y luchó, pero también luchó inútilmente.

Por último Tane-mahuta, el dios y padre de los bosques, de los pájaros, y de los insectos, se levantó y luchó con sus padres, en vano con manos y brazos intentó separarlos. Hizo un alto; y sus pies levantó contra su padre Rangi, el cielo; presionó su espalda y sus extremidades haciendo un esfuerzo supremo.

Ahora fueron separados Rangi y Papa, y con reproches y gemidos de aflicción exclamaron:

"¿Por qué asesinan de este modo a sus padres? ¿Por qué cometen un crimen tan oscuro como asesinarnos, para separarnos a nosotros, sus padres?". Pero Tane-mahuta no se detuvo; no hizo caso de sus llantos y gemidos; presionó y presionó a Papa, la tierra, hacia abajo; empujó y empujó hacia arriba a Rangi, el cielo. De aquí el dicho de los tiempos antiguos: "Fue el feroz empujón de Tane lo que desgarró al cielo de la tierra, de modo que fueron separados, y la oscuridad se hizo manifiesta, y la luz también se hizo manifiesta."[166]

Este mito maorí de la creación contiene todos los elementos de la etapa de la evolución de la conciencia humana que continúa después de la etapa del dominio uobórico. La separación del Mundo Parental, la separación de los opuestos a partir de la unidad, la creación del cielo y la tierra, encima y debajo, día y noche, luz y oscuridad -el acto que constituye una monstruosa fechoría y un pecado- todos los elementos que ocurren aisladamente en otros numerosos mitos están moldeados aquí dentro de una unidad.

Hablando de esta separación del Mundo Parental, Frazer dice:

Es una creencia común entre los pueblos primitivos que el cielo y la tierra originalmente estaban unidos, ya fuera con el cielo descansando sobre la tierra o separado tan escasamente que apenas había espacio para que la gente caminara erguida. Donde dichas creencias prevalecen, la presente elevación del cielo sobre la tierra a menudo es atribuida al poder de algún dios o héroe que le dio al firmamento tal empujón que éste se elevó, y desde entonces ha permanecido igual.[167]

En otra parte Frazer interpreta la castración del padre primordial como la separación del Mundo Parental. En esto vemos una referencia a la uobórica situación original donde el cielo y la tierra son conocidos como "las dos madres".

Una y otra vez regresamos a este símbolo básico, la luz, elemento central en los mitos de creación. Esta luz, el símbolo de la conciencia e iluminación, es el objeto principal de las cosmogonías de todos los pueblos. Por consiguiente, "en las leyendas de creación de casi todos los pueblos y religiones, el proceso de creación se fusiona con el advenimiento de la luz".[168] Tal como dice el texto maorí: "la luz, la luz, la búsqueda, la indagación, en caos, en caos".

Sólo bajo la luz de la conciencia el hombre puede conocer. Y este acto de cognición, de discriminación conciente, divide al mundo en opuestos, ya que la experiencia del mundo sólo es posible a través de los opuestos. Una vez más debemos enfatizar que el simbolismo de los mitos, que nos ayuda a comprender las correspondientes etapas humanas, no es filosofía ni especulación. También los mundos del arte y del sueño en todo su significado surgen de la misma manera desde las profundidades de la psique, y les ofrecen su sentido al intérprete entendido, aunque muy a menudo no sea captado por el artista ni por el soñante. Igualmente, la forma mítica de expresión es una demostración naive de los procesos psíquicos que acontecen en la humanidad, aunque la misma humanidad pueda interpretar y transmitir el mito como algo enteramente distinto. Sabemos que con toda probabilidad un ritual, esto es, alguna ceremonia o curso de acción, siempre precede a la formulación del mito, y resulta obvio que la acción siempre sea anterior al conocimiento, el hecho inconsciente antes del contenido hablado. Nuestras formulaciones son por lo tanto resúmenes abstractos -de otro modo no podríamos investigar la diversidad del material disponible- y no aseveraciones de lo que el hombre primitivo pudo haber pensado concientemente acerca de sí mismo. No es sino hasta que nos familiaricemos con las imágenes dominantes que dirigen el curso del desarrollo humano que estaremos en capacidad de comprender las variantes y vías paralelas que se agrupan en torno a la senda principal.

Conciencia = liberación: ésa es la consigna inscrita sobre todos los esfuerzos del hombre por liberarse del abrazo del dragón urobórico primordial. Una vez que el Yo se sitúa como centro y se establece por propio derecho una conciencia del Yo, la situación original se ve desarticulada por completo. Podemos observar que esta identificación entre la personalidad humana que despierta y el Yo, sólo tiene significado cuando recordamos el contraste con la situación de *participation mystique* en la que gobierna el inconsciente urobórico. A pesar de lo trillado que esto nos pueda parecer, la afirmación lógica de identidad -"yo soy yo"-, la declaración fundamental de la conciencia, es en realidad un logro tremendo. Este acto, así el Yo sea tan sólo un postulado y la personalidad esté identificada con ese Yo -sin importar cuán falaz pruebe ser esa identificación más adelante-, crea por si solo la posibilidad de una conciencia autoorientada. En este contexto podemos citar nuevamente aquel pasaje de los Upanishads:

En el comienzo, este mundo era únicamente Soul (Atman) en la forma de una persona. Mirando alrededor, no vio nada excepto a sí mismo. Lo primero que dijo fue: "Yo soy"…. Era, de hecho, tan grande como una mujer y un hombre fuertemente abrazados. Provocó que esa unidad se dividiera (*pat*) en dos pedazos. De allí surgieron un esposo (*pati*) y una esposa (*patni*)[169].

Si, tal como vimos anteriormente, la existencia en el uróboros equivalía a la existencia en *participation mystique*, esto también significa que todavía no se había desarrollado ningún Yo que haciendo de centro pudiera relacionarse con el mundo, ni viceversa. En lugar de eso, el hombre era todas las cosas a la vez, y su capacidad para el cambio era casi universal. Él era a la misma vez parte de su grupo, una "Cacatúa Roja"[170] y un espíritu ancestral encarnado. Todo lo interior estaba en el exterior, es decir, todas sus ideas llegaban a él desde el exterior, como órdenes dictadas por un espíritu o por un mago o por un "pájaro-medicina". Pero también todo lo exterior estaba en su interior. Entre el animal cazado y la voluntad del cazador existía una relación mágico-mística, tal como también existía entre la curación de la herida y el arma que la había causado, puesto que la herida se deterioraba si el arma había sido calentada. Esta falta de diferenciación fue precisamente lo que constituía la debilidad e indefensión del Yo, lo que a su vez reforzaba la participación. De este modo, al inicio, todo era doble y poseía doble significado, tal como hemos visto en el caso del intercambio de lo masculino con lo femenino, del bien y el mal, en el uróboros. Pero la vida en el uróboros significaba estar vinculado a la misma vez, al nivel más profundo, con el inconsciente y con la naturaleza, entre los cuales subsistía un flujo continuo que atravesaba al hombre como si fuera una corriente de vida. Él estaba atrapado en este circuito que fluía desde el inconsciente hacia el mundo y desde el mundo de regreso al inconsciente, y este movimiento de mareas de atrás hacia adelante seguía el ritmo alternante de la vida al cual estaba expuesto sin saberlo. La diferenciación del Yo, la separación del Mundo Parental y el desmembramiento del dragón primordial, liberan al hombre en tanto hijo y lo exponen a la luz, y sólo entonces es que nace como una personalidad con un Yo estable.

En la imagen original del mundo que poseía el hombre, la unidad del mundo era perfecta. El uróboros estaba vivo en todo. Todo estaba preñado de significado, o al menos podía convertirse en tal. En este *continuum* del mundo se volvían visibles ocasionales pedazos de vida gracias a la capacidad siempre cambiante de evocar maravillas y de quedar impresionado con contenidos cargados de mana. Esta "impresionabilidad" era universal, es decir, cada porción del mundo era capaz de causar una impresión, todo era potencialmente "sagrado" o, hablando con mayor precisión, podía volverse asombroso y de este modo cargarse de mana.

El mundo sólo comienza con el advenimiento de la luz *(ilustración 20)*, que constela la oposición entre el cielo y la tierra como símbolos básicos de todos los demás opuestos. Antes de eso, reinaba la "ilimitable oscuridad", tal como se dice en el mito maorí. Con la salida del sol o -en el lenguaje del antiguo Egipto- con la creación del firmamento, que divide lo de arriba de lo de abajo, comienza el día de la humanidad, y el universo y todos sus contenidos se vuelven visibles.

En relación al hombre y su Yo, la creación de la luz y el nacimiento del sol están estrechamente ligados con la separación del Mundo Parental y con las consecuencias positivas y negativas que afectan al héroe que los ha separado.

Hay, sin embargo, otros aspectos de la creación en tanto fenómeno cósmico, inconexo, una etapa en la evolución del mundo mismo. Pero incluso en la versión que a continuación citaremos, tomada de los Upanishads, veremos al agente personal en acción detrás del proceso evolutivo, aunque en el texto no esté acentuado.

El sol es Brahma, ésta es la enseñanza. Aquí está la explicación:

En el comienzo, este mundo era la no-existencia. Esta no-existencia se transformó en existencia. Se desarrolló. Se transformó en huevo. Se quedó allí durante un año.

Estalló en pedazos. Una parte del cascarón era de plata, la otra parte era de oro.

La parte de plata es la tierra, la parte de oro es el cielo...

Lo que de allí nació, es aquel sol. Cuando nació hubo exclamaciones y hurras, todos los seres y todos los deseos se pusieron en pie para saludarlo. Por lo tanto

cuando el sol se levanta y cada vez que regresa, hay exclamaciones y hurras, todos los seres y todos los deseos se ponen en pie para saludarlo.[171]

Cassirer ha demostrado, con amplio material de soporte, cómo la oposición entre la luz y la oscuridad ha configurado el mundo espiritual de todos los pueblos y lo ha moldeado hasta darle forma. El orden del mundo sagrado y el espacio sagrado -precinto o santuario- fue "orientado" por esta oposición.[172] No sólo la teología del hombre, la religión y el ritual, sino también los órdenes legales y económicos que posteriormente brotaron de aquellos, la formación del Estado y la totalidad de los patrones de la vida secular, hasta la noción de propiedad y su simbolismo, proceden de este acto de discriminación y del establecimiento de límites que fueron posibles gracias al advenimiento de la luz.

La construcción del mundo, la edificación de ciudades, el trazado de templos, el campamento militar romano, y el simbolismo espacial de la iglesia Cristiana son todos reflejos de la mitología original del espacio, que comienza por la oposición entre luz y oscuridad, y que continúa clasificando y distribuyendo el mundo en continuas series de opuestos.

El espacio sólo adquiere existencia cuando, tal como lo señala el mito egipcio, el dios del aire, Shu, separó el cielo de la tierra caminando entre ellos *(ilustración 21)*. Sólo entonces, como resultado de su intervención creadora de luz y creadora de espacio, fue que hubo cielo arriba y tierra abajo, atrás y adelante, izquierda y derecha, en otras palabras, sólo entonces el espacio se organizó en referencia a un Yo.

Originalmente no había componentes espaciales abstractos; todo poseía una referencia mágica con respecto al cuerpo, tenía un carácter mítico, emotivo, y estaba asociado con dioses, colores, significados y alusiones.[173] Gradualmente, con el incremento de la conciencia, las cosas y los lugares fueron organizados dentro de un sistema abstracto que los diferenciaba uno del otro; pero originalmente la cosa y el lugar conformaban un conjunto que pertenecía a un *continuum*, y estaban relacionados de manera fluida con un Yo siempre cambiante. En este estado sin forma definitiva no había distinción entre Yo y Tú, interno y externo, o entre hombres y cosas, al igual que no había una clara línea divisoria entre el hombre y los animales, entre hombre y hombre, y entre el hombre y el mundo. Todo participaba de todo, viviendo en el mismo estado indiviso y superpuesto en el mundo del inconsciente así como en el mundo de los sueños. De hecho, en el tejido de imágenes y presencias simbólicas hilvanadas por los sueños, el reflejo de esta temprana situación aún pervive en nosotros y señala con dirección a la original promiscuidad de la vida humana.

No sólo el espacio, sino también el tiempo y el paso del tiempo están orientados según la imagen del espacio mítico, y esta capacidad formativa de orientarse a uno mismo por la secuencia de la luz y la oscuridad, ampliando de este modo el alcance de la conciencia y la capacidad de aprehender la realidad, se extiende desde la organización por fases de la sociedad primitiva, con su división de los grupos según las edades, hasta la moderna "psicología de las etapas de la vida". Prácticamente en todas las culturas, por lo tanto, la división del mundo en cuatro partes y la oposición del día y la noche desempeñan un rol en extremo importante. Debido a que la luz, la conciencia y la cultura fueron posibles sólo por la separación del Mundo Parental, el dragón urobórico original a menudo aparece como el dragón del caos. Desde el punto de vista del ordenado mundo de la conciencia, donde todo es luz-y-día, todo lo que existió antes tuvo que ser noche, oscuridad, caos, *tohubohu*. Tanto el desarrollo hacia el interior como hacia el exterior de la cultura comienza con el advenimiento de la luz y la separación del Mundo Parental. No sólo día y noche, atrás y adelante, superior e inferior, Yo y Tú, masculino y femenino surgen a partir de este desarrollo de los opuestos y se diferencian cada uno de la original promiscuidad, sino que también los opuestos como "sagrado" y "profano", "bien" y "mal", tienen asignado su lugar en el mundo.

La incrustación del Yo germinal en el uróboros corresponde sociológicamente al estado en el cual las ideas colectivas prevalecían, y cuando el grupo y la conciencia grupal eran dominantes. En este estado el Yo no era una entidad autónoma e individualizada que poseía un conocimiento, moralidad, voluntad y actividad propias, sino que funcionaba solamente como parte del grupo, y el grupo con su poder supraordinado era el único sujeto real.

La emancipación del Yo, cuando el "hijo" se establece a sí mismo como un Yo y se separa del Mundo Parental, se logra en varios niveles diferentes.

El hecho de que, al comienzo del desarrollo de la conciencia, todo esté todavía entremezclado y que cada etapa arquetípica de transformación, tal como la separación del Mundo Parental, siempre nos revele distintos niveles de acción, vuelve extremadamente difícil el objetivo de exposición.

La experiencia de "ser diferente", que constituye el hecho primario de la naciente conciencia del Yo y que ocurre bajo la luz del amanecer de la discriminación, divide al mundo en objeto y sujeto; la orientación en el tiempo y en el espacio sustituye a la vaga existencia del hombre en la confusa bruma de la prehistoria, y determina el comienzo de su historia temprana.

Además de desenredarse de la fusión con la naturaleza y el grupo, el Yo, habiéndose opuesto a un no-Yo que constituye otro dato de la experiencia, comienza simultáneamente a constelar su independencia de la naturaleza como independencia del cuerpo. Posteriormente regresaremos a la cuestión de cómo el Yo y la conciencia experimentan su propia realidad distinguiéndose del cuerpo. Éste es uno de los hechos fundamentales de la mente humana, al igual que lo es su descubrimiento de sí misma como algo distinto de la naturaleza. El hombre de los comienzos se encuentra en el mismo caso que el infante y el niño pequeño: su cuerpo y su "interior" son parte de un mundo extraño. La adquisición de movimiento muscular voluntario, esto es, el hecho de que el Yo descubra, en su propia "persona", que su voluntad conciente puede controlar el cuerpo, podría muy bien ser la experiencia básica que se encuentra en la raíz de todo lo mágico. El Yo, al tener su asiento, por decirlo de algún modo, en la cabeza, en el córtex cerebral, y al experimentar las regiones inferiores del cuerpo como algo extraño a él, como si fuera una realidad ajena, gradualmente empieza a reconocer que esas porciones esenciales de su mundo corporal inferior están sujetas a su voluntad y volición. El Yo descubre que el "soberano poder del pensamiento" es un hecho real y auténtico: la mano frente a mi rostro, y el pie que tengo debajo, hacen lo que yo quiero. La obviedad de estos hechos no debe impedirnos ver la enorme impresión que estos muy tempranos descubrimientos deben causar, e incuestionablemente causan, en el núcleo de todo Yo infantil. Si las técnicas, medios para dominar el mundo que nos rodea, son una extensión de las "herramientas", entonces la herramienta es a su vez tan sólo una extensión de la musculatura voluntaria. La voluntad del hombre por dominar la naturaleza no es más que una extensión y proyección de aquella experiencia fundamental del potencial poder del Yo sobre el cuerpo, descubierto a través del movimiento muscular voluntario.

La oposición entre el Yo y el cuerpo es, como hemos dicho, una condición original. Estar contenido en el uróboros y la supremacía de éste sobre el Yo, significan, a nivel corporal, que el Yo y la conciencia están al principio continuamente a merced de los instintos, impulsos, sensaciones y reacciones que proceden del mundo del cuerpo. Para comenzar, este Yo, existiendo primero como un punto y luego como una isla, ignora todo de sí mismo y en consecuencia también ignora todo acerca de su diferencia con respecto al cuerpo. En la medida que crece y se fortalece, va separándose cada vez más del mundo del cuerpo. Esto lleva finalmente, tal como sabemos, a un estado de una conciencia del Yo sistematizada en la cual la totalidad de la esfera corporal es en gran medida inconsciente y en el que el sistema conciente está separado del cuerpo, este último como representante de los procesos inconscientes. Aunque la separación no llega a ser tan drástica, la ilusión de que sí lo es resulta tan poderosa y tan real para el Yo, que la región del cuerpo y el inconsciente sólo puede descubrirse con gran esfuerzo. En el yoga, por ejemplo, se realiza un esfuerzo intenso para reconectar la mente conciente con los procesos corporales inconscientes. Este ejercicio, si es exagerado, puede conducir a la enfermedad, pero en sí mismo es muy sensato.

Al principio, la esfera de la conciencia del Yo y las esferas espiritual y psíquica están indisolublemente unidas con el cuerpo. El instinto y la volición están tan poco divididos como los están el instinto y la conciencia. Incluso en el hombre moderno, la psicología profunda ha encontrado que la división que ha habido entre estas dos esferas a lo largo del desarrollo cultural -debido a que las tensiones entre ambas constituyen lo que llamamos cultura- es en gran medida una ilusión. La actividad del instinto descansa detrás las acciones que el Yo coordina con sus esferas de decisión y volición, y en una medida aún mayor los instintos y arquetipos se encuentran detrás de nuestras actitudes y orientaciones conscientes. Pero mientras que en el hombre moderno existe la posibilidad de decisión y orientación concientes, la psicología del hombre arcaico y la del niño están marcadas por una mezcla de dichas esferas. Voliciones, humores, emociones, instintos y reacciones somáticas están aún, para todo propósito práctico, fundidas. Lo mismo aplica para la original ambivalencia de los afectos, que posteriormente es resuelta mediante la adopción de posiciones antitéticas. Amor y odio, alegría y tristeza, placer y dolor, atracción y repulsión, sí y no, están al principio yuxtapuestas y fundidas, y no poseen el carácter antitético que posteriormente aparentan tener.

La psicología profunda ha realizado el descubrimiento de que incluso hoy los opuestos están más juntos y se encuentran más conectados íntimamente de lo que su grado actual de separación podría llevarnos a suponer. No sólo en el neurótico, sino también en la persona normal, los polos se encuentran uno al lado del otro; el placer se transforma en dolor, el odio en amor, la tristeza en alegría, mucho más rápido de lo que cabría esperar. Esto puede verse con mayor claridad en los niños. Reír y llorar, comenzar algo y luego dejarlo a medias, gustar y detestar, se pisan uno al otro los talones. Ninguna posición está definida, y ninguna es una contradicción flagrante de su opuesta, pero ambas coexisten pacíficamente lado a lado y se ponen en marcha en cercana sucesión. Las influencias se agolpan, provenientes de distintas direcciones, desde adentro y desde afuera; el entorno, el Yo, el mundo interior, las tendencias objetivas, la conciencia y las tendencias corporales operan simultáneamente, y mientras tanto un Yo casi inexistente, o muy diminuto, ordena, centra, acepta y rechaza.

Sucede lo mismo con el par de opuestos masculino y femenino. La original disposición hermafrodita del hombre se conserva en gran medida en el niño. Sin las perturbadoras influencias del exterior que promueven las manifestaciones visibles de las diferencias sexuales, los niños tan sólo serían niños; y los elementos masculinos activos son de hecho tan comunes y efectivos en las niñas, como lo son los femeninos en los niños. Son sólo las influencias culturales, cuyas tendencias a la diferenciación gobiernan la temprana educación de los niños, las que llevan a la identificación del Yo con las tendencias monosexuales de la personalidad así como a la supresión, o represión, de la propia contrasexualidad congénita. (Véase Parte II.)

La división entre interior y exterior que se da en el hombre arcaico y el niño no es más completa que la que hay entre bien y mal. El compañero de juegos imaginario es real e irreal a la misma vez, al igual que todo lo demás, y la imagen en el sueño es tan real como la realidad externa. Aquí la auténtica "Realidad del Alma"[174] todavía ejerce el dominio, aquel versátil ensueño del cual el hechizo del arte y los cuentos de hadas constituyen su reflejo. Aquí cada uno de nosotros puede ser todas las cosas, y la así llamada realidad externa todavía no nos ha hecho olvidar la igualmente poderosa realidad interior.

Pero mientras que el mundo infantil aún está gobernado completamente por estas leyes, en el mundo del hombre arcaico sólo ciertas porciones de esta realidad han permanecido infantiles y originales en este sentido. Además, hay una realidad del mundo donde él domina su entorno racionalmente y de manera práctica, donde organiza y elabora; en otras palabras, tiene el tipo de cultura que encontramos intensificada en el hombre moderno.

Como ya hemos dicho, la división entre bien y mal no está presente en el comienzo. El hombre y el mundo aún no han sido divididos en puros e impuros, bueno y malo; como máximo existe la división entre aquello que funciona, preñado de mana y cargado de tabú, y lo que no funciona. Pero lo que funciona es preeminente, más allá del bien y el mal. Todo lo que funciona es poderoso, sea blanco o negro, o ambos, en simultáneo o por turnos. La conciencia del hombre arcaico no es más discriminante que la de un niño. Hay magos buenos y magos malos, pero el rango de acción de cada uno parece ser más importante que la bondad o maldad de sus actos. Lo que encontramos tan difícil de comprender es la crédula intensidad de este nivel de existencia, donde aparentemente el mal es aceptado tan fácilmente como lo es el bien, y donde no existe, según parece, ni siquiera el comienzo de lo que el hombre posteriormente reivindica como experiencia y que reconoce como un ordenamiento moral del mundo.

Dentro de la original unidad urobórica había numerosas capas simbólicas y orgánicas yuxtapuestas, que sólo se volvieron distintas y visibles en la etapa de la separación. Esto confirma la visión de Jung de la polivalencia desarrollista de la constitución temprana, y por tanto de la constitución infantil. En etapas posteriores las diferentes capas de símbolos se separan de la promiscuidad original y confrontan al Yo.

Mundo y naturaleza, el inconsciente y el cuerpo, el grupo y la familia, son todos sistemas diferentes de relaciones que, como partes independientes separadas del Yo, y separadas entre sí, ahora ejercen una variedad de efectos y levantan una multiplicidad de sistemas que operan juntos con el Yo. Pero este despliegue de posiciones y contraposiciones sólo describen parcialmente la situación que ha hecho su aparición en la etapa de la separación del Mundo Parental.

La transición desde el uróboros hasta la etapa adolescente estaba caracterizada por el surgimiento del temor y del sentimiento de muerte, porque el Yo, aún no investido de autoridad total, siente la supremacía del uróboros como un peligro arrollador. Este cambio de tonalidad emocional debe ser enfatizado en todas las fases del desarrollo de la conciencia, y su presencia como trasfondo indica los componentes emocionales cuya importancia aún debemos discutir.

Ya hemos visto, cuando tratábamos sobre el adolescente, cómo el cambio de pasividad a actividad toma en principio la forma de resistencia, desafío y escisión que, en esa etapa, conduce a la autodestrucción. De igual modo, en la etapa del hijo que se separa del Mundo Parental, y en su equivalente, la lucha con el dragón, no hay sólo un cambio de contenido sino también un cambio en el nivel emocional.

La acción del Yo al separar el Mundo Parental es una lucha, un acto creativo, y en las secciones posteriores dedicadas a la lucha contra el dragón daremos preeminencia a este aspecto, así como también al decisivo cambio de personalidad que ocurre como consecuencia de esta resolución de superar el peligro.

Por el momento, sin embargo, nos dedicaremos al otro aspecto de esta acción: el hecho de que es experimentada como culpa, más aún, como una culpa original, como una caída. Pero primero debemos discutir la situación emocional, y comprender que esta acción, si bien se manifiesta como el advenimiento de la luz y como la creación del mundo y de la conciencia, está viciada por un sentido de sufrimiento y pérdida tan fuerte que es capaz de contrarrestar lo obtenido por el acto creativo.

Mediante el heroico acto de creación del mundo y de división de los opuestos, el Yo da un paso adelante desde el círculo mágico del uróboros y se encuentra a sí mismo en un estado de soledad y discordia. Con la aparición del Yo fuera del cascarón, la situación paradisíaca se ve abolida; la condición infantil, en la cual la vida era regulada por algo más amplio y de mayor alcance, llega a su fin, y con ella la dependencia natural con respecto a ese amplio abrazo.

Podemos pensar acerca de esta situación paradisíaca en términos religiosos, y decir que todo estaba controlado por Dios; o podemos formularlo éticamente, y decir que todo era todavía bueno y que el mal aún no había aparecido en el mundo. Hay otros mitos que moran en aquella Edad Dorada donde todo se obtenía sin esfuerzo, cuando la naturaleza era generosa, y cuando no existían el trabajo, el sufrimiento y el dolor; otros enfatizan la "eternidad", la inmortalidad, de tal existencia.

El factor común a todas estas etapas tempranas es que psicológicamente nos dicen algo acerca de una etapa preyoica, cuando aún no había división entre un mundo conciente y uno inconsciente. Es por ello que todas esas etapas son preindividuales y colectivas. No había sensación de soledad, que constituye el concomitante necesario de la existencia de un Yo y particularmente de un Yo consciente de su propia existencia.

La conciencia del Yo no sólo conlleva una sensación de soledad; también introduce sufrimiento, dificultades, problemas, maldad, enfermedad y muerte en la vida del hombre tan pronto como estos son percibidos por el Yo. Al descubrirse a sí mismo, el Yo solitario simultáneamente percibe lo negativo y se relaciona con esto, de modo que de inmediato se establece una conexión entre estos dos hechos, por lo que el Yo toma su propia génesis como culpa, y el sufrimiento, la enfermedad y la muerte como justo castigo. La entera sensación de vida del primitivo está hechizada por las influencias negativas que lo rodean, y al mismo tiempo por la conciencia que tiene de que él es el culpable de todo lo negativo que le sucede. Esto equivale a decir que para el hombre primitivo el azar no existe; todo lo negativo se origina por haber infringido un tabú, aún así la acción haya sido inconsciente. Su *Weltanschauung*, o su concepción de causa y efecto, en su mayor parte está emocionalmente coloreada, porque está basada en la sensación de que su vida ha sido profundamente perturbada debido al incremento de su conciencia del Yo. Ida está la sensación de vida de la situación uróborica original, debido a que mientras su conciencia del Yo se transforme en más diferenciada y autorelacionada, más sentirá él su propia pequeñez e impotencia, con el resultado de que la dependencia con respecto a los poderes existentes se convierte en la sensación dominante. El letargo del animal, pero también, tal como dice Rilke, su mirada "abierta", están ahora perdidos:

> **Y aún dentro de la cálida y atenta bestia**
> **hay el peso e inquietud de una gran melancolía.**
> **Pues, también a ella, siempre le afecta**
> **lo que a menudo nos abruma: el recuerdo,**
> **como si aquello que se persigue hubiera sido alguna vez**
> **más cercano y fiel, y su contacto infinitamente tierno.**
> **Aquí todo es distancia; y allá había aliento.**
> **Comparada con aquel primer hogar**
> **el segundo parece un cosa híbrida y ventosa.**
> **¡Oh dicha de la pequeña criatura,**
> **que se queda en el seno en que apareció!**

104

Goce del mosquito que en su boda
aún permanece dentro, pues el vientre lo es todo.

Pero para la criatura que se ha convertido en un Yo, sólo cuenta el "otro":

Esto es llamado destino: este estar opuesto y estar siempre en mayor oposición.[175]

Este estar en oposición y ya no contenido dentro del vientre es el oscuro sentimiento que impregna la conciencia donde quiera que el Yo se encuentre a sí mismo aislado y solo.

Es el sello del hombre estar en oposición al mundo, es su dolor y su especialidad; pero lo que en un principio aparenta ser una pérdida, se convierte en una ganancia positiva. Pero no sólo eso; en un nivel más elevado, el hombre, y sólo el hombre, recibe su distintivo esencial: ser capaz de establecer una "relación", porque él, en tanto individuo, entra en relación con un objeto, sea éste un hombre, una cosa, el mundo, su propia alma, o Dios. En consecuencia se convierte en parte de una unidad más elevada y cualitativamente diferente, que ya no es más la unidad preyoica del contenedor uobórico, sino una alianza en la que el Yo, o más bien el Sí Mismo, la totalidad del individuo, se preserva intacta. Pero esta nueva unidad de igual manera está basada en la "oposición" que aparece en el mundo con la separación del Mundo Parental y el amanecer de la conciencia del Yo.

Sólo con la separación del Mundo Parental el mundo se convierte en dual, tal como está dicho en el Midrash judío. Esta separación se debe a la escisión fundamental de la personalidad en una porción conciente, cuyo centro es el Yo, y una porción inconsciente muchísimo más grande. La partición también causa una modificación del principio de ambivalencia. Mientras que, originalmente, los opuestos podían funcionar uno al lado del otro sin mayores tensiones y sin excluirse uno al otro, ahora, con el desarrollo y elaboración de la oposición entre conciencia e inconsciente, estos se separan. Esto quiere decir que ya no es posible para un objeto ser amado y odiado al mismo tiempo. El Yo y la conciencia se identifican en un principio con un lado de la oposición y dejan al otro en el inconsciente evitando que éste haga su aparición, esto es, suprimiéndolo concientemente, o reprimiéndolo, esto es, eliminándolo de la conciencia sin darse cuenta de su acción. Sólo un análisis psicológico profundo puede sacar a la luz la contraposición inconsciente. Pero en tanto el Yo en nivel prepsicológico no sea conciente de esto, dejará en el olvido al otro lado y, en consecuencia, perderá la totalidad y completitud de su imagen del mundo.

Esta pérdida de totalidad y de total integración inconsciente con el mundo es experimentada como la pérdida primaria; es la privación original que ocurre al comienzo de la evolución el Yo.

Podemos llamar a esta pérdida primaria la castración primaria. Debemos enfatizar, sin embargo, que la castración primordial, en contraste con la castración a nivel matriarcal, no tiene implicancias genitales. En el primer caso la separación y pérdida es como ser extraído de un contexto mayor; a nivel personalista, por ejemplo, es experimentado como una separación del cuerpo de la madre. Es una pérdida autoimpuesta, una ruptura llevada a cabo por el Yo pero no obstante experimentada como pérdida y culpa. Esta autoliberación es una ruptura del cordón umbilical, no una mutilación; pero con ella la unidad superior, la identidad madre-niño dentro del uróboros, se hace pedazos para bien.

La amenaza de la castración matriarcal pende sobre un Yo que aún no ha roto sus vínculos con la Gran Madre, y hemos mostrado cómo, para un Yo semejante, la pérdida autoimpuesta era simbólicamente idéntica con la pérdida del pene. Pero la pérdida primordial en la etapa de la separación del Mundo Parental, concierne a un individuo completo que se hace a sí mismo independiente en virtud de este acto. Aquí la pérdida tiene una coloración emocional, se expresa en sentimientos de culpa, y tiene su origen en la pérdida de la *participation mystique*.

El desprenderse del uróboros bisexual puede tener una connotación paternal o maternal, y puede ser sentida como una ruptura con el padre-dios o con la paradisíaca situación maternal, o ambos.

La castración primordial está correlacionada con el pecado original y la pérdida del paraíso. En la esfera de cultura judeo-cristiana, los antiguos motivos mitológicos fueron conscientemente modificados y reinterpretados, de modo que ahora sólo podemos encontrar vestigios del mito de la separación del Mundo Parental. Tampoco la literatura contiene nada más que un débil eco de la versión babilónica, donde el héroe divino Marduk corta en pedazos a la serpiente Tiamat, Madre del Caos, y reconstruye el mundo a partir de sus pedazos. Según la concepción judía de Dios y el mundo, el elemento moral ahora ocupa el primer plano, el conocimiento del bien y del mal se considera un pecado, y la renuncia al prístino estado urobórico está degradada a una expulsión punitiva del paraíso.

El tema no está, sin embargo, confinado a las culturas no griegas. Entre los presocráticos, Anaximandro sostenía que el principio de la culpa original es cósmico. En este sentido se interpreta su sentencia:

El origen de todas las cosas es lo Ilimitado. Y en el interior de aquello de lo que todo brota, todo vuelve a morir, tal como debe ser; pues allí se brindan uno al otro reparaciones y satisfacciones por sus injusticias según el ordenamiento del tiempo.[175a]

La unidad original del mundo y Dios se supone hecha pedazos por alguna culpa pre-humana, y el mundo nacido de esta ruptura debe por lo tanto sufrir castigo. El mismo principio subyace en el orfismo y el pitagorismo.

Según el punto de vista de los gnósticos, este sentimiento de privación se convierte en la fuerza que impulsa los procesos que mueven el mundo, aunque ellos introducen un giro altamente paradójico, que aquí no podemos analizar en detalle. Debido a este complejo sentimiento de pérdida, la existencia en el mundo significa estar solo y separado; el hombre yace completamente abandonado a los elementos extraños. Su original hogar pleromático, del cual se desprende la parte que vale la pena redimir, es claramente urobórico, aunque hacen bastante énfasis en el aspecto espiritual-pneumático. La fundamental concepción dualista, en el gnosticismo, de una parte espiritual superior y de una parte inferior material, presupone la separación del Mundo Parental. A pesar de ello, el pleroma tiene la característica urobórica de la completitud, totalidad, indiferenciación, sabiduría, primordialidad, etcétera, excepto que aquí el uróboros presenta una mayor naturaleza masculina y patriarcal, con elementos de la femenina Sophia que lanzan destellos a su través, en contraste con el uróboros maternal donde los elementos que traslucían eran masculinos.

En consecuencia, en el gnosticismo, la vía de salvación descansa en elevar el nivel de conciencia y regresar al espíritu trascendente, con la consiguiente pérdida del lado inconsciente; mientras que la salvación urobórica a través de la Gran Madre demanda el abandono del principio de la conciencia y un retorno al inconsciente.

Es en la cábala, más que en cualquier otro fenómeno cultural, donde puede observarse lo poderosas que son estas imágenes arquetípicas básicas de la psique. El judaísmo siempre ha tratado de eliminar la tendencia mitologizadora, así como también la entera esfera de la psique, en favor de la conciencia y la moralidad.

Pero en las doctrinas esotéricas de la cábala, que constituye la escondida y pulsante corriente de vida del judaísmo, persiste un contrario movimiento compensatorio subterráneo. No sólo la cábala revela un gran número de dominantes arquetípicas, sino que, a través de ellas, ha tenido un importante efecto en el desarrollo y la historia del judaísmo.

De este modo, en un tratado acerca de la doctrina del mal en la cábala luriana, podemos leer:

El hombre no es sólo el propósito final de la creación, tampoco lo es su limitado dominio sobre este mundo, sino que de él depende la perfección de los mundos superiores y de Dios mismo.

Esta sentencia, que enfatiza el distintivo punto de vista antropocéntrico de la cábala, forma la base de la siguiente declaración:

Desde el punto de vista de la cábala, el pecado original consistió esencialmente en esto: que a la Deidad se le hizo daño. Con respecto a la naturaleza de este daño, hay varios puntos de vista. El más ampliamente aceptado es que el Primer Hombre, Adán Kadmon, efectuó una división entre Rey y Reina, y con ella separó a la Shekinah de la unión con su esposo, así como de la entera jerarquía de las Sephiroth.[176]

Aquí tenemos el antiguo arquetipo de la separación del Mundo Parental, pero en un estado de pureza desconocido incluso para los gnósticos, por quienes es presumible que la cábala se viera influenciada. En términos generales, la influencia del gnosticismo parece ser altamente cuestionable en aquellos numerosos pasajes de los escritos cabalísticos donde ocurren las imágenes y formulaciones arquetípicas, como, por ejemplo, en Nathan de Gaza, el discípulo e inspirador de Sabatai Zebi.[177]

Debemos limitarnos al hecho de que esta influencia, al igual que la teoría migratoria, es secundaria, y debemos sustituirla por el descubrimiento de Jung, confirmado por el análisis de la psicología profunda, de que las imágenes arquetípicas son operativas en todo hombre y que aparecen espontáneamente cuando determinada capa del inconsciente colectivo se activa.

En las grandes religiones, el hecho más importante, la separación del Mundo Parental, es teologizado, y se realiza el intento de racionalizar y moralizar la innegable sensación de deficiencia que acompaña al Yo emancipado. Interpretado como pecado, apostasía, rebelión, desobediencia, esta emancipación es en realidad el acto de liberación fundamental del hombre que se separa de la yunta del inconsciente que sobre él pesa y se establece como un Yo, como un individuo consciente. Pero debido a que este acto, al igual que todo acto y toda liberación, conlleva sacrificio y sufrimiento, la decisión de dar un paso como éste es de enorme trascendencia.

La separación del Mundo Parental no es simplemente la interrupción de la cohabitación original y la destrucción del perfecto estado cósmico simbolizado por el uróboros. Esto per se, o en conjunción con lo que hemos llamado la pérdida primordial, podría ser suficiente para inducir un sentimiento de culpa original, precisamente porque el estado urobórico es por naturaleza un estado de totalidad que envuelve al hombre y al mundo. El aspecto decisivo, sin embargo, es que esta separación no se experimenta sólo como sufrimiento pasivo y pérdida, sino también como un hecho activamente destructivo. Es simbólicamente idéntico al asesinato, sacrificio, desmembramiento y castración.

Ahora bien, es un hecho sorprendente que lo infligido al amante juvenil por el uróboros maternal, en este punto le sea infligido al uróboros mismo. A menudo, en mitología sucede tanto que el dios-hijo castre al dios-padre, como que corte en pedazos al dragón primordial y edifique el mundo a partir de sus pedazos. La mutilación -un tema que también tiene lugar en la alquimia-, es la condición previa a toda creación. De modo que aquí llegamos a dos motivos arquetípicos que son absolutamente correspondientes entre sí, y que aparecen en todos los mitos de creación. Sin el asesinato de los viejos padres, su desmembramiento y neutralización, no puede haber un comienzo. Debemos examinar con cierto detenimiento este problema del asesinato de los padres. Obviamente, implica una genuina y necesaria culpa.

La emancipación del amante juvenil con respecto del uróboros comienza con un acto que demostró ser un acto negativo, un acto de destrucción. Su interpretación psicológica nos permitió comprender la naturaleza simbólica de la "masculinidad" que descansa en la raíz de toda conciencia.

Hemos descrito como escisión el avance del adolescente hacia su independencia y liberación. Volverse conciente de uno mismo, ser conciente del todo, comienza diciendo "no" al uróboros, a la Gran Madre, al inconsciente. Y cuando escudriñamos los actos mediante los cuales la conciencia y el Yo se fortalecen, debemos admitir para comenzar que todos constituyen actos negativos. Distinguir, discriminar, distanciarse, aislarse del contexto que lo rodea a uno, representan los actos básicos de conciencia. De hecho, la experimentación, en tanto el método científico, es un típico ejemplo de este proceso:

una conexión natural es desarticulada y algo es aislado y analizado, pues la divisa de toda conciencia es *determinatio est negatio*. Y contra la tendencia del inconsciente a combinar y fundir, a decirle a todo "tat tvam asi" -"eso eres tú"-, la conciencia replica "Yo no soy eso".

La formación del Yo sólo puede avanzar mediante su distinción con respecto al no-Yo, y la conciencia sólo emerge allí donde se separa de lo que es inconsciente; y el individuo sólo alcanza la individuación cuando se distancia de lo colectivo anónimo.

La desarticulación del estado uróbórico inicial conduce a la diferenciación mediante la dualidad, a la decombinación de la ambivalencia original, a la división de la constitución hermafrodita, y a la separación del mundo en sujeto y objeto, interior y exterior, y a la creación del bien y del mal, que sólo son discriminados luego de la expulsión del uróbórico Jardín del Paraíso donde los opuestos permanecían unidos. Es comprensible, entonces, que tan pronto el ser humano se vuelve conciente y adquiere un Yo se sienta un ser dividido, desde que posee un formidable otro lado que se resiste al proceso de convertirse en conciente. Es decir, se encuentra a sí mismo envuelto en dudas, y en tanto y en cuanto su Yo permanezca inmaduro, esta duda lo puede conducir a la desesperación e incluso al suicidio, que siempre significa un asesinato del Yo y una automutilación que culmina con su muerte en la Gran Madre.

Hasta que finalmente se haya consolidado y sea capaz de mantenerse en pie por sí solo, lo que, tal como hemos visto, sólo es posible después de su lucha victoriosa contra el dragón, el Yo adolescente permanecerá inseguro. Su inseguridad es consecuencia de la división interna es dos sistemas psíquicos opuestos, y de estos, el sistema conciente, con el cual el Yo se identifica, es aún frágil, poco desarrollado y de alguna manera confuso acerca del significado de su principio específico. Esta inseguridad interna, al asumir la forma, tal como hemos visto, de la duda, produce dos fenómenos complementarios que son característicos de la fase adolescente. La primera es narcisismo, con su excesiva egocentricidad, autocomplacencia y autoabsorción, la otra es *Weltschmerz*.

El narcisismo es una necesaria fase transicional durante la consolidación del Yo. La emancipación de la conciencia del Yo de la esclavitud con respecto al inconsciente conduce, como toda emancipación, a la exageración de la propia posición e importancia. La "pubertad de la conciencia del Yo" está acompañada de una desvaloración del lugar del que uno proviene, el inconsciente. Esta deflación del inconsciente se orienta en la misma dirección que la personalización secundaria y la eliminación de los componentes emocionales (cf. Parte II). El significado de todos estos procesos descansa en fortalecer el principio de la conciencia del Yo. Pero el peligro inherente en esta línea de desarrollo es la exageración de la autoimportancia, una conciencia del Yo megalomaníaca que se piensa independiente de todo, que comienza desvalorizando y reprimiendo al inconsciente y que termina negándolo por completo. La sobrevaloración del Yo, como síntoma de una conciencia inmadura, es compensada por una autodestrucción depresiva, en la forma de *Weltschmerz* y odio contra él mismo, que a menudo termina en suicidio, siendo todos estos síntomas característicos de la pubertad.

Un análisis de este estado revela un sentimiento de culpa cuya fuente es transpersonal; esto es, sus orígenes se encuentran mucho más allá de los enredos de la personalista "novela familiar". El atroz hecho de la separación del Mundo Parental aparece como culpa original. Pero -y esto es lo importante- es en cierto sentido el propio Mundo Parental, el inconsciente mismo, quien formula la acusación, y no el Yo. Como representante de la antigua ley, el inconsciente urobórico lucha arduamente para evitar la emancipación de su hijo, la conciencia, de modo que una vez más nos encontramos de regreso bajo la órbita de la Madre Terrible que desea destruir al hijo. Mientras la que conciencia del Yo se incline ante esta acusación y acepte la sentencia de muerte, se estará comportando como el hijo-amante y, como él, terminará en autodestrucción.

Es muy diferente cuando el hijo invierte el tablero enfrentándose a la Madre Terrible y adopta la actitud destructiva de ella, dirigiéndola ya no en contra de sí, sino en contra de ella. Este proceso es representado mitológicamente mediante la lucha con el dragón. Evaluando el cambio de personalidad que ocurre como consecuencia de esta lucha, y que examinaremos posteriormente, podemos decir que el proceso corresponde psicológicamente a la formación del "Yo superior" conciente del héroe, y al rescate del tesoro escondido, el Conocimiento. Sin embargo, el Yo está encauzado a sentir su agresión como culpa, porque el asesinato, desmembramiento, castración y sacrificio permanecen asociados con la culpa aun cuando sirvan al necesario propósito de derrotar a un enemigo de las dimensiones del dragón uróboros.

Esta destrucción está muy asociada con el acto de comer y asimilar, y muy a menudo está representada como tal. La formación de la conciencia va de la mano con una fragmentación del continuum del mundo en objetos, partes y figuras separados que sólo de esta forma pueden ser asimilados, acogidos, introyectados, hechos concientes; en una palabra, "comidos". Cuando el héroe-sol, habiendo sido tragado por el dragón de la oscuridad, corta en pedazos el corazón del dragón y se lo come, es que está incorporando la esencia de este objeto. En consecuencia, la agresión, destrucción, desmembramiento y asesinato están íntimamente asociados con las correspondientes funciones corporales de comer, mascar, morder y particularmente con el simbolismo de los dientes como instrumentos de estas actividades, todas las cuales son indispensables para la formación de un Yo independiente. En esto descansa el significado más profundo de la agresión durante las primeras fases de desarrollo. Lejos de ser sádica, es una indispensable y positiva preparación para la posterior asimilación del mundo. Pero, precisamente debido a su vínculo elemental con el mundo de la naturaleza, la mente primitiva siempre ha considerado el asesinato, incluso la destrucción de animales y plantas, como un ultraje al orden natural que por ello reclama expiación. Los espíritus de los caídos toman venganza a menos que sean propiciados. Temor a la venganza de los poderes que han brotado debido a la separación del Mundo Parental y a la criminal emancipación del hombre del poder del divino uróboros, éste es el sentimiento de terror y culpa, éste es el pecado original, con el cual se inaugura la historia del hombre.

La lucha contra este pavor, contra el peligro de ser tragado de nuevo y volver al caos original a través de una regresión que desbarate la obra de la emancipación, es representada en todas su modulaciones mediante la lucha con el dragón. No será hasta entonces que el Yo y la conciencia estén firmemente establecidos. El hijo del Mundo Parental tiene que demostrarse que es un héroe a través de esta lucha; el Yo, recién nacido e indefenso, tiene que transformarse a sí mismo en procreador y conquistador. El héroe victorioso representa un nuevo comienzo, el comienzo de la creación, pero una creación que es obra del hombre y a la que llamamos cultura, como opuesta a la creación natural, que es proporcionada al hombre en un comienzo y que hace sombra a los inicios de éste.

Tal como ya hemos señalado, es consistente con la estructura de los opuestos conciencia-inconsciente que el inconsciente deba ser considerado predominantemente femenino y la conciencia predominantemente masculina. Esta correlación es evidente en sí misma, ya que el inconsciente, al tener capacidad tanto para dar a luz como para destruir absorbiendo, posee afinidades femeninas. Lo femenino está concebido mitológicamente bajo el punto de vista de este arquetipo; el uróboros y la Gran Madre son dominantes femeninos, y todas las constelaciones psíquicas sobre las cuales ambos gobiernan, están bajo el dominio del inconsciente. A la inversa, su opuesto, el sistema de la conciencia del Yo, es masculino. Con éste se encuentran asociados las cualidades de volición, decisión y actividad, que están en contraste con el determinismo y los "dinamismos" ciegos del estado preconciente, carente de Yo.

El desarrollo de la conciencia del Yo, tal como hemos esbozado, consistía en su gradual emancipación del abrazo asfixiante del inconsciente, que era ejercido de manera completa por el uróboros y en un grado menor por la Gran Madre. Observando el proceso con mayor detenimiento, encontramos que sus elementos centrales eran una masculinidad que gozaba de una progresiva independencia, originalmente presente sólo en germen, y la sistematización de la conciencia del Yo, de la cual pueden detectarse, tanto en la historia temprana de la humanidad como en la de la infancia, sólo los primeros indicios de sus comienzos.[178]

El estado de separación del Mundo Parental, que da inicio a la independencia del Yo y de la conciencia al hacer surgir el principio de los opuestos es, por lo tanto, también la etapa del incremento de la masculinidad. La conciencia del Yo se levanta en franca oposición al inconsciente femenino. Este fortalecimiento de la conciencia encuentra soporte en la formulación de tabús y de actitudes morales que delimitan la conciencia con respecto del inconsciente, al sustituir un impulso involuntario por una acción conocida. El significado del ritual, al margen de los útiles efectos que el hombre primitivo espera de él, descansa precisamente en el fortalecimiento del sistema conciente. Las fórmulas mágicas mediante las cuales el hombre arcaico interactúa con su entorno son, aparte de cualesquiera otras consideraciones, sistemas antropocéntricos de dominación del mundo. En sus rituales, él hace de sí mismo el centro responsable del cosmos, de él depende que el sol salga, la fertilidad de los campos, así como la conducta de todos los dioses. Estas proyecciones y los variados procedimientos con los cuales los Grandes Individuos se distinguen del rebaño en tanto jefes, curanderos o reyes divinos, y los demonios, espíritus y dioses que conforman cristalizaciones de una mescolanza de "poderes" indeterminados, sabemos que son expresiones de un proceso de centramiento que procura imponer un orden en el caos de los eventos inconscientes y que conduce a la posibilidad de la acción conciente. Aunque la naturaleza y el inconsciente son de ordinario experimentados por el hombre primitivo como un campo de fuerzas invisibles que no dejan espacio al azar, la vida permanece caótica, oscura e impenetrable para el Yo en estado germinal en la medida que no le es posible orientarse con respecto a estas fuerzas. Pero la orientación surge a través del ritual, a través de la subyugación del mundo mediante la magia, que impone un orden al mundo. Incluso si este orden es diferente del tipo que nosotros imponemos, puede demostrarse la conexión entre nuestro orden conciente y el orden mágico del hombre primitivo. El asunto de importancia es que la conciencia, en tanto centro de acción, precede a la conciencia en tanto centro cognitivo; del mismo modo que el ritual precede al mito, o el ceremonial mágico y la acción ética preceden a la visión científica del mundo y al conocimiento antropológico.

El centro común de la acción conciente a través de la voluntad, y del conocimiento conciente a través de la cognición, es, sin embargo, el Yo. De ser actuado por fuerzas externas pasa a desarrollarse lentamente hasta convertirse en el agente, al igual que cuando asciende del estado de ser abrumado por el conocimiento revelado hasta que alcanza la luz del conocimiento conciente. Una vez más, este proceso es completado no en las partes colectivas del grupo, sino sólo en los grandes individuos, esto es, individuos diferenciados que son los portadores representativos de la conciencia del grupo. Ellos son los líderes y precursores a los que el grupo sigue. El matrimonio ritual entre el fructificador y la diosa tierra, entre el rey y la reina, se convierte en el modelo de todos los matrimonios entre los miembros del colectivo. El alma inmortal del rey divino Osiris se convierte en el alma inmortal de todos y cada uno de los egipcios, al igual que Cristo el Salvador se convierte en el alma-Cristo de cada cristiano, el Sí Mismo interior. De la misma manera, la función del jefe, la cual es tener voluntad y decidir, se convierte en el modelo de todos los consecuentes actos de libre voluntad en el Yo del individuo; y la función legisladora, originalmente atribuida a Dios y posteriormente a la personalidad-mana, se ha convertido en el hombre moderno en su tribunal de consciencia interior.

Discutiremos este proceso de introyección más adelante, pero por el momento formularemos la masculinización de la conciencia y su importancia teórica de este modo: a través de la masculinización y emancipación de la conciencia del Yo, el Yo se convierte en el "héroe". La historia del héroe, tal como está planteada en los mitos, es la historia de esta autoemancipación del Yo, que lucha por liberarse del poder del inconsciente y por mantener el suyo propio mientras enfrenta condiciones adversas.

B: EL MITO DEL HÉROE

I.   El nacimiento del héroe
II. El asesinato de la madre
III. El asesinato del padre

La naturaleza somete a la naturaleza

I

EL NACIMIENTO DEL HÉROE

Con el mito del héroe ingresamos a una nueva fase del desarrollo por etapas. Un cambio radical ha ocurrido en el centro de gravedad. En todos los mitos de creación el elemento dominante era la cualidad cósmica del mito, su universalidad; pero ahora el mito centra su atención sobre el mundo en tanto centro del universo, el punto sobre el cual se yergue el hombre. Esto significa, en términos del desarrollo por etapas, no sólo que la conciencia del Yo del hombre ha logrado su independencia, sino también que su personalidad total se ha separado del contexto natural del mundo circundante y del inconsciente.

Aunque la separación del Mundo Parental es, en sentido estricto, una parte integral del mito del héroe, los desarrollos que, en dicha etapa, sólo podían ser representados mediante símbolos cósmicos ingresan ahora a la fase de humanización y formación de la personalidad. De este modo, el héroe es el precursor arquetípico de la humanidad en general. Su destino es el modelo en función del cual los colectivos humanos deben vivir, y siempre han vivido, sin importar cuán vacilante y distante lo hayan hecho con respecto de éste; y sin importar cuán lejos del hombre ideal hayan vivido, las etapas del mito del héroe se han convertido en elementos constitutivos del desarrollo personal de cada individuo.

El proceso de masculinización finalmente cristaliza en este punto y demuestra ser decisivo para la estructura de la conciencia del Yo. Con el nacimiento del héroe comienza la lucha primordial, la lucha contra los Primeros Padres. Este problema, tanto en la versión personal como en la transpersonal, domina la totalidad de la existencia del héroe: su nacimiento, su lucha contra el dragón y su transformación. Al tomar posesión de los lados masculino y femenino de sí mismo, que no deben ser considerados como "paternal" y "maternal", y al edificar un núcleo interior de personalidad en cuya estructura están integradas la etapa anterior y la nueva, el héroe completa un patrón de desarrollo que está colectivamente encarnado en las proyecciones mitológicas del mito del héroe, y que incluso ha dejado huellas individuales en el crecimiento de la personalidad humana (Parte II).

***

El significado real de la lucha contra el dragón, o más bien de aquella parte que está relacionada con el Mundo Parental, sólo podrá ser entendido cuando hayamos mirado con mayor profundidad en la naturaleza del héroe. La naturaleza del héroe, sin embargo, se relaciona de cerca con su nacimiento y con el problema de su doble nacimiento.

El hecho de que el héroe tenga dos padres o dos madres constituye un elemento central en la estructura del mito del héroe. Junto a su padre personal se encuentra un padre "superior", es decir una figura paterna arquetípica, e igualmente una figura materna arquetípica aparece junto a la madre personal. Esta doble ascendencia, junto con el contraste de las figuras parentales personales y suprapersonales, constela el drama de la vida del héroe. Una parte importante del análisis de la lucha contra el dragón ya ha sido detallada en la obra de Jung, *Psicología de lo Inconsciente;*[179] no obstante, en dicho trabajo queda pendiente que el problema abordado sea corregido, ampliado y sistematizado desde el punto de vista de los desarrollos posteriores alcanzados por la psicología analítica.

La ambigüedad del problema de los Primeros Padres, con sus significados dobles e incluso contradictorios, ha causado confusión al interior de nuestros procedimientos analíticos hasta el día de hoy. La correcta formulación final de la imagen fantasmal que, en la forma del Complejo de Edipo, obsesiona nuestras mentes occidentales, debe convertirse en la base de cualquier comprensión genuina de los fenómenos psíquicos de los cuales nos ocupamos aquí. Estos fenómenos son fundamentales en tanto que el desarrollo psicológico futuro del hombre occidental esté comprometido, ya que también afectan su desarrollo ético y religioso.

Tal como A. Jeremias[180] ha señalado y demostrado ampliamente, la esencia del canon mitológico del héroe-redentor estriba en que es huérfano de padre y de madre, en que uno de los padres a menudo es divino, y en que la madre del héroe frecuentemente es la Madre-Diosa misma o la prometida de un dios.

Estas madres son madres vírgenes, lo que no quiere decir que sea necesariamente correcto lo que el psicoanálisis ha querido ver en este hecho.[181] Tal como sucede en todo el mundo antiguo, la virginidad sólo significa la no pertenencia a ningún hombre en particular; la virginidad es en esencia sagrada, no porque sea un estado físico inalterado, sino porque es un estado de apertura psíquica hacia Dios. Hemos visto que la virginidad era un aspecto esencial de la Gran Madre, de su poder creativo, que no es dependiente de ningún compañero personal masculino. Pero también existe un elemento procreador masculino en acción en el interior de ella. A nivel uROBÓRICO este elemento es anónimo; posteriormente se convierte en subordinado a la Gran Madre como energía fálica; y más tarde aún aparece a su lado como su consorte. Finalmente, en el mundo patriarcal, su príncipe consorte la destrona y ella se transforma en su subordinada.[182] Sin embargo, ella siempre conserva su efectividad arquetípica.

El nacimiento del héroe es atribuido expresamente a una virgen. La virgen y el leviatán que el héroe debe conquistar *(ilustraciones 22 y 23)* son dos aspectos del arquetipo de la madre: junto a la madre oscura y terrible se levanta la otra, brillante y benéfica. Y al igual que el espantoso aspecto de dragón de la Gran Madre, la "Vieja Mujer del oeste", es, en tanto imagen arquetípica de la humanidad, eterna, también lo es su aspecto amistoso, la generosa e inmortalmente hermosa Virgen Madre del héroe-sol, que encuentra su arquetipo eterno en la "Dama del este", a pesar del cambio de matriarcado a patriarcado.[183]

La *kedeshoth*, al igual que todas las madres vírgenes de los héroes hasta llegar a la Virgen María, constituye un ejemplo típico de la identificación con la deidad femenina -Ashtaroth, por ejemplo-, quien, en el abrazo con el varón, sólo está dispuesta a rendirse a algo suprapersonal, al dios y solamente al dios. La peculiaridad de la psicología femenina que se pone de manifiesto aquí tendrá que ser discutida en otro lugar. En el presente contexto, sólo es de importancia su relación con lo transpersonal. En consecuencia, al lado de las madres vírgenes, hay otras madres para las cuales los hombres son meras cifras, como lo fue José para María, o que sólo aparecen como los padres mortales de unos gemelos mortales. Y no tendrá importancia que la deidad procreadora aparezca ya sea como un monstruo o como la Paloma del Espíritu Santo, o ya sea que Zeus se metamorfosee en relámpago, una lluvia de oro *(ilustración 24)*, o en animal. Siempre el asunto importante con respecto al nacimiento del héroe es que su naturaleza extraordinaria, sobrehumana o no humana procede de algo extraordinario, sobrehumano o no humano; en otras palabras, se lo considera engendrado por un demonio o una divinidad.

Al mismo tiempo, la total absorción de la madre en la experiencia del nacimiento, y especialmente en el nacimiento de un héroe, conforma la esencia del mito. Su asombro por haber dado a luz algo extraordinario es sólo una intensificación de la experiencia misma del nacimiento, una intensificación, en particular, del milagro de que una mujer pueda ser capaz de crear a un hombre en su interior. Este milagro era, tal como sabemos, originalmente adscrito por la mujer primitiva a lo *numinosum*, al viento o a los espíritus ancestrales. Se trata de una experiencia prepatriarcal que es anterior al tiempo a partir del cual se entendió que la procreación estaba conectada causalmente con el acto sexual y por tanto con un hombre. La experiencia primordial de la mujer con respecto al nacimiento es matriarcal. No es el hombre quien es padre de la criatura: el milagro de la procreación surge de Dios. De este modo, la fase matriarcal es regida no por un padre personal, sino por un progenitor o poder suprapersonal. La energía creativa de la mujer cobra vida con el milagro del nacimiento, en virtud del cual ella se convierte en "Gran Madre" y en "Diosa Tierra". Al mismo tiempo, es en este nivel, el más profundo y arcaico, que la madre virgen y novia de Dios es una realidad viviente.

Briffault ha demostrado cuán imposible es comprender la historia temprana de la humanidad desde el punto de vista patriarcal, el cual es un producto tardío del desarrollo que ha traído consigo numerosas revaluaciones. Por consiguiente, las imágenes primordiales que representan a las madres de los héroes como vírgenes prometidas a una deidad, encarnan los elementos esenciales de la experiencia prepatriarcal de la mujer. Este temprano estado matriarcal puede ser reconocido con mayor facilidad a partir de las modificaciones del mito del héroe en su posterior forma patriarcal. Mientras que, en un comienzo, la Gran Madre era la única creadora -al igual que Isis que regenera al fallecido Osiris *(ilustración 29)*-, posteriormente ella es embarazada por un progenitor suprapersonal y divino. Tal como hemos visto, este dios primero aparece en el antiguo ritual de fertilidad como el Rey deificado que gradualmente fortalece su posición hasta convertirse en el Dios-Rey patriarcal. La etapa matriarcal más antigua se encuentra en Egipto, en la Festividad de Edfu[184], donde, para acompañar las orgías, la solemne "consumación del abrazo de Horus" conducía a la inmediata concepción del joven Rey Horus. Aquí el engendrador y el engendrado todavía son uno y el mismo, tal como lo encontramos cuando es el caso del dominio de la Gran Madre. La figura de la novia virgen de Dios tiene una analogía en el festival de Luxor, donde la sacerdotisa real de Hathor se une, en un antiguo ritual predinástico, al dios-sol para generar al hijo divino. Posteriormente, en tiempos patriarcales, este rol fue asumido por el rey, que representaba al dios-sol. La doble naturaleza de dios y rey está claramente expresada en estas palabras: "Ellos la encontraron mientras dormía en medio de la belleza del palacio." Después de la palabra "ellos", Blackman añade, en paréntesis, "la combinación de dios y rey." La doble naturaleza del padre es reproducida en el hijo Horus que él engendra, quien es "el hijo de su padre y al mismo tiempo un hijo del Dios supremo".[185]

Esta estructura dual del héroe reaparece en el tema arquetípico de los Hermanos Gemelos, uno mortal, el otro inmortal, cuyo ejemplo más evidente se encuentra en el mito griego de los Dióscuros. La madre, en la misma noche, concibe al hijo inmortal bajo el abrazo de Zeus y al hijo mortal bajo el abrazo de su marido Tíndaro. Nuevamente, Heracles fue engendrado por Zeus, y su hermano gemelo por Anfitrión.

También se nos dice que la madre de Teseo fue embarazada en la misma noche por Poseidón y por el rey Egeo. Existen incontables héroes que son hijos de madres mortales y dioses inmortales. Además de Heracles y los Dióscuros, mencionaremos sólo como ejemplos a Perseo, Ión, Rómulo, Buda, Karna y Zoroastro.[186] Es evidente que en todos estos casos, la experiencia de la naturaleza dual del héroe, quien se convierte en un factor de importancia histórica sumamente extraordinaria, ya no procede exclusivamente de la experiencia de la mujer con respecto al nacimiento.

En primer lugar es a la comunidad misma, la humanidad, a quien el héroe, sólo porque éste se ha desviado de la norma humana, se le aparece como héroe y como un ser engendrado por medios divinos. En segundo lugar, la idea de la naturaleza intrínsecamente dual del héroe procede de la experiencia que él tiene de sí mismo. Él es un ser humano como los demás, mortal y colectivo como todos, pero a la misma vez se siente un extraño dentro de la comunidad. Él descubre en su interior algo que, si bien "pertenece" a él y es parte de él, sólo puede describir como extraño, inusual, divino. En el proceso de ser exaltado por sobre el nivel común, en su heroica capacidad como hacedor, vidente y creador, se siente a sí mismo como "inspirado", completamente extraordinario y el hijo de un dios. De este modo, a través de su diferencia con respecto a otros, el héroe experimenta a su progenitor sobrenatural de manera bastante distinta que a su padre personal terreno. Desde este punto de vista también podemos comprender la duplicación de la figura de la madre. El correlato femenino del progenitor divino del héroe ya no es la "madre personal", sino igualmente una figura suprapersonal. La madre responsable de su existencia como héroe es la madre virgen a la cual se le apareció el dios. Ella también es una figura "espiritual" con características transpersonales. Ella existe junto a la madre personal que lo llevó en el vientre y, ya sea con forma de animal o niñera, lo amamantó. De este modo, la presencia de ambas figuras parentales influyen sobre la vida del héroe de manera doble: personal y transpersonalmente. La confusión de una con otra, y particularmente la proyección de la imagen transpersonal sobre los padres personales, son una fuente permanente de problemas en la niñez.

El arquetipo transpersonal puede aparecer de tres maneras: como la generosa y nutricia Madre Tierra, como la Madre Virgen fecundada por el dios, y como la guardiana del tesoro del alma. Esta ambigüedad a menudo está expresada en los mitos como el conflicto entre la niñera y la princesa, etcétera. En el caso de la figura del padre la situación es más complicada, porque a menudo aparece en los tiempos patriarcales un Padre Tierra arquetípico. Por razones que aún debemos examinar, el padre personal generalmente surge como una figura "obstructiva" al lado del progenitor divino. La madre virgen, sin embargo, que da a luz al héroe después de haber sido fecundada por un dios, es una figura femenino-espiritual que se abre al cielo. Ella posee muchas formas, desde la inocente virgen que es abrumada por el mensajero divino, o la jovencita que recibe al dios en medio de un éxtasis anhelante, hasta la afligida figura de Sophia, quien da a luz al hijo divino, el Logos, sabiendo que éste ha sido enviado por Dios y que su destino en tanto héroe es el sufrimiento.

El nacimiento del héroe y su lucha contra el dragón sólo se tornan inteligibles si la importancia de la masculinidad ha sido comprendida. Es sólo con el mito del héroe que el Yo realmente logra su realización como portador de la masculinidad, y por esta razón debemos dejar muy en claro la naturaleza simbólica de esta masculinidad. Dicha clarificación es esencial si queremos distinguir lo "masculino" de lo "paternal", algo de suma necesidad debido a que los errores del psicoanálisis, con su falsa interpretación del así llamado complejo de Edipo y de la mitología del tótem que de él se desprende, han causado las confusiones más grandes.

El Yo que recién despierta experimenta su masculinidad, esto es, su cada vez más grande autoconciencia, como bueno y malo a la misma vez. Es separado de la matriz maternal, y se encuentra a sí mismo al diferenciarse de esta matriz. En sentido sociológico también, el varón, una vez que madura y se independiza, es separado de la matriz al grado de que experimenta y acentúa su propia diferencia y singularidad. Es una de las experiencias fundamentales del varón que tarde o temprano deba experimentar la matriz, con la cual vivía en *participation mystique*, como el "Tú", como el no-Yo, como algo diferente y extraño a él. Aquí, como a lo largo de toda esta investigación fundamental del desarrollo conciente, debemos deshacernos del prejuicio de la situación de la familia patriarcal. La situación original del grupo humano es prepatriarcal, si queremos evitar utilizar el de algún modo discutible término matriarcal.

Incluso entre los animales podemos encontrar con frecuencia que la generación de machos jóvenes es expulsada y que la madre se queda con las hembras jóvenes.[187] El original grupo familiar matriarcal de madres y crías presupone desde el principio que el macho joven tendrá una fuerte propensión a vagar. Incluso si permanece dentro del grupo matriarcal, se asociará con otros machos para formar un grupo de caza y lucha que está coordinado con el centro femenino del matriarcado. Este grupo masculino es necesariamente móvil y emprendedor; más aún, debido a la situación de constante peligro en que suele encontrarse, cuenta con un estímulo adicional para desarrollar su conciencia. Aquí ya, quizá, se encuentre prefigurado el contraste entre la psicología del grupo de machos y la psicología matriarcal de las hembras.

El grupo matriarcal, con su emocionalidad masiva entre madres y crías, sus vínculos locales más fuertes y su mayor inercia, está en mayor medida ligado a la naturaleza y los instintos. Los periodos de menstruación, embarazo y lactancia activan el lado instintivo y fortalecen la naturaleza vegetativa de la mujer, tal como la psicología de la mujer moderna aún deja ver. Adicionalmente, hay una poderosa ligazón con la tierra que aparece con el desarrollo de la agricultura y la horticultura a manos de la mujer, y la dependencia de estas artes con respecto a los ritmos naturales. El fortalecimiento de la *participation mystique* como consecuencia de que el grupo matriarcal vive aglomerado en cuevas, casa y poblados, también desempeña su rol. Todos estos factores refuerzan la sumersión en el inconsciente, que es una característica del grupo femenino.

El grupo masculino, por otro lado, dado a vagar, cazar y hacer la guerra, constituía un grupo nómada de lucha mucho antes de que la domesticación de los animales produjera los grupos errantes de ganaderos, incluso antes de que el grupo se domiciliara alrededor de un núcleo familiar matriarcal.

El sistema matriarcal de exogamia obstaculiza la formación de grupos masculinos, porque los hombres son obligados a casarse fuera de sus tribus y dispersarse, teniendo que vivir matrilocalmente, como extraños en la tribu de la esposa.[188] El hombre es un extranjero en el clan con el que se ha casado, pero en tanto miembro de clan es un alienado de su lugar original de residencia. Esto quiere decir que, como originalmente es siempre el caso, cuando él vive matrilocalmente, en el lugar de residencia de su mujer, constituye un extranjero tolerado; pero en su lugar original de residencia, donde sus derechos aún son válidos, él vive sólo ocasionalmente. La autonomía del grupo femenino se ve fortalecida, tal como lo ha demostrado Briffault, por esta institución, desde que la línea corre desde la abuela a la madre y desde la madre a la hija, mientras que la formación del grupo masculino es destruida. Lo que Preuss afirma acerca del grupo masculino es por lo tanto verdadero, particularmente si el grupo nuclear en la comunidad es un continuum matriarcal de madres, mujeres y crías:

Debemos por lo tanto concluir que los hermanos, en tanto partes integrales de una totalidad compuesta de padres y crías, se encuentran al principio en peligro constante

de sucumbir a las influencias femeninas, a menos que puedan liberarse manteniéndose absolutamente distantes...Todos los miembros del grupo exógamo se encuentran en esta situación.[189]

Ésta es probablemente una de las razones del porqué aparecen las sociedades de hombres. Con el transcurso del tiempo, el grupo masculino gana fuerza de manera continua, y consideraciones de tipo militar, político y económico eventualmente desembocan en grupos masculinos organizados en la naciente ciudad y estado. Dentro de estos grupos el cultivo de la amistad es más importante que la rivalidad, y se pone más énfasis en las similitudes masculinas y en las diferencias con respecto a lo femenino, que en los celos mutuos.

El grupo juvenil, conformado por hombres jóvenes que son todos contemporáneos, es el lugar donde el varón realmente se descubre a sí mismo por vez primera. Cuando se siente un extraño entre las mujeres y en casa entre los hombres, encontramos la situación sociológica que corresponde con el autodescubrimiento de la conciencia del Yo. Pero "masculino", tal como dijimos, de ninguna manera es idéntico con "padre", mucho menos con la figura de un padre paternal, del cual no podemos suponer que haya sido muy efectivo en la familia prepatriarcal. Las mujeres ancianas, las suegras y las madres encabezan el grupo femenino; y, al igual que con muchos animales, se forma una unidad autocontenida a la cual todo le pertenece, incluyendo los niños de hasta cierta edad. La admisión exógama a este grupo, al enfatizar el carácter de extranjero del varón, lo expone a la influencia de la malvada suegra, que es siempre el objeto de un poderoso tabú, pero no a la influencia de autoridad masculina alguna.

En su forma original, en tanto sistema de alianzas entre miembros de diferentes grupos de edad, el grupo masculino era organizado sobre la base una estricta jerarquía. Los ritos que conducen a un hombre de un grupo de edad hasta otro, eran por consiguiente ritos de iniciación. En todos lados estas sociedades masculinas son de la mayor importancia, no sólo para el desarrollo de la masculinidad y de la autoconciencia del hombre, sino también para el desarrollo de la cultura en su conjunto.

Esta organización horizontal según grupos de edades obvian los conflictos personales en el sentido de una relación hostil padre-hijo, porque los términos "padre" e "hijo" connotan características grupales y no relaciones personales. Los hombres mayores son "padres", los jóvenes "hijos", y esta solidaridad grupal colectiva es de la mayor importancia. Los conflictos, en tanto existen siempre, se dan entre los grupos de edad y tienen un carácter arquetípico y colectivo más que uno individual. Las iniciaciones permiten a los jóvenes ascender en la escala y desempeñar distintas funciones dentro del grupo. Las pruebas de resistencia constituyen exámenes de virilidad y de estabilidad del Yo; éstas no deben tomarse personalistamente, como si fueran "la venganza de los mayores" contra los jóvenes, no más de lo que nuestro ingreso a la universidad es la venganza de los hombres mayores contra la siguiente generación, sino simplemente un certificado de madurez para ingresar a lo colectivo. En casi todos los casos, la edad proporciona un aumento del poder e importancia basado en el aumento del conocimiento obtenido a través de sucesivas iniciaciones, de modo que los mayores tienen pocas razones para sentirse resentidos.

Las sociedades masculinas, sociedades secretas y sociedades de amigos se originan en condiciones matriarcales. Constituyen el complemento natural de la supremacía del matriarcado.[190] La experiencia de sí mismo del Yo, al reconocer su específica afinidad con el mundo de los hombres y su distinción con respecto de la matriz femenina, marca una etapa decisiva en su desarrollo y es la precondición de su independencia. La iniciación en la casa de los hombres, donde el Yo se vuelve conciente de sí mismo, es un "misterio" que otorga un conocimiento secreto que siempre gravita alrededor de la "masculinidad superior". La masculinidad superior que aquí se menciona no posee acento fálico ni ctónico; su contenido no es, como en muchas iniciaciones de jovencitas, la sexualidad, sino su contraparte, el espíritu, que aparece junto con la luz, el sol, la cabeza y el ojo como símbolos de la conciencia. Éste espíritu es lo que es acentuado, y hacia él conduce la iniciación.

Los hombres son asimilados a los padres, a los mayores que conforman el "baluarte de la ley y el orden", y de allí a un sistema del mundo que podríamos llamar, simbólicamente, "cielo" porque representa el polo opuesto de la tierra femenina. El sistema abarca la totalidad del orden del mundo sacrosanto y mágico, que incluye la ley y la realidad del Estado. "Cielo" es en este sentido no la morada de una deidad, ni una localidad celestial; simplemente denota el principio espiritual del pneuma que, en las culturas masculinas, da origen no sólo al Dios patriarcal, sino también a la filosofía científica por igual. Usamos la expresión simbólica "cielo" para caracterizar esta compleja esfera en su totalidad antes de su diferenciación, utilizando para este propósito un término integral que conserva el simbolismo mitológico de los tiempos arcaicos.[191]

Carece de importancia si este "cielo" equivale a una cantidad indeterminada de "poderes" o si está animado por figuras definidas: espíritus, ancestros, animales totémicos o dioses. Todos ellos son representantes del espíritu masculino y del mundo de los hombres, y se comunican con o sin violencia con el neófito durante su expulsión del mundo maternal. En los ritos de iniciación, por lo tanto, es como si los hombres jóvenes fueran absorbidos por el espíritu tutelar y renacieran como niños del espíritu, en lugar de hacerlo desde la madre; son hijos del cielo, ya no solamente hijos de la tierra. Este renacimiento espiritual significa el nacimiento del "hombre superior", quien, incluso a nivel primitivo, está asociado con la conciencia, el Yo y el poder de la voluntad. De allí la correlación fundamental entre cielo y masculinidad. Sobre esto descansan las "actividades superiores" de la acción conciente, del conocimiento conciente y de la creación conciente, en contraste con el impulso ciego de las fuerzas inconscientes. Y precisamente porque el grupo masculino, en función no sólo de su "naturaleza" sino también de sus tendencias sociológicas y psicológicas, requiere que el individuo actúe independientemente como un Yo responsable, la iniciación en la sociedad de los hombres siempre está ligada con poner a prueba y con fortalecer la conciencia, con lo que -mitológicamente hablando- uno puede llamar la "generación de la masculinidad superior."

El fuego y otros símbolos de atención vigilante y alerta desempeñan un rol importante en los ritos de iniciación, donde los muchachos jóvenes tienen que "observar y despertar", esto es, aprender a superar al cuerpo y a la inercia del inconsciente luchando contra el cansancio. Mantenerse despierto y soportar el miedo, hambre y dolor van juntos como elementos esenciales para el fortalecimiento del Yo y la educación de la voluntad. Asimismo, la instrucción e iniciación en el saber popular tradicional también constituyen partes del rito, al igual que las pruebas del poder de la voluntad que deben ser superadas. Los criterios que miden la hombría son una voluntad impertérrita, desarrollar la suficiente habilidad para defender al Yo y a la conciencia, y conseguir dominar los propios impulsos inconscientes y temores infantiles. Incluso en la actualidad los ritos de iniciación de la pubertad poseen la característica de una iniciación en el secreto mundo del espíritu masculino. Ya sea que este espíritu permanezca escondido en el bagaje de los mitos ancestrales, en las leyes y ordenanzas de la colectividad, o en los sacramentos de la religión, remiten a lo mismo. Todos son expresiones, diferentes en categoría y grado, del mismo espíritu masculino que constituye la propiedad específica del grupo masculino.

Ésta es la razón por la cual las mujeres están prohibidas, so pena de castigo o muerte, de estar presentes en las iniciaciones, y la razón de que originalmente estuvieran excluidas de los lugares de adoración en todas las religiones de alcance mundial. El mundo del hombre, caracterizado por el "cielo", representa la ley y la tradición, así como a los dioses de antes del inicio de los tiempos, en la medida que se trate de dioses masculinos. No es accidental que toda la cultura humana, y no sólo la de la civilización occidental, tenga carácter masculino, desde Grecia y la esfera cultural judeo-cristiana, hasta el Islam y la India. Aunque la parte que le corresponde a la mujer en el desarrollo de esta cultura sea invisible y en gran medida inconsciente, no debemos subestimar su significado y trascendencia. La tendencia masculina, sin embargo, se inclina hacia una mayor coordinación entre el espíritu, el Yo, la conciencia y la voluntad. Debido a que el hombre se identifica con la conciencia y a que se siente como un extraño con respecto a él mismo en el inconsciente, al cual inevitablemente experimenta como femenino, el desarrollo de la cultura masculina significa desarrollo de la conciencia.

Hablando en términos históricos, nos parece que el fenómeno del totemismo es de gran importancia para el desarrollo del "cielo" y del mundo espiritual del hombre, ya que este fenómeno, incluso habiéndose originado en la época matriarcal, es específicamente de espíritu masculino.

La identificación con el principio espiritual procreador es un factor extraordinariamente importante en las vidas de los primitivos. Aquí, también, Freud realizó un descubrimiento fundamental, aunque distorsionó y comprendió equivocadamente algo aún más fundamental. El tótem es de hecho parcialmente un padre, pero nunca posee un carácter personal, menos aún el del padre personal. Por el contrario, la finalidad esencial del ritual es que el espíritu procreador sea experimentado como algo remoto y diferente, y aún así "de mi propiedad". Por esa razón el tótem es a veces un animal, pero también puede ser una planta, e incluso un objeto. Aunque el alma del primitivo se encuentra más cerca de las "cosas" de lo que estamos nosotros, él sólo puede establecer una identidad con ellas mediante ritos mágicos. Su inducción ritual al mundo espiritual del tótem ancestral con la ayuda de las máscaras transformadoras, indica que *el numinosum* transpersonal debe ser experimentado como la fuente de la que él, en tanto iniciado, obtiene su ser. Éste es el significado de todos los rituales donde lo puramente personal debe ser trascendido. La iniciación de la pubertad, como todas las demás iniciaciones, buscan producir algo suprapersonal, precisamente aquella parte del individuo que es transpersonal y colectiva. De allí que la producción de esta parte constituya un segundo nacimiento, una nueva generación a través del espíritu masculino, y que esté acompañada de la inculcación de las doctrinas secretas, conocimiento ancestral y sabiduría cósmica, con el fin de cortar todos los vínculos con la existencia puramente familiar del inmaduro.

El grupo de varones es el lugar de nacimiento no sólo de la conciencia y de la "masculinidad superior", sino también de la individualidad y del héroe. Nos hemos referido más de una vez a la conexión entre centroversión y desarrollo del Yo. La tendencia hacia la totalidad que la centroversión representa funciona de modo casi por completo inconsciente en la fase más temprana, pero en la fase formativa se manifiesta como una tendencia grupal. Esta totalidad grupal ya no es completamente inconsciente; se experimenta a través de la proyección sobre el tótem. El tótem es un ente indefinible con respecto al cual las diferentes partes del grupo mantienen una relación participativa; en otras palabras, son inconscientemente idénticos a este. Por otro lado, también existe un vínculo que se conserva generación tras generación: el tótem es un ancestro, pero más en el sentido de un espíritu fundador que en el de un progenitor. En primer lugar es *numinosum*, un ser transpersonal, espiritual. Transpersonal porque, ya sea un animal, una planta o cualquier otra cosa, como tal no representa una entidad individual, no es una persona, sino una idea, una sustancia; es decir, en el nivel primitivo es un espíritu que posee mana, es mágico y es tabú, y para aproximársele son necesarias cuidadosas ceremonias.

Este ser totémico forma la base de un conjunto, una comunidad totémica que no es tanto una unidad biológica natural, sino más bien una estructura espiritual o psíquica. Es ya una asociación o hermandad en el sentido moderno, esto es, una especie de colectivo espiritual. El tótem y el orden social que depende de él son completamente diferentes del grupo matriarcal, que en cambio sí constituye una unidad biológica, mientras que estos han sido "fundados" y han adquirido el ser a través de un acto espiritual.

Sabemos que entre los indios norteamericanos, pero no sólo entre ellos, el contenido esencial de las iniciaciones consiste en la adquisición de un "espíritu guardián" individual.[192] Este espíritu, que puede alojarse en un animal u objeto, se introduce en la vida del iniciado, quien lo experimenta a través de una secuencia completa de obligaciones y observancias rituales, y desempeña un rol decisivo entre todos los chamanes, sacerdotes y figuras proféticas de las sociedades primitivas y a lo largo del mundo clásico. Este fenómeno universal es la expresión de una "revelación personal" de Dios, que puede ocurrir en todos los niveles y tomar un gran número de formas. La expansión de totemismo debe considerarse como una religión misionera de tipo primitivo, ya que debemos suponer que el individuo que ha tenido la visión de un espíritu en los ritos de iniciación formará un grupo con otros de ánimo similar, a los cuales conducirá hacia la comunión con el espíritu. Este modo de formación de grupos puede verse hoy en acción en la fundación de sectas; y las ceremonias de iniciación de los primitivos, las religiones mistéricas de la antigüedad y las grandes instituciones religiosas operan de la misma manera. En el totemismo, la forma más temprana de religión institucional, el fundador es el sacerdote-profeta; él disfruta de una relación privilegiada con su espíritu individual y se encarga de su culto. Tal como los mitos nos dicen una y otra vez, él es el héroe de los anales de su tótem, así como el espíritu ancestral.

Él y el tótem son semejantes, y esto es particularmente cierto desde el punto de vista de la comunidad que posteriormente se agrupe alrededor de ellos. El héroe y fundador como Yo personal y que experimenta, y el tótem experimentado por él como ser espiritual, son semejantes no sólo a nivel psicológico, en el que el "Sí Mismo" individual se le aparece al Yo bajo cierta forma, sino que también para la comunidad estas dos figuras siempre coinciden. De este modo Moisés, por ejemplo, adquiere los rasgos de Jehová, y el Dios del Amor es adorado bajo la figura de Cristo. La fórmula sagrada "Yo y el Padre somos uno" siempre subsiste psicológicamente entre el Yo y la manifestación transpersonal que este experimenta, sin importar que esta manifestación tome la forma de un animal, un espíritu o una figura paternal.

De ahí que el espíritu tótem y el ancestro a quien se le apareció por primera vez a menudo se mezclen en la figura de un "Padre Fundador" espiritual, donde la palabra "fundador" se toma literalmente como para denotar un creador u originador espiritual. El hecho de que esta fundación es ejemplar puede deducirse a partir de la descripción y análisis de todos los ritos de iniciación y de todas las ceremonias totémicas.

El espíritu colectivo, tal como lo encontramos en todas las iniciaciones y en todas las sociedades secretas, sectas, misterios y religiones, es esencialmente masculino y, a pesar de su carácter comunitario, esencialmente individual, en el sentido de que todo varón es iniciado como un individuo y se somete a una experiencia única que estampa en él su individualidad. Este acento individual y el carácter de elegido del grupo presentan un marcado contraste con el grupo matriarcal, donde el arquetipo de la Gran Madre y el correspondiente estado de conciencia son dominantes. El grupo opuesto de sociedades masculinas y organizaciones secretas está dominado por el arquetipo del héroe y por la mitología de la lucha contra el dragón, que representa la siguiente etapa en el desarrollo de la conciencia. El colectivo masculino es la fuente de todos los tabús, leyes e instituciones que están destinados a romper el dominio del uróboros y de la Gran Madre. El cielo, el padre y el espíritu van de la mano con la masculinidad, y representan la victoria del patriarcado sobre el matriarcado. Esto no quiere decir que en el matriarcado no existan leyes; pero la ley por la cual el matriarcado se guía es la ley del instinto, del inconsciente, del funcionamiento natural, una ley que está al servicio de la propagación, la preservación y de la evolución de la especie, más que del desarrollo del individuo particular. En la medida que la masculina conciencia del Yo incrementa su fuerza, la debilidad biológica del grupo femenino compuesto por madres embarazadas, nodrizas, niños, etcétera, tiende a realzar la conciencia de poder del grupo combatiente protector. La situación de los varones fortifica el Yo y la conciencia, de la misma forma que la de las mujeres fortifica el instinto y el grupo. La caza y la guerra conducen al desarrollo de un Yo individual capaz de actuar responsablemente en situaciones de peligro, e igualmente conducen al desarrollo del principio de liderazgo. Sin importar que el líder sea escogido para enfrentar determinada situación, por ejemplo para el propósito específico de construir una canoa o dirigir una expedición de caza, o para actuar como líder permanente, la situación de conductor y conducido aparecerá tarde o temprano en el grupo masculino, incluso cuando esto aún esté coordinado con un núcleo matriarcal.

Con la aparición y estabilización del liderazgo, el grupo se vuelve más individualizado. No sólo el líder es erigido como héroe, sino que las figuras de progenitor espiritual, dios-creador, ancestro, líder ideal, entre otros, comienzan a cristalizar a partir de la bruma del primitivo tótem-imagen. Es característico del "dios en el trasfondo" –una figura muy temprana en la historia de la religión- el que sea considerado no como un antepasado, sino más bien como el padre que es "autor de todas las cosas". Él es una figura espiritual no conectada originalmente con la naturaleza; pertenece a la época primordial, al amanecer de la historia, y se aparta de ésta para traer cultura y salvación a la humanidad. Él es atemporal en el sentido de que no entra en el tiempo, pero habita en el trasfondo del tiempo, en el tiempo primordial que regula nuestra cronología terrestre. Es característica, también, su relación con la historia y con la moralidad, ya que, en tanto ancestro tribal, está directamente relacionado con los curanderos y los mayores, con los representantes de la autoridad, el poder, la sabiduría y el conocimiento esotérico. [193]

Esta figura del creador es una proyección numinosa de la cual se deriva la figura del héroe como Dios-Rey. En términos generales, el héroe aparece como el hijo de un dios, si es que no es el dios mismo. El dios-creador es, en tanto figura, idéntico al "cielo" mitológico, es decir, al trasfondo masculino, espiritual, supremo y uteórico, lo que no significa que debamos tomar "celestial" como identidad con algún dios celestial. La fusión del ancestro con el dios-creador y con el héroe cultural se debe a este proceso de personalización, que proporciona forma a lo informe.

No es sino hasta que el héroe se identifica con lo que hemos llamado el "cielo" masculino que puede entablar la lucha contra el dragón. La identificación culmina en el sentimiento de que él es el hijo del dios, cuando encarna en sí mismo la totalidad de la fuerza del cielo. Esto quiere decir que todos los héroes son engendrados por un dios. Contar con el socorro celestial, y sentir que está enraizado allá arriba, en la divinidad paterna, que no es tan solo la cabeza de familia sino un espíritu creativo, hace posible la lucha contra el dragón de la Gran Madre. Al representar y defender este mundo espiritual frente al rostro del dragón, el héroe se convierte en liberador y salvador, en innovador y en quien proporciona sabiduría y cultura.

Jung ha demostrado que el incesto del héroe permite su renacimiento, que sólo una vez nacido dos veces se convierte en héroe, y que por tanto quien ha sufrido el doble nacimiento debe ser considerado un héroe. No es sólo entre los primitivos que el renacimiento constituye el objetivo central de los ritos de iniciación. Como un iniciado en los misterios, todo gnóstico, todo brahmán indio y todo cristiano bautizado es un hombre renacido. Esto se debe a que, al someterse al incesto heroico y al ingresar a las fauces devoradoras del inconsciente, el Yo es transformado en su naturaleza esencial y renace siendo "otro".

La transformación del héroe a través de la lucha contra el dragón constituye una transfiguración, una glorificación, de hecho, una apoteosis, cuyo elemento central es el nacimiento en un modo superior de personalidad. Este cambio cualitativo y esencial es lo que distingue al héroe de la persona normal. Tal como hemos dicho, la mitología representa al héroe como hijo de dos padres: un padre personal que no cuenta o que es el padre del hombre carnal inferior, de la parte mortal; y un padre celestial que es el padre de la parte heroica, del hombre superior, que es "extraordinario" e inmortal.

De ahí que el arquetipo del mito del héroe a menudo sea un mito solar e inclusive lunar. Glorificación significa deificación. El héroe es el sol o la luna, esto es, una divinidad. Como simple mortal, él es en realidad el hijo de un padre puramente personal, pero en tanto héroe es el hijo de un dios y es identificado, o se idéntica a sí mismo, con éste.

Quizá el ejemplo histórico más antiguo de esto se encuentre, una vez más, en el faraón egipcio. Los reyes de Egipto eran por el lado paterno hijos de Horus, los herederos de Osiris, y, mientras que el reinado se desarrollaba, eran identificados no sólo con Osiris, la luna, son también con Ra, el sol. El rey se llamaba a sí mismo "el dios Horus". El pueblo lo llamaba "Dios", y esto no es, tal como Erman piensa, solamente una "frase elegante", sino un hecho simbólico que degeneró en una frase únicamente en los tiempos modernos, con el "derecho divino de los reyes".

Del mismo modo, el rey era llamado "el sol viviente" y "la imagen viviente de Dios en la tierra". Tan temprano como en la Cuarta Dinastía, el rey era al mismo tiempo el hijo de Ra. Esto también pertenecía a su reserva de títulos:

La expresión encuentra su origen en la idea, que también encontramos en otros lugares y otras épocas, de que el rey, aunque aparentemente hijo de su padre, es simultáneamente el hijo del Dios supremo. [194]

El fracaso del hombre moderno en comprender este fenómeno de la "doble paternidad", fracaso que comparte con el psicoanálisis, queda patente de manera terrible en Erman, que añade a modo de conclusión: "Naturalmente que nosotros, con nuestra limitada comprensión, no debemos preocuparnos en descifrar cómo algo así pueda ser posible".

Este es el comentario "culto" de un investigador casi dos mil años después de la muerte de Cristo. El fenómeno de la dualidad psíquica, claramente expresado en el ritual egipcio y formulado teológicamente miles de años después en el famoso diálogo entre Nicodemo y Jesús[195], continúa vivo en la actualidad en el sentimiento no poco común de que uno es un "hijo de Dios", aunque también un hijo o hijo del Sr. X. El parentesco divino corresponde a alguna dualidad en la naturaleza humana, representada aquí por el héroe.

Los arquetipos del padre y de la madre originalmente aparecieron en conexión con el héroe y su destino, esto es, alguien que fue extraordinario y único. Pero aquí nuevamente, como fue una vez el caso con la inmortalidad de Osiris, el *hieros gamos*, etcétera, lo que fue único y simbólico posteriormente se convirtió en propiedad común de la colectividad. Con la progresiva individualización de la humanidad y su surgimiento del estado incoado de *participation mystique*, el Yo de cada hombre adquiere mayor definición; pero, en el proceso, el individuo se convierte en el héroe y tiene a su turno que ejemplificar el mito de la lucha contra el dragón.

Debemos enfatizar una vez más que el destino mitológico del héroe representa el destino arquetípico del Yo y de todo el desarrollo conciente. Esto sirve como modelo para el consecuente desarrollo de lo colectivo, y sus etapas se recapitulan en el desarrollo de cada niño.

Si, en el curso de nuestra exposición, "personificamos" al hablar por ejemplo de la experiencia personal del héroe o al describir una situación mitológica desde el punto de vista femenino, debe entenderse que estamos hablando figuradamente y en forma abreviada. Nuestra interpretación psicológica retrospectiva no se corresponde con ningún punto de vista conscientemente mantenido en tiempos anteriores; se trata de la elaboración conciente de contenidos que alguna vez fueron extrapolados en proyecciones mitológicas, simbólica e inconscientemente. Estos contenidos, sin embargo, pueden ser interpretados como contenidos psíquicos, y a partir de ello podemos leer la situación psíquica que hay debajo de la producción de dichos símbolos.

El asesinato de la madre no tiene menos relevancia para una consideración del héroe y su doble parentesco que el asesinato del padre, ya que, junto a un padre suprapersonal, él debe también adquirir una madre suprapersonal.

II

EL ASESINATO DE LA MADRE

Una vez dividido el uróboros en un par de opuestos, es decir, en lo que hemos llamado el Mundo Parental, y una vez que el "hijo" se ha situado entre ellos, estableciendo de ese modo su masculinidad, la primera etapa de su emancipación se ha cumplido satisfactoriamente. El Yo, situado al centro y en medio del Mundo Parental, ha desafiado a ambos lados del uróboros, y debido a este acto hostil ha propiciado que tanto el principio superior como el inferior se vuelquen en contra de él. Ahora está frente a frente con lo que hemos denominado la lucha contra el dragón, una lucha militante contra estas fuerzas contrarias. Sólo el resultado de este encuentro revelará si la emancipación es verdaderamente exitosa, y si finalmente se ha zafado de las tenaces garras del uróboros.

Volviendo a esta lucha contra el dragón, un tipo básico en todas las mitologías, debemos primero distinguir las diversas etapas y sus componentes. Las numerosas posibilidades de interpretación de este tema fundamental del inconsciente nos obligan a ser cautos. Las interpretaciones contrarias se presentan juntas, como si fueran diferentes etapas de una misma situación básica, y sólo en la unidad de todas estas interpretaciones podremos distinguir su verdadero sentido.

La lucha contra el dragón tiene tres componentes principales: el héroe, el dragón y el tesoro. Al derrotar al dragón el héroe obtiene el tesoro, que es el producto final del proceso simbolizado por la lucha.

La naturaleza de este tesoro, llamado de muchas formas, entre ellas: "el tesoro difícil de alcanzar", la cautiva, la perla de gran valor, el agua de vida, la hierba de la inmortalidad, será analizada más adelante. Por ahora debemos enfrentar la siguiente pregunta fundamental: ¿qué significa el símbolo del dragón?

Tal como Jung[196] estableció, aunque sin tomarlo suficientemente en cuenta en su propia interpretación, el dragón lleva consigo todas las señas distintivas del uróboros. Es masculino y femenino a la misma vez. La lucha contra el dragón es de este modo la lucha contra los Primeros Padres, una lucha en que los asesinatos de ambos, el padre y la madre, y no sólo el de uno de los dos, tienen sus respectivos lugares ritualmente prescritos. La lucha contra el dragón conforma un capítulo central en la evolución de la humanidad así como en la del individuo, y, en el desarrollo personal del infante, está conectado con eventos y procesos que el psicoanálisis conoce como el complejo de Edipo, y que nosotros conocemos como el problema de los Primeros Padres.

La teoría el asesinato del padre, de Freud, que Rank[197] ha tratado de elaborar, combina los siguientes elementos dentro de una unidad sistemática: la novela familiar, en tanto que gira en torno al niño varón, culmina en los deseos incestuosos del niño hacia su madre, que son frustrados por el padre. El héroe es el muchacho que mata al padre y se desposa con su madre. Así, el mito del héroe no es más que una mera fantasía dirigida a satisfacer directa o indirectamente esta idea ilusoria. La teoría encuentra soporte –o, para ser más exactos, está revestida- en la hipótesis de Freud, ilógica y antropológicamente imposible, de un padre gorila. Un formidable patriarca antropoide se apropia de las mujeres de sus hijos y es finalmente muerto por la banda de hermanos. El heroísmo consiste en liquidar a tu padre. Freud toma todo esto como si fuera una verdad literal, y a partir de ella deriva el totemismo y los elementos básicos de la cultura y la religión. Aquí como en todos lados, Freud, con su sesgo personalista, ha malinterpretado algo muy importante. No obstante la muerte del padre continúa siendo algo esencial en la lucha contra el dragón, no constituye lo más esencial, mucho menos el resumen de la historia de la humanidad.

Mientras que Rank defiende de modo contumaz la teoría de Freud, Jung proporciona una respuesta my diferente a este problema en su temprana obra, *Psicología de lo Inconsciente*. Jung llega a dos conclusiones que son, en nuestra opinión, definitivas. Él demuestra, primero, que la lucha del héroe es la lucha contra una madre a la que no puede considerársela una figura personal dentro de la novela familiar. Detrás de la figura personal de la madre está presente, como es evidente a partir de la simbología, lo que Jung posteriormente llamó el arquetipo de la madre. Jung fue capaz de demostrar el significado transpersonal de la lucha del héroe porque no hizo del aspecto personal de la familia del hombre moderno el punto de partida del desarrollo humano, sino más bien el desarrollo de la libido y sus transformaciones. En este proceso de transformación, la lucha del héroe desempeña una parte eterna y fundamental en la superación de la inercia de la libido, que está simbolizada en la madre-dragón circular, esto es, el inconsciente.

La segunda conclusión de Jung, cuyo significado aún no ha sido aceptado por completo en psicología, demuestra que el "incesto" del héroe es un incesto regenerativo. La victoria sobre la madre, que frecuentemente asume la forma de un verdadero entrar en ella, esto es, incesto, conlleva un renacimiento. El incesto produce una transformación de la personalidad que por sí sola convierte al héroe en héroe, es decir, un representante superior e ideal de la humanidad.

El presente estudio, que está basado en los descubrimientos de Jung, intenta distinguir los tipos individuales de lucha contra el dragón y sus diferentes etapas, y de esta manera corregir y combinar las dos teorías opuestas de Freud y Jung. En su *Psicología de lo Inconsciente*, Jung todavía estaba bajo la notoria influencia de la teoría del padre, de Freud, de modo que sus interpretaciones deben ser corregidas y reorientadas a la luz de sus descubrimientos posteriores.

La conquista o asesinato de la madre forma un estrato dentro del mito de la lucha contra el dragón. La exitosa masculinización del Yo encuentra expresión en su combatividad y disposición a exponerse a los peligros que el dragón simboliza. La identificación del Yo con la conciencia masculina produce la escisión psíquica que lo conduce a su oposición frente al dragón del inconsciente. Esta lucha está representada de diversas maneras: la cueva, el descenso al inframundo, o como ser tragado, esto es, incesto con la madre. Esto se muestra con claridad en los mitos del héroe que toman la forma de mitos solares; aquí el héroe que es tragado por el dragón –la noche, el mar, el inframundo- corresponde al viaje nocturno del sol, del cual emerge victorioso después de haber conquistado la oscuridad *(ilustraciones 22 y 23)*.[198]

Todas las interpretaciones reductivas afirman que ser tragado es idéntico a castración, a temor al dragón y a temor al padre, que impide el incesto con la madre. Esto quiere decir que el incesto con la madre es en sí mismo deseable, pero que se convierte en terrible por este temor al padre. La madre es supuestamente un objeto positivo de deseo, y el padre el verdadero obstáculo. Esta interpretación es errónea, porque el incesto y el temor a la castración son evidentes en la etapa en que no hay padre operativo, mucho menos un padre celoso.

La pregunta alcanza mayor profundidad y toca un nivel más primordial. El temor al dragón no corresponde al temor al padre, sino a algo más elemental: el temor del varón hacia lo femenino en general. El incesto del héroe es el incesto con la Gran y Terrible Madre, que por naturaleza es terrible y que no se convierte en terrible por la intervención de un tercero. Es verdad que el dragón también simboliza el temor del héroe, pero el dragón es suficientemente terrible sin necesidad de que tenga que añadírsele un excedente de temor. El descenso a los abismos, al mar o a la cueva oscura, ofrece terrores suficientes sin que haga falta que el malvado espíritu del padre obstaculice el paso. La estructura bisexual del dragón uróborico muestra que la Gran Madre posee elementos masculinos, pero no paternales. Los componentes agresivos y destructivos de la Gran Madre –su función como asesina, por ejemplo- puede distinguirse como masculina, y entre sus atributos encontramos símbolos fálicos, tal como Jung ya ha señalado. Esto es especialmente evidente en el caso de los atributos de Hécate: llave, látigo, serpiente, daga y antorcha[199]; todos ellos son masculinos, pero en ese sentido no constituyen símbolos paternos.

Cuando los sacerdotes eunucos de la Gran Madre llevan a cabo sus castraciones y sacrificios, representan la personalidad terrible que ella tiene; pero es imposible considerar a estos sacerdotes emasculados como figuras de padre. Las figuras fálicas que están mejor equipadas para servir de esta manera, siempre son subordinadas; la Gran Madre los controla y los usa, y este hecho contradice la importancia independiente que deberían tener en tanto figuras de padre. Los elementos agresivos y destructivos presentes en la Gran Madre pueden también aparecer simbólica y ritualmente como figuras separadas una de otra, y aún así desprendidas de ella, bajo la forma de guardianes, sacerdotes, animales, etcétera. Los grupos de guerreros dados a las orgías masculinas, como los coribantes, a menudo pertenecen a la esfera de la Gran Madre, de la misma manera que los consortes fálicos que llevan a cabo su voluntad destructiva. En una etapa muy posterior, entre los indios de Norteamérica gobernados matriarcalmente, encontramos que los jefes son ejecutivamente dependientes de la Anciana Madre. En esta categoría debemos incluir no sólo al jabalí que mata al dios juvenil, sino también al tío maternal en tanto instrumento del complejo de autoridad dirigido, por ejemplo, en contra del hijo de Isis, Horus. Incluso el dios marino fálico-ctónico Poseidón y su prole de monstruos pertenecen por naturaleza al dominio de la Gran Madre, y no al del Gran Padre Terrible.

Posteriormente, sin embargo, cuando el Patriarcado ha dado fin a la soberanía de la Gran Madre, el rol del Padre Terrible es proyectado sobre los representantes masculinos del aspecto terrible de ella, especialmente cuando es del interés del desarrollo patriarcal reprimir ese aspecto y traer al primer plano la figura de la "madre buena".

Las dos formas de incesto que hemos estudiado hasta el momento eran esencialmente pasivas: el incesto urobórico, en el cual el Yo embrionario se extinguía, y el incesto matriarcal, en el que el hijo era seducido por la madre y por lo cual el incesto terminaba en castración matriarcal. Pero lo que distingue al héroe es el incesto activo, su exposición deliberada y consciente a la peligrosa influencia de lo femenino, y la superación del temor inmemorial que el hombre siente hacia la mujer. Superar el temor a la castración es superar el temor al poder de la madre que, para un hombre, está asociado con el peligro de castración.

Esto nos lleva una pregunta de considerable importancia diagnóstica, terapéutica y teórica. La diferenciación de las diversas etapas arquetípicas nos permite decidir con qué forma de incesto estamos lidiando y cuál es la posición del Yo y de la conciencia; en una palabra, en qué situación de desarrollo se encuentra cada caso individual. En su *Psicología de lo Inconsciente*, Jung todavía se encontraba hasta tal punto bajo la influencia de Freud que no reconoció las diferencias arquetípicas presentes en esta situación, y en consecuencia simplificó el problema del héroe tratándolo reductivamente.

El elemento femenino en el andrógino hijo-amante[200], que Jung deriva a partir de la regresión a la madre, es, por el contrario, completamente original, tal como lo demuestra la disposición estructuralmente indiferenciada del andrógino, y no está causada por la regresión de una masculinidad ya desarrollada. Esta disposición se origina en un nivel más profundo, donde la Gran Madre aún es dominante y la masculinidad todavía no está firmemente establecida; de allí que no haya "renuncia a la masculinidad", sino que simplemente esta masculinidad todavía no es independiente. No hay duda de que la autocastración por la cual el adolescente sacrifica su masculinidad es regresiva, pero se trata solamente de una regresión parcial, o podríamos decir con mayor exactitud que su desarrollo ha sido cortado de raíz.

La naturaleza afeminada del adolescente es una etapa intermedia, que también puede considerarse una etapa intersexual. La interpretación de que el sacerdote o profeta constituye un tipo intermedio[201] es correcta psicológicamente, aunque no biológicamente. Debemos distinguir entre la conexión creativa entre el Yo adulto y la Gran Madre, de la otra en la que el Yo aún no es capaz de superar la supremacía de esta.

¿Pero qué significa, podría preguntarse el lector, la castración en esta etapa de incesto heroico? ¿No se trata de una errónea generalización de la psicología neurótica hablar del temor inmemorial de lo masculino hacia lo femenino?

Para el Yo y lo masculino, lo femenino es sinónimo de inconsciente y no-Yo, y por tanto de oscuridad, la nada, el vacío, el pozo sin fondo, etcétera. En palabras de Jung:

...debe señalarse que el vacío constituye un gran secreto femenino. Es algo absolutamente extraño al hombre; el abismo, las profundidades insondables, lo yin.[202]

Madre, vientre, el pozo y el infierno son idénticos. El vientre de la mujer es el lugar de origen del que uno alguna vez provino, de modo que toda mujer es, en tanto vientre, el vientre primordial de la Gran Madre de todo lo originado, el vientre de lo inconsciente. Ella amenaza al Yo con el peligro de la autoanulación, de la propia pérdida, en otras palabras, con la muerte y la castración. Hemos visto que la naturaleza narcisista del adolescente fálicamente obsesionado, constela una conexión entre la sexualidad y el miedo a la castración. La muerte del falo en la mujer equivale simbólicamente a la castración por la Gran Madre, y en términos psicológicos esto significa la disolución del Yo en el inconsciente.

Pero la masculinidad y el Yo del héroe ya no son más idénticos con el falo y la sexualidad. En este nivel, otra parte del cuerpo se yergue simbólicamente como el "falo superior" o como la "masculinidad superior": la cabeza, símbolo de la conciencia, con el ojo como su órgano gobernante –y es con esto con lo que ahora se identifica el héroe.

El peligro que amenaza al principio "superior", simbolizado por la cabeza y el ojo, está cercanamente conectado con la ayuda que el héroe ha recibido de lo que hemos llamado "cielo". Incluso antes de que la lucha contra el dragón haya comenzado, esta parte superior ya está desarrollada y en actividad. En sentido mitológico, esto demuestra su parentesco divino y su nacimiento como héroe; psicológicamente, indica que está listo para encarar al dragón como héroe y ya no como el hombre inferior o normal.

Esta parte superior de su naturaleza se verá confirmada y finalmente cobrará vida si resulta vencedor en la lucha, pero se verá amenazada con la extinción si resulta derrotado.

No tenemos necesidad de demostrar que la cabeza y el ojo aparecen en todos lados como símbolos del lado masculino y espiritual de la conciencia, del "cielo" y el sol. Los grupos del aliento y el Logos también pertenecen a este canon de símbolos, donde la masculinidad superior se distingue de la masculinidad inferior o la etapa fálica. Es por lo tanto correcto interpretar la decapitación o la ceguera como castración, pero es una castración que ocurre arriba, no abajo. Esto no implica un "desplazamiento hacia arriba", un punto de vista desde el cual "perder la cabeza" sería idéntico a impotencia –una interpretación que no es correcta ni mitológicamente, ni simbólicamente, ni psicológicamente. Existen eunucos "superiores" tanto como eunucos "inferiores", y los devotos del falo son tan eunucos de las regiones superiores como los inteletualoides lo son de las regiones inferiores. Sólo la combinación de ambas zonas produce una masculinidad completa. Aquí nuevamente Bachofen comprendió la esencia del problema con la distinción que hizo entre masculinidad ctónica y solar.

Encontramos el correspondiente simbolismo en la historia de Sansón, un mito secundariamente personalizado o, tal como sucede igualmente a menudo, la historia de un héroe secundariamente mitologizada.

Tal como ocurre en muchos otros pasajes del Antiguo testamento, lo esencial de la historia es la lucha que Jehová mantiene con el principio cananeo-filisteo de Astarté. La trama de la historia es muy clara: Sansón está consagrado a Jehová, pero sus instintos sucumben ante las tretas de Dalila-Astarté; por lo tanto, su destino está sellado, lo que significa el corte de su cabello, la ceguera y la pérdida del poder de Jehová.

La castración toma la forma de la pérdida del cabello, lo que es de lo más significativo porque los adoradores de Jehová y oponentes del principio de Astarté nunca deben cortarse el cabello. Más aún, la pérdida del cabello y la fuerza están relacionadas con la etapa arquetípica del héroe solar que es castrado y devorado.

El segundo elemento es la ceguera. Una vez más, se trata de una castración "superior", diferente a una "inferior". La castración superior, o pérdida del poder de Jehová, conduce al héroe a su cautividad entre los filisteos, en el reino de Astarté. El héroe desaparece en el inframundo, donde debe "arrastrar la rueda del molino". Jeremias[203] ha señalado que arrastrar la rueda del molino constituye un motivo religioso. Esto se ve conformado por la referencia al templo de Dagón, en el cual Sansón es mantenido prisionero, ya que Dagón es el dios del maíz de los cananeos, una deidad de la vegetación al igual que Osiris. Dagón es el padre de Baal,[204] pero todos los territorios de este Baal que odia a Jehová están sujetos al dominio de la Gran Madre de los cananeos. La cautividad de Sansón es por tanto la expresión de la servidumbre del varón conquistado por la Gran Madre, al igual que lo son los trabajos de Heracles bajo Omfale, cuando tuvo que vestir ropas de mujer –otro símbolo muy conocido de la esclavitud a la Gran Madre, a quien también debemos atribuir el molino como símbolo de fertilidad.[205]

La esclavitud al mundo de Astarté es finalmente superada por el resurgimiento del poder victorioso del héroe solar. Sansón destruye los pilares del templo de Dagón, y con la muerte sacrificial del nazareo el antiguo poder de Jehová queda restaurado. Con el colapso del templo y la autorenovación de Sansón en la muerte, Jehová triunfa sobre sus enemigos y sobre el principio de Astarté.

La lucha del héroe siempre tiene que ver con la amenaza al principio espiritual, masculino, por parte del dragón uobórico, y con el peligro de ser tragado por el inconsciente maternal. El arquetipo más ampliamente diseminado de la lucha contra el dragón es el mito del sol, en el cual el héroe es tragado cada crepúsculo por el monstruo marino nocturno que habita en el ocaso, donde lucha cuerpo a cuerpo con su doble, por decirlo de algún modo –el dragón a quien encuentra en esta caverna uterina. Luego renace en el este como el sol victorioso, el sol invictus; o, más bien, completa su renacimiento al escapar de allí tras abrirse paso por el interior del vientre del monstruo a golpes de machete. En esta secuencia de peligro, batalla y victoria, la luz –cuyo significado para la conciencia hemos señalado repetidamente- es el símbolo central de la realidad del héroe.

El héroe siempre es un portador de luz y un emisario de la luz. En el punto más profundo del viaje nocturno por mar, cuando el sol-héroe viaja a través del inframundo y debe sobrevivir a la lucha contra el dragón, el nuevo sol se enciende a la medianoche y el héroe conquista la oscuridad. En este mismo punto de profundidad del año, Cristo nace como el Redentor luminoso, como la luz del año y luz del mundo, y es adorado con el árbol de navidad en el solsticio de invierno. La nueva luz y la victoria son simbolizadas por la iluminación y transfiguración de la cabeza, coronada y adornada con una aureola. A pesar de que el significado profundo de este simbolismo sólo cobrará mayor claridad más adelante, es evidente que la victoria del héroe conlleva un nuevo status espiritual, un nuevo conocimiento y una alteración de la conciencia.

En las religiones mistéricas, también, el neófito tiene que soportar los peligros del inframundo, pasar a través de siete portales –un elemento my temprano, encontrado incluso en el descenso de Ishtar al infierno-, o pasar las doce horas de la noche en el hemisferio oscuro, tal como lo describe Apuleyo en su descripción de los misterio de Isis. Los misterios culminan en una deificación, que en los misterios de Isis significa identificación con el dios sol. El iniciado recibe la corona de la vida, la suprema iluminación; su cabeza está santificada por la luz y ungida de gloria.

Wundt[206] caracteriza a la edad heroica como de "predomino de la personalidad individual". Esto, dice, es lo que el héroe representa; de hecho, Wundt deriva la figura divina a partir del héroe, viendo en Dios tan sólo una figura de héroe intensificada. A pesar de que este punto de vista no es completamente correcto, hay sin embargo una relación entre el héroe como portador del Yo, con su poder para disciplinar la voluntad y moldear la personalidad, y la fase formativa en la que los dioses cristalizan a partir de una masa de fuerzas impersonales. El desarrollo del sistema conciente, cuyo centro es un Yo que se desprende del despótico control del inconsciente, está prefigurado en el mito del héroe.

Las fuerzas inconscientes de esta etapa psíquica ahora obsoleta, de inmediato se despliegan en contra del Yo-héroe bajo la forma de monstruos y dragones pavorosos, demonios y espíritus malignos, que amenazan con tragárselo de nuevo. La Madre Terrible, el símbolo que abarca todas las facetas de este aspecto devorador del inconsciente, es por lo tanto la Gran Madre de todos los monstruos. Todos los impulsos y afectos peligrosos, todos los males que surgen del inconsciente y con cuyo dinamismo arrollan al Yo, constituyen su progenie. Esto es precisamente lo que quiere transmitirse cuando Goya utiliza, como lema para su Caprichos, "El sueño de la razón alimenta monstruos", o cuando, en la mitología griega, Hécate, la diosa virgen y todopoderosa, aparece como la madre de Empusa, la devoradora de hombres, y de las lamias que comen carne de niños. Ella es la archienemiga del héroe quien, como jinete o caballero, doma el caballo del instinto inconsciente, o, como Miguel, destruye al dragón. Él es quien lleva la luz, la forma y el orden al caos donde pululan los monstruos de la Madre Naturaleza.

Una de las primeras figuras que encontramos en nuestra investigación del mito del héroe, es el héroe cuyo nombre se ha convertido en el referente de la moderna psicología y que ha sido calamitosamente malinterpretado: Edipo.

Él es el tipo de héroe cuya lucha contra el dragón es exitosa sólo parcialmente. Su destino trágico describe con elocuencia este fallido intento, y sólo puede ser comprendido desde el punto de vista transpersonal que aquí adoptamos.

Hay tres puntos cruciales en el mito de Edipo que deben tenerse en mente si verdaderamente queremos otorgarle el lugar que le corresponde dentro de la evolución de la conciencia humana: primero, la victoria sobre la Esfinge; segundo, el incesto con la madre; tercero, el asesinato del padre.

Edipo se convierte en héroe y en asesino del dragón porque derrota a la Esfinge. Esta Esfinge es el enemigo de tiempos remotos, el dragón del abismo, que representa el poder de la Madre Tierra en su aspecto urobórico. Ella es la Gran Madre cuya ley mortal impera sobre la tierra sin padre, amenazando con la destrucción a todos los hombres que no pueden contestar su pregunta. El acertijo fatal que ella propone y cuya respuesta es "el hombre", sólo puede ser resuelto por el héroe. Él solo responde al destino al conquistarlo, y lo conquista porque, en su respuesta, el destino se responde a sí mismo. La respuesta heroica, que lo convierte verdaderamente en hombre, es la victoria del espíritu, el triunfo del hombre sobre el caos. De este modo, al conquistar a la Esfinge, Edipo se convierte en héroe y en asesino del dragón, y como tal comete incesto con su madre, al igual que todo héroe. El incesto del héroe y la conquista de la Esfinge son idénticos, dos lados del mismo proceso. Al conquistar su terror hacia la mujer, al ingresar al vientre, el abismo, el peligro del inconsciente, se desposa triunfalmente con la Gran Madre que castra a los hombres jóvenes, y con la Esfinge que los destruye. Su heroísmo lo transforma en un varón completamente maduro, lo suficientemente independiente como para superar el poder de la mujer y –lo que es más importante- para reproducir un nuevo ser en ella.

Aquí, cuando el joven se convierte en hombre y el incesto activo se convierte en incesto reproductivo, lo masculino se une con su opuesto femenino y trae a la vida una cosa nueva, el tercero: una síntesis que surge y en la cual por primera vez lo masculino y lo femenino están equilibrados dentro de una totalidad. El héroe no sólo es el conquistador de la madre; él también le da muerte a su aspecto femenino terrible, con lo que consigue liberar su aspecto fructífero y generoso.

Si continuamos con esta línea de pensamiento y dejamos de lado por el momento el significado del asesinato del padre, podremos ver por qué Edipo es sólo mitad héroe, y por qué la hazaña del héroe ha sido lograda sólo hasta la mitad: a pesar de que Edipo conquista a la Esfinge, comete incesto con la madre y asesina al padre inconscientemente.

Edipo no tiene conocimiento de lo que ha conseguido, y, cuando lo descubre, es incapaz de aquilatar su hazaña, la hazaña del héroe. En consecuencia, es superado por el destino que acaece sobre aquellos para quienes lo Eterno Femenino revierte a la Gran Madre: Edipo regresiona a la etapa del hijo y sufre el destino del hijo-amante. Él lleva a cabo el acto de autocastración al quitarse los ojos. Incluso si no tomamos en cuenta la interpretación de Bachofen, que ve en el broche que Edipo usó un símbolo del antiguo sistema matriarcal, el hecho es que usó un artículo que pertenecía a su mujer y madre. La ceguera ya no es más un acertijo para nosotros. Significa la destrucción de la masculinidad superior, del aspecto que verdaderamente caracteriza al héroe; y esta forma de castración espiritual anula todo lo que ganó con su victoria sobre la Esfinge. La progresión masculina del héroe retrocede ante la antigua conmoción, el miedo a la Gran Madre que lo apresa después de su hazaña. Edipo se convierte en víctima de la Esfinge que había conquistado.

En *Edipo en Colona*, de Sófocles, el anciano finalmente encuentra descanso y liberación en la gruta de las Erinias, representantes del antiguo poder de la madre, y su camino conduce hacia el círculo uróbico. Su final corona su trágica vida con solemnidad sublime y mística. Ciego y débil desaparece misteriosamente en las entrañas de la tierra guiado por Teseo, el héroe ideal de una época posterior, quien se negó a sucumbir a su madrastra, la hechicera Medea. La Gran Madre Tierra se lleva a Edipo, el cojo, su hijo fálico, de vuelta consigo. Su tumba se convierte en santuario.

Él es una de las grandes figura humanas cuyas agonías y sufrimientos conducen a una conducta más civilizada y elegante, quien, aún implicado en el antiguo orden del cual éstas son sus productos, representa a la última de sus grandes víctimas, y al mismo tiempo a los fundadores de una nueva época.[207]

No es casual que los orígenes de la historia de Edipo carezcan de todas las características propias del nacimiento del héroe que lo conectan con una divinidad. La historia de Edipo, tal como la encontramos en Sófocles, no consiste en una tragedia heroica, sino en la glorificación de un destino que está más allá del control humano, en las manos de dioses desapasionados. El drama contiene huellas de la temprana época matriarcal, cuando lo humano y lo divino aún no se han juntado, y cuando la dependencia del Yo con respecto a estos poderes alcanza su punto máximo. El dominio de la Gran Madre aparece aquí, coloreada filosóficamente, como total dependencia con respecto al destino. Todos los sistemas pesimistas como éste son exposiciones finamente veladas de la ascendencia que ejerce la Gran Madre sobre el Yo y la conciencia.

Para el héroe, el abrazo asfixiante de la Gran Madre aparece como el dragón que debe ser superado. En la primera parte de la lucha contra el dragón ella se enrosca alrededor del hijo y procura conservarlo en estado embrionario, evitando que nazca o haciendo de él el eterno bebé en brazos y consentido de mamá. Ella es la mortal madre uróbica, el abismo del ocaso, el reino de los muertos, el inframundo, las fauces devoradoras de la tierra, en la cual, cansado y sumiso, el mortal ordinario se hunde en la muerte, en la disolución del incesto uróbico o matriarcal. El devoramiento es a menudo representado como una derrota preliminar en la lucha contra el dragón. Incluso en un típico mito victorioso como el del héroe babilonio Marduk, hay una fase de cautividad y derrota durante su enfrentamiento con el monstruo Tiamat.[208] Esta fase es el necesario preludio al renacimiento.

Si, no obstante, el héroe tiene éxito y se convierte en héroe, si demuestra su origen superior y su filiación al antepasado divino, entonces, al igual que el sol-héroe, ingresa a la Madre Terrible del temor y el peligro, y resurge cubierto de gloria del estómago de la ballena, o de los establos egeos, o de la caverna uterina de la tierra. El asesinato de la madre y la identificación con el padre-dios van juntos. Si, a través del incesto activo, el héroe penetra en el lado oscuro, maternal, ctónico, sólo puede realizarlo en virtud de su parentesco con el "cielo", de su filiación con Dios. Al abrirse paso entre la oscuridad, renace como héroe a la imagen de Dios, pero, al mismo tiempo, como el hijo de la virgen embarazada por el dios y de la Madre Buena regenerativa.

Mientras que la primera mitad de la noche, cuando el sol que declina desciende al interior del estómago de la ballena, es oscura y devoradora, la segunda mitad es brillante y generosa, ya que a partir de ella el sol-héroe asciende por el este, renacido. La medianoche decide si el sol renacerá como héroe, para arrojar luz nueva sobre un mundo renacido, o si será castrado y devorado por la Madre Terrible, quien lo mata destruyendo la parte celestial que hace de él un héroe. Con ello permanece en la oscuridad, cautivo. No sólo se encuentra atado a las rocas del inframundo como Teseo, o encadenado al peñasco como Prometeo, o clavado en la cruz como Jesús, sino que el mundo permanece sin héroe, y entonces nace, tal como Ernst Barlach dice en su obra,[209] un "día muerto".

Discutiremos este drama, cuyo simbolismo mitológico es más profundo que muchas de las tragedias clásicas, con cierto detalle, porque en ella reaparece el simbolismo de la lucha contra el dragón en un escritor moderno.

El tema básico de esta obra es la resistencia de la madre al crecimiento y desarrollo de su hijo. Él siempre ha vivido con ella, pero amenaza con irse de casa. Esta madre mítica concibió a su hijo por medio del dios-sol, quien, al partir, dijo que regresaría cuando el chico se hubiese convertido en hombre y evaluaría qué tan bien lo había criado. Luego encontramos al padre personal ciego, el marido de nuestra Gran Madre. Él comprende que el hijo es un héroe, el hijo de un dios, y, con la ayuda del espíritu familiar de su mujer, intenta hacer evidente para su mujer y su hijo el destino del héroe y su necesidad. Este espíritu familiar es un espíritu sin madre, sólo visible para los ojos divinos del hijo. Él le dice al hijo: "Se rumorea que tu madre tiene en casa un bebé maduro," y añade, "Los hombres provienen de los hombres." Pero la madre lo silencia. Las palabras "suficiente de madre, muy poco de padre" y "un hombre es descendiente del padre, y una nodriza que le habla del padre lo alimenta mejor que una madre que guarda silencio" son tan venenosas para los oídos de ella como lo es la indicación del marido de que su hijo es un héroe. El padre personal ciego entonces dice, "Quizá él esté tan profundamente apegado al mundo como lo está un pájaro saliendo del huevo. Con sus ojos él vive en el otro mundo, y éste tiene necesidad de él," y "los hijos de los dioses no son consentidos de mamá". A esto la madre responde llorando, "Mi hijo no es un héroe, yo no necesito un hijo héroe," y "¡El bienestar del mundo es la muerte de la madre!". Pero el hijo ha soñado que el padre se le aparece como "un hombre que lleva el sol por cabeza," y en el sueño conduce el corcel solar de su futuro que el padre le ha otorgado. Este caballo, llamado "Hezhorn", que "lleva al viento en el vientre" y "apaga el sol" ya está en el establo y alegra el corazón del chico. El conflicto invisible gira alrededor de la existencia o no existencia de este caballo.

El padre ciego entonces intenta interpretarle el mundo al hijo. Le habla acerca de las imágenes del futuro que pueden y deben provenir de la noche, y acerca de cómo el héroe debe extraerlas de su sueño para proporcionarle al mundo un rostro mejor. Le habla de la verdad, del sol "que fue, es y será", tratando de que el hijo se subleve y llegue a ser quien es. Pero a todo esto la madre replica impasible, "El futuro del hijo es el pasado de la madre," y "El héroe primero debe enterrar a su madre." Entonces el hijo empieza a comprender: "Quizá la vida que vivimos sea también la vida de los dioses," pero la madre le niega su derecho a un futuro, mucho menos que el niño viva alejado de ella. Así, una noche ella mata en secreto al caballo solar y mediante este asesinato destruye el futuro, tanto del hijo como del mundo. Lo que ahora viene es el "día muerto", o tal como la madre dice con ironía semiinconsciente, "Sólo un niño pequeño nacido de la noche, una cosa recién nacida sin luz ni conciencia." En su desesperación el hijo exclama, "¡Pero nadie puede ser alguien más que sí mismo; nadie puede ser lo que soy, nadie que no sea yo!". Pero la madre le abofetea el rostro y le dice que seguirá siendo el hijo de su madre y que no posee un Yo.

Aún sin sospechar que su madre ha matado al caballo, el hijo crece con la convicción de que no es como el espíritu familiar que fue concebido sólo por el padre, por lo tanto no guarda la esperanza de poder renacer a través de la madre exclusivamente: "Ninguna madre me concibió por sí misma, de modo que ella no podrá devolverme la vida que no me dio por su cuenta". Él se queja de carecer de un padre, alegando que necesita de su presencia corporal y ejemplo, y la emprende contra su "invisibilidad". El hijo, criado bajo la sabiduría terrenal de la madre, según la cual uno no puede "vivir del pan que es cocinado en sueños", es regañado por el espíritu familiar, el hijo de un padre que no tiene madre, quien le dice: "Tú, mojador de camas, los sueños de mi padre me mostraron mi herencia sin el ejemplo de mi padre. El cuerpo no ayuda; debes adherirte al espíritu". Así, el hijo se encuentra desgarrado entre los padres elementales de arriba y abajo. Él escucha "el sol crepita por encima de la niebla" y "el gran corazón de la tierra palpita en las profundidades," y se lamenta, "¡Por arriba y por abajo los ecos batallan por mis oídos!". Paralizado entre el padre y la madre, llama dos veces a su padre. Pero la tercera llamada se desvía hacia su madre. Ya que una vez más se ha separado de ella, la madre lo maldice y se quita la vida. Ahora él debe decidir. Rechazando el cuchillo fatal de la autodestrucción, dice, "Mi padre tampoco lo haría," sólo para seguir a su madre con estas palabras: "El camino de mi madre me sienta mejor después de todo".

La madre ha matado su caballo y de este modo ha castrado a su hijo. Luego viene un día muerto, un día sin sol. Negar al padre-dios, que es idéntico a automutilación, finaliza en suicidio. La maldición de la madre, al no ser contrarrestada por la bendición del padre, se ve cumplida. Él obedece a la madre que lo llevó en el vientre y muere por su maldición, un hijo de mamá maldito.

Este drama es un mito de tiempos remotos. Representa la historia de los hombres entre la época de la Gran Madre y la etapa intermedia de la lucha contra el dragón, cuyo protagonista en la antigüedad es Edipo –Edipo el derrotado, no el victorioso.

La siguiente etapa está dramáticamente presentada en *La Orestíada*. Esta obra describe la victoria del hijo, convertido en matricida para vengar a su padre, y quien introduce la nueva etapa del patriarcado con la ayuda del principio paterno-solar. Utilizamos el término "patriarcado" en el sentido que le da Bachofen para dar a entender el predominante mundo masculino del espíritu, el sol, la conciencia y el Yo. En el matriarcado, por el otro lado, el inconsciente es el soberano supremo, y el elemento predominante aquí es una manera de pensar y sentir preconciente, prelógica y preindividual.[210]

En *La Orestíada* el hijo permanece firme al lado del padre. La liberación de la madre ha avanzado un paso adicional. Al igual que en el relato mitológico indio, Rama, en nombre de su padre, decapita a su madre con un hacha,[211] también en *La Orestíada*, y nuevamente con variantes en *Hamlet*, el espíritu del padre es la fuerza impulsora que dirige la muerte de la madre pecadora. Aquí, la identificación con el padre es tan completa que el principio maternal puede eliminarse apenas aparece, no bajo la forma simbólica del dragón, sino como una madre real –asesinada precisamente porque este principio ha pecado en contra del principio paterno.[212]

Como defensa en contra de la madre-mundo de vengadoras Furias que persiguen al matricida con la intención de matarlo, Orestes cuenta con aliados en el mundo de la luz. Apolo y Atenea lo ayudan para obtener justicia, y la justicia significa en este caso el establecimiento de una nueva ley opuesta a la antigua ley matriarcal que no conoce el perdón para el inexpiable crimen del asesinato de la madre. Su causa es patrocinada por la diosa Atenea, la misma que no nació de madre sino que surgió de la cabeza de Zeus, y cuya naturaleza, por lo tanto, es profundamente distinta del elemento femenino-ctónico existente en cada madre y en cada mujer nacida de madre. Este aspecto de mujer de Atenea está vinculado con el significado psicológico del ánima-hermana.[213] Es la misma cualidad virginal que viene en ayuda del héroe en su lucha contra la madre-dragón, y que lo ayuda a superar el terror del rostro de Erinias que posee el inconsciente femenino.

III

EL ASESINATO DEL PADRE

Pero si la lucha contra el dragón significa incesto con la madre, ¿qué significa el asesinato del padre, particularmente en vista del hecho de que habíamos descrito la lucha contra el dragón y el incesto con la madre como prepatriarcales, esto es, no vinculados con sociedad patriarcal alguna ni a una familia patriarcal? Si el dragón no simboliza, tal como pensaron Freud y el Jung de los inicios, el temor al padre que obstaculiza el camino hacia la madre, sino la madre misma en todo su horror, entonces debemos explicar por qué la lucha del héroe está conectada con el asesinato del padre.

Los peligros del inconsciente, su aspecto desgarrador, destructor, devorador y castrador, confrontan al héroe bajo la forma de monstruos, prodigios, bestias, gigantes y seres similares a los cuales debe conquistar. Un análisis de estas figuras muestra que, al igual que el uróboros, estos seres son bisexuales, ya que poseen cualidades simbólicas femeninas y masculinas. Por consiguiente, el héroe tiene en contra a *ambos* Primeros Padres y debe vencer tanto a la parte masculina del uróboros como a la femenina. Reducir todas estas figuras a la figura de un padre es una violación arbitraria y dogmática de los hechos. La situación del héroe presupone "relaciones parentales" mucho más complicadas de lo que permitiría la simplificación de la novela familiar freudiana. El tipo de héroe representado, por ejemplo, por Heracles, quien recibe la ayuda de su padre y es perseguido por la malvada madrastra, no puede interpretarse siguiendo el mismo esquema que se utiliza para el mito de Edipo.

Antes de que podamos interpretar el asesinato del padre es indispensable realizar una aclaración fundamental con respecto al principio del padre.

La estructura del "padre", ya sea personal o transpersonal, tiene dos lados al igual que sucede con la madre: positivo y negativo. En mitología, junto al lado creativo, positivo, del padre, se encuentra el lado destructivo, negativo, del mismo padre, y ambas imágenes de padre están tan vivas en el alma del hombre moderno como lo estuvieron en las proyecciones de la mitología.

Hay, sin embargo, entre la relación del Yo con el padre y la imagen del padre, y entre la relación del Yo con la madre y la imagen de la madre, una diferencia cuyo significado para las psicologías masculina y femenina no debe subestimarse. En relación con el Yo, la imagen de la madre posee dos facetas, una productiva y otra destructiva, pero, por encima de esto, esta imagen preserva cierta inmutabilidad y eternidad. Aunque si bien tiene dos lados y puede asumir muchas formas, para el Yo y la conciencia siempre permanece como el mundo de los orígenes, el mundo del inconsciente. En general, por lo tanto, la madre representa el lado instintivo de la vida, que, comparado con las posiciones cambiantes del Yo y la conciencia, prueba ser constante y relativamente inalterable, ya sea buena o mala, servicial y productiva, o destructora y terrible. Mientras que el Yo y la conciencia del hombre han cambiado en muy alto grado a lo largo de los últimos seis mil años, el inconsciente, la Madre, es una estructura psíquica que pareciera ser eternamente fija y casi inalterable. Incluso cuando la imagen de la madre asume lo rasgos de la madre espiritual, Sophia, conserva su inalterabilidad, ya que encarna lo eterno y lo que todo lo abarca, el principio sanador, nutricio, amoroso y protector. Es eterna en un sentido bastante diferente de aquél que hace también eterna a la imagen del padre. Las transformaciones y desarrollos que ocurren en el trasfondo creativo están, en el simbolismo inconsciente, siempre correlacionados con la movilidad y dinamismo masculinos, tal como se expresa en el Logos-hijo. En comparación con él, el que mueve y lo movido, Sophia es lo maternalmente inactivo. Esto se revela con claridad en la moderna psicología, donde el significado de la madre personal queda eclipsado por el arquetipo de la madre en un grado mucho mayor de lo que sucede en el caso del padre personal. La imagen de la madre está mucho menos condicionada por los patrones temporales y culturales.

Por otro lado, junto a la imagen arquetípica del padre, la imagen del padre personal también tiene un significado, aunque está menos condicionado por la persona individual que por los cambiantes valores culturales que él representa. Hay una gran semejanza entre las figuras de madre de los tiempos primitivos, clásicos, medievales y modernos; todos ellos continúan formando parte de la naturaleza. Pero la imagen del padre varía en función de la cultura a la que representa. Aunque en su caso, también, existe en el trasfondo una indefinida figura arquetípica de un padre espiritual o dios creador, ésta es una forma vacía, que sólo se rellena con las figuras del padre que van variando con el desarrollo de la cultura. Como dice Van der Leeuw:

Cuando, por ejemplo, los mitos llaman a Dios el "Padre", lo hacen no sobre la base de un modelo paternal determinado, sino porque establecen una figura de padre con respecto a la cual toda figura de padre debe adecuarse.[214]

El colectivo masculino, que encarna progresivamente la figura del arquetipo del padre a través de la creación de mitos, le proporciona a la parte visible del arquetipo una forma y colorido determinados por la situación cultural. Nuestro punto de vista, de que existe una diferencia fundamental entre la imagen de padre y la imagen de madre, confirma y complementa de modo sorprendente uno de los descubrimientos centrales de Jung, a saber la psicología de ánima del hombre y la psicología de ánimus de la mujer.[215]

El hecho empírico, que hasta ahora ha sido extremadamente difícil de explicar, de que el inconsciente de la mujer está habitado por una multiplicidad de figuras masculinas espíritu-ánimus, lo que está en contraste con la singular figura femenina alma-ánima, aunque doble como el rostro de Jano, que habita en el inconsciente del hombre, ahora se vuelve más inteligible. La diversidad cultural de lo que hemos denominado "cielo", es decir, las numerosas imágenes de padre-marido conocidas por la humanidad, han dejado un depósito en la experiencia inconsciente de la mujer, tal como es el caso con la uniforme imagen de madre-esposa que existe en la experiencia inconsciente del hombre.

En condiciones prepatriarcales los hombres y los mayores representan el "cielo", y transmiten la herencia colectiva cultural correspondiente a su tiempo y generación. "Los padres" son los representantes de la ley y el orden, desde los más antiguos tabús hasta los modernos sistemas judiciales; ellos transmiten los valores más altos de la civilización, mientras que las madres controlan los más altos, esto es, los más profundos, valores de la vida y la naturaleza. El mundo de los padres es de este modo el mundo de los valores colectivos; es un mundo histórico, y está relacionado con el fluctuante nivel de conciencia y de desarrollo cultural dentro del grupo. El sistema de valores culturales predominante, esto es, el canon de valores que le proporciona a determinada cultura sus particulares fisonomía y estabilidad, tiene sus raíces en los padres, los hombres mayores que representan y refuerzan la estructura religiosa, ética, política y social de lo colectivo.

Estos padres son los guardianes de la masculinidad y los supervisores de toda educación. Es decir, su existencia no es meramente simbólica; como pilares de las instituciones que encarnan el canon cultural, ellos dominan la crianza de cada individuo y certifican su madurez. Poco importa cómo esté constituido este canon cultural, ya sean sus leyes y tabús los de una tribu de cazadores de cabezas o los de una nación cristiana. Siempre los padres velan porque los valores corrientes se impriman sobre los jóvenes, y que sólo aquellos que se hayan identificado con esos valores sean incluidos entre los adultos. La difusión del canon de valores heredado de los padres y reforzado por la educación se pone de manifiesto en la estructura del individuo bajo la forma de "consciencia".

Esta autoridad paternal, cuya necesidad para la cultura y el desarrollo de la conciencia está más allá de toda disputa, difiere de la autoridad maternal en que es esencialmente relativa, al estar condicionada por su época y generación, y en que no posee el carácter absoluto de la autoridad maternal.

En tiempos normales, cuando la cultura es estable y el canon paternal rige durante generaciones, la relación padre-hijo consiste en transmitir al hijo estos valores e imprimirlos en él, después de que haya superado las pruebas de iniciación en la pubertad. Tales tiempos, así como la psicología que los acompaña, se distinguen por el hecho de que no hay problemas padre-hijo, o sólo pequeños indicios de su existencia. No debemos engañarnos por la distinta experiencia propia de nuestra "extraordinaria" época. La monótona similitud entre padres e hijos es la regla en una cultura estable. Esta similitud significa que el canon paternal de ritos e instituciones que hacen del joven un adulto y del padre un anciano predomina sin disputa, de modo que el joven realiza su transición a la adultez tal como está prescrito, de manera tan natural como el hombre mayor realiza su transición a la ancianidad.

Hay, sin embargo, una excepción a esto, y la excepción es el individuo creativo –el héroe. Como dice Barlach, el héroe tiene que "despertar las imágenes del futuro que duermen y que pueden y deben provenir de la noche, para proporcionarle al mundo un rostro nuevo y mejor." Esto necesariamente hace de él un violador de la antigua ley. Él es el enemigo del antiguo sistema que está en vigor, de los viejos valores culturales y del existente tribunal de consciencia, de modo que necesariamente entra en conflicto con los padres y con su portavoz, el padre personal.

En este conflicto la "voz interior", la orden del padre transpersonal o arquetipo del padre que quiere que el mundo cambie, colisiona con el padre personal que habla en nombre de la antigua ley. Conocemos muy bien este conflicto gracias a la historia bíblica en la que Jehová le ordena a Abraham: "Vete de tu tierra y de tu parentela, y de la casa de tu padre, a la tierra que te mostraré" (Génesis 12,1), que el Midrash[216] interpreta como que Abraham debe destruir los dioses de su padre. El mensaje de Jesús es sólo una extensión del mismo conflicto, que se repite nuevamente con cada revolución. Poco importa que la nueva imagen de Dios y el mundo entre en conflicto con una imagen antigua o con el padre personal, ya que el padre siempre representa el antiguo orden y de allí que también represente la antigua imagen en vigor dentro de su canon cultural.

Si nos atenemos al resumen que hace Rank de la situación, podemos comenzar estableciendo dos ideas. La primera afirma que el héroe es el hijo de padres aristocráticos, generalmente el hijo de un rey –que incidentalmente sólo es verdad de modo parcial, ya que un gran número de héroes y redentores son de origen "bajo"-, y la segunda, que el padre siempre recibe una advertencia. Adicionalmente, siempre se dan las extraordinarias circunstancias que rodean al nacimiento del héroe, el hecho de que es engendrado por un dios y que nace de una virgen. Lo que los símbolos y mitos nos dicen acerca de la naturaleza esencial del héroe puede ahora comprenderse. La madre virgen, conectada directamente con el dios que engendra el nuevo orden, pero sólo indirectamente con su marido, da a luz al héroe que está destinado a crear el nuevo orden y destruir el antiguo. Por esta razón el héroe frecuentemente se ve "expuesto" junto con su madre, porque una profecía declara que el hijo de ésta le arrebatará el trono al viejo rey.[217]

El hecho de que el héroe descienda de la familia reinante es un símbolo de la lucha por el sistema de gobierno, ya que en eso consiste verdaderamente la lucha. La historia de Moisés es una desviación significativa del patrón general mitológico, que Freud[218] intentó interpretar en vano siguiendo líneas reductivas.

En general, el niño-héroe es expulsado de la inamistosa casa reinante por el padre-rey, sólo para ser reinstalado triunfalmente en el trono posteriormente. En la historia de Moisés la situación es de algún modo diferente. En primer lugar, él no es el hijo de un rey, sino un niño abandonado. En segundo lugar, aunque Faraón, el mitológico padre terrible, está más ansioso que nunca por asesinar al niño-héroe –el asesinato del primer nacido-, no consigue lograr su objetivo; pero Jehová, el padre transpersonal, con la ayuda de la hija de Faraón y en contradicción con el patrón mitológico, lleva de regreso al niño redentor al sistema de gobierno extranjero, el cual él debe derrocar y del cual debe ser expulsado. En esta variante hebrea, la relación con el padre personal –Amran- está preservada en un sentido positivo, pero sólo como un tema secundario. La verdadera razón por la que el protegido de Jehová se instale en el hogar del dios-rey Faraón es para resaltar el significado transpersonal del conflicto, ya evidente en el nacimiento del héroe.

Encontramos una situación análoga en el mito de Heracles, aunque si bien se deriva de otra esfera cultural y otro nivel de evolución. Aquí el malvado padre-rey, Euristeo, que está aliado con la diosa Hera, la celosa madrastra, impone los trabajos que el héroe realiza con ayuda de su padre divino, Zeus.

Son precisamente las persecuciones y peligros con que lo acosa la odiosa figura del padre lo que hace de él un héroe. Los obstáculos que acumula en su camino el antiguo sistema patriarcal se convierten en incentivos internos al heroísmo, y, en lo concerniente al asesinato del padre, Rank está en lo correcto cuando afirma que "el heroísmo consiste en superar al padre, que instiga al héroe a exponerse y le impone los ojetivos". Es igualmente correcto decir que el héroe "al lograr los objetivos que el padre le impone con la intención de destruirlo, se transforma de ser un insatisfecho a ser un reformador social de valor, un conquistador de los monstruos devoradores de hombres y que causan estragos en la campiña, un inventor, un fundador de ciudades, un portador de cultura." Pero sólo si tomamos en cuenta el trasfondo transpersonal arribamos a una interpretación que hace justicia al héroe como hacedor de la historia humana, y que ve en el mito del héroe un gran evento prototipo honrado por toda la humanidad.

No se trata del enamoradizo padre gorila quien, en tanto paterfamilias, expulsa a sus hijos "para protegerse de la violencia de su creciente prole ávida de poder"; tampoco ningún rey malvado envía a su hijo a matar al monstruo, que es él mismo, tal como la interpretación psicoanalítica carente de sentido nos haría creer. No, la lucha contra el dragón tal como la vemos ahora presenta una imagen distinta.

Hemos de tener en mente dos figuras de padre y dos figuras de madre. El "rey malvado" o figura de padre personal, que representa el antiguo sistema imperante, envía al héroe a luchar contra el monstruo -esfinge, brujas, gigantes, ogros, bestias salvajes, etcétera-, con la esperanza de que esto signifique su ruina. Este enfrentamiento es la lucha contra la urobórica Gran Madre, con el inconsciente, ante el cual el héroe podría sucumbir con facilidad porque es la sede de la angustia del Yo y porque conlleva la amenaza de impotencia. Con la ayuda de su padre divino, sin embargo, el héroe consigue derrotar al monstruo. Su naturaleza superior y doble nacimiento resultan victoriosos, y quedan demostrados en el triunfo. La ruina que deseaba para él el padre negativo desemboca en gloria para el héroe y en ruina para el padre negativo. De este modo, la expulsión del hijo por parte del viejo rey, la lucha del héroe y el asesinato del padre conforman un conjunto que adquiere sentido. Esto forma un canon de eventos que, en el símbolo y en los hechos, se presuponen por la sola existencia del héroe, quien, como portador de lo nuevo, debe destruir lo viejo.

A su lado está presente la madre buena bajo la forma de su propia madre y de la virgen-hermana, ya sea fusionadas o como dos figuras separadas. El padre divino puede intervenir como ayudante en situaciones críticas, o puede mantenerse al margen esperando. Esperando, porque sólo si el héroe supera la prueba demostrará su genuina filiación, al igual que Horus, que sólo será reconocido como el verdadero hijo de Osiris después de derrotar a Set. De este modo, al esperar y poner a prueba, el padre divino puede ser confundido con facilidad con el padre negativo, ya que el padre que envía a su hijo a enfrentar el peligro es una figura ambigua con características personales e impersonales.

Pero siempre el héroe, como portador de lo nuevo, es el instrumento de una nueva manifestación del padre-dios. En él los dioses patriarcales luchan contra la Gran Madre, los dioses invasores contra los dioses nativos, Jehová contra los dioses paganos. Básicamente se trata de una lucha entre dos imágenes de dios o dos grupos de dioses, el viejo padre-dios defendiéndose del nuevo hijo-dios, y el antiguo sistema politeísta resistiendo la usurpación del nuevo monoteísmo, tal como está ejemplificado por el arquetipo de las guerras de los dioses.

La figura se vuelve más complicada cuando el héroe deja de ser un instrumento de los dioses y comienza a desempeñar su papel como ser humano independiente; y cuando finalmente se convierte, tal como sucede con el hombre moderno, en el campo de batalla de fuerzas suprapersonales, donde el Yo humano compite contra la deidad. Como violador de la antigua ley, el hombre se convierte en oponente del antiguo sistema y en portador del nuevo, el cual proporciona a la humanidad en contra de la voluntad de la antigua deidad. El ejemplo más representativo de esto es el robo del fuego por parte de Prometeo; otro ejemplo es la historia del Paraíso interpretada por los s. Aquí, Jehová es el viejo dios vengador, mientras que Adán, aliado con Eva y la serpiente, es el héroe que lleva el nuevo conocimiento a la humanidad. Pero él es también el hijo de un nuevo padre-dios, el redentor que saca a la luz el nuevo sistema. Como en todos los sistemas gnósticos, él es el hijo de una deidad superior desconocida y debe cargar sobre sus espaldas la lucha contra lo viejo.

En este punto debemos realizar el intento de distinguir, en niveles separados, la experiencia que adquiere el héroe acerca del "Macho Terrible".

El héroe, tal como hemos dicho, lucha contra la figura andrógina del uróboros. En la proyección cósmica de las batallas celestiales encontramos, como punto de partida, la batalla entre la luz y la oscuridad, donde la oscuridad está asociada con un gran número de componentes simbólicos y la luz siempre está identificada con el héroe, ya sea éste la luna, el sol o un héroe estelar. La oscuridad devoradora, sin embargo, puede aparecer bajo forma femenina, como Tiamat, caos, etcétera, tan fácilmente como puede hacerlo bajo forma masculina, en cuyo caso será un monstruo como Set o el lobo Fenris.

Todas estas figuras de padre devoradores de niños representan el lado masculino del uróboros y el lado masculino negativo de los Primeros Padres. En estas figuras el acento recae principalmente sobre la fuerza devoradora, esto es, sobre la caverna uterina. Incluso cuando posteriormente aparezcan en el patriarcado como genuinas figuras de Padre Terrible, por ejemplo, Cronos o Moloch, sus rasgos uboóricos serán transparentes en la medida que el simbolismo de la alimentación se encuentra en el trasfondo, lo que determina su pertenencia a la Gran Madre.

De igual manera, las divinidades fálico-ctónicas marinas y terrestres son, tal como Bachofen lo ha discernido correctamente, simples satélites de la Gran Madre. Para Hipólito, la Gran Madre es Afrodita; para Perseo es Medusa; y en ambos mitos Poseidón, a pesar de que aparece como un dios independiente, permanece como el instrumento de la voluntad de destrucción de la Gran Madre.

La etapa anterior en la que encontramos la lánguida figura del adolescente, el héroe de la conciencia del Yo, y que describimos como dominado por la Gran Madre, realmente comprende dos etapas: la primera, cuando el héroe afligido y condenado sucumbe a la Gran Madre; la segunda, cuando su resistencia se incrementa y se encuentra en una situación de conflicto sin esperanza. La segunda etapa de incremento de su resistencia se corresponde con un distanciamiento narcisista con respecto a la Gran Madre, y es en este punto que el destino asumido pasivamente de ser castrado y conducido a la locura es reemplazado por una activa autocastración y suicidio.

La creciente masculinidad del joven héroe ahora experimenta el lado destructivo de la Gran Madre como algo masculino. Se trata de sus satélites asesinos, con quienes están conectados los elementos destructivos de la piedra y el hierro,[219] quienes llevan a cabo el sacrificio del hijo adolescente. En mitología este lado se pone de manifiesto como una oscura fuerza masculina homicida, un animal salvaje, en particular el jabalí, pariente de la cerda, símbolo de la Gran Madre, pero posteriormente se pone de manifiesto como su consorte masculino guerrero o como el sacerdote que ejecuta la castración. La experiencia del varón de sí mismo, su sacrificio como varón por otro varón en los antiguos ritos de fertilidad, por ejemplo, comienza en este punto. Cuando, con la creciente conciencia de sí, él experimenta su relación con un oponente, y el sacrificado percibe su identidad con el sacrificador, y viceversa, la consiguiente oposición cósmica entre la luz y la oscuridad es experimentada como oposición entre los gemelos humanos o divinos, y la larga sucesión de peleas fraternales en la mitología se inaugura con las disputas entre Osiris y Set, Baal y Mot.[220]

La etapa más remota del conflicto entre los hermanos gemelos, basada en el natural ritmo periódico del verano e invierno, día y noche, vida y muerte, está todavía bajo el completo dominio de la Gran Madre. La fuerza oscura, negativa y mortífera de lo masculino es experimentada como el instrumento destructivo de ella, al igual que sociológica y mitológicamente Set, el tío maternal de Horus, es el instrumento del hostil poder ejecutivo del matriarcado.

En la medida que la autoconciencia masculina crece y se fortalece, la etapa del matriarcado es seguida por otra de división. Sintomático de este periodo de transición es el tema del hermano gemelo en la mitología, que expresa la afinidad mutua entre los opuestos. Esta división se torna autodestructiva por medio de la automutilación y el suicidio. Como vimos, en la castración urobórica y matriarcal la voluntad de la Gran Madre alcanza su punto máximo. Pero la tendencia hacia la centroversión que subyace en la lucha del Yo-héroe por la autopreservación y que primero asume la forma de ansiedad, avanza más allá de la etapa pasiva, narcisista, y se convierte en resistencia, desafío y agresión dirigida en contra de la Gran Madre, tal como se ilustra mitológicamente en la historia de Hipólito. La destrucción del sistema del Yo hostil al inconsciente, simbolizado en los mitos como persecución, desmembramiento y locura presupone un Yo que ha alcanzado un relativo alto grado de autonomía y madurez. El hecho de que, para la Gran Madre, el padre y el hijo no sean más que el falo fertilizador, también puede formularse desde el punto de vista masculino diciendo que el vencedor y la víctima son siempre el mismo: el triunfante sacrificador se convierte en el futuro sacrificio. La conciencia del vínculo entre los oponentes masculinos es el comienzo de la autoconciencia masculina.

Esto no quiere decir que el sacrificador y el sacrificado desarrollen sentimientos "personales" entre ellos. Desde que los procesos descritos son transpersonales, sólo estamos permitidos de extraer conclusiones a partir de eventos típicos. Un evento típico es que el grupo masculino subordinado en el matriarcado, gradualmente experimenta y hace valer su independencia hasta que deja de permitir que se lo considere el instrumento de rituales hostiles a él. El desarrollo de la autoconciencia masculina es tanto la causa como el producto de este autodescubrimiento, y gradualmente las enemistades masculinas son reemplazadas por amistades masculinas.

La acentuación de los vínculos entre los hombres conduce al derrocamiento del matriarcado por obra de los dirigentes patriarcales. Al igual que sucede en Esparta, con sus tardías condiciones matriarcales, se observa un marcado fortalecimiento de vínculos masculinos entre pares de jóvenes guerreros, en fecha mucho más temprana encontramos lo mismo en la épica de Gilgamesh y en otros numerosos mitos de héroes. Las incontables amistades masculinas en la mitología griega reivindican sus vínculos, al igual que aquella entre Gilgamesh y Enkidu, en la lucha que sostiene el héroe contra el dragón de la Gran Madre.

El principio de los opuestos que previamente dividía a los hermanos hostiles, se convierte ahora en el principio de la hermandad. Estas alianzas amistosas a menudo existen entre hermanos desiguales que, a pesar del hecho de que uno es mortal y el otro inmortal, deben tomarse como gemelos. Debemos recordar, en conexión con el nacimiento del héroe, que muy a menudo el gemelo mortal y su hermano inmortal fueron ambos concebidos en la misma noche por padres diferentes. En todos los casos los vínculos entre los hombres fortalecen la conciencia y vigorizan el principio del Yo, sin importar que la alianza aparezca psicológicamente como la combinación entre el Yo y la sombra, o el Yo y el Sí Mismo. Esto quiere decir que, a un nivel, la asimilación por parte del Yo del hermano-sombra terrenal, esto es, de su lado instintivo, destructivo y autodestructivo, es más evidente, mientras que a otro nivel consiste en la alianza del Yo terreno con su hermano gemelo inmortal, el Sí Mismo.

En contraste con la resistencia pasiva, absorta y narcisista a la madre, el fugaz desafío y autodestrucción, este fortalecimiento de la conciencia masculina, conduce al Yo a lanzarse en contra de la supremacía del matriarcado, un proceso que puede rastrearse tanto sociológica como psicológicamente. Sociológicamente el avance es desde el matrimonio matrilocal-matriarcal pasando por el matrimonio patrilocal-matriarcal, hasta llegar finalmente al matrimonio patriarcal. La depontenciación de lo femenino puede verse con mayor claridad en el status de la mujer. Al principio, en tanto que es quien da a luz, tiene total control sobre la criatura; no hay padre contra el cual contender, especialmente cuando la conexión entre el acto sexual y el nacimiento permanece sin ser reconocida. Posteriormente el padre era un extranjero institucionalmente impedido de ejercer autoridad sobre los hijos. En el patriarcado, por el contrario, el padre que engendra al hijo es su maestro, y la mujer es sólo el recipiente, el pasaje hacia el nacimiento, la nodriza. Encontramos un correspondiente proceso psicológico cuando, con el fortalecimiento de la masculinidad y de la conciencia del Yo, la lucha contra la madre dragón se convierte en la lucha del héroe, esto es, del Yo, por su autoliberación. En esta lucha, la unión del héroe con el "cielo" masculino conlleva una autoregeneración en la cual el varón se reproduce sin la ayuda de una mujer.

El surgimiento del patriarcado trae consigo una revaluación. El matriarcado, al representar la supremacía del inconsciente, ahora se vuelve negativo. En consecuencia la madre asume las características de dragón y de Madre Terrible. Ella es el antiguo orden que debe superarse. En su lugar aparece el hermano mayor, el tío maternal, portador del complejo de autoridad durante el matriarcado, tal como lo apreciamos entre el conflicto entre Horus y Set.

El conflicto entre el tío maternal y el hijo es finalmente remplazado por el conflicto entre el padre y el hijo. Este desarrollo muestra con claridad cómo el vínculo arquetípico entre el antiguo orden negativo y el "enemigo" cambia con los diferentes estados de conciencia y es proyectado sobre distintos portadores, pero aún así continúa existiendo como tal, dado que es arquetípico. Para el héroe que representa la nueva conciencia, el dragón hostil es el antiguo orden, el estado psíquico obsoleto que intenta tragárselo de nuevo. La forma más antigua y que abarca con mayor amplitud todo esto es la Madre Terrible; a ella le sigue el macho totalitario representante del matriarcado, el tío maternal; a éste lo sigue el inamistoso viejo rey, y sólo después llegamos al padre.

El asesinato del padre en mitología es parte del problema de los Primeros Padres y no debe deducirse a partir de los padres personales, mucho menos a partir de la fijación sexual del hijo hacia la madre. La conjeturada originalidad de la familia patriarcal es, tal como Briffault ha visto correctamente, un residuo psicológico causado por la excesiva confianza en la investigación bíblica.[221] Al refutar esta conjetura, la teoría del asesinato del padre colapsa, y con ella el complejo de Edipo, así como también las pruebas antropológicas que Freud presentó en *Tótem y Tabú*.

La mitología deja en claro que Horus era partidario de su padre y oponente de Set, en quien, tal como sabemos, recayó toda la autoridad de la familia matriarcal. Esto confirma los hallazgos de Malinowski,[222] de que en las sociedades primitivas fundadas sobre leyes matriarcales hay un deseo de matar, no al padre, sino al hermano de la madre, quien "representa la disciplina, la autoridad y el poder ejecutivo al interior de la familia". La intención de matar, o más bien la ambivalencia subyacente, no está por lo tanto en ningún sentido basada sexualmente y no busca la posesión de la madre.

La relación entre el niño y el padre que posee sexualmente a la madre es, si cabe, cariñosa. Pero contra el tío maternal, para quien la madre fue sexualmente tabú al igual que en otros aspectos, desde la más temprana infancia, hay sin embargo un deseo de muerte. Y si en estas culturas la hermana sobre la que pesa el tabú es deseada inconscientemente, resulta que ella es tan tabú para el tío maternal como para el niño mismo, de modo que también en el caso de la hermana el tema de los celos sexuales se desmorona.

¿Por qué, entonces, el deseo de muerte? Porque el tío maternal es el portador de lo que hemos llamado el "cielo", que representa la masculinidad. Malinowski afirma con respecto a este tío maternal que él introduce "el deber, la prohibición y la coerción" en la vida del niño. "Él ejerce el poder, él es idealizado, y la madre y los hijos están sometidos a él". A través del tío maternal el niño adquiere ideas como "ambición social, fama, orgullo de su origen, sentimientos hacia la tribu, esperanza de bienestar en el futuro y posición social." Es en contra de esta autoridad que representa la ley colectiva que el niño dirige el deseo de muerte,[223] ya sea porque su lado infantil sienta que esta autoridad es despótica, o porque su lado heroico la sienta restrictiva. Es a través del tío maternal, por lo tanto, que el componente colectivamente determinado de superyó del arquetipo del padre –la consciencia- es experimentado. Su asesinato no tiene ni puede tener nada que ver con la rivalidad por la madre, porque no existe rivalidad tal. (Reconocemos que el término "arquetipo del padre" está coloreado por nuestra propia cultura patriarcal, pero sin embargo lo conservamos porque nos ayuda a aclarar nuestro punto de vista.)

Este resonante fracaso de la teoría psicoanalítica es particularmente instructivo, ya que muestra el hábito que tiene el psicoanálisis de establecer principios universales espurios a partir de tardíos fenómenos personalistas. Pero también es significativo porque demuestra la importancia de los factores transpersonales tales como el lado autoritario del arquetipo del padre. El factor transpersonal es proyectado sobre diferentes objetos, algunas veces sobre el tío maternal y otras sobre el padre, según la situación sociológica e histórica. Pero en todos los casos debe haber un encuentro con el portador de la proyección de este factor, ya que sin el asesinato del "padre" no es posible el desarrollo de la conciencia ni de la personalidad.

Con el ascenso al poder de lo masculino también sucede un incremento de la rivalidad entre los grupos masculinos, que crece en proporción a la expansión de poblados, tribus y estados individuales, y a la acumulación de la propiedad. La cultura primitiva se caracteriza por un rígido aislamiento de grupos separados, algunas veces llevado a extremos tan grotescos que tribus diferentes que habitan la misma isla no saben una de la otra y permanecen en un estado de xenofobia que es prehistórico. La expansión de la civilización determina un incremento de conflictos y conexiones cruzadas. Así comienza la vida política del hombre, que casi siempre coincide con el surgimiento del patriarcado; y con esto se produce otro cambio en el principio de los opuestos, a saber, la oposición masculina entre lo nuevo y lo viejo, aunque en su origen en ningún sentido es idéntica al conflicto padre-hijo.

Originalmente, con el sacrificio del rey estacional en los ritos de fertilidad, el representante del año viejo o del ciclo anual era tan joven como el nuevo rey que lo sucedía a su muerte. Sólo en virtud de esta identificación con el año es que él era simbólicamente viejo y por lo tanto condenado a morir. La lamentación que incluso en épocas bastante tardías era seguida, sin pausa alguna, por la resurrección, testifica acerca de la naturaleza ritual de este sacrificio. También desmiente a la explicación naturalista que afirma que la vegetación moría a causa del calor del verano y nacía nuevamente en la primavera. Eso sería asumir que entre la muerte y resurrección hay un periodo de sequía e invierno –un periodo de cierta duración, que no es el caso. Por el contario, la resurrección –originalmente la del nuevo rey- venía inmediatamente después de la muerte del rey. El conflicto entre los dos reyes sólo era un conflicto simbólico y no factual entre lo antiguo y lo nuevo. Posteriormente, durante la transición al patriarcado, el rey anual, o el rey secular que gobernaba por unos cuantos años, fue reemplazado por un rey que tenía el derecho a defender su vida en batalla. El rey, renovado anualmente o a intervalos

150

más largos, tenía como sustituto a un rey estacional que era sacrificado, aunque posteriormente esto se reemplazó por el sacrifico de un animal. De esta manera el rey permanente, cuya vitalidad representaba la fertilidad del grupo, ahora podía volverse anciano y debilitarse, y de él se esperaba que sobreviviera a la lucha contra su sustituto o contra cualquiera que lo desafiara. En la medida que resultara victorioso permanecía siendo el rey, pero si era vencido lo sacrificaban y el vencedor lo sucedía en el trono.

Sólo con la institución del rey permanente, tal como lo describe Frazer, por lo tanto, es que surge el conflicto entre lo viejo y lo nuevo, con el rey permanente en representación de lo viejo, y su oponente en representación de lo nuevo. Esta remota etapa del patriarcado fue de gran importancia para el mito del héroe, porque entonces y sólo entonces es que surge el conflicto entre el viejo rey y el joven héroe. El elemento mitológico –el conflicto entre el padrastro y el hijo- no es un disfraz para el conflicto entre el padre personal y el hijo. Una y otra vez vemos en la historia antigua que la fundación de dinastías por parte de ciertos héroes y el derrocamiento de viejos reyes y viejas dinastías son realidades históricas. El subyacente principio de los opuestos, incluso cuando aparece en forma simbólica, es muy anterior al surgimiento de la familia patriarcal y no puede ser deducido de ella ni reducido a ella.

El Macho Terrible que debe morir y cuya forma final es el Padre Terrible tiene, por tanto, un antecedente histórico, cosa que no sucede con la Madre Terrible. Esto confirma nuestra hipótesis acerca de la naturaleza constante del arquetipo de la madre y del aspecto histórico del arquetipo del padre. Comparado con el uniforme aspecto aterrador de la madre dragón, el padre dragón es una estructura culturalmente estratificada. Desde este ángulo ella es naturaleza, él es cultura. El Macho Terrible, al igual que el Padre Terrible, siempre es viejo y malvado y debe ser derrocado –a cualquier costo para el héroe, cuyo objetivo es lograr algo fuera de lo común. El Macho Terrible, sin embargo, funciona no sólo como un principio que desintegra la conciencia, sino sobre todo como un principio que la fija en una dirección equivocada. Es él quien impide el continuo desarrollo del Yo y defiende el antiguo sistema de conciencia. Él es el instrumento destructivo del matriarcado, su secuaz; él encarna su autoridad, en tanto tío materno; él es la fuerza negativa de la autodestrucción y de la voluntad de regresión, en tanto hermano gemelo; y finalmente es la autoridad del patriarcado, en tanto Padre Terrible.

El Padre Terrible se le aparece al héroe bajo la forma de dos figuras: como el Padre Tierra fálico y el aterrador Padre Espíritu. El Padre Tierra, señor de todas las fuerzas ctónicas, pertenece psicológicamente al reino de la Gran Madre. Él se manifiesta más comúnmente como la arrolladora agresividad del instinto fálico o como un monstruo destructivo. Pero donde quiera que el Yo sea arrollado por los instintos sexuales, agresivos o de poder de lo masculino, o por cualquier otra forma de instinto, es que podemos ver el dominio de la Gran Madre, ya que ella es la soberana instintiva del inconsciente, señora de los animales, y el Padre Terrible fálico es sólo su satélite, no un principio masculino de igual peso.

Pero el otro lado del Padre Terrible, que frustra al hijo e impide su autodesarrollo, es más espiritual que fálico. Al igual que en la obra de Barlach, *Der Tote Tag*, en la cual la terrible Madre Tierra impide que su hijo se convierta en héroe y de este modo "lo castra", también hay un Padre Terrible que castra al hijo al no dejarlo alcanzar su autorealización y victoria. Una vez más, este padre es transpersonal. Él actúa, por así decirlo, como un sistema espiritual que, desde atrás y por encima, captura y destruye la conciencia del hijo. Este sistema espiritual aparece como la fuerza de la consciencia, tradición, convención o cualquier otro fenómeno espiritual que retiene al hijo y obstruye su progreso hacia el futuro. Todo contenido que opere a través de sus dinamismos emocionales, tales como la fuerza paralizante de la inercia o una invasión por un instinto, pertenece a la esfera de la madre, de la naturaleza. Pero todos los contenidos capaces de realización conciente, un valor, una idea, un canon moral, o alguna otra fuerza espiritual, están relacionados con el sistema paterno, nunca con el sistema materno.

La castración patriarcal asume dos formas: cautiverio y posesión. En el cautiverio, el Yo permanece totalmente dependiente del padre como representante de las normas colectivas – esto es, se identifica con el padre inferior y de este modo pierde su conexión con los poderes creativos. Permanece ligado a la moralidad y consciencia tradicionales, y, como si estuviera castrado por la convención, pierde la mitad superior de su naturaleza dual.

La otra forma de castración patriarcal consiste en la identificación con el padre- dios. Esto conduce al estado de posesión de inflación celestial, de "aniquilación a través del espíritu". Aquí también el Yo-héroe pierde conciencia de su naturaleza dual al perder contacto con su parte terrena.

Detrás de la castración patriarcal a través de la inflación acecha la figura devoradora del uróboros, que combina en sí la voracidad de lo masculino y lo femenino. En el vórtice del pleroma divino los aspectos maternales y paternales del uróboros están fundidos en uno solo. La aniquilación a través del espíritu, esto es, a través del Padre Celestial, y la aniquilación a través del inconsciente, esto es, a través de la Madre Tierra, son idénticas, tal como enseña el estudio de toda psicosis. Las fuerzas espirituales colectivas forman parte del uróboros al igual que las fuerzas instintivas colectivas que tiran en dirección opuesta.

La aniquilación a través del espíritu es un tema remoto que se presenta tan temprano como en el mito babilonio de Etana, donde el héroe atraviesa las nubes llevado por un águila hasta que cae desplomado al suelo. (Aquí el cielo inalcanzable está relacionado con la diosa madre Ishtar, quien, hablando en términos uboróricos, es cielo y tierra a la misma vez.) La misma situación mitológica se repite con Ícaro, quien vuela muy cerca al sol, y con Belerofonte, quien intenta alcanzar el cielo montado en el alado Pegaso, pero cae a tierra y enloquece. La *hybris* de Teseo y de otros héroes retrata una constelación similar. Sólo por ser engendrado por Dios, el héroe debe ser un "devoto" y ser completamente conciente de lo que está haciendo. Si actúa llevado por la arrogancia de la manía del Yo, que los griegos llamaron *hybris*, y no reverencia a lo *numinosum* que procura alcanzar, entonces sus actos infaliblemente acabarán en nada. Volar muy alto y caer, adentrarse muy profundo y quedar atrapado, son ambos síntomas de una sobrevaluación del Yo que finaliza en desastre, muerte o locura. La arrogancia desdeñosa hacia los poderes transpersonales que rodean por arriba y abajo significa caer víctimas de ellos, ya sea que el héroe se estrelle contra la tierra como Etana, o se hunda en el mar como Ícaro, o se quede atrapado en el inframundo como Teseo, o permanezca encadenado a la roca como Prometeo, o haga penitencia como los Titanes.

La castración patriarcal, que implica el sacrifico del lado terrenal del hombre, conduce, no menos que la castración matriarcal, al sacrificio del falo. Ésta es otra indicación de la misteriosa identidad entre el uróboros paternal y el maternal. En consecuencia, los símbolos de castración a menudo ocurren en aquellos que han sido abrumados por el espíritu, por ejemplo en la gnosis y en las religiones mistéricas.

En el himno del culto gnóstico a Atis,[224] en el cual Atis está identificado con Adonis, Osiris, Hermes, Adamas, Coribante y Papas, se dice de todos ellos que son "cadáver, Dios y aridez." El elemento encontrado en los "luchadores" dirigido en contra del matriarcado reaparece aquí, es decir, la castración como un acto de desafío en contra de la Gran Madre. Los luchadores gnósticos están poseídos por el Padre Espíritu. Fascinados, sucumben a la castración patriarcal y de este modo al pleroma, que demuestra ser la Gran Madre y precisamente aquello contra lo que intentaban resistirse. Ellos son superados por el mismo destino al igual que los luchadores del mito.

Sin embargo, la castración patriarcal posee un colorido en cierto modo diferente. Mientras que la castración matriarcal es orgiástica, la otra tiende hacia el ascetismo. Al igual que sucede con todos los extremos, ambos se tocan. Por ejemplo, ciertas sectas gnósticas permiten las orgías sexuales, pero éstas son conjuradas a la típica manera gnóstica. La orgía, al ser un fenómeno extático, estaba relacionada con el Padre Espíritu, mientras que al mismo tiempo el principio de fertilidad atribuido a la deidad madre o al demiurgo era negado hasta el punto de los abortos y los asesinatos sistemáticos de niños.

Los hijos de papá constituyen el paralelo de los hijos de mamá ya discutido. Ambos deben su impotencia a la castración patriarcal, para la cual, cuando asume la forma de "cautiverio", podríamos acuñar el término de "complejo de Isaac". Abraham se prepara a sacrificar a su hijo, que confía en él ciegamente. No debemos tomar en cuenta la situación religiosa ni psicológica de Abraham, porque aquí sólo nos ocuparemos de la del hijo. Dos síntomas son característicos. El primero, indicado con claridad en la Biblia, es la total confianza de Isaac en su padre, a quien sigue en todo sin detenerse a preguntarse nada. La segunda es la naturaleza peculiar de su experiencia religiosa, esto es, de aquella parte de su personalidad que es capaz de mantenerse firme por sí sola y que experimenta a Dios como *"pachad Yizchak"* –el temor y temblor de Isaac.[225]

En todos estos casos de impotencia y excesivo respeto por la ley, la "consciencia" o la autoridad del viejo padre colectivo, ahogan la "voz interior" que anuncia la nueva manifestación de lo Divino. Al igual que con los hijos de mamá, el padre-dios es eclipsado por la Madre Terrible, ya que permanecen inconscientemente apresados en el vientre y divorciados del lado creativo y solar de la vida; de modo que, para los hijos de papá, la diosa que brinda ayuda al héroe permanece oculta detrás del Padre Terrible. Ellos viven por completo en el plano consciente y están encarcelados en una especie de útero espiritual que nunca les permite alcanzar su fructífero lado femenino, el inconsciente creativo. De este modo son castrados al igual que los hijos de mamá. El heroísmo que ha sido sofocado en ellos se manifiesta como conservadurismo estéril y una reaccionaria identificación con el padre, que carece de la viva y dialéctica confrontación entre las generaciones.

El reverso de este complejo paterno –que de ningún modo implica liberación de él- se encuentra en el "hijo eterno", el revolucionario permanente. Éste se identifica con el héroe asesino de dragones, pero es totalmente inconsciente de su filiación divina. La ausencia de identificación con el padre le impide al joven eterno obtener su reino. Su renuncia a convertirse en padre y de asumir el poder le parece una garantía de eterna juventud, ya que asumir el poder es aceptar el hecho que éste debe entregarse en algún momento a un futuro hijo y gobernante. El individualista es en esencia no arquetípico – es decir, el eterno revolucionario, en la medida que se hace mayor, se convierte en un neurótico que no está preparado para "representar su edad" y aceptar sus limitaciones. Negar el complejo de Isaac no es superarlo.

De esta manera, el objetivo del héroe en su lucha contra el dragón no es simplemente superar a la madre, sino también al padre. El conflicto nunca es personal, siempre es transpersonal. Incluso donde los padres personales desempeñan una parte –y en la práctica siempre es así- su participación es relativamente pequeña, mientras que las imagos transpersonales que actúan a través de ellos son de enorme importancia. Cuando examinamos la historia del individuo encontramos que la realidad personal de los padres no sólo está distorsionada, sino que a veces está completamente invertida si el canon arquetípico así lo demanda. Incluso Freud observó con sorpresa que una prohibición podía ser obstinadamente atribuida al padre a pesar de que éste nunca la hubiese expresado.[226] Una y otra vez sucede que, aparte de la personalización secundaria que siempre le transmite una imagen falsa al Yo, los factores operantes son los componentes transpersonales del inconsciente.

El solo encuentro del Yo con estos factores transpersonales crea la personalidad y forja sus "autoridades".[227] El héroe sirve como modelo para esto; sus actos y sufrimientos ilustran lo que posteriormente le tocará en suerte a todo individuo. Su vida retrata simbólicamente la formación de la personalidad –él es la primera "personalidad", y su ejemplo es seguido por todos los que se convierten en personalidades.

Los tres elementos básicos del mito del héroe eran el héroe, el dragón y el tesoro. La naturaleza del héroe se explicó en el capítulo donde se estudió su nacimiento, y la del dragón en los capítulos que trataron acerca del asesinato de la madre y el padre. Queda por analizar el tercer elemento, el objetivo de la lucha contra el dragón.

Este objetivo, ya sea que se trate de la amada, la dama afligida o el "tesoro difícil de alcanzar", está íntimamente ligado a lo que le sucede al héroe en el curso de la lucha.

Sólo mediante este enfrentamiento el héroe se descubre a sí mismo como héroe y modifica su naturaleza; porque ya sea que se trate del hombre de acción que redime o del conquistador que libera, lo que él transforma acaba transformándolo a él. Por lo tanto la tercera y última etapa consiste en el mito de transformación. Los mitos naturales y de creación de la primera etapa, que anteceden a la batalla de las naturalezas del mito del héroe, culminan en el triunfal mito de transformación, del cual está escrito: "La Naturaleza gobierna a la Naturaleza."

154

C: EL MITO DE TRANSFORMACIÓN

I. La cautiva y el tesoro
II. Transformación, u Osiris

La naturaleza gobierna a la naturaleza.

I

LA CAUTIVA Y EL TESORO

El objetivo mitológico de la lucha contra el dragón es casi siempre la virgen, la cautiva, o, más comúnmente, "el tesoro difícil de alcanzar". Debe tomarse en cuenta que una pila de oro puramente material, tal como el tesoro de los nibelungos, es una forma tardía y degenerada del tema original. En las mitologías más remotas, en el ritual, en la religión, y en la literatura mística así como en los cuentos de hadas, las leyendas y la poesía, el oro y las piedras preciosas, pero especialmente las perlas[228] y los diamantes, fueron originalmente portadores simbólicos de valores inmateriales. Del mismo modo, el agua de la vida, la hierba de la curación, el elixir de la inmortalidad, la piedra filosofal, el anillo de los deseos, la capucha mágica y la capa alada, todos son símbolos del tesoro.

Hay un fenómeno de gran importancia en la interpretación psicológica, al cual podríamos llamar el enfoque tipológico dual del mito y el símbolo. Esto sólo significa que está en la naturaleza de los mitos y los cuentos de hadas trabajar en igual medida, aunque de manera diferente, sobre los tipos psicológicos contrarios.[229]

En otras palabras, el extravertido así como el introvertido se encuentran "a sí mismos" retratados y aludidos en el mito. Por esta razón el mito debe interpretarse a nivel objetivo para el caso del extravertido y a nivel subjetivo para el del introvertido,[230] pero ambas interpretaciones son necesarias y significativas.

Por citar un ejemplo, "la cautiva" a nivel objetivo debe entenderse como una mujer de carne y hueso. El problema de la relación hombre-mujer, sus dificultades y soluciones, encontrarán así su prototipo en el mito, y de este modo, en tanto evento externo, el tema podrá ser comprendido hasta por la inteligencia más naive. Pero en tiempos primitivos, cuando la cuestión de una compañera no presentaba tantos problemas como para nosotros los modernos, llegar hasta la cautiva y liberarla poseía un significado mucho mayor. La lucha por ella era una forma de encuentro entre lo masculino y lo femenino, pero, al igual que sucede con la Primera Madre y el Primer Padre, esta mujer es transpersonal y representa un elemento psíquico colectivo de la humanidad.

De esta manera, junto a la interpretación a nivel objetivo, existe desde el inicio otra interpretación, igualmente válida, que ve a la cautiva como algo interno –a saber, el alma misma. Los mitos tratan acerca de la relación del Yo masculino con su alma, y acerca de los peligros y aventuras de la lucha y de su liberación final. Tanta importancia se le da a lo milagroso e irreal en los eventos que rodean el objetivo de la lucha contra el dragón, que los eventos que tienen lugar en el trasfondo psíquico –que para el introvertido constituye el centro al que dirige su atención- deben incuestionablemente haberse reflejado a sí mismos en el simbolismo mitológico.

Naturalmente, las diferentes reacciones tipológicas, que enfatizan ora el trasfondo psíquico, ora el mundo como objeto externo, siempre permanecen inconscientes. Los eventos del trasfondo que ocurren en el alma son proyectados hacia el exterior y son experimentados a través del objeto, como una unidad sintética compuesta de realidad externa y de la activación psíquica de esta realidad. El mito y su simbolismo, sin embargo, se caracterizan por la preponderancia del elemento psíquico interno, que es lo que distingue al evento mitológico del evento "factual".

Además del enfoque dual de los temas mitológicos, la interpretación psicológica también tiene que considerar la yuxtaposición de factores personales y transpersonales. Esto no significa que la diferencia entre una interpretación personalista y transpersonal sea idéntica a la diferencia que ya hemos señalado entre los puntos de vista de los tipos extravertido e introvertido. Ambos tipos pueden tener experiencias arquetípicas, del mismo modo que ambos pueden estar limitados al plano estrictamente personal. Por ejemplo, el introvertido puede adherirse a los contenidos personales de su conciencia, o de su inconsciente personal, que están llenos de significado para él, mientras que el extravertido puede experimentar la naturaleza arquetípica del mundo a través del objeto. De aquí que "la cautiva", como entidad interna, pueda ser experimentada tanto personalista como transpersonalmente a nivel subjetivo, al igual que pueda experimentarse personalista y transpersonalmente en tanto entidad femenina exterior. Una interpretación personalista no es más idéntica con el nivel objetivo de lo que lo es una interpretación transpersonal con el nivel subjetivo.

El mito, al ser una proyección del inconsciente colectivo transpersonal, retrata eventos transpersonales, y, ya sea interpretado objetiva o subjetivamente, en ningún caso será adecuada una interpretación personalista. Más aún, la interpretación subjetiva que ve el mito como un evento psíquico transpersonal es, en vista de los orígenes del mito en el inconsciente colectivo, mucho más justa que un intento de interpretarlo objetivamente, esto es, como un evento astral o meteorológico.

En consecuencia, el mito del héroe nunca se ocupa de la historia privada de un individuo, sino siempre de algún evento prototipo y transpersonal de significación colectiva. Incluso los rasgos cuasipersonales poseen un significado arquetípico, a pesar que los héroes individuales, sus destinos y los objetivos de sus respectivas luchas contra el dragón aparenten diferenciarse unos de otros.

Nuevamente, inclusive cuando interpretamos la lucha y su meta subjetivamente, como un proceso que sucede al interior del héroe, se trata en realidad de un proceso transpersonal. Aunque aparezcan como eventos interiores, la victoria y transformación del héroe son válidas para toda la humanidad; ellas existen para nuestra contemplación, para ser vividas en nuestras propias vidas, o al menos para que volvamos a experimentarlas. Mientras que la moderna historiografía, con su sesgo personalista, se inclina a presentar los eventos colectivos en la vida de las naciones y de la humanidad como dependientes de los caprichos personalistas de monarcas y líderes, el mito refleja la realidad transpersonal existente detrás de los eventos singulares que ocurren en la vida del héroe.

En un gran número de mitos el objetivo de la lucha que enfrenta al héroe y al dragón es el rescate de una cautiva del poder de un monstruo. Este monstruo es arquetípicamente un dragón, o, donde los elementos personalistas y arquetípicos están entremezclados, es una bruja o un mago, o, en versión personalista, un padre malvado o una madre malvada.

Hasta aquí hemos tratado de interpretar la lucha contra el dragón como un encuentro con el arquetipo madre-padre. Aún resta por aclarar la relación de la cautiva y el tesoro con los poderes guardianes simbolizados por el dragón de dos caras, así como explicar qué significa la meta para el héroe.

Al final, la cautiva siempre se casa con el héroe; la unión con ella es el resultado esencial de las luchas contra el dragón que encontramos en todo el mundo. Los antiguos ritos de fertilidad y los rituales subyacentes a todos los festivales de primavera y de año nuevo, conforman el prototipo de culto del cual el héroe es un segmento. La derrota de monstruos y enemigos es la condición previa de la triunfal unión del joven rey héroe con la Diosa Tierra, quien mágicamente restaura la fertilidad del año. La liberación y la obtención de la cautiva a través de la lucha contra el dragón es una ramificación de este antiguo ritual de la fertilidad. Ya hemos tratado el desarrollo de la masculinidad del héroe en su lucha contra el dragón, y la derrota de la Madre Terrible que es idéntica a éste. La liberación y la obtención de la cautiva conforman una etapa más en la evolución de la conciencia masculina.

La transformación por la que pasa el varón en el curso de la lucha contra el dragón incluye una modificación en su relación con lo femenino, expresado simbólicamente en la liberación de la cautiva del poder del dragón. En otras palabras, la imagen femenina se libera de las garras de la Madre Terrible, un proceso conocido en Psicología Analítica como la cristalización del ánima a partir del arquetipo de la madre.

La unión del hijo adolescente con la Gran Madre es seguido por una fase de desarrollo en la cual un varón adulto se une a una compañera femenina de la misma edad y condición en el *hieros gamos*. Sólo ahora es lo suficientemente maduro como para reproducirse. Ya no es más el instrumento de una supraordinada Madre Tierra, sino que, como padre, asume el cuidado y la responsabilidad de su descendencia, y, habiendo establecido una relación permanente con una mujer, funda una familia como núcleo de toda sociedad patriarcal, y más allá de ésta la dinastía y el Estado.

Con la liberación de la cautiva y la fundación de un nuevo reino, comienza la época patriarcal. Aún no es patriarcal en el sentido de que la mujer sea subyugada, sólo en el sentido de que el varón ejerce control independiente sobre sus hijos. Que la mujer comparta el control o que el hombre se arrogue este poder, tal como sucede en la forma tiránica de patriarcado, es de importancia secundaria comparado al hecho de que el gobierno autocrático de la madre sobre su descendencia ha llegado a su fin.

Anteriormente habíamos hablado del temor inmemorial del hombre hacia la mujer, que aparece tan pronto como él deja de ser infantilmente dependiente de la Buena Madre que le proporciona todo lo que necesita y se convierte en una entidad separada.[231] Esta separación es natural y necesaria. Es decir, hay más tendencias en el interior que buscan la autoemancipación que las tendencias del exterior que requieren y refuerzan esta emancipación. Ningún torvo padre roba al infante de brazos de su madre; incluso si esto sucediera, siempre se tratará de una proyección de una autoridad interna, "celestial" que insiste en la autoemancipación del Yo, la misma que, bajo la forma del padre, exhorta al héroe a luchar. El temor juvenil de la Gran Madre y la beatífica rendición del infante a la Buena Madre urobórica constituyen formas elementales en que lo masculino experimenta lo femenino, pero no deben ser los únicos con miras a desarrollar una verdadera relación hombre-mujer. El hombre permanece en estado infantil en la medida que sólo ame en la mujer a la madre generosa. Y si siente temor de la mujer en tanto vientre castrador, él nunca se juntará con ella ni se reproducirá. Lo que el héroe mata es sólo el lado terrible de lo femenino, y lo hace con la finalidad de liberar el lado fructífero y placentero con el cual ella se une a él.

Esta liberación del elemento positivo femenino y su separación de la aterradora imagen de la Gran Madre, significa la liberación de la cautiva y el asesinato del dragón bajo cuya custodia ella languidecía. La Gran Madre, hasta ahora la forma única y dominante bajo la cual la mujer era experimentada, es asesinada y derrocada.

El presagio de este proceso en mitología, la transformación de la Madre Terrible, ha sido descrito por Kees[232] bajo el tema de la "pacificación de la bestia de rapiña",[233] a pesar que no toma en cuenta las conexiones aquí consideradas. Kees escribe:

La pacificación de las fuerzas hostiles en la bestia de rapiña, tal como hemos visto que sucede en la domesticación mágica de las fuerzas perjudiciales de las "venenosas" deidades de la naturaleza, y sobre todo en la conquista de la cobra Uraeus como diadema real de Buto, es una contribución característica del pensamiento humano a la época histórica.

En realidad, la domesticación de las deidades terribles data de la época prehistórica de la mitología, como cuando la egipcia Hathor es pacificada y su "cólera" apaciguada con la ayuda de la danza, la música y el licor embriagador; o cuando Bast, la forma amistosa de la diosa leona Sekhmet, se transforma en la diosa de la curación y sus sacerdotes se convierten en médicos. En la mitología egipcia, sin embargo, este desarrollo pronto alcanza un nivel más elevado:

Ahora el milagro que sucede es que la brutal diosa deja de lado su naturaleza y, en tanto "hermana buena" de su pareja divina, se transforma en una mujer humana.

Aquí la transformación de lo femenino terrible aún tiene lugar en el plano divino, cuyo mejor ejemplo es Thoth, el dios de la sabiduría, quien se encarga de pacificar a Tefnut,[234] otra terrible diosa leona. Pero en el mito del héroe, donde la acción se desplaza al plano humano, el objetivo de la transformación y liberación de lo femenino es asignado al héroe.

Como la cautiva, ella ya no aparece más como un poderoso arquetipo transpersonal, sino como una criatura humana, una compañera con la cual el hombre puede unirse personalmente. Más aún: ella es algo que exige ser rescatado, liberado y redimido; ella demanda que el hombre demuestre su virilidad, ya no simplemente como el portador del instrumento fálico de fertilización, sino más bien como una potencia espiritual, un héroe. Ella espera de él fortaleza, astucia, ingenio, emprendimiento, bravura, protección y disposición para luchar. Las demandas que le plantea a su rescatador son muchas. Éstas incluyen la apertura de calabozos, la liberación de los poderes mágicos y mortíferos tanto paternos como maternos, arrasar con los matorrales espinosos y los obstáculos llameantes de la inhibición y la ansiedad, liberar la femineidad que duerme o que está encadenada, la solución de acertijos y juegos de adivinanzas en una batalla de inteligencias, y el rescate de la triste depresión. Pero siempre la cautiva a ser liberada es personal y de allí que constituya una posible compañera para el hombre, mientras que los peligros que él debe superar son fuerzas transpersonales que, hablando objetivamente, retienen a la cautiva o, subjetivamente, estorban en el héroe su relación con ella.

Junto a estos mitos de rescate y mitos de asesinato de dragones hay otros en lo cuales el héroe mata al monstruo con la ayuda de una figura femenina amistosa. En estas series, la mujer –Medea, Ariadna, Atenea, por ejemplo- es activamente hostil hacia el dragón del arquetipo de la madre devoradora. Estos mitos nos muestran el aspecto de hermana y el lado amable y servicial de la mujer, que está presente hombro a hombro como amada, colaboradora y compañera, o como lo Eterno Femenino que lo conduce hacia la redención. Los cuentos de hadas prestan particular atención al aspecto servicial de estas figuras que ayudan al héroe en tiempos de peligro, dispuestas conmovedoramente a sacrificarse por él y a amarlo con un amor puramente humano, cuyas particulares características complementan las de él. No es accidental que Isis tuviera múltiples aspectos, y que no sólo fuera la mujer de Osiris, sino también la madre que lo hizo renacer, así como su hermana.

El aspecto de hermana en una relación hombre-mujer es aquella parte que señala el elemento humano que existe en común; en consecuencia, le proporciona al hombre una imagen de la mujer que está próxima a su Yo y que a ojos de su conciencia es más amistosa que el lado sexual. Es una forma de relación típica, no una real. Madre, hermana, esposa e hija son los cuatro elementos naturales presentes en toda relación entre los hombres y las mujeres. Estos no sólo difieren tipológicamente, sino que cada uno ocupa un lugar legítimo en el desarrollo –y mal desarrollo- del individuo. En la práctica, sin embargo, estos tipos básicos pueden presentarse mezclados; por ejemplo, algunos rasgos maternales o conyugales pueden estar presentes en las relaciones entre un hombre y su hermana. Pero el asunto importante es que la hermana, la imagen femenina del alma que aparece de manera personalista como Electra y transpersonal como Atenea, es un ser espiritual, que representa a lo femenino como un individuo separado y autoconciente que es bastante diferente del aspecto femenino-colectivo de las "Madres".

Una vez que el lado ánima-hermana ha sido experimentado a través del rescate de la cautiva, la relación hombre-mujer puede desarrollarse sobre la totalidad de los campos de la cultura humana. La cautiva liberada no constituye simplemente un símbolo de las relaciones eróticas del hombre en el sentido estrecho del término. El objetivo del héroe es liberar, a través de ella, la relación viva con el "tú", con el mundo en toda su extensión.

La psicología primitiva del hombre se caracteriza por una tendencia de la libido a activar los lazos familiares incestuosos, algo que Jung ha denominado "libido de parentesco".[235] Es decir, el estado original de *participation mystique* en el uróboros se expresa a sí mismo como la fuerza de la inercia que mantiene al hombre fijado a los lazos familiares más antiguos e íntimos. Estos lazos familiares son personalistamente proyectados sobre la madre y la hermana; y el incesto simbólico con ellas, cuyas raíces se sitúan en el uróboros, está por lo tanto marcado por una "femineidad inferior" que encadena al individuo y a su Yo al inconsciente.

Con el rescate de la cautiva el héroe se libera a sí mismo de la esclavitud a la endogámica libido de parentesco y avanza hacia la "exogamia": la conquista de una mujer fuera de la familia o la tribu. El aspecto de "heteroginia" del ánima siempre tiene el carácter de "femineidad superior", porque el ánima-hermana, ya sea como la cautiva que aguarda a ser liberada o como la ayudante, está relacionada con la masculinidad superior del héroe, esto es, con la actividad de su conciencia del Yo.[236]

La experiencia de la cautiva y ayudante delimita, dentro del amenazante y monstruoso mundo del inconsciente que presiden las Madres, un espacio de silencio donde el alma, el ánima, puede tomar forma como la contraparte del héroe y como complemento de su conciencia del Yo. Aunque la figura del ánima también tiene características transpersonaes, ella está más próxima al Yo, y el contacto con ella no sólo es posible sino que además es la fuente de toda fecundidad.

La familiaridad con este aspecto "superior" de la mujer ayuda al hombre a superar su terror hacia el vientre castrante y con colmillos, la Gorgona que le impide el ingreso al vientre receptivo y creativo de una mujer real.

Junto a la figura de Sophia-Atenea, lo "Eterno Femenino", también encontramos a la princesa cautiva, que no sólo impulsa al héroe "hacia arriba y adelante", sino también "al interior" de ella, transformando de esta manera al joven imberbe e inexperto en su amo y señor. En este sentido, la cautiva –Ariadna, Andrómeda, etcétera- es ante todo la amada, Afrodita. Pero esta Afrodita ya no es más el océano primordial que simboliza a la Gran Madre, por cuanto ha surgido de éste, del cual lleva consigo sus marcas en forma alterada. No podemos profundizar en los numerosos aspectos de ánima de la princesa cautiva y de sus respectivas relaciones con la Gran Madre; suficiente es decir que el héroe se une con la mujer que ha liberado, y funda un reino con ella.

El rito del matrimonio deriva del rol que desempeñaba el rey en el antiguo ritual de fertilidad. La unión de la Diosa Tierra con el dios-rey se convierte en el prototipo del matrimonio, y sólo con la institucionalización de este ritual simbólico es que el acto de unión sexual, repetido infinitamente durante millones de años, comienza a ser comprendido concientemente. Recién ahora se vuelve evidente, como ideal y como hecho factual, que la hasta aquí inconsciente unión, previamente regulada sólo por el instinto, tiene un significado. Su vínculo con lo transpersonal le proporciona a una ocurrencia natural el significado solemne de un acto ritual.

De este modo, el rescate de la cautiva por parte del héroe se corresponde con el descubrimiento de un mundo psíquico. Este mundo es de tan vasta extensión como el mundo de Eros, que abarca todo lo que el hombre ha hecho por la mujer, todo lo que ha experimentado y creado por ella. El mundo del arte, de las hazañas épicas, la poesía y la canción que giran en torno a la cautiva liberada, se despliegan como un continente virgen que se ha separado del mundo de los Primeros Padres. Grandes porciones de la cultura humana, y no tan sólo el arte, surgen de esta interacción y contraposición de los sexos, o mejor dicho, de lo masculino y lo femenino. Pero el simbolismo asociado con el rescate de la cautiva va aún más allá, ya que, con la liberación de la cautiva, una parte del mundo extraño, hostil y femenino del inconsciente entra en alianza amistosa con la personalidad del hombre, por no decir con su conciencia.

La personalidad se forja en gran medida a través de actos de introyección: contenidos que antes fueron experimentados en el exterior son llevados al interior. Dichos "objetos externos", así como pueden ser contenidos del mundo objetivo exterior, esto es, cosas y personas, también pueden ser contenidos del mundo psíquico de objetos del interior. En este sentido, la liberación de la cautiva y el desmembramiento del dragón significan no sólo un "análisis" del inconsciente, sino también su asimilación, con el resultado de la formación del ánima como una autoridad al interior de la personalidad. (Cf. Parte II.)

Es un tremendo paso adelante cuando un elemento femenino, el "aspecto de hermana" –intangible pero muy real- puede ser añadido a la masculina conciencia del Yo como "mi amada" o "mi alma". La palabra "mi" delimita en el territorio anónimo y hostil del inconsciente una región que es sentida como peculiarmente de "mi" propiedad, como perteneciente a "mi" personalidad particular. Y aunque es experimentada como femenina y por lo tanto "diferente", posee una afinidad electiva con el Yo masculino que sería impensable con respecto a la Gran Madre.

La lucha contra el dragón está correlacionada con diferentes fases del desarrollo ontogénetico de la conciencia. Las condiciones de la lucha, su objetivo y también el periodo en el que tiene lugar, varían. Ocurre durante la fase infantil, durante la pubertad y con el cambio de la conciencia en la segunda mitad de la vida, en aquellos momentos cuando ocurre un renacimiento o un cambio de orientación de la conciencia. La cautiva es el "nuevo" elemento cuya liberación hace posible un paso más en el desarrollo.

Las pruebas de masculinidad y los exámenes de estabilidad del Yo, poder de voluntad, bravura, conocimiento del "cielo", entre otros, que le son demandados al héroe, encuentran sus equivalentes históricos en los ritos de pubertad. Al igual que el problema de los Primeros Padres se resuelve mediante la lucha contra el dragón, que a su vez es seguido por el encuentro del héroe con la mujer como su compañera y su alma, del mismo modo, a través de la ceremonia de iniciación, el neófito es separado de la esfera parental y se convierte en un joven apto para contraer matrimonio y capaz de fundar una familia. Pero lo que ocurre en el mito y en la historia también ocurre en el individuo, y sobre la base del mismo determinismo arquetipal. El elemento central de la psicología de la pubertad es el síndrome de la lucha contra el dragón. Una y otra vez el fracaso en la lucha contra el dragón, esto es, la implicación en el problema de los Primeros Padres, demuestra ser el problema central para los neuróticos durante la primera mitad de la vida y la causa de su incapacidad para establecer relaciones con una pareja. Los aspectos personales de esta situación, una pequeña parte de la cual ha sido formulada psicoanalíticamente como el personalista complejo de Edipo, son meros aspectos superficiales del conflicto con los Primeros Padres, esto es, con los arquetipos parentales. Y en este proceso, no sólo el hombre, sino también la mujer, tal como se puede comprobar por todas partes, tienen que "matar a los padres" y acabar con la tiranía de los arquetipos parentales. Sólo matando a los Primeros Padres puede encontrarse un camino para solucionar el conflicto en la vida personal.

Quedarse atascado en este conflicto y ceder a su fascinación es característico de un gran número de neuróticos, y también de cierto tipo espiritual de hombres cuyas limitaciones descansan precisamente en el fracaso para dominar la psique femenina en su lucha contra el dragón.

En tanto el conflicto con los Primeros Padres ocupe el primer plano, la conciencia y el Yo permanecen enraizados en el círculo mágico de esta relación. Si bien este círculo es de extensión casi infinita, y si bien la lucha en su interior constituye la lucha contra las fuerzas primarias de la vida, lo cierto es que la actividad del individuo que se confina en este círculo fundamental adquiere características esencialmente negativas. Él es la víctima de sus propios aislamiento y retiro. Las personas que se quedan atascadas en estas fuerzas primarias, los Primeros Padres, permanecen en "la retorta", como dicen los alquimistas, y nunca alcanzan el estado de la "piedra roja". El hecho de que hayan fracasado en rescatar y redimir el lado femenino de ellos mismos, a menudo se expresa psicológicamente en una intensa preocupación por los universales y en la exclusión del elemento humano y personal. Su preocupación heroica e idealista por la humanidad carece en gran medida de la autolimitación del amante, quien se adhiere con presteza a lo individual, y no exclusivamente a la humanidad y el universo.

Todas las figuras redentoras y salvadoras cuyas victorias no alcanzan para rescatar a la cautiva, que no se han unido sacramentalmente con ella, y que por tanto no han fundado un reino, levantan sospechas desde el punto de vista psicológico. Su manifiesta falta de relaciones femeninas se ve compensada por fuertes ataduras inconscientes a la Gran Madre. La no liberación de la cautiva se expresa a sí misma como el continuo dominio de la Gran Madre[237] bajo su aspecto mortífero, y el resultado final es la alienación con respecto al cuerpo y a la tierra, odio hacia la vida y negación del mundo.

A pesar de la extraordinaria importancia que tiene la cautiva para el desarrollo de la conciencia, en los mitos no encontramos ninguna caracterización en particular de ella como individuo, lo que es consistente con la naturaleza del ánima.

Es sólo la conexión de la cautiva con "el tesoro difícil de alcanzar" lo que revela su naturaleza, ya que la cautiva es el tesoro, o algo relacionado con éste. El tesoro está investido de propiedades mágicas: quien lo encuentra obtiene el poder para cometer brujería, satisfacer deseos, volverse invisible e invulnerable, cambiar de forma, tener revelaciones, conquistar el espacio y el tiempo, o convertirse en inmortal.

Constantemente encontramos opiniones que afirman que el tesoro mágico no es más que la recrudescencia de "pensamientos fantasiosos infantiles" y que las facultades adquiridas sólo son ideas ilusorias. Parecería ser algo propio de lo que Freud llamó posteriormente "el soberano poder del pensamiento", una expresión que desde entonces se ha vuelto muy popular. Con ella Freud aludía a la presunta peculiaridad de las naturalezas infantiles y primitivas de creer en que los deseos y pensamientos eran efectivos, esto es, reales. Aquí también Jung realizó descubrimientos de fundamental importancia en su *Psicología de lo Inconsciente*, aunque en esa época tomó buena parte del material en el estrecho sentido psicoanalítico y sólo pudo rectificarlo posteriormente en sus *Tipos Psicológicos*. Esto se aplica fundamentalmente para la introversión, el retraimiento hacia el interior de la libido, que requiere una interpretación a nivel subjetivo. Pero, antes de que reconociera que la introversión y la extraversión eran actitudes igualmente legítimas, Jung mismo interpretó la introversión reductivamente y la entendió erróneamente como un fenómeno arcaico y regresivo, esto es, como una recaída en un modo primitivo de funcionamiento.

Esta visión resulta aún más evidente cuando Jung interpreta "el precioso objeto difícil de obtener" como masturbación, particularmente cuando el objeto de la lucha del héroe es el robo del fuego.[238] En primer lugar no queda del todo claro por qué, si la masturbación es el objeto precioso, deba ser tan "difícil" conseguirlo, especialmente cuando el psicoanálisis afirma que se trata de una etapa perfectamente natural en la sexualidad infantil. Una afirmación tal raya en lo paradójico cuando la cautiva surge en conexión con este objeto precioso. Como siempre, el psicoanálisis ha detectado un aspecto esencial de la situación mitológica. Estaba en lo correcto cuando vio los hechos como simbólicos, pero los interpretó en sentido personalista y por tanto erróneamente. En tanto el objeto difícil de conseguir, la masturbación debe considerarse en conexión con el robo del fuego como un símbolo de generación creativa,[239] en cuyo sentido posee correspondencias notables con la producción del fuego por frotación y también con la inmortalidad, el renacimiento y el autodescubrimiento.[240] Y de hecho, si la liberación de la cautiva y la obtención del tesoro descargan un flujo de productividad en el alma, causando que el individuo se sienta, en su acto creativo, semejante a los dioses, entonces no hay por qué maravillarse de que la mitología trate tan apasionadamente el símbolo del tesoro.

Con respecto a los mitos de creación habíamos señalado que el interrogante infantil acerca de "de dónde proviene la vida" está ligado con el tema de los padres y con la naturaleza del nacimiento y la generación. Habíamos encontrado que las interpretaciones personalistas y las explicaciones que sólo toman en cuenta la sexualidad eran inadecuadas, algo que es verdad también en el presente contexto. De igual modo que el niño está preguntando acerca de los "Primeros Padres" de todo lo que vive, aquí no se trata de masturbación, sino de los poderes creativos y autogenerativos del alma.

La humanidad no es infantil y no se le deben atribuir quimeras. A pesar de las idiosincrasias de la naturaleza humana, una forma de pensamiento puramente ilusoria, incluso en el caso del hombre primitivo, está en contraste flagrante con su genio adaptativo y su sentido de realidad, a los cuales les debemos todos los inventos elementales que hicieron posible la civilización.

Por poner un ejemplo, la conexión mágica entre la representación ritual de la muerte de un animal en el arte paleolítico y su muerte en la realidad no es "real" –esto es, no la "produce"- en la forma que posiblemente el hombre primitivo pensó que la producía. Nosotros, con nuestro modo lógico de pensar, primero entendemos este obrar mágico en términos de causalidad, y luego declaramos que dicha causalidad no existe. Pero el hombre primitivo experimenta el efecto mágico de manera diferente, y más correctamente. En cualquier caso, el efecto de la matanza pictórica sobre el animal real no es el efecto del "pensamiento", de modo que hablar del "soberano poder del pensamiento" es extremadamente problemático. Podemos establecer como hecho científico que el rito no consiste en buscar un efecto objetivo sobre el animal; pero esto no quiere decir que el rito mágico sea por lo tanto ilusorio, infantil y simple quimera.

El efecto mágico del rito es un hecho fáctico, y de ningún modo quimérico. Además produce efectos, tal como lo suponía el primitivo, sobre su esfuerzo de caza, sólo que el efecto no procede vía el objeto sino vía el sujeto. El rito mágico, al igual que todas las magias y, de hecho, todas las intenciones superiores, incluyendo aquellas de la religión, actúa sobre el sujeto que practica la magia o la religión, mediante la alteración y el mejoramiento de sus habilidades para realizar ciertos actos. En este sentido el resultado de la acción, ya se trate de caza, guerra u otra cualquiera, depende objetivamente y en el más alto grado del efecto del ritual mágico. Fue mérito del hombre moderno realizar el descubrimiento psicológico de que el factor operante en la magia es "la realidad del alma" y no la realidad del mundo. Originalmente la realidad del alma fue proyectada hacia el exterior, hacia una realidad externa. Incluso hoy, las oraciones para obtener la victoria son consideradas comúnmente no como una alteración interna de la psique, sino como un esfuerzo por influenciar en Dios. Exactamente de la misma forma, la caza mágica fue experimentada como un esfuerzo de influenciar en la presa, y no como una influencia sobre el cazador. En ambos casos nuestro culto racionalismo malinterpreta la magia y la oración como quimeras, muy orgulloso de que su ciencia haya establecido que el objeto no puede ser influenciado. En ambos casos esto es erróneo. Un efecto que procede de la alteración en el sujeto es objetivo y real.

La realidad del alma es una de las experiencias básicas y más inmediatas de la humanidad; impregna la totalidad de la visión de la vida del hombre primitivo, naturalmente sin que esté al tanto de que se trata de una experiencia interna. El principio animador del mana, el efecto de la magia, la eficacia mágica de los espíritus, y la realidad de las ideas colectivas, sueños y tribulaciones están todas gobernadas por las leyes de esta realidad interior que la moderna psicología profunda está tratando de llevar a la superficie. No debemos olvidar que el descubrimiento del mundo exterior, objetivo, es un fenómeno secundario, el resultado del esfuerzo de la conciencia humana por conseguir, con infinito trabajo y con la ayuda de los instrumentos y abstracciones de la ciencia moderna, aprehender al objeto en cuanto tal, independientemente de la realidad fundamental del hombre: la realidad de la psique. Pero el hombre de los orígenes se relacionaba sobre todo con esta realidad fundamental de las dominantes psíquicas, arquetipos, imágenes primordiales, instintos y patrones de conducta. Esta realidad es el objeto de su ciencia; y los esfuerzos que realizaba por lidiar con ella en sus cultos y rituales eran tan exitosos en controlar y manipular las fuerzas internas del inconsciente, como lo son los esfuerzos del hombre moderno en controlar y dominar las fuerzas del mundo físico.

Este descubrimiento de la realidad de la psique se corresponde mitológicamente con la liberación de la cautiva y con el desenterramiento del tesoro. Los primordiales poderes creativos de la psique, que en los mitos de creación están proyectados sobre el cosmos, ahora son experimentados a nivel humano, como parte de la personalidad del hombre, como su alma. Sólo ahora el héroe se humaniza, y sólo a través de este acto de liberación es que los procesos transpersonales del inconsciente se convierten en procesos psíquicos al interior de una persona humana.

Al liberar a la cautiva y al conseguir el tesoro, el hombre obtiene la posesión de los tesoros de su alma, los que no son tan sólo "deseos", esto es, imágenes de algo que no tiene pero que quisiera tener, sino posibilidades, esto es, imágenes de algo que puede tener y que debería tener. El objetivo del héroe, que es "despertar las imágenes que duermen y que pueden y deben provenir de la noche, para proporcionarle al mundo un rostro mejor", está bastante lejos de la "masturbación". Consiste en una preocupación por uno mismo, un permitir que la corriente de la libido se dirija hacia el interior, sin acompañante o pareja –una especie de autofertilización masturbatoria a la manera urobórica-, que por sí mismo hace posible el proceso creativo de palingenesis psíquica o autonacimiento.

La realidad de toda cultura, la nuestra inclusive, consiste en la actualización de estas imágenes que descansan adormecidas en la psique. Todas las artes, religiones, ciencias y tecnologías, todo lo que alguna vez se ha hecho, hablado o pensado, tiene su origen en este centro creativo. Los poderes autogeneradores del alma constituyen el secreto verdadero y final del hombre, en virtud de los cuales está hecho a semejanza de Dios creador y se distingue de todas las demás criaturas vivas. Estas imágenes, ideas, valores y potencialidades del tesoro escondido en el inconsciente, el héroe las lleva a la vida y las realiza bajo diferentes apariencias –salvador y hombre de acción, vidente y sabio, fundador y artista, inventor y descubridor, científico y líder.

Parece ser un hecho muy bien establecido que el problema de la creación descansa en el corazón del canon mitológico que alguna vez prevaleció a todo lo largo de cercano Oriente: por todos lados el drama del dios que muere y resucita, representado en el día de año nuevo por el rey como sucesor del dios, era acompañado del relato de la correspondiente historia de la creación.[241]

Si tomamos esta representación de los eventos mitológicos como una proyección de los procesos psicológicos que tienen lugar en el héroe, entonces la conexión entre creación, ritual del año nuevo y renacimiento se vuelve evidente. La pregunta de por qué la humanidad "reproduce" el proceso natural en sus cultos y rituales tan infatigable y apasionadamente, y en apariencia sin ningún sentido, puede ahora responderse. Si el hombre primitivo hace responsable al rito por la fructificación de la tierra y postula una conexión mágica entre los dos, entonces estamos obligados a preguntar: ¿Por qué lo hace? ¿Cómo es que aparentemente pasa por alto el hecho más que evidente de que la vegetación continúa creciendo y que la naturaleza no necesita de él para funcionar?

La conducta mágico-religiosa del hombre, que antropocéntricamente incluye sus propias acciones como parte esencial del proceso natural, es el manantial del que nace toda la cultura. No es correcto decir que el hombre "reproduce" la naturaleza; al contrario, por medio de un análogo conjunto de símbolos experimenta en su propia alma el mismo proceso creativo que encuentra fuera de él en la naturaleza. Esta ecuación de creación en el interior con creación en el exterior puede observarse en la identificación del Gran Individuo que representa a la humanidad o al grupo -esto es, el rey de la fertilidad- con el dios-creador. Un relato dice que Osiris civilizó a los egipcios sacándolos del estado de salvajismo y canibalismo, que les dio leyes, que no sólo les enseñó a honrar a los dioses, sino también a plantar maíz, recoger frutas y cultivar la vid.[242] En otras palabras, se le atribuye la civilización y la agricultura. ¿Pero por qué precisamente a él? Porque él no es simplemente un dios de la fertilidad en el sentido de que controle el crecimiento natural. También lo es, pero su fecundidad incluye esa capacidad sin estar limitado a ella.

Todo héroe cultural ha logrado una síntesis entre la conciencia y el inconsciente creativo. Ha encontrado en su interior el centro creativo, el punto de renovación y renacimiento que, en la fiesta de fertilidad de año nuevo, es identificado con la divinidad creativa, y del cual depende la continua existencia del mundo. Esto es lo que el rito – y, a través de él, la humanidad- "significa": alrededor del conocimiento de este punto creativo, del tesoro escondido que constituye el agua de la vida, la inmortalidad, la fertilidad y la vida después de la vida, todo en uno, giran incansablemente las aspiraciones de la humanidad. La constelación de este punto no es una "reproducción" de la naturaleza, sino una creación genuina, y la simbólica recitación de la historia de la creación en el año nuevo ocupa en este punto el lugar que le corresponde.[243] El objeto interior de este ritual no es el proceso natural, sino el control de la naturaleza a través del correspondiente elemento creativo en el hombre.

Es imposible, sin embargo, encontrar el tesoro a menos que el héroe haya primero encontrado y redimido su propia alma, su propia contraparte femenina encargada de concebir y dar a luz. Este lado receptivo interior es, a nivel subjetivo, la cautiva rescatada, la

168

madre virgen que concibe merced al sagrado espíritu pneumático, y que es a la misma vez la inspiración del hombre, su amada y madre, la hechicera y profetisa, al igual que el héroe es para ella su amante y padre.

La fecundidad de la Gran Madre –en otras palabras, el predominio del inconsciente colectivo- causa que un importante flujo de material inconsciente irrumpa en la personalidad, barriéndola por completo y a veces incluso aniquilándola como si fuera una fuerza elemental. Pero la fecundidad del héroe que obtiene a la cautiva es una fecundidad humana y cultural. De la unión de la conciencia del Yo del héroe con el lado creativo de su alma, cuando él "conoce" y lleva a la realización tanto al mundo como al ánima, entonces es que se ha engendrado el verdadero nacimiento, la síntesis de ambos.

El matrimonio simbólico del Yo-héroe con el ánima, además de ser la precondición de fertilidad, ofrece un fundamento firme sobre el cual la personalidad puede mantenerse erguida y luchar contra el dragón, ya sea que se trate del dragón del mundo o del inconsciente. Héroe y princesa, Yo y ánima, hombre y mujer se emparejan y forman el centro personal que, siguiendo el modelo de los Primeros Padres pero en oposición a estos, constituyen la esfera de acción propiamente humana. En este matrimonio, que en las mitologías[244] más antiguas era consumado en la festividad del año nuevo inmediatamente después de la derrota del dragón, el héroe es la encarnación del "cielo" y del arquetipo del padre, al igual que el lado generoso del arquetipo de la madre está encarnado en la figura rejuvenecida y humanizada de la virgen rescatada. La liberación de la cautiva tiene el efecto de separar a la virgen-esposa, la joven madre y compañera, de su fusión con la madre urobórica, en la cual el dragón y la virgen-madre aún conforman una sola figura; pero ahora están finalmente diferenciadas una de otra merced a la activación de la conciencia masculina del héroe (Parte II).

Después de haber discutido acerca del símbolo de la cautiva en todas sus ramificaciones, podemos resumir lo dicho tomando la historia de Perseo como paradigma del mito del héroe, ya que sólo ahora es posible comprender el trasfondo y el significado simbólico de toda la información mitológica.

Perseo era hijo de Dánae, seducida por Zeus transformado en lluvia de oro *(ilustración 24)*. El "padre negativo" aparece dos veces en forma personal. Primero lo hace como el abuelo, el rey Acrisio, de Argos, quien, debido a que el oráculo le había profetizado que encontraría la muerte a manos de su nieto, encerró en un cofre de madera a su hija Dánae y a Perseo y los arrojó al mar. La segunda figura de padre negativo es Polidectes, el "hospitalario" rey que se casó con Dánae y que, para deshacerse de Perseo, le ordenó a éste traer la cabeza de Gorgona.

Las Gorgonas* son hijas de Forcis, "el Gris", quien, al igual que sus dos hermanas Ceto ("la monstruosa") y Euribia ("la grande en fuerza"), y su hermano Taumante ("el hacedor de maravillas"), es un hijo de las profundidades, del Ponto. Todos ellos son padres de una manada de monstruos terribles y aterrorizantes. Las Gorgonas, con alas metálicas, serpientes enroscadas por encima de sus cabezas y cinturas, colmillos de jabalí, con barbas puntiagudas y lenguas dentadas, son símbolos urobóricos de lo que podemos llamar con justicia "lo Femenino Infernal". Sus hermanas y guardianas son las Grayas, nombre que significa terror y espanto. Ellas también, con el único ojo y diente que compartían las tres, son criaturas urobóricas que habitan en los confines más profundos de la noche y la muerte, en el ocaso, cerca de las costas del océano primigenio.

Perseo tiene de su lado a Hermes y a Atenea, las deidades tutelares de la sabiduría y la conciencia, con cuya ayuda burla a las Grayas, de quienes obtiene los medios para llegar hasta las ninfas. Estas benéficas diosas marinas le proporcionan el casco de la invisibilidad que pertenece a Hades, un par de sandalias aladas y un bolso donde esconder la cabeza de Medusa. Hermes le entrega una espada, y Atenas le da un escudo de bronce el cual usará como espejo para que en él se refleje la cabeza de Medusa y la mate, ya que ver directamente a la Gorgona significa quedar convertido en piedra de inmediato *(ilustración 25)*.

No podemos entrar a detallar este simbolismo extremadamente interesante, salvo decir que los símbolos del intelecto y la espiritualización desempeñan un rol muy importante. Volar, reflexión y visión reflejada conforman un grupo homogéneo, y a esto podemos añadirle el bolso en el que Perseo guarda la cabeza de Medusa, haciéndola de este modo invisible e inocua, como un símbolo de represión.

Ahora, lo que resulta muy extraño es la manera en que Perseo está representado en el arte griego temprano.[245] El elemento principal no es, tal como uno podría pensar, la muerte de Medusa, sino la precipitada huida de las hermanas perseguidoras. Para nuestra manera de pensar es un hecho extraño ver al valiente Perseo representado una y otra vez como un desconsolado fugitivo.

Evidentemente las sandalias aladas, el casco de la invisibilidad y el bolso donde esconder la cabeza de Medusa son mucho más importantes para él que la espada con la que se enfrentará a la muerte, y su temor incrementa notablemente el aspecto terrorífico de la asesinada pero siempre perseguidora Gorgona. Una vez más encontramos el prototipo mitológico de Orestes perseguido por las Furias, ya que, al igual que él, Perseo se convierte en héroe porque ha matado a la Madre Terrible.

El carácter uro bórico de la Gorgona puede deducirse no sólo a partir de los símbolos, sino también de la historia de la religión. En conexión con la escultura de la Gorgona en el templo de Artemisa, en Corfú, que data del siglo sexto, Woodward escribe:

Podría parecer extraño que esta figura grosera y expresiva deba contar con un lugar de honor en la entrada del templo; pero la idea que hay detrás de esto nos lleva de regreso a un tiempo muy anterior, en el que las figuras de la Gorgona estaban identificadas con la leyenda de Perseo. Con leones por sirvientes, ella encarna el Espíritu de la Naturaleza de la creencia primitiva, quien aparece en las tempranas obras de arte asiáticas y jónicas como una diosa, con aves, leones o serpientes heráldicamente dispuestos a ambos lados de ella, el prototipo de la Cibeles del culto frigio y de la Artemisa de los griegos. Aquí, a través de un aspecto de su naturaleza, está identificada parcialmente con Medusa.[246]

Sin detenernos a comentar este pasaje, podemos asumir que la identidad de la Gorgona que mató Perseo, y la figura de la Gran Madre que gobierna sobre los animales salvajes, está demostrada, incluso para los investigadores no familiarizados con el verdadero trasfondo del mito.

La huida del héroe y el escape, entonces, testifican con claridad acerca del carácter arrollador de la Gran Madre. A pesar de la ayuda de Hermes y Atenea, a pesar de los milagrosos obsequios que recibió de las ninfas, y a pesar del hecho de que apartó el rostro para evitar la muerte, es tan sólo un hombre capaz de matarla. (Nótese que el efecto paralizador y petrificante de la atroz máscara de la muerte reaparece bajo la forma del "tema del encadenamiento"[247] en la historia de Teseo. Al intentar rescatar a Perséfone del inframundo, se queda encadenado a las rocas y es atormentado por las Erinias hasta que Heracles acude en su ayuda.) El poder de la Gran Madre es demasiado arrollador para cualquier conciencia que lo aborde directamente. Sólo a través de medios indirectos, cuando se refleja en el espejo de Atenea, la Gorgona puede ser destruida –en otras palabras, sólo con la ayuda de la diosa patrona de la conciencia, quien, en tanto hija de Zeus, representa al "cielo".

En su viaje de regreso después de haber matado a la madre, Perseo libera a Andrómeda del poder de un horrible monstruo marino que arrasa con tierra firme y está a punto de devorar a la doncella *(ilustración 26)*. Este monstruo ha sido enviado por Poseidón, de quien se dice que es "el amante de Medusa"[248] y que es, como gobernante del océano, el monstruo mismo. Él es el Padre Terrible, y desde que es el amante de Medusa, está claramente relacionado con la Gran Madre como su invencible consorte fálico. Una y otra vez en su ira envía monstruos a que devasten tierra firme y destruyan a sus habitantes; él es el dragón o el toro que representa el lado masculino destructivo del uróboros que se ha dividido y se ha vuelto autónomo. La derrota de este monstruo es el objetivo del héroe, ya sea que reciba el nombre de Belerofonte o Perseo, Teseo o Heracles.

De esta manera la secuencia tan típica que se da en el mito del héroe es recapitulada en la historia de Perseo: el asesinato de la madre y el padre transpersonales (Medusa y el monstruo marino) precede al rescate de la cautiva, Andrómeda. El padre del héroe es un dios y su madre es la novia de un dios, un padre personal que lo odia, luego el asesinato de los transpersonales Primeros Padres, y finalmente la liberación de la cautiva –éstas son la etapas que señalan el progreso del héroe. Pero este sendero sólo puede ser recorrido hasta su conclusión triunfal con la ayuda del padre divino, cuyo agente aquí es Hermes, y con la ayuda de Atenea, cuyo carácter espiritual y su hostilidad hacia la Gran Madre ya hemos enfatizado.[249]

El hecho de que Perseo le entregue la cabeza de la Gorgona a Atenea, y que después ella la coloque sobre su escudo, corona todo este desarrollo como la victoria de Atenea sobre la Gran Madre, del aspecto guerrero que es favorable al hombre y a la conciencia, y que también encontramos en *La Orestíada*. El elemento más sorprendente en la figura de Atenea es la derrota de la antigua diosa madre por el nuevo principio femenino, espiritual. Atenea aún conserva todas las características de la gran diosa cretense. En numerosas ánforas pintadas aparece rodeada por serpientes; de hecho, la gran serpiente es su compañera constante hasta el final. Al igual que su emblema, el árbol, y que aparezca bajo la forma de un pájaro, revelan sus orígenes cretenses. Pero ella ha dominado a los poderes primigenios de lo femenino; ahora porta en su escudo la cabeza de la Gorgona a manera de trofeo. Desde tiempos muy remotos ha sido la diosa patrona del gobernante y fue adorada en el palacio de éste,[250] de modo que terminó simbolizando la revolución que, en la época patriarcal, acabó con el poder de la deidad madre. Surgida de la cabeza de Zeus, ha nacido del padre y no tiene madre, en contraste con las figuras nacidas de madre pero carentes de padre de los tiempos antiguos; y en contraste, nuevamente, con la animadversión de la Madre Terrible hacia todo lo masculino, ella es la acompañante y ayudante del héroe masculino. Esta camaradería entre hombre y mujer está ilustrada en un ánfora, que data de finales de la primera mitad del siglo VI a.C., que muestra a Perseo lanzándole piedras al monstruo. Andrómeda no está, como es usualmente el caso, encadenada ni en situación pasiva, sino que está al lado del héroe como su compañera.

Otro elemento simbólico importante del mito nos dice que un caballo alado, Pegaso, surgió del tronco decapitado de la Gorgona. El caballo pertenece al mundo ctónico-fálico y se dice que forma parte de la prole de Poseidón; él representa la naturaleza y el instinto, que son todopoderosos en criaturas mitad humanas como los centauros. El caballo marino que ostentosamente surge de entre las blancas espumas de las grandes olas es una variante del mismo tema. En tanto elemento que mueve y es movido en el mar tormentoso del inconsciente, representa el impulso destructivo; mientras que en el caballo como animal domesticado representa la naturaleza domada y sumisa. Es interesante notar que en una temprana imagen del asesinato de Medusa, del siglo VII a.C.,[251] ella aparece como centauro.[252] Este simbolismo parece ser primigenio y constituye la base de la historia en la que Pegaso surge de la asesinada Medusa; el caballo alado es liberado cuando el hombre alado destruye a la mujer centauro. Lo que el caballo alado simboliza es la libido liberada del poder de la Gran Madre y su altísimo vuelo, en otras palabras, su espiritualización. Es con la ayuda de este mismo Pegaso que Belerofonte lleva a cabo sus acciones heroicas. Él se resiste a las seductoras intenciones de Estenobea, por cuya causa va a luchar contra la Quimera y las Amazonas. Nuevamente el simbolismo señala con suficiente claridad la victoria del espíritu consciente, masculino, sobre los poderes del matriarcado.

La profunda intuición psicológica del mito se revela de modo aún más asombroso en el hecho de que a Pegaso, después de surgir de Medusa, se le atribuyen trabajos creativos sobre la tierra. Se nos dice que, mientras el caballo alado se elevaba entre truenos y relámpagos ascendiendo por los cielos con dirección a Zeus, golpeó con sus cascos la fuente de las Musas. La afinidad arquetípica entre caballo y fuente es la misma que hay entre el impulso natural y la fertilización creativa. En Pegaso asume la forma de transformación y sublimación: el caballo alado golpea la fuente de la poesía que está sobre la tierra. Como veremos más adelante, este aspecto del mito de Pegaso descansa en la raíz de toda creatividad. La destrucción del dragón no sólo significa la liberación de la cautiva, sino también el ascenso de la libido. El proceso conocido en la teoría psicológica como la cristalización del ánima a partir del arquetipo de la madre, está retratado dinámicamente en el mito de Pegaso. Las fuerzas creativas en ascenso son liberadas por la muerte del dragón. Pegaso es la libido, que, en tanto energía espiritual alada, conduce al héroe Belerofonte (también llamado Iponoo, "hábil con el caballo") hacia la victoria, pero también es la libido que fluye hacia el interior antes de volver a brotar como arte creativo. En ningún caso la libido carece de dirección; la libido se eleva con dirección al espíritu.

De esta manera, expresándolo en términos abstractos, el héroe Perseo se casa con el lado espiritual, él es el alado, y los dioses del espíritu son sus aliados en su lucha contra el inconsciente. Su enemigo es la Gorgona urobórica que habita en el ocaso, en la tierra de la muerte, flanqueada por sus espantosas hermanas las Grayas, habitantes de las profundidades. Perseo derrota al inconsciente a través del típico acto de realización consciente. Él no es lo suficientemente fuerte como para mirar directamente al rostro petrificante del uróboros, de modo que eleva su imagen hasta la conciencia y la mata "por reflexión". El tesoro que obtiene primero es Andrómeda, la cautiva liberada, y en segundo lugar Pegaso, la libido espiritual de la Gorgona, ahora liberada y transformada. Por lo tanto Pegaso es a la misma vez un símbolo espiritual y trascendente. Él combina la espiritualidad de un pájaro con la personalidad equina de la Gorgona.

El desarrollo de la personalidad avanza en tres diferentes dimensiones. La primera es la adaptación hacia el exterior, hacia el mundo y los objetos, también conocida como extraversión; la segunda es la adaptación hacia el interior, a la psique objetiva y a los arquetipos, también conocida como introversión. La tercera es la centroversión, la tendencia autoformativa o tendencia a la individuación que ocurre dentro de la psique misma, independientemente de las otras dos actitudes y sus respectivos desarrollos.

Hasta aquí hemos tratado de demostrar qué significaban el objetivo y el contenido de la lucha contra el dragón –la cautiva y el tesoro- para los tipos de actitud extravertida e introvertida. Como conclusión debemos demostrar su significado desde el punto de vista de la centroversión.

II

TRANSFORMACIÓN, U OSIRIS

El objetivo para el tipo extravertido de héroe es la acción; él es el fundador, líder y liberador cuyas acciones modifican el rostro del mundo. El tipo introvertido es el portador de cultura, el redentor y salvador que descubre los valores interiores y los exalta como conocimiento y sabiduría, como ley y fe, como un trabajo que debe ser cumplido y un ejemplo a seguir. El acto creativo de desenterrar el tesoro es común a ambos tipos de héroe, y el prerrequisito es la unión con la cautiva liberada, que es la madre del acto creativo tanto como el héroe es el padre de ese mismo acto.

El tercer tipo de héroe no busca cambiar el mundo a través de su lucha con el interior o el exterior, sino la transformación de su personalidad. La autotransformación es su verdadero objetivo, y los efectos liberadores que esto pueda tener sobre el mundo es secundario. Su autotransformación puede presentarse como un ideal humano, pero su conciencia no está dirigida en un sentido más estrecho hacia lo colectivo; en él la centroversión se expresa como una tendencia natural y fundamental de la psique humana, que opera desde los inicios y que forma la base no sólo de la autopreservación sino también de la autoformación.

Hemos seguido el nacimiento de la conciencia del Yo y el individuo a lo largo de las etapas arquetípicas cuyo clímax se alcanzó en la lucha del héroe contra el dragón. En este desarrollo puede detectarse un constante incremento de la centroversión, que tiende hacia la consolidación del Yo y a la estabilización de la conciencia. Esto da lugar a un punto de vista, de hecho a un punto de partida, a partir del cual puede combatir la peligrosa fascinación del mundo y del inconsciente –una fascinación que reduce el nivel de conciencia y desintegra la personalidad. Ambas actitudes tipológicas, tanto la introversión como la extraversión, pueden sucumbir fácilmente a este peligro. La centroversión, al forjar la conciencia del Yo y fortalecer la personalidad, intenta protegerlas y contrarrestar el peligro de la desintegración. En este sentido, el crecimiento de la individualidad y su desarrollo son las respuestas de la humanidad a "los peligros del alma" que amenazan desde adentro, y a "los peligros del mundo" que amenazan desde afuera. Magia y religión, arte, ciencia y técnica constituyen esfuerzos creativos del hombre para lidiar con esto que amenaza desde dos frentes. En el centro de todos estos esfuerzos se yergue el individuo creativo en tanto héroe, quien en nombre de lo colectivo –incluso cuando se trata de un figura solitaria haciéndoles frente- las moldea y les da forma moldeándose a sí mismo.

Antes de examinar el lado psicológico de este proceso, a saber, la formación de la personalidad, debemos dirigir nuestra atención hacia los mitos que constituyen sus recipientes arquetípicos.Estabilidad e indestructibilidad, los verdaderos objetivos de la centroversión, encuentran sus prototipos mitológicos en la conquista de la muerte, en la defensa del hombre contra su poder, ya que la muerte es el símbolo primigenio del deterioro y desintegración de la personalidad. La renuncia del hombre primitivo a reconocer a la muerte como una ocurrencia natural, la inmortalización del rey entre los antiguos egipcios, la adoración de los ancestros, y la creencia en la inmortalidad del alma en las grandes religiones mundiales, no son sino diferentes expresiones de la misma tendencia fundamental en el hombre de experimentarse a sí mismo como imperecedero e indestructible.

El mejor ejemplo de la centroversión y su simbolismo se encuentra en el antiguo Egipto, en los cultos y mitos que giran alrededor de la figura de Osiris. La historia de Osiris es la primera delineación espontánea de este proceso de transformación de la personalidad, cuya contraparte es el visible surgimiento del principio espiritual a partir del principio natural o biológico. No es accidental que en la figura de Osiris podamos ver el cambio de un mundo matriarcal que afirma la vida a uno patriarcal, donde el acento recae sobre el espíritu. De este modo, el mito de Osiris arroja luz sobre un importante capítulo de la historia de la humanidad temprana, pero también proporciona la clave para un aspecto fundamental del mito del héroe, a saber, la transformación resultante de la lucha contra el dragón, y la relación del hijo héroe con la figura del padre.

Osiris es una figura con muchos lados, pero en su forma más original incuestionablemente es un dios de la fertilidad. Hemos visto cómo, en la fase matriarcal del ritual de fertilidad, predominaba la Gran Madre, y cómo el sangriento desmembramiento del joven rey garantizaba la fertilidad de la tierra. La regeneración de Osiris a través de Isis pertenece a esta etapa, tal como leemos en los Textos de las Pirámides:

Tu madre ha llegado hasta ti, de modo que no perecerás; la gran modeladora que ella es ha llegado, de modo que no perecerás. Ella pone tu cabeza en su lugar por ti, ella junta tus miembros por ti; lo que ella te proporciona es tu corazón, es tu cuerpo. De modo que así te conviertes en aquel que preside a tus predecesores, en aquel que da órdenes a tus ancestros y también en aquel que hace prosperar tu hogar después de ti, defenderás a tus hijos de la aflicción.[253]

O en el lamento de Isis por Osiris:

¡Ven a tu casa, ven a tu casa, tú, pilar! Ven a tu casa, hermoso toro, Señor de los hombres, Bienamado, Señor de las mujeres.[254]

Aunque extraído de un papiro posterior, éste es un antiguo lamento por los muertos conocido como el "Lamento de Maneros", una letanía por la pérdida del "falo viviente", que explica por qué el símbolo del pilar, el *djed*, emblema de Osiris, se encuentra conjuntamente con el toro. La identificación de Osiris con el Min itifálico fue posteriormente transferida a Horus, pero el significado del Osiris ctónico, el bienamado y Señor de las mujeres, es antiquísima. Este mismo Osiris, en tanto Horus el hijo de Isis, es llamado "el toro de su madre", al igual que en Heliópolis es invocado como "el hijo de la cerda blanca".[255] El Osiris inferior pertenece a la esfera matriarcal de la fertilidad, al igual que también pertenece con toda probabilidad el sacerdote *sem*, quien, con piel de leopardo y larga cola, era llamado "el pilar de su madre".[256]

El significado de Osiris como el falo viviente lo conecta con Mendes, otro lugar donde fue adorado, y con el macho cabrío. No es casual que el culto le asignara un rol especial a cierta reina cuya imagen fuera colocada en el templo y llevara el nombre de "Arsínoe Filadelfo, amada del macho cabrío".[257] La unión sexual del animal divino con una de las sacerdotisas sagradas era un antiguo rito, de modo que una vez más nos encontramos de vuelta en la antigua esfera de la fertilidad matriarcal y las deidades fálicas.

Esta fase está dominada por la Diosa Tierra y por Osiris como dios de los cereales. La identidad entre los dioses de la fertilidad y los granos está ampliamente difundida, al igual que la analogía entre sus muertes y resurrecciones y la "corrupción y resurrección" de la semilla del grano. En las ceremonias de coronación de los reyes egipcios el significado de los granos conformó el elemento más antiguo: Osiris, el grano, es "trillado" por su enemigo, Set:

La cebada se dispone para la trilla y los bueyes la pisan. Los bueyes representan a los seguidores de Set y la cebada a Osiris que es de este modo cortado en pedazos. Aquí hay un juego entre las letras i-t, "cebada", e i-t, "padre", ambas ϬⲰⲦ en copto. Mientras que los bueyes recorrían el lugar y trillaban el grano, un acto que se equiparaba con los golpes que Horus a la vez les propinaba a los seguidores de Set, Horus decía: "He golpeado por ti (Osiris) a quienes te han golpeado". Uva vez finalizada la trilla, el grano era transportado a lomos de burro. Esto simbolizaba la ascensión de Osiris al cielo, respaldado por Set y sus confederados.[258]

La interpretación de Backman sin duda es correcta, al menos hasta la última oración acerca de la resurrección de Osiris. En el Libro de los Muertos, también, encontramos a Set identificado con los bueyes sacrificiales, pero esta identificación, aunque predinástica, probablemente no se derive del nivel más antiguo. El más antiguo podría ser aquel en que Set, al igual que Isis y Osiris, aparece como cerdo o jabalí.[259]

Frazer ha señalado que originalmente eran porqueros quienes trillaban los granos; esta parecería ser la forma más antigua de la muerte de Osiris a manos de Set, mientras que la trilla quizá sea una posterior.[260]

Tal como hemos visto, en el mito Set mata dos veces a Osiris: primero lo ahoga en el Nilo o lo encierra en un cofre, y después lo corta en pedazos, el equivalente de la trilla al ser pisoteado en el suelo.

El desmembramiento del cadáver y enterrar los pedazos en el campo constituyen la analogía mágica de inseminar la tierra con los granos, un ritual que puede estar relacionado con el modo original de sepultar que practicaban los habitantes del Egipto predinástico, quienes desmembraban los cadáveres.[261]

Ora característica de los ritos de fertilidad matriarcales es de gran importancia. Con toda probabilidad el falo del rey desmembrado era momificado como símbolo de la potencia masculina y preservado hasta la muerte de su sucesor. Frazer ha dado numerosos ejemplos de los últimos vestigios de estas ceremonias, que muestran que el espíritu de la vegetación, bajo la forma de una gavilla de trigo o algo similar, era preservada hasta la siguiente siembra o cosecha porque era considerada un objeto sagrado.[262]

El dios de la fertilidad o su sustituto –un animal, una gavilla de grano, etcétera- sufría un doble destino. En primer lugar lo mataban y cortaban en pedazos, pero una porción de él, el falo sagrado, o el objeto que lo representara, "permanecía". Esto que permanecía era almacenado "en" o "debajo de" la tierra, al igual que la semilla o el cadáver; un canto fúnebre por los muertos acompañaba su "descenso" al inframundo. El descenso, o katagogia, tal como es llamado en el calendario de festividades del campo, se corresponde con el ocultamiento de los granos en cámaras subterráneas[263] para las siembras futuras. Descenso y sepultura, por lo tanto, no sólo son idénticas con el entierro del muerto y la inseminación de la tierra, sino que hablan de un rito para la "perpetuación de la fertilidad". Originalmente, aquel que "permanece" fue representado mediante el falo momificado permanente del rey de la fertilidad asesinado, o por los correspondientes símbolos fálicos que se preservaban bajo tierra junto con los granos enterrados, esto es, con el muerto, hasta la "fiesta de resurrección" del joven grano.

En un comienzo, sin embargo, Osiris no fue idéntico a estos dioses juveniles de la fertilidad. Desde siempre se hizo énfasis no tanto sobre la transitoriedad de la figura juvenil como sí sobre su naturaleza "eterna". Adorado como vegetación, grano y, en Biblos, como árbol, es un dios de la fertilidad, la tierra y la naturaleza, y de esta manera se combinan en él las características de todos los hijos divinos de la Gran Madre; pero él también es agua, savia, el Nilo –en otras palabras, es el principio animador de la vegetación. Mientras que en los Jardines de Adonis, por ejemplo, Adonis representa sólo el crecimiento, la efigie ceremonial de Osiris, con tallos brotando de él, demuestra que él es más que el grano; él es de hecho la humedad y la causa primordial por la cual brota el grano. No es sólo el dios que muere para volver a renacer; él es el dios que no muere, que permanece por siempre –una paradoja, ya que él es "la momia del miembro largo".[264]

Puede demostrarse con facilidad que este apelativo expresa la naturaleza esencial de Osiris. Concuerda con ciertos elementos peculiares del mito que nunca se han enfatizado lo suficiente, mucho menos comprendido. El mito dice que cuando se reunieron las porciones desmembradas, el falo no se encontró; que Isis lo reemplazó con un falo de madera o de culto, y que ella quedó embarazada por Osiris *muerto*. De modo que, aunque carente de falo, o equipado tan sólo con uno de madera, Osiris se convirtió en padre de Horus –un hecho extremadamente llamativo en un dios de la fertilidad.

En todos los ritos matriarcales de fertilidad, la castración y la fertilización, la adoración del falo y el desmembramiento constituyen partes interrelacionadas de un mismo canon simbólico. El problema de Osiris, sin embargo, va mucho más allá y demanda interpretarlo a diferentes niveles. Entender la fertilidad de Osiris sólo como la fertilidad inferior, fálica, de la tierra, como agua, como el Nilo fertilizador, como la esencia viviente de la vegetación, y como el grano, es limitar el alcance de su acción; de hecho, la totalidad de la naturaleza de Osiris trasciende esta fertilidad inferior.

La naturaleza superior de Osiris, en tanto opuesta a la inferior, puede concebirse como una transformación o como una nueva fase en su autorevelación. Ambas naturalezas están conectadas a través del mismo objeto: el culto fálico.

La muerte del rey de la fertilidad original conduce, como ya hemos visto, a dos ceremonias diferentes: el desmembramiento del cuerpo y el "endurecimiento" del falo. Desmembramiento, entierro y trilla son equivalentes a la destrucción de la personalidad y a quebrar la unidad viviente. Éste fue originalmente el destino impuesto al cadáver de Osiris. El principio opuesto se encuentra en la momificación del falo, en endurecerlo y convertirlo en eterno; y el símbolo de la eternidad es Osiris, "la momia del miembro largo".

Este paradójico doble significado de Osiris, evidentemente presente desde el comienzo, conforma la base del desarrollo de la religión egipcia. Por un lado, en tanto dios desmembrado, él es quien trae la fertilidad, el rey juvenil que muere y regresa; por otro lado, en tanto momia procreadora con el miembro largo, es eterno e imperecedero. No sólo es el falo viviente, sino que conserva toda su potencia incluso como el falo momificado. Como tal engendra a su hijo Horus y, de este modo, como espíritu, como el muerto que "permanece", su fertilidad está imbuida de un significado superior. En este misterioso símbolo del muerto fértil la humanidad, inconscientemente, tropezó con un factor vital que luego proyectó sobre su exterior porque por entonces no le fue posible realizar una formulación más clara: la eternidad y fecundidad del espíritu viviente como opuestos de la eternidad y fecundidad de la naturaleza.

El gran antagonista de Osiris fue simbolizado en Set, el jabalí negro, cuyo emblema es el cuchillo de sílex primigenio, el instrumento del desmembramiento y la muerte. Este Set es el epítome de oscuridad, maldad y destructividad; como hermano gemelo de Osiris es el "antagonista" arquetípico, no sólo en el sentido cósmico, por el cual representa a los "poderes de la oscuridad", sino también en el sentido histórico, ya que representa al matriarcado y al lado destructivo de Isis contra el cual Osiris está luchando en tanto fundador del patriarcado.

El desmembramiento, cuyo símbolo es "el cuchillo de Set", la serpiente Apopis y la totalidad de la horda demoníaca de escorpiones, serpientes, monstruos y gorilas, es el peligro que amenaza al muerto.[265] Es el peligro de la descomposición y extinción psicofísicas. Las partes más vitales de la religión egipcia, y la totalidad del Libro de los Muertos, están dedicadas a evitar este peligro:

Yo te saludo, Oh, mi divino padre Osiris, tú que has aparecido con tus miembros. Tú no te descompusiste, tú no te convertiste en gusanos, tú no mermaste, tú no te convertiste en corrupción, tú no te pudriste, y tú no te transformaste en gusanos. Yo soy el dios Kephera, y mis miembros gozarán de existencia eterna…Yo tendré mi ser; yo viviré; yo germinaré; yo me despertaré en paz; yo no me pudriré; yo no sufriré daños; mis ojos no se descompondrán; la forma de mi rostro no desparecerá; mis oídos no se volverán sordos; mi cabeza no se separará de mi cuello; mi lengua no será arrancada; mi cabello no será cortado; mis cejas no serán afeitadas; y no sufriré ninguna herida. Mi cuerpo será duradero y nunca caerá en la ruina ni será destruido en esta tierra. [Cap. 44.]

La tendencia fundamental a la centroversión –la conquista de la muerte a través de la eternidad- encuentra su símbolo mitológico y religioso en Osiris. La momificación, la preservación para toda la eternidad de la forma del cuerpo, como signo aparente y visible de su unidad –esto proporciona una expresión viva al principio opuesto a Set que encarna Osiris.

Osiris es el Autoperfecto, aquél que derrotó a Set y escapó de la amenaza del desmembramiento. Mientras que en el nivel matriarcal renace por el viento-aliento animador a través de su madre-hermana-esposa, o, en los Textos de las Pirámides, cuando la Madre Diosa Mut le coloca la cabeza en su sitio como símbolo de unidad,[266] al final es adorado precisamente porque él se renueva a sí mismo. Leemos en el Libro de los Muertos:

He juntado mis partes y me he recompuesto; me he hecho a mí mismo entero y completo; he renovado mi juventud; yo soy Osiris, el Señor de la Eternidad.[267]

El hecho evidente de que la costumbre arcaica de cortar en pedazos el cadáver para enterrarlo fuese repudiada, incluso anatematizada, por una posterior tribu de colonos es, como sucede a menudo, sólo el reflejo histórico de un cambio psicológico mucho más profundo. El desmembramiento del muerto se practicaba sólo entre pueblos primitivos que no tenían conciencia de una personalidad propia, y para quienes el motivo impulsor era el miedo a los aparecidos. En Egipto, sin embargo, la intensificación de la conciencia del Yo y el desarrollo de la centroversión son particularmente claros; en aquellas circunstancias el desmembramiento obviamente era considerado como el peligro supremo, y la preservación de la forma del cuerpo de un hombre, a través del embalsamamiento, el bien supremo. El Osiris momificado podría haberse convertido en el exponente de esta tendencia porque, incluso en tiempos más remotos, cuando imperó el culto matriarcal a la fertilidad, él había sido el portador y representante del falo del culto y, como tal, aquél que "permanece".

El primer símbolo de Osiris es el *djed*, y su lugar más antiguo de adoración es Dedu, la antigua Busiris situada en el delta del Nilo. Hay diversas interpretaciones acerca del pilar *djed*, pero hasta el día de hoy ninguna ha sido concluyente. Generalmente se ha tomado al *djed* como la representación del tronco de un árbol desde cuya parte superior se proyectan hacia todos lados los tocones de sus ramas. Lo que se utilizaba en el culto, en todo caso, era algo tan voluminoso y pesado como el tronco de un árbol, tal como puede observarse con claridad en las ilustraciones que reproducen la erección del *djed* durante las festividades. Además, el mito de Osiris muestra con claridad que el pilar *djed* era el tronco de un árbol. Isis trasladó el cuerpo de Osiris desde Biblos, en Fenicia, encerrado en el interior de un tronco que el rey de ese lugar, el esposo de la "Reina Astarté", había utilizado como pilar en la entrada de su palacio. Isis "construyó el arca con la madera del árbol"[268]; pero el árbol que ella envolvió con lino fino y ungió, es adorado desde los tiempos de Plutarco hasta nuestros días como "el madero de Isis". Ya hemos discutido el culto al árbol y su relación con Isis y Osiris, en conexión con el hijo-amante y la Diosa Madre. Aquí sólo señalaremos el significado que tenía la madera en Egipto. Los vínculos religiosos y culturales entre Egipto y Fenicia son extremadamente antiguos.[269]

Los árboles, y especialmente los más grandes, como los cedros de Líbano, ofrecen un poderoso contraste al compararlos con la efímera vida de la vegetación, que en un lugar carente de árboles, como Egipto, viene y va según las estaciones. Los árboles son los objetos que perduran, por lo que es comprensible que en tiempos remotos el árbol se convirtiera en símbolo del *djed*, ya que significaba duración: el árbol como objeto completamente desarrollado y que sin embargo perdura. Para los egipcios primitivos, la madera simbolizaba la duración viva y orgánica, en tanto opuesto de la duración inorgánica e inerte de la piedra y de la efímera vida de la vegetación.[270] En la esfera cultural cananea, cuyo centro se situaba en Biblos, el tronco del árbol era un objeto sagrado de la Gran Madre, la "Reina Astarté", con forma de un poste con ramas laterales cortadas;[271] en todo caso, recae bajo la amplia categoría de árboles y postes sagrados.

Otro punto que resalta es la identidad del tronco del árbol con el sarcófago de madera, el artículo más importante en los ritos fúnebres egipcios.

La mítica sepultura de Osiris en el ataúd de un árbol por obra de su hermano Set, y el episodio de Biblos, hacen que destaque su naturaleza de *djed*, tanto como un dios con forma de pilar, y como una momia. Pero la momia y el ataúd son medios para procurarle al cadáver la eternidad, y Osiris, ya sea como árbol, pilar o momia, es idéntico al culto al falo de madera que reemplazó al falo embalsamado del rey de la estación.

Según la creencia egipcia, que sostenía que las porciones desmembradas de Osiris fueron distribuidas entre los diversos lugares de adoración, la columna vertebral fue enterrada en Dedu; y el pilar *djed* se prestó para tal concepción en vista de su estructura articulada. El pilar se compone de dos segmentos. Derivado originalmente del tronco de un árbol, el segmento superior, en correspondencia con la copa del árbol y sus cuatro tocones laterales, finalmente se correlacionó con la región del cuello y la cabeza de Osiris; mientras que el segmento inferior, en correspondencia con el tronco, se correlacionó con la columna vertebral. Como muchos otros fetiches egipcios, el pilar *djed* nos muestra muy claramente cómo la figura original terminó humanizada. Primero sus brazos retoñados, tal como se observa en el muro oeste del templo de Abidos, después le pintaron los ojos[272], y finalmente el pilar fue igualado con la totalidad de la figura de Osiris.

Budge,[273] según nos parece, ha demostrado con la mayor claridad cómo surgió el pilar *djed*. A partir de la comparación que realizó entre dos pinturas, estableció que el *djed* se formó combinando el sacro de Osiris, la articulación más baja en la columna vertebral, con el tronco del árbol consagrado al antiguo dios de Busiris, sobre el cual fue erigido: ⛾ .

El símbolo ordinario del *djed* es una estilización de esta combinación: ⚏ .

Tres componentes entran en combinación aquí. El primero es fálico, desde que el sacro es "la parte más baja de la columna vertebral de Osiris, que fue considerada como el lugar donde se asentaba su virilidad". El segundo componente es la ya mencionada "duración". El hecho de que el sacro, una estructura ósea, sea utilizado aquí como pilar en lugar del falo, enfatiza el carácter de "eternidad". Por esta razón el símbolo *djed* y la imagen del árbol con ramas cortadas como tocones pueden unirse fácilmente, tanto por sus formas como por sus contenidos.

Pero el tercer componente y, para nosotros, el factor más importante, es la "erección", esto es, el hecho de que el sacro fuera colocado sobre el tronco del árbol. De esta manera, el "engendrador eterno", el falo "erecto" o "superior", se convierte en la cabeza, lo que demuestra su carácter de símbolo "espermático" o espiritual.[274] Al igual que el falo solar –otro símbolo espiritual-, la "cabeza" del árbol engendra y surge en el nacimiento del árbol; pero en ningún caso el engendrador eterno ni el engendrado representan el principio "inferior"; por el contrario, ellos están "erectos", esto es, "elevados", tal como lo muestra el ritual.[275]

Debido a que la "sublimación",[276] la erección y transformación del principio inferior en el principio superior fueron los componentes de mayor importancia en el símbolo del *djed*, su segmento superior fue posteriormente identificado con la cabeza de Osiris.

Yo soy Osiris, el Señor de las cabezas que viven, poderoso de pecho e imponente de espalda, con un falo que llega hasta los más alejados hombres y mujeres…Me he convertido en espíritu, he sido juzgado, me he convertido en un ser divino, he llegado, y he vengado mi propio cuerpo. He tomado asiento cerca de la divina cámara donde nació Osiris, y he destruido la enfermedad y el sufrimiento que allí había. [Libro de los Muertos, cap. 69.]

Esta reunificación de la cabeza con el cuerpo, que tiene el propósito de producir una figura completa y anular el desmembramiento, es uno de los principales componentes del culto a Osiris. Un capítulo del Libro de los Muertos lleva por título: "El capítulo acerca de impedir que la cabeza de un hombre sea cortada en el inframundo".[277] La restauración de la cabeza era absolutamente esencial para la nueva recomposición de Osiris,[278] y lo que sabemos del culto mistérico de Abidos lo confirma. En la "reconstitución del cuerpo de Osiris" se nos dice que "la escena más importante fue la erección de la columna vertebral de Osiris y la colocación de la cabeza del dios sobre ésta".[279] De esta manera el pilar *djed* simboliza al Osiris reunificado, al eterno, quien puede decir de sí mismo: "Me he hecho a mí mismo entero y completo".

Esta interpretación de unión de la cabeza y la columna vertebral se ve confirmada también en la oración que debe rezarse mientras es colocado un *djed* de oro sobre el cuello del muerto:

Levántate, Oh, Osiris, tienes tu columna vertebral, Oh, Corazón Inerte, tienes las ligaduras de tu cuello y espalda, Oh, Corazón Inerte. Colócalas tú mismo sobre tu base.[280]

De este modo, hay dos temas determinantes que recorren toda la creencia egipcia en la vida en el más allá, ambas relacionadas con Osiris. La primera es la duración perpetua, la preservación de la forma del cuerpo, y por tanto de la personalidad, en los ritos funerarios mediante el embalsamamiento y la conservación de las momias en las pirámides; la segunda es la resurrección y la transformación.

La figura de Osiris está vinculada desde un comienzo con el principio de ascensión. La pintura más antigua de él lo muestra como "el Dios en la cima de la escalera".[281] Él es la escalera que conecta la tierra con el cielo, y aquellos que no fueron enterrados en Abidos mismo intentan por lo menos colocar una piedra junto a "la escalera del gran Dios".[282] Budge escribe:

En los Textos de las Pirámides se menciona esta escalera. Se construyó originalmente para Osiris, quien mediante ella ascendió al cielo. Fue colocada por Horus y Set, cada uno de los cuales la sostiene de sendos lados mientras ayudan al Dios que sube por ella; en las tumbas de los imperios Antiguo y Medio se hallaron varios modelos de escaleras.[283]

Osiris, el desmembrado dios de la fertilidad que supera su desmembramiento, Señor del Ascenso y de la Escalera Celestial, es, en el nivel cósmico de la mitología, el mismo Dios-luna Osiris.

Briffault ha acopiado abundante material que demuestra que el reinado de Osiris tuvo en sus orígenes carácter lunar.[284] Esta asociación es arquetípica. En el matriarcado, el reinado de la fertilidad del amante adolescente siempre está conectado con la luna, que está "partida en cuartos" y renace, asegurando de esta manera la fertilidad. Es, sin embargo, importante señalar cuán significativamente se eleva la figura de Osiris por encima de estas asociaciones matriarcales.

Al ascender de la tierra al cielo[285] y conquistar la muerte y el desmembramiento, Osiris se convierte en el ejemplo de la transformación y resurrección. En el Libro de los Muertos, el muerto identificado con Osiris dice "tendí una escalera entre los dioses del Cielo, soy un ser divino entre ellos". Su ascenso y resurrección refleja una transformación psíquica, que se proyecta mitológicamente como la unión del Osiris inferior, terrenal, con el Osiris superior, o como la unión del cuerpo desmembrado pero reconstituido de Osiris con el "alma espiritual" y el "cuerpo espiritual" superiores. Esta autotransformación, resurrección y sublimación, que constituye a la misma vez la unión con el Sí Mismo, está descrita como la unión de Osiris, Dios del Inframundo, con Ra, el Dios-sol.

La ascensión de Osiris se representa en el Libro de los Muertos[286] como el surgimiento del Sol Horus –quiere decir, la vida- a partir del pilar *djed*, y se muestra al pilar mismo situado entre los picos de las dos montañas del amanecer y del crepúsculo. El *djed* es por tanto el "cuerpo material" que da origen al Sol Alma. Por el otro lado, en la festividad de Menfis era adorada una momia que por cabeza llevaba un *djed*;[287] en otras palabras, era adorada como la totalidad de un cuerpo al cual se le había repuesto la cabeza.

Dedu Busiris, el santuario más antiguo de Osiris, está situado en un nomo cuyo emblema tuvo gran importancia para el desarrollo del simbolismo de Osiris. Podemos rastrear el desarrollo de los símbolos básicos que tuvo lugar mientras el culto a Osiris se trasladó de Busiris a Abidos. Osiris asumió los símbolos del antiguo dios reinante Anzti, el original Señor de Busiris, que eran el azote y el cetro. El símbolo de Anzti consistía, además de los anteriores, en un objeto cilíndrico alargado, un *fasces** coronado por una cabeza con dos plumas de avestruz,[288] y resulta claro que Osiris asimiló ambos símbolos, el fasces y la cabeza.

Lo mismo ocurrió cuando la religión de Osiris asimiló los símbolos de Abidos. Aquí también los antiguos símbolos, junto con el culto local al "Primero entre los del Ocaso", esto es, un dios de los muertos, se acomodaron con la mayor facilidad a la naturaleza de Osiris.

Después de que Osiris se estableciera en Abidos, el emblema local –también un fasces que llevaba una especie de cabeza con dos plumas de avestruz y un sol- fue equiparado con el emblema de Anzti y la cabeza de Osiris *(ilustración 28)*. Un antiguo modelo muestra este pilar de Abidos, coronado por la cabeza-reliquia, con sol y plumas, "plantado en el jeroglífico para montaña".[289]

La relación con el sol queda en evidencia cuando notamos que, al pie del emblema de Abidos, a cada lado del pilar hay un león como soporte, los *akeru*, que simbolizan respectivamente el sol del amanecer y del atardecer, ayer y hoy. En la viñetas aparecen los dos flanqueando al sol de la mañana y del crepúsculo.[290] El símbolo de Osiris en Abidos era —un hecho que Winlock pasó por alto- el sol del ocaso; el dios local fue adorado al igual que Osiris como "el Primero entre los del Ocaso", es decir, como el dios de la tarde y dios de los muertos, y en tiempos posteriores Abidos fue considerada como el lugar donde se enterró la cabeza de Osiris.

Si ahora resumimos este desarrollo "sincretista", veremos que el simbolismo es extremadamente significativo. Osiris, la cabeza de Osiris, y el Osiris el sol van juntos, ya que el sol y la cabeza reflejan su espiritualidad. La cabeza de Anzti, la cabeza de Abidos, y la cabeza de Osiris son una y la misma. Pero desde que Abidos está situada "en el ocaso", se convirtió en el lugar donde Osiris fue adorado como el sol del atardecer y dios de los muertos, y donde "descansa la cabeza de Osiris".

Osiris, sin embargo, no sólo es el sol del crepúsculo; el emblema de Abidos también simboliza la "Cabeza Alma" de Ra, y sus adoradores están representados con cabezas de Horus y también como demonios con cabeza de chacal, lo que indica que adoraron al sol del amanecer así como al sol del atardecer.

Osiris posee dos formas: es el Dios Occidental del Inframundo, Señor de los Muertos, e igualmente es el Eterno, el Señor del Cielo. Originalmente fue el Gobernante de la Tierra y del Inframundo que reinó en el Oeste, mientras que Ra, el Señor del Cielo, reinó en el Este, pero mucho antes de que estas dos figuras se juntaran en la doble estructura de Osiris para conformar el alma doble:

Tu cuerpo material vive en Dedu (y en) Nif-Urtet y tu alma vive en el Cielo cada día.[291]

La situación mitológica acerca de la doble naturaleza de Osiris, la unión de Osiris y Ra, encuentra su correspondencia en la situación psicológica de la unión del corazón-alma *(ba)*, que es el centro corporal transpersonal, con el alma espiritual o cuerpo sutil *(khu)*. En esta unión descansa el misterio de Osiris:

Yo soy el alma divina que habita en los divinos Dioses Gemelos. Pregunta: ¿Quién es éste? Respuesta: Es Osiris. Él se dirige a Dedu y encuentra allí el alma de Ra. Un dios abraza al otro y las Almas divinas adquieren el ser dentro de los Divinos Dioses Gemelos.[292]

El mismo capítulo contiene otras formulaciones acerca de su doble naturaleza, tales como:

183

Ayer es Osiris y hoy es Ra el día que destruiremos a los enemigos de Osiris y cuando establezcamos como príncipe y gobernante a su hijo Horus.

Conozco al dios que allí habita. ¿Quién es éste, entonces? Es Osiris o (como otros dicen) Ra es su nombre, (o) es el falo de Ra, con quien él se reunió consigo mismo.

Nuevamente leemos en el "Libro de las cosas que son y de las cosas que serán":

¿Quién es éste, entonces? Es Osiris; o (como otros dicen) es su cadáver o (como otros dicen) sus inmundicias. Las cosas que son y de las cosas que serán son su cadáver; o (como otros dicen) son la eternidad y la inmortalidad.

La eternidad es el día y la inmortalidad es la noche.

El dios que se engendra a sí mismo está retratado con mayor detalle en el *khepri*, en el escarabajo pelotero. Debido a que hace rodar una bola de excremento por delante de él, este escarabajo fue adorado como el principio subyacente al movimiento del sol. Más significativo aún es el hecho de que, una vez logrado su objetivo, el escarabajo entierra la bola-sol en un orificio del terreno y muere, y que en la primavera siguiente el nuevo escarabajo surja de la bola de excremento como si fuera el nuevo sol, nacido del interior de la tierra. Es, de este modo, el símbolo del "Autoengendrado" y llamado "Creador de los Dioses".[293] Budge dice:

Él es una forma del sol del amanecer y su asiento se encuentra en el bote del dios-Sol. Él es el dios de la materia que se encuentra en el momento que pasará de la muerte a la vida, y también de ser un cuerpo inerte del cual está a punto de surgir un cuerpo espiritual y glorificado.[294]

El *khepri* también simboliza el Corazón *(ab)*. Pero Osiris es algo suprapersonal, aun cuando es comparado con el corazón-alma que anima el cuerpo, y del cual se dice: "Mi Corazón, Mi Madre". El corazón es mostrado bajo la forma del escarabajo que se autoengendra; es la sede de los poderes de la conciencia que aparecen como los Asesores en el Juicio de los Muertos y, en el mito de creación de Menfis, como el órgano creativo por excelencia:[295]

Es el Corazón quien hace que todo lo que tenga éxito salga a la luz, y es la lengua quien repite (expresa) el pensamiento que el Corazón ha creado…

El demiurgo que creó a todos los dioses y a sus *ka* se encuentra en su corazón.[296]

El jeroglífico para "pensamiento" está escrito con el ideograma para "corazón", lo que indica que el corazón-alma es un principio espiritual. Al mismo tiempo constituye el principio libidinal de toda la vida terrena.

De allí que la forma fálica de Osiris, el macho cabrío o carnero de Mendes *(ba)*, esté identificado con el corazón-alma *(ba)*. Sin embargo, Osiris no es sólo el principio inferior fálico, sino también el principio superior solar. Él es el ave benu, el fénix griego:

Tú eres el Gran Fénix que nació en las ramas de un árbol en la Gran Casa de los Príncipes en Heliópolis.[297]

Autorenovación y nacimiento en el árbol –la natividad "superior"-, van juntos. El Osiris que es nacido de un árbol es nacido de él mismo, en el preciso sentido de alguien nacido de su ataúd, ya que Osiris, árbol y ataúd son uno y el mismo *(ilustración 31)*. De aquí que el nacimiento del árbol sea idéntico a renacimiento: Osiris es el sol que surge del árbol,[298] al igual que él es el signo de la vida que surge del pilar *djed*. Esta viñeta ilustra uno de los capítulos más antiguos del Libro de los Muertos, el décimo cuarto, cuyas palabras de inicio resumen todos los puntos esenciales del misterio de Osiris:

Yo soy Ayer, Hoy y Mañana, y tengo el poder de nacer una segunda vez; yo soy la oculta alma divina que creó a los dioses.

El problema de la muerte fue resuelto al principio mediante el sencillo argumento de considerar el mundo del más allá como una continuación de éste. El cambio en el punto de vista, que dio origen a una respuesta espiritual en lugar de una materialista –un cambio también reflejado en la transformación de Osiris-, puede observarse con suma claridad en un diálogo entre Osiris muerto y Atum, una especie de dios creador. El último dice:

He otorgado glorificación en lugar de agua, aire y gratificación de los sentidos, y un corazón ligero en lugar de pan y cerveza.

Y finaliza con esta promesa:

Existirás por mucho más que un millón de años, una era de millones. Pero yo destruiré todo lo que he creado. La tierra aparecerá nuevamente como el océano primordial, como la inundación que fue en el origen. Yo soy lo que permanecerá, junto con Osiris, después de que me haya transformado a mí mismo en la serpiente que fui, que ningún hombre conoce, que ningún Dios ha visto.[299]

La respuesta de Atum va más allá del próximo mundo; es una respuesta escatológica que contiene una promesa de perpetuidad incluso cuando el mundo haya revertido al estado urobórico. "Junto con Osiris" –es la promesa de que el alma será la compañera inmortal del creador. La identidad entre Osiris, el alma humana, y la fuerza primaria creadora conduce a la identidad con la creatividad de la divinidad. En este sentido, también, podemos comprender la misteriosa declaración del muerto que describe su transformación en Osiris como una iniciación a los misterios de la metempsicosis:

Ingresé como un hombre carente de entendimiento, y saldré con la forma de un espíritu fortalecido, y dirigiré mi mirada sobre mi forma que será como aquella que tendrán los hombres y mujeres por siempre jamás.[300]

Abundan las falsas teorías que pretenden demostrar que los contenidos simbólicos de este pasaje expresan una espiritualización tardía. Pero, como resulta evidente, no pertenece en absoluto a un capítulo tardío, sino que está tomado de un texto extraordinariamente solemne que resume la esencia del Libro de los Muertos en un solo capítulo, cuya versión corta se atribuye a la Primera Dinastía.[301]

Osiris el del alma doble, entonces, es la luz del Mundo Inferior y del Mundo Superior, el autounificador, el que preserva y a la vez modifica su forma, conquistador de la muerte, el autoengendrado, poseedor del secreto de la resurrección y del renacimiento, a través del cual el poder inferior es transformado en el superior.

El faraón, también, emulando a Osiris, es a su muerte transformado en un espíritu que habita en el cielo;[302] él pasa por una "Osirificación", que consiste en la unión de las partes de su alma, y cuya primera condición es la preservación de la momia y su resurrección mágica. El propósito de fondo del ritual del Libro de los Muertos es convertir al cuerpo terrenal en inmortal, uniendo las partes y evitando su desmembramiento.

La preservación del cuerpo a través de su embalsamamiento, su purificación, y también la purificación del *ka*, el espíritu-alma que pertenece al cuerpo, constituyen etapas preliminares que conducen al gran misterio de Osiris, es decir, la germinación[303] del cuerpo espiritual a partir del cadáver momificado.[304]

El corazón-alma *(ba)*, un halcón con cabeza humana que es el principio vital del cuerpo y de la momia, está conectado con el alma espiritual *(khu)*,[305] que a su vez es el principio vital del cuerpo espiritual *(sahu)*. Mientras que el *khu* es inmortal, su acompañante el corazón-alma es material e inmaterial según le plazca. *Ba, Khu*, y *khepri* (corazón) están coordinados.

Naturalmente, estas almas parciales o partes del alma son proyecciones mitológicas y no pueden ser definidas con mayor precisión. El objetivo crucial es su transformación y unificación, lo que resulta en la producción del inmortal ser doble, Osiris-Ra; ésta es la "gran obra" que Osiris culmina, y que el faraón culmina después de él.

El alma *ka* desempeña un particular papel de importancia en este proceso. Es extraordinariamente difícil para nosotros comprender qué se quiere decir con *ka*, porque el alma *ka* no guarda correspondencia con ningún concepto de nuestra moderna conciencia, y porque es una entidad arquetípica. Los egipcios la concibieron como el doble de un hombre, como su genio o ángel guardián, como su nombre y como aquello que lo nutría; era eternamente joven, por cuya razón "morir" era lo mismo que *"aller vivre avec son 'ka'"*.[306] * Moret resume su significado con estas palabras:

Sous ce nom de *Ka* il faut donc entendre non pas seulement le principe de vie du Pharaon, des dieux et des hommes, mais l'ensemble des forces vitales et la nourriture qui alimente, et sans laquelle dépérit tout ce qui exist dans l'univers.[307] *

La misma autoridad escribe:

Este *ka* es el padre y el ser que le proporciona la vida al hombre, que gobierna las fuerzas intelectuales y morales, quien brinda vida espiritual y física.[308]

Ka está relacionada con *kau*, "sustento", y es por lo tanto un símbolo de la libido y de la vida:

De esta *ka* esencial y colectiva, una sustancia primigenia que vive en el cielo, los dioses tomaron un *ka* individual para el rey.

Cuando el *ka* y el cuerpo se purifican y unen, el rey –al igual que Osiris antes de él y cualquier individuo después de él- es "un ser completo que alcanza la perfección".

El alma "*ka*" es por tanto una prefiguración arquetípica de lo que hoy conocemos como el "Sí Mismo"; en su unión con el resto de partes del alma, y en la transformación de la personalidad que ocurre en consecuencia, tenemos el primer ejemplo histórico –en proyección mitológica- del proceso psíquico que nosotros llamamos "individuación" o "la integración de la personalidad".

A través de esta unión de las partes del alma el rey se convierte en un *ba*, un corazón-alma que habita entre los dioses y que posee el aliento de vida; ahora él es un *akhu*, un ser espiritual perfecto:

El rey renace en la gloria del horizonte del este, *akhet*; y aquel que ha nacido en el este se convierte en un *akh* (un glorioso, iluminado).[309]

Las afinidades arquetípicas entre luz, sol, espíritu y alma, todas referidas a Osiris y su transformación, rara vez han sido expresadas con mayor claridad.

Comparado contra este trasfondo simbólico y mitológico, el verdadero contenido del ritual muestra abiertamente su significado.

Lo que conocemos acerca del ritual de Osiris proviene de tres fuentes: las festividades de Osiris, en particular "la erección del venerable *djed*" el día del año nuevo, en Dedu Busiris; las ceremonias de coronación; y la festividad Sed de los Faraones, cuyo propósito era fortalecer y renovar el poderío del reino.

Más de una vez hemos señalado la importancia que tenía Osiris para la fertilidad, así como su conexión con la Gran Madre. Esta etapa, sin embargo, ya había sido superada en la época en que el ritual de Osiris era celebrado en Dedu durante las festividades por el año nuevo; aún perduran huellas del antiguo reinado estacional, pero el elemento dominante era la idea de la "duración", que dio su nombre al pilar *djed* e incuso a la ciudad.

Siguiendo el declive de su aspecto lunar, Osiris terminó encarnando el año completo, tal como podemos comprobar en las trescientas sesenta y cinco luces que acompañaban el viaje de treinta y cuatro pequeños botes de papiro a lo largo del Nilo el Día de Todas las Almas, el 22 del mes de Khoiakh.[310] La efigie de madera de Osiris que se había enterrado el año anterior se desenterraba entonces y, luego de reemplazarla por una nueva, la dejaban sobre ramas de sicomoro,[311] como símbolo de la resurrección del año y del sol que había nacido de un árbol. La erección del *djed*, que constituye el elemento central de las festividades, simboliza la "resucitación de Osiris", esto es, el regreso de los muertos a la vida, y no la resurrección de un juvenil dios de la vegetación.[312]

El calendario de festividades de Dendera dice así:

En el último día del cuarto mes de Akhet, tiene lugar la erección del *djed* en Busiris, el mismo día que Osiris fuera sepultado en la región de B'h en la bóveda que hay debajo de los árboles išd; a partir de ese día, el divino cuerpo de Osiris se encarna en él después del envolvimiento de Osiris.[313]

La celebración del año nuevo tenía lugar el día siguiente a su erección y resurrección; era el aniversario de Horus de Edfu, también prescrito como el día en que los reyes egipcios ascendían al trono y en el cual se celebraba la festividad Sed para la renovación periódica del poder egipcio.

El modelo del entierro del viejo rey del año cuando éste moría y de la entronización del nuevo, aún es perceptible en estas ceremonias; la erección del *djed* corresponde al embalsamamiento del falo y a la muerte anual del rey en el antiguo ritual de la fertilidad, según se recoge de la conexión existente entre la erección del *djed* y el ascenso al trono del nuevo rey. En el festival de la cosecha, también, encontramos que el rey Horus corta una gavilla de cereal, que simboliza el antiguo espíritu de la vegetación, con una hoz.

La conexión entre la entronización del rey Horus y la simultánea resurrección de Osiris, sin embargo, revela algo adicional, algo que excede largamente la sustitución de lo viejo por lo nuevo. En el mito de Osiris, los vestigios del conflicto original entre el rey viejo y el nuevo, tan evidentes en los ritos de fertilidad, han sido completamente superados por una nueva constelación psíquica en la cual el hijo sostiene una relación positiva con el padre.

Hemos visto cómo la figura originalmente matriarcal de Isis, y los ritos que le pertenecen, fueron suplantados por el gobierno de los reyes Horus que estaban bajo la protección patriarcal de Osiris, de quien se dijo que "deja al hijo en el lugar de su padre". Isis lo ayuda con esto: ella entabla un juicio por la legitimidad de su hijo y por la legitimidad del reclamo que éste hace del trono, y consigue que los dioses reconozcan la paternidad de Horus, que es la base del patriarcado.

La sustitución de la época matriarcal por la patriarcal es un proceso arquetípico; es decir, un fenómeno universal y necesario en la historia de la humanidad. Nosotros lo interpretamos en este sentido, sin tomar en cuenta el posible e incluso probable derrocamiento de un sistema matriarcal predinástico en Egipto por parte de tribus patriarcales que debían lealtad a Horus, y sin discutir la posible unión de un posterior culto solar a Horus con un anterior culto lunar a Osiris.

Moret ha estudiado la descomposición de este matriarcal "sistema uterino". Él habla de "una evolución de la sociedad desde el sistema uterino, en el cual cada mujer del clan se cree embarazada por el tótem, hasta el sistema paternal, en el que el marido es el verdadero padre"; y asocia con este desarrollo la transición del clan hacia la familia, y la transición de la supremacía de la comunidad hacia la del individuo. Aún tenemos que discutir el rol del dios-rey en tanto "Gran Individuo", quien, con su conciencia heroica, termina con el poder de la Gran Madre. (Cf. Apéndices.)

Resulta muy interesante comprobar que podemos encontrar en los mitos y rituales egipcios huellas de este cambio en el centro de gravedad. Las antiguas capitales del Alto Egipto y del Bajo Egipto fueron ciudades donde sendas diosas Madre "de duradero esplendor" reinaron desde tiempos inmemoriales: la diosa buitre Nekhbet, de Nekhen, en el Alto Egipto, y la diosa serpiente Uatchet, de Buto, en el Bajo Egipto. En el mito de Osiris la ciudad de Buto tiene una siniestra conexión con la muerte y el desmembramiento: un escorpión, criatura sagrada de Isis, mató allí a Osiris, y fue allí que Set cortó en pedazos el cuerpo redescubierto de Osiris.

Buto y Nekhen son ciudades gemelas, también conocidas como Pe-Dep y Nekheb-Nekhen. Es significativo que, tanto en el norte como en el sur, las ciudades Horus y las ciudades madre se encuentren situadas sobre las orillas opuestas del río, unas frente a las otras.

Aún pueden verse en el ritual las huellas del antiquísimo conflicto entre el Horus patriarcal y los gobernantes matriarcales. Por ejemplo, en la representación ceremonial de la batalla entre Pe y Dep, primero es Horus quien sufre el ataque, pero el final muestra su victorioso incesto con su madre, lo que demuestra que es un héroe.[314]

Posteriormente, en la época de las dinastías históricas, los símbolos del buitre y la serpiente de las conquistadas deidades femeninas pasaron a formar parte de los emblemas de la corona de los reyes Horus, así como también sus nombres, que terminaron por integrar el quíntuple título real.

Estos reyes patriarcales, "los hijos de Horus" *(ilustración 27)* que asumieron la herencia de Osiris, necesariamente se convirtieron en vengadores del padre común a ellos y en adversarios de Set, tío maternal y enemigo mortal de Osiris. Aquí no tiene importancia si como consecuencia de esto se produjo o no una evolución del rol de "Horus menor" a "Horus mayor": la protección que Osiris extiende sobre sus hijos deriva de sus antiguas batallas contra Set. En esta lucha, Horus corta los testículos de Set, la herida que Horus recibe en el ojo se cura, Osiris muerto vuelve a la vida con la ayuda de este mismo "ojo de Horus", y con esto Horus es investido con los símbolos de poder: dos cetros en los cuales están contenidos los testículos de Set.[315]

La recomposición de Osiris es idéntica a su resurrección y transformación, lo que hace de él el rey de los espíritus, y a su hijo el rey de la tierra.

De esta manera, la entronización y reinado del hijo descansa sobre la espiritualización del padre. La resurrección del muerto, que simbólicamente es idéntica a la erección del pilar *djed* y a la colocación de la efigie de Osiris del año anterior sobre las ramas de sicomoro, precede tanto a la entronización de Horus como a la festividad Sed en cada ocasión.

Cualquier interpretación que sostenga que estos ritos sirven sencillamente para rogar a los muertos que ayuden a los vivos es errónea. La cercana conexión entre el ritual de Osiris, las ceremonias de coronación y la festividad Sed hacen de esta interpretación algo imposible.

Uno de los fenómenos básicos del totemismo y de todos los ritos de iniciación es que el tótem

189

o el ancestro se reencarnan en el iniciado, encontrando en éste un nuevo lugar de residencia y al mismo tiempo constituyendo su superior Sí Mismo. Este resultado puede rastrearse a lo largo de la senda que conduce desde la filiación del héroe Horus y su conexión con la apoteosis de su Padre Osiris, hasta la Encarnación cristiana y el fenómeno de individuación en el hombre moderno.

Entre el hijo que se regenera a sí mismo como un héroe, su parentesco divino, y el renacimiento del padre muerto en el hijo, existe una relación fundamental que ha sido formulada como: "Yo y el Padre somos uno". En Egipto esta relación se prefiguró mitológicamente en el proceso sobre el cual hemos llamado la atención repetidas veces: Horus, como vengador de su padre, se convierte en el supremo gobernante temporal, pero al mismo tiempo su poder terrenal está enraizado en la autoridad espiritual que ejerce Osiris.

La erección del pilar *djed* ocupa una posición central en la entronización de Horus y en la festividad Sed: la sucesión de los reyes Horus se basa en este ritual, por el cual el derecho de sucesión del hijo, quien siempre es Horus, y la elevación del padre, quien siempre es Osiris, están arquetípicamente establecidas como leyes universales. En la medida que las generaciones se suceden unas a otras, permaneciendo aún así mágicamente vinculadas, se puede notar que la línea patriarcal de los padres e hijos descansa sobre el fenómeno espiritual de su mutua identidad, que trasciende sus diferencias. Todo rey alguna vez fue Horus y se convirtió en Osiris *(ilustración 30)*; todo Osiris alguna vez fue Horus. Horus y Osiris son uno y el mismo.

Esta identidad se ve reforzada por la figura de Isis, quien confronta a ambos como madre, esposa y hermana: madre, porque da a luz a Horus y despierta a la nueva vida a Osiris muerto *(ilustración 29)*; esposa, porque concibe a Horus merced a Osiris, y a los hijos Horus mediante Horus; hermana, porque –si igualamos la función de la hermana con el rol que desempeña Atenea con respecto a Perseo y a Orestes- ella lucha por los derechos dinásticos del muerto Osiris y del Horus viviente.

Como hijo y heredero, el rey Horus reina sobre el "mundo terrenal" y representa su fertilidad fálica. Las ceremonias de coronación muestran hasta qué punto se ha convertido en el sucesor permanente del antiguo rey de la fertilidad. El sacrificio original de este rey fue reemplazado por una lucha contra su sustituto; ahora la lucha contra el mal le toca en suerte al héroe y rey victorioso. La derrota de Set a manos de Horus, que desempeña una parte sumamente importante en el ritual Edfu[316] y en las ceremonias de coronación, y nuevamente durante la erección del pilar *djed* durante la festividad Sed, es la condición de la triunfante fertilidad del dios-rey. La identificación de Horus con el fálico dios-toro de Min y con el dios-creador Ptah, la victoria del dios del maíz, la anexión de los testículos de Set, el matrimonio sagrado con Hathor, en Edfu, y el ritual de renovación del reinado en el festival de la cosecha constituyen evidencias de este carácter de fertilidad.

Ahora resulta completamente claro que el rey Horus ya no desempeña más el rol de un rey temporal de la fertilidad bajo el dominio de la Madre Tierra; se ha convertido en el patriarca siempre fecundo que continuamente fertiliza la tierra y gobierna sobre su progenie.

Su función se ha vuelto independiente del ritmo natural, al que se le había conferido

190

expresión sagrada mediante el antiguo ritual de fertilidad. Pero logra la independencia sólo porque encuentra apoyo en una autoridad que es en sí misma y por sí misma independiente de los procesos naturales y su periodicidad. El rey terrenal, al igual que el hijo divino Horus con quien se identifica, necesitaba de una instancia superior, lo que ambos encontraron en el principio espiritual de la duración, la incorruptibilidad y la inmortalidad que Osiris simboliza.

En el matriarcado, la muerte y resurrección ocurrían en el mismo plano terrenal; la muerte significaba el cese de la fertilidad, y la resurrección significaba la reaparición de la vegetación viva. Pero ambos polos permanecían ligados a los ritmos de la naturaleza.

Con Osiris, sin embargo, la resurrección significaba la realización de su esencia eterna y duradera, convertirse en un alma perfecta, escapar del flujo de los sucesos naturales. El corolario de todo esto es la entronización de Horus como hijo de Osiris. Como hijo de Isis no sería más que un efímero hijo de la vegetación, hundiendo sus raíces en la también eterna pero siempre cambiante naturaleza de la Gran Madre. Ahora, sin embargo, se encuentra en alianza con el padre, el eterno e inmutable padre espiritual que gobierna sobre los espíritus. Al igual que él, Horus también perdura por siempre; él es a la misma vez su vengador, su heredero y la causa de su elevación. Cuando se levanta la escalera de Osiris en las ceremonias de coronación, y la erección del *djed* y la elevación del viejo rey anuncian la coronación de Horus, esto significa que su poder está asentado en el padre superior y ya no más en la madre inferior.

Ahora podemos comprender por qué es el muerto Osiris quien engendra a Horus. Se trata de una forma primitiva, simbólica, de expresar la generación espiritual: el padre es la momia del miembro largo o, tal como lo expresa otra imagen, el escarabajo con el falo, eternamente potente.

Y eso, también, explica por qué, cuando Osiris resucita de entre los muertos, carece de órgano masculino. Isis reemplazó el falo que faltaba por un falo de culto de madera. El eunuco es, por decirlo de algún modo, un eunuco "espermático", un símbolo no poco común de generación espiritual que aparece una y otra vez en las religiones mistéricas y en las enseñanzas secretas.

El muerto que engendra es un ancestro espiritual. Es un espíritu espermático, un viento que sopla donde quiere, invisible como el espíritu del viento. El inconsciente colectivo, expresándose a través de un psicótico moderno,[317] y un papiro mágico egipcio están ambos de acuerdo en que la sede de este principio pneumático es el sol. El falo solar es la fuente del viento, dicen los dos. Pero el sol es Ra-Horus y Osiris combinados.

El problema de la creación y el problema concomitante del espíritu encuentran su definitiva formulación simbólica en el mito de Osiris. "Yo y el Padre somos uno" – Osiris y Horus son, en términos psicológicos, parte de una misma personalidad.

El padre sin falo, o para ser más exactos, con un falo espiritual, tiene como contraparte al hijo ctónico-fálico: uno depende del otro para ejercer sus poderes creativos, pero Horus dirige al mundo y es su gobernante temporal, mientras que Osiris, el poder eterno detrás de él, gobierna a los espíritus. Hijo y padre conforman juntos el Dios de este mundo y del próximo.

La relación de uno con otro es análoga a la que existe entre el Yo y el Sí Mismo en psicología.

El simbolismo que gravita alrededor de la figura de Osiris abarca los niveles más primitivos de la psicología del hombre así como sus límites más superiores; sus fuentes se encuentran en los usos funerarios prehistóricos, y finalmente termina con las proyecciones del proceso conocido hoy en día como integración. Si repasamos brevemente las diferentes capas de simbolismo que ilustran la transformación de la personalidad humana y el incremento de la percepción que el hombre tiene de este proceso, podremos ver con cuánta claridad ha estado tratando de imponerse la tendencia a la centroversión desde los inicios de la humanidad.

La capa más primitiva es la recombinación de las partes escindidas, el intento de conseguir la duración y la preservación, pero también "elevar". Esto se observa en la resurrección del cuerpo de Osiris sobre el árbol, en el símbolo del nacimiento del árbol, en la extracción de la efigie enterrada, en la colocación del sacro sobre el árbol en el símbolo del *djed*, y sobre todo en la erección del pilar *djed*. La *mystique* de la erección y ascensión está íntimamente conectada con el misterio de la totalidad e integración. La reunión de las partes divididas, la momificación y preservación del cuerpo, conforman sus bases, pero este ritual primitivo no tarda en convertirse en el simbolismo del ascenso y la transformación.

La unión del cuerpo y la cabeza se convierte entonces en la unión del Osiris inferior con el superior, y finalmente en la unión de Osiris con Ra. Pero esto es equivalente a la autotransformación, ya que Osiris se une con su alma Ra para formar un ser perfecto. Todo esto es arquetípico cuando se desarrolla entre los dioses, pero el proceso se humaniza tan pronto como el rol de Osiris es asumido por el rey de Egipto, quien, como Horus, se une con Osiris. Una vez que el rey está incluido en el drama divino, los procesos mitológicos empiezan a autorevelarse como psicológicos. El proceso finalmente toma la forma de unificación psíquica y de transformación psíquica, mediante los cuales las diferentes partes del alma se integran y el aspecto terrenal Horus-Yo de la personalidad se combina con el aspecto espiritual, el divino Sí Mismo. El resultado de ambos procesos –unión y transformación a niveles superiores- es la conquista de la muerte, que siempre ha sido el objetivo supremo incuso en la psicología del hombre primitivo.

La relación patriarcal padre-hijo desplaza a la alguna vez dominante figura materna, Isis, de las esferas religiosas, psicológicas, sociales y políticas. Todavía perduran algunos vestigios de la regla matriarcal, pero en tiempos históricos el padre-rey siempre terminó eclipsándolos. La investidura y entronización del hijo están basadas en la resurrección de Osiris y en la derrota de sus enemigos. La lucha de Horus contra el principio del mal –Set- es, en cierto sentido, el prototipo de la "guerra santa de Dios" que cada uno de sus hijos debe librar.

Con esto se cierra el círculo y volvemos al mito del héroe y a la lucha contra el dragón. Únicamente debemos leer el mito de Osiris de tal manera que considere a Horus, el héroe, como parte de Osiris.

Hemos visto que ciertos elementos del mito de Osiris conforman un conjunto homogéneo. El héroe es un Yo héroe; esto es, representa las luchas de la conciencia y del Yo en contra del inconsciente. La masculinización y fortalecimiento del Yo, evidentes en los actos marciales del héroe, le permiten superar su temor al dragón y le proporcionan el coraje necesario como para enfrentar a la Madre Terrible –Isis- y a su secuaz, Set. El héroe es el hombre superior, el "falo erecto", cuya potencia está expresada mediante los símbolos de la cabeza, el ojo y el sol. Su lucha presta testimonio de su parentesco con el "cielo" y de su filiación divina, y establece una relación dual: por un lado necesita la ayuda del cielo en su lucha contra el dragón, y, por otro lado, tiene que luchar para demostrar que es merecedor de dicha ayuda. Como alguien regenerado a través de la lucha, el héroe es ritualmente idéntico al padre-dios, y es su reencarnación. El hijo renacido es hijo del padre divino, padre de sí mismo, y, al engendrar en él el renacimiento del padre, también se convierte en padre de su propio padre.

De este modo, todos los elementos esenciales del mito del héroe se encuentran en el mito de Horus y Osiris. Sólo existe un requisito, y éste tiene que ver con la conquista patriarcal de la Madre Terrible. El mito contiene huellas de la Isis terrible,[318] pero el hecho de que Horus la decapite y cometa incesto con ella en las festividades de Menfis constituye una clara prueba de que ella ha sido derrotada.[319] En general, sin embargo, su rol negativo ha sido asumido por Set,[320] e Isis se ha convertido en la "buena madre".[321]

De esta manera el mito del héroe se desarrolla hasta convertirse en el mito de la transformación, el mito de la filiación divina del hombre que está latente en él desde el inicio, pero que sólo podrá realizarse a través de la unión heroica del Yo (Horus) con el Sí Mismo (Osiris). Esta unión halla su primer exponente en el Horus mítico, y luego en los reyes egipcios que lo sucedieron *(ilustración 30)*. A estos últimos los siguieron individuos egipcios -aunque en su caso la identificación con el rey era sólo un asunto de magia primitiva- y finalmente, en el curso del posterior desarrollo espiritual, el principio que sostenía que el hombre poseía un alma inmortal se convirtió en propiedad inalienable de cada individuo.

Por todos lados la influencia del mito de Osiris ha sido prodigiosa. Sus huellas se encuentran en los misterios clásicos,[322] en el gnosticismo, el cristianismo, la alquimia, el misticismo e incluso en los tiempos modernos.

En algunas de las religiones místericas clásicas hay evidencia de ritos de iniciación cuyo propósito era producir la masculinidad superior, transformar al iniciado en el hombre superior y así convertirlo en similar, o idéntico, a Dios. Por ejemplo, la *solificatio* de los misterios de Isis enfatiza la identificación con el dios sol, mientras que en ciertas otras el objetivo era conseguir la comunidad con Dios mediante la *participation mystique*. Los métodos varían, pero ya sea que el celebrante se encuentre en trance extático y se convierta en *"entheos"*, o que se regenere ritualmente, o que reciba a Dios en su propio cuerpo a través de la comunión con él, el objetivo es siempre el hombre superior, la consecución de su parte espiritual, celestial. Tal como los gnósticos de tiempos posteriores expresaron, el iniciado se convierte en un *"ennoos"*, alguien que posee nous, o alguien a quien el nous lo posee, un *"pneumatikos"*.[323]

Un elemento común de estos misterios es la castración, que obviamente simboliza la mortificación de la masculinidad inferior en interés de la superior. Cuando, por ejemplo, esto sucede como resultado de que el celebrante se identifica con Atis, o cuando encontramos, en los misterios de Adonis, que el mueble sobre el que Adonis descansa está recubierto de lechugas,[324] la comida de los muertos y planta de los eunucos que "estimula las fuerzas creativas", y que la cicuta desempeña el mismo rol en los misterios eleusinos, esto sólo significa que el sacrificio de la masculinidad inferior es precondición para la espiritualidad.

Todas estas tendencias ascéticas están gobernadas por el uróboros y por el principio de la Gran Madre, y forman parte de la *mystique* del hijo sufriente. Su meta final es el místico incesto urobórico que se esconde detrás de la castración.[325] En términos del desarrollo por etapas, estos cultos mistéricos no han alcanzado todavía la etapa de la lucha del héroe o se han quedado fijados a ese nivel.

El objetivo de esta lucha es combinar la masculinidad fálica-ctónica con la masculinidad espiritual-celestial, y la unión creativa con el ánima en el *hieros gamos* es sintomática de ello. Pero, desde que en las religiones mistéricas la lucha contra el dragón está concebida sólo como la lucha contra la madre dragón, que representa el aspecto ctónico del inconsciente, el resultado inevitable es la identificación con el padre espiritual, algo que sucede en todas las religiones mistéricas dado que alcanzan por completo la situación de la lucha contra el dragón. El fracaso en la lucha contra el padre dragón, la arrolladora fuerza del espíritu, conduce a la castración patriarcal, inflación, pérdida del cuerpo en el éxtasis de la ascensión, y también a un misticismo que reniega del mundo. Este fenómeno es particularmente evidente en el gnosticismo, y el cristianismo gnóstico. La infiltración de influencias iranias y maniqueas fortalece el componente marcial del héroe, pero debido a que en su corazón aún es un gnóstico, él mantiene su actitud hostil hacia el mundo, el cuerpo, la materialidad y la mujer. Aunque hay ciertos elementos que procuran conseguir una síntesis entre los opuestos, estos siempre se separan al final; el lado celestial del hombre triunfa y el lado terrenal es sacrificado.

Detrás de la divina inspiración extática de la castración patriarcal, acecha la amenaza –y la fascinación- del incesto urobórico.[326] El uróboros y la Gran Madre se reactivan. Esto explica por qué los misterios son casi siempre misterios de renacimiento. Pero en ellos no hay la activa autoregeneración que está presente en el mito del héroe: aquí el renacimiento es experimentado de forma pasiva por álguien ya muerto. En los misterios frigios, por ejemplo, los miembros del muerto eran reunidos nuevamente. El despertar del muerto, como misterio de renacimiento,[327] es un aspecto muy característico en las religiones de todos lados, pero es importante diferenciar si es iniciado por la deidad materna, por el sacerdote que representa al Sí Mismo, o por el Yo. La situación que encontramos en el mito y el ritual es que, simultáneamente con la experiencia que el Yo tiene de su muerte, un Sí Mismo revivificador aparece bajo la forma de un dios. El mito del héroe se realiza cuando el Yo se identifica con este Sí Mismo, en otras palabras, cuando el Yo cae en la cuenta de que la ayuda del cielo en el momento de su muerte significa nada menos que ser engendrado por un dios y nacer renovado. Sólo en esta situación paradójica, cuando la personalidad experimenta la muerte como un acto simultáneo de autoreproducción, es que el hombre dual renace como hombre total.

Como consecuencia de ello, en el Libro de los Muertos tibetano, el muerto y el moribundo reciben un conocimiento visionario de este acto reproductivo. Asimismo, la generalizada forma de misterio en la cual el celebrante trae a dios a la vida es una remota forma mitológica

194

de autogeneración. Donde, por otro lado, el celebrante pasa por una muerte simbólica, pero el dios revivificador está representado por un sacerdote, no puede haber completa realización de la similitud entre padre e hijo. Ya en los misterios helénicos podemos ver cómo los contenidos simbólicos, que alguna vez fueron actuados en la representaciones rituales de los eventos míticos, gradualmente se fueron interiorizando, convirtiéndose primero en la sagrada experiencia del iniciado y finalmente en procesos al interior de la psique individualizada.

Esta progresiva interiorización es un síntoma de la individuación y de la intensificación de la conciencia humana, y este mismo principio, que originó el crecimiento de la personalidad, continúa dirigiendo la siguiente fase de su desarrollo (Parte II).

En términos históricos, sin embargo, el sendero sintético de desarrollo –que incluye la etapa de la lucha del héroe- nunca fue seguido en el cristianismo mientras estuvo bajo el influjo del gnosticismo, sino sólo en la alquimia, la cábala y, sobre todo, en el jasidismo.

En la alquimia, de la cual hemos tomado prestado el término "uróboros", podemos descubrir todas las etapas arquetípicas y sus respectivos simbolismos hasta el último detalle, incluyendo incluso el símbolo de Osiris en tanto símbolo básico de la sustancia arcana, de modo que la totalidad del proceso del cambio y sublimación alquímicos pueden interpretarse como la transformación de Osiris.[328]

De esta manera, las etapas arquetípicas del desarrollo de la conciencia encuentran su símbolo supremo en la transfiguración de Osiris, una forma mitológica, arcaica, del fenómeno que estaba destinado a reaparecer miles de años después como el proceso de individuación en el hombre moderno. Pero ahora se aproxima un nuevo desarrollo. Como si dentro la psique hubiese tenido lugar una revolución copernicana, la conciencia mira al interior y cae en la cuenta de la existencia del Sí Mismo, alrededor del cual el Yo gira en una perpetua paradoja de identidad y no-identidad. El proceso psicológico de asimilación del inconsciente en nuestra conciencia actual comienza en este punto, y el consecuente cambio del centro de gravedad del Yo hacia el Sí Mismo señala la última etapa en la evolución de la conciencia humana.

PARTE II

LAS ETAPAS PSICOLÓGICAS EN EL DESARROLLO DE LA PERSONALIDAD

A. La unidad original

(Etapas mitológicas: el uróboros y la Gran Madre)

Centroversión y formación del Yo

L a segunda parte de este trabajo es un intento de evaluar, a la luz de la Psicología Analítica, los procesos cuyas proyecciones mitológicas hemos descrito en la primera parte. Ahora tenemos que demostrar el significado del mito para el hombre moderno occidental y mostrar de qué manera ha contribuido al desarrollo de su personalidad.

Además de resumir los desarrollos psicológicos presentados en la primera parte, aquí propondremos un poco de "metapsicología" especulativa como medio para complementar y amplificar nuestro tema. Lo fragmentario y las conocidas limitaciones de nuestras experiencias no deberían impedirnos el intentar formarnos una opinión de la situación y descubrir el aspecto evolutivo unificador que por sí solo le proporcionará a nuestros hallazgos un lugar y valor adecuados. Éste es sólo uno de los muchos aspectos posibles y necesarios de la Psicología Analítica; pero creemos que el aspecto evolutivo de las etapas arquetípicas es de importancia no sólo para la teoría sino también para la práctica de la psicoterapia. La psicología por etapas que estamos tratando de delinear ofrece más de una contribución a la psicología de la personalidad individual, ya que la aproximación psicológica a la cultura, que sitúa a la importancia humanística de la psicología profunda de Jung en el lugar que le corresponde, no habría sido posible si la Psicología Analítica no hubiese avanzado más allá de la esfera personalista y no hubiese llegado así al ámbito de la psicología colectiva. Antes de que el desarrollo por etapas del Yo discutido en la Parte I sea sujeto de interpretación psicológica, debemos realizar algunas observaciones introductorias acerca del concepto del Yo, acerca de las etapas y acerca de nuestro método de interpretación.

Un tema fundamental en la Psicología Analítica es la teoría de los complejos, que reconoce la naturaleza compleja del inconsciente y los define como "unidades vivientes de la psique colectiva".[329] También reconoce la naturaleza compleja del Yo, el cual, como centro de la conciencia, conforma el complejo central del sistema psíquico.

Esta concepción del Yo, sustentada por los hallazgos psicológicos y psicoanalíticos, es uno de los elementos distintivos de la Psicología Analítica:

El complejo del Yo es un contenido de conciencia tanto como una condición de la conciencia, ya que un elemento psíquico es conciente para mí en la medida que esté relacionado con el complejo del Yo. Pero en tanto que el Yo sólo es el centro de mi campo de conciencia, no es idéntico con la totalidad de mi psique, con lo que resulta ser otro complejo entre muchos otros.[330]

Hemos rastreado en la mitología el desarrollo de este complejo del Yo, y al hacerlo nos hemos familiarizado con una parte de la historia de la conciencia en lo que respecta a su proyección mitológica. Los cambios que ocurren durante el desarrollo de la relación entre el Yo y el inconsciente fueron expresados mitológicamente en las diferentes figuras arquetípicas –uróboros, Gran Madre, dragón, etcétera- mediante las cuales el inconsciente se le presenta al Yo, o que el Yo constela a partir del inconsciente. Al tomar las etapas arquetípicas como etapas de desarrollo de la conciencia del Yo, hemos interpretado las figuras mitológicas del niño, el adolescente y el héroe como etapas de la propia transformación del Yo. El complejo del Yo, que es el complejo central de la psique, forma el teatro donde tienen lugar los eventos que hemos descrito en la Parte I.

Al igual que sucede con las figuras de una obra de arte –por ejemplo en una obra de teatro o una novela-, la figura mitológica del Yo requiere de una interpretación dual, es decir, tanto de una interpretación "estructural" basada en la naturaleza de la figura misma, como de lo que podemos llamar para abreviar una interpretación "genética", que considera a la figura en cuestión como la expresión y exponente de la psique de la cual surge.

De este modo, la interpretación estructural de la figura de Fausto tiene que considerar las características y actividades asignadas a Fausto en el drama de Goethe, mientras que la interpretación genética tiene que tomar a Fausto como parte de la personalidad de Goethe, un complejo en su psique. Las dos interpretaciones son mutuamente complementarias. La interpretación estructural –objetiva- busca abarcar la totalidad de la extensión de la estructura que la persona de Fausto representa, y luego combinarla con la interpretación genética que reconoce que la figura de Fausto representa la totalidad de la situación psíquica de Goethe, tanto conciente como inconsciente, así como también la totalidad de la historia de su desarrollo. El hecho de que la mente conciente del poeta utilice material externo para el proceso creativo, tal como la existente historia del Dr. Fausto, no descalifica las asociaciones internas presupuestas por la interpretación genética, ya que la selección y modificación de este material es determinante y típico de la situación psíquica. Así como los residuos del día anterior son elaborados en los sueños, también el existente material literario, histórico, entre otros, es "trabajado" por el editor en el inconsciente con el fin de contribuir a la autopreservación de la psique, el cual, después de ser procesado por la mente conciente del artista creativo, es finalmente asimilado a la situación interna que está buscando proyectarse.

Al igual que en la poesía, y también en la mitología, las figuras deben someterse a esta interpretación dual. Nuestro argumento, que sostiene que el desarrollo de la conciencia del Yo está retratado en el mito, se ve, sin embargo, complicado por el hecho de que a la vez que tomamos el mito literalmente y describimos las experiencias del amante juvenil, por ejemplo, "como si" él fuera una figura viviente, en simultáneo debemos interpretarlo como la representación simbólica de una etapa inequívoca en el desarrollo del hombre.

Estas figuras míticas son proyecciones arquetípicas del inconsciente colectivo; en otras palabras, la humanidad está poniendo algo de ella en sus mitos, algo de cuyo significado no es conciente.

Así como los contenidos inconscientes como los sueños y las fantasías nos dicen algo acerca de la situación psíquica del soñante, del mismo modo los mitos nos arrojan luz sobre la etapa humana de los cuales estos se originan, y tipifican la situación inconsciente del hombre en dicha etapa. En ningún caso hay conocimiento conciente de la situación proyectada, ya sea en la mente conciente del soñante o en la del hacedor del mito.

Cuando hablamos de las etapas del desarrollo conciente nos referimos –como indudablemente ha quedado claro en la Parte I- a las etapas arquetípicas, aunque al mismo tiempo enfatizamos repetidas veces el carácter evolutivo e histórico de las mismas. Puede demostrarse que estas etapas, con sus fluctuantes grados de conciencia del Yo, son arquetípicas; esto es, que funcionan como una "presencia eterna" en la psique del hombre moderno, y que también conforman elementos de su estructura psíquica. El carácter constitutivo de estas etapas se despliega en la secuencia histórica del desarrollo del individuo, pero es muy probable que la estructura psíquica del individuo se levante sobre la secuencia histórica del desarrollo humano como totalidad. El concepto de las etapas puede tomarse en sentido tanto "platónico" como "aristotélico"; como etapas arquetípicas de la estructura de la psique son partes constituyentes del desarrollo psíquico, pero también son el resultado y el depósito de este desarrollo ocurrido a lo largo de la historia humana. Esta paradoja, sin embargo, tiene un fundamento racional, ya que aunque el arquetipo es una condición y un constituyente de la experiencia psíquica, la experiencia del hombre sólo puede convertirse en experiencia propia durante el curso de la historia humana. Él experimenta el mundo a través de los arquetipos, pero los arquetipos son en sí mismos impresiones de su experiencia inconsciente del mundo. Las modificaciones de la conciencia, cuyos depósitos se encuentran en las etapas mitológicas, reflejan un proceso histórico interno al que podemos correlacionar con las épocas prehistóricas e históricas. La correlación, sin embargo, no es absoluta, sólo relativa.

Flinder Petrie[331] estableció un sistema que llamó "fechado secuencial" (F.S.) para la historia antigua de Egipto, es decir, secuencias dentro de las cuales uno puede establecer un "antes" y un "después" sin conocer el correlato temporal. Por ejemplo, F.S. 30 viene antes de F.S. 77, aunque esto no nos diga a qué periodo temporal debamos asignar a F.S. 30 o 77, o cuán grande es el intervalo entre ambos. De igual modo, tenemos que aplicar la misma secuencia temporal psicológica cuando nos ocupamos de las etapas arquetípicas. El uróboros viene "antes" de la etapa de la Gran Madre, y la Gran Madre "antes" de la etapa de la lucha contra el dragón; pero una correlación absoluta en el tiempo es imposible porque tenemos que considerar la relatividad histórica de las naciones y culturas individuales. De este modo, la cultura cretomicénica era, para los griegos, el periodo prehistórico de la Gran Madre, desde que en dicha cultura su culto era el dominante. La mitología griega es por excelencia la mitología de la lucha contra el dragón de una conciencia que lucha por su independencia, y esta lucha fue decisiva para la importancia espiritual de Grecia. Pero mientras que en Grecia este desarrollo ocurre aproximadamente entre el 1,500 y 500 a. C., el correspondiente proceso en Egipto tuvo lugar probablemente mucho antes del 3,300 a. C. El desarrollo ya está completo en el mito de Osiris y Horus, y la identificación del rey con Osiris está demostrado que ocurrió en los tempranos tiempos de la Primera Dinastía, lo que no quiere decir que no ocurriera hasta entonces.

Dos importantes consecuencias siguen de la relatividad de estas etapas y su ocurrencia en diferentes periodos y en diferentes culturas. Primero, demuestra su estructura arquetípica. La universalidad y necesidad de su ocurrencia muestra que existe una subestructura psíquica común que funciona de manera idéntica en todos los hombres. Segundo, justifica nuestro método de ilustrar una etapa en particular mediante la recolección y comparación de información derivada de diferentes culturas y épocas. Por ejemplo, Frobenius ha encontrado que el culto a la Gran Madre y el ritual regicida desempeñan un rol importante entre ciertas tribus de África.[332] Estos ejemplos que están cerca de ser contemporáneos son una ilustración y un comentario vivo de costumbres religiosas antiquísimas practicadas en Egipto quizá hace siete mil años. Que el simbolismo arquetípico aparezca espontáneamente o que se deba a antiguas influencias egipcias[333] es irrelevante en la medida que lo que nos concierne es la realidad de estas etapas y sus simbolismos, y nuestro uso del material proveniente de diferentes esferas culturales. Dondequiera que ocurra el simbolismo arquetípico, el material mitológico es tan valioso para nosotros como el material antropológico. De aquí nuestras repetidas referencias a Bachofen, cuyas interpretaciones de los símbolos han sido largamente confirmadas por la moderna psicología profunda a pesar de que su evaluación histórica de la mitología pueda resultar anacrónica.

Nuestro objetivo es ahora valorar las etapas mitológicas del desarrollo de la conciencia –tal como se conocen a partir de la proyección mitológica- con la perspectiva de comprender su significado psicológico para la formación y desarrollo de la personalidad. Hemos visto que los desarrollos más tempranos del Yo y la conciencia ocurrieron en y a través de los símbolos del uróboros y la Gran Madre, y que pudieron registrarse a partir de las cambiantes relaciones que el Yo mantuvo con ellos. La interpretación psicológica de estas dos etapas arquetípicas iniciales y su simbolismo es nuestro primer objetivo –esto es, tenemos que rastrear el desarrollo del Yo desde su germen, y sus relaciones con el inconsciente.

El germen del Yo en la situación urobórica original

En términos psicológicos, el uróboros, la etapa arquetípica inicial que forma nuestro punto de partida, constituye una experiencia "fronteriza" o "límite", siendo individual y colectivamente prehistórica en el sentido de que la historia sólo comienza con un individuo que es capaz de experimentar –en otras palabras, cuando un Yo y una conciencia ya están presentes. La etapa inicial que simboliza el uróboros corresponde a la etapa preyoica, y así como ésta antecede a la historia humana, de igual modo también en la historia del desarrollo individual ésta pertenece a la etapa de la más temprana infancia cuando el germen del Yo empieza a existir. Pero a pesar del hecho de que esta etapa sólo puede experimentarse "en el borde", sus síntomas y simbolismos ejercen importantes efectos sobre amplias zonas de la vida individual y colectiva del hombre.

La situación original representada mitológicamente como el uróboros corresponde a la etapa psicológica de la prehistoria del hombre en la que individuo y grupo, Yo e inconsciente, hombre y mundo, estaban tan indisolublemente unidos que la ley de *participation mystique*, la mutua identidad inconsciente, prevalecía entre ellos.

El destino esencial del hombre, al menos del hombre moderno maduro, se representa en tres frentes que, si bien interconectados, están no obstante claramente diferenciados uno del otro. El mundo en tanto mundo exterior de los eventos extrahumanos, la comunidad como esfera de las relaciones humanas, y la psique como el mundo de la experiencia humana interior –estos son los tres factores básicos que gobiernan la vida humana, y el encuentro creativo del hombre con cada uno de ellos es decisivo para el desarrollo del individuo. En la etapa inicial, sin embargo, estos territorios aún no han sido separados uno del otro: ni el hombre del mundo, ni el individuo del grupo, ni la conciencia del Yo del inconsciente. Tampoco el mundo humano que está compuesto de individuos y del grupo se distingue en modo alguno de lo que hemos llamado el mundo exterior de los objetos. Aunque conozcamos la condición original de los objetos sólo como una experiencia fronteriza, podemos describir su sintomatología porque aún continuamos participando de esta etapa arquetípica con aquellas partes de nuestra psique que no conforman nuestra conciencia del Yo.

La indivisibilidad de grupo, individuo y mundo externo se encuentra dondequiera que los contenidos psíquicos –contenidos que, por decirlo así, nuestra conciencia actual reconoce como psíquicos y que por tanto relega a nuestro mundo interior- se proyecten por completo sobre el mundo y se experimenten como si fueran exteriores a nosotros. Reconocemos fácilmente como proyecciones a los contenidos de este tipo cuando provienen de épocas anteriores, esferas culturales extranjeras u otras personas, pero se nos vuelve sumamente complicado hacer lo mismo cuanto más próximos se encuentren de nuestro propio tiempo, nuestra propia cultura y nuestra propia personalidad. Esto nos parece evidente en el animismo, que atribuye al árbol un espíritu que habita en su interior, que dota a los ídolos de divinidad, que venera lugares sagrados que poseen poderes maravillosos y que respeta a seres humanos con dones mágicos; para nosotros se trata de casos transparentes de "proyección". Sabemos que los árboles, lugares sagrados y seres humanos son objetos reconocibles del mundo externo, sobre los cuales el hombre primitivo proyectó sus contenidos psíquicos internos. Al reconocerlo, retiramos dichas "proyecciones primitivas", las diagnosticamos como sugestión o algo similar, y de este modo anulamos la fusión causada por la participación entre el hombre y los objetos del mundo externo. Pero cuando se trata de experimentar la intervención de Dios en la historia del mundo, o la santidad de la Patria simbolizada por la bandera o el rey, o la maldad de las naciones que se encuentran detrás de la Cortina de Hierro, o incluso el mal talante de aquellos que detestamos o el buen temperamento de aquellos que amamos; cuando se trata de experimentar todo ello como proyección, entonces nuestros poderes psicológicos de discernimiento nos fallan de manera inexorable, por no mencionar el hecho de que no podemos señalar con el dedo los ejemplos más flagrantes de todos por la sencilla razón de que son completamente inconscientes y pertenecen a las preconcepciones que aceptamos sin siquiera cuestionarlas.

La original fusión del hombre con el mundo, con su paisaje y su fauna, encuentran su mejor expresión antropológica en el totemismo, que considera a determinado animal como un ancestro, un amigo o algún tipo de ser poderoso y providencial. El sentido de parentesco que tiene un miembro humano del tótem hacia el animal y ancestro totémico, y hacia todos los animales de esa especie, está llevado hasta el punto de identidad. Hay abundante evidencia de que dichos parentescos no constituyen creencias, sino hechos, esto es, realidades psicológicas que algunas veces resultan en cacerías mágicas telepáticas, etcétera.[334] Indudablemente la visión mágica del mundo que tiene el hombre primitivo descansa sobre relaciones de identidad de este tipo.

El mismo fenómeno de fusión tal como existió originalmente entre el hombre y el mundo también existe entre el individuo y el grupo, o mejor, entre el hombre como miembro de un grupo, y el colectivo. La historia nos enseña que al principio el individuo no existía como entidad independiente, sino que el grupo dominaba y no le permitía emanciparse como un Yo separado. Encontramos este estado de cosas en todos los apartados de la vida social y cultural; al final, en todos lados, hay una colectividad anónima.

La unidad grupal original no implica la existencia de una psique grupal objetiva aparte de sus portadores, aunque es innegable que existían desde el principio diferencias individuales entre los miembros del grupo, y también que al individuo se le permitían ciertas zonas de limitada independencia;[335] pero el hecho resaltante es que en la etapa inicial el individuo estaba completamente integrado a través del grupo. La integración no consistía necesariamente en algo místico, tal como nos podría hacer suponer el término más bien nebuloso de *participation mystique*. En esencia significa que, en el grupo original, la solidaridad entre los miembros del grupo estaba concebida en analogía a la relación existente entre un órgano del cuerpo con respecto al cuerpo, o de una parte con respecto al todo, y no de una parte con respecto a la suma, y que la totalidad ejercía un efecto absoluto, de modo que el Yo sólo podía liberarse muy lentamente de la tiranía del grupo. Este posterior surgimiento del Yo, de la conciencia y del individuo es un hecho incuestionable.[336]

Aun cuando la investigación moderna ha demostrado que el individuo entra muy temprano en conflicto con el grupo en la sociedad primitiva, es no obstante cierto que mientras más retrocedemos en la historia humana menos frecuente y menos desarrollada se vuelve la individualidad. De hecho, incluso en la actualidad, el análisis psicológico todavía tiene que lidiar con el peso muerto del inconsciente colectivo, los factores no individuales presentes en la psicología del hombre moderno. Tan sólo estos dos factores deberían bastar para que resultara evidente que el hombre fue en sus orígenes parte de la psique colectiva de su grupo, y que sólo disfrutó de un margen muy estrecho de acción como individuo. Todas las evidencias sociales, religiosas e históricas apuntan a que el individuo surgió como tal a partir de lo colectivo y del inconsciente.[337]

La revolución copernicana que significó la aplicación de la psicología profunda a los problemas aquí discutidos consiste esencialmente en esto: que el individuo procede de la psique colectiva del grupo como factor determinante, y no del Yo individual y la conciencia.

El descubrimiento de capital importancia de la psicología transpersonal es que la psique colectiva, la capa más profunda del inconsciente, constituye una corriente de vida basilar de la cual se deriva todo lo que tiene que ver con un Yo en particular que posea conciencia: sobre esto se basa, por esto es nutrido, y sin esto no puede existir. La psique del grupo –que, tal como veremos más adelante, no debe confundirse con la psique de la masa- se caracteriza por la preponderancia primaria de elementos y componentes inconscientes, y por el retroceso de la conciencia individual. Al decir esto debemos, sin embargo, enfatizar que a este nivel de profundidad no se trata mucho de una cuestión de retroceso, disolución o regresión; más bien se trata de que la conciencia está aún en desuso, que todavía no está desarrollada, o que está desarrollada sólo parcialmente. La fórmula de Tardes, que afirma que "la situación social, al igual que el estado hipnótico, es sólo una forma de soñar",[338] es una ingeniosa descripción de la situación original del grupo.

Lo importante aquí es que no debemos tomar a nuestra moderna conciencia vigil como el obvio punto de partida y luego, siguiendo la analogía de la hipnosis, tomar la *participation mystique* de la psique grupal como una limitación de este estado de conciencia. La verdad es lo inverso: el estado conciente es el fenómeno tardío e insólito, y su total desarrollo es más raro de lo que el hombre moderno se ufana en pretender, mientras que el estado inconsciente es la situación psíquica original y básica que constituye la regla en todas partes.

La unidad grupal en participación aún prevalece de manera tan amplia, incluso en el hombre moderno, que es sólo a través de los incesantes esfuerzos concientes de ciertos individuos de genio que gradualmente vamos cayendo en la cuenta de la existencia de los factores psíquicos que, como el inconsciente "patrón cultural" que ciegamente aceptamos, regulan la vida y la muerte de cada uno de nosotros. Aunque si bien disfruta de un notable desarrollo de su conciencia, probablemente superior a todo lo previamente conseguido por el hombre, los individuos modernos, a pesar todos sus logros concientes, aún está profundamente enclavados en el tejido de su grupo y de sus leyes inconscientes.

La fusión del individuo con el grupo puede observarse en pequeñas cosas y también en las grandes. Por ejemplo, un investigador describe el estado de posesión entre los primitivos, esto es, la captura de la personalidad por parte de ciertos contenidos inconscientes,[339] a los que se los considera espíritus, como sigue:

Aunque en ocasiones la posesión puede inducirse voluntariamente, a veces puede ocurrir involuntariamente. En el último caso los miembros de la misma familia se ven afligidos frecuentemente por síntomas similares.[340]

Este contagio emocional se debe a la fusión inconsciente entre los miembros de la misma familia. La identidad común es el factor principal, aunque el término "contagio" presupone un estado de separación que en realidad sólo existe en mínimo grado. Pero en tanto existe, como es el caso del individualizado hombre occidental, se aplica en lo fundamental, por razones que todavía hemos de discutir, sólo a ciertas diferencias de estructura conciente. La emocionalidad del grupo, por otro lado, forma una capa de tejido psíquico conectivo inconsciente que por lo general posee una energía potencial mucho mayor que la conciencia "individualizada".

Los lazos emocionales entre los miembros de lo colectivo no tienen nada que ver con una relación consciente basada en el sentimiento ni con el amor. Estos lazos surgen de una diversidad de fuentes que no podemos discutir aquí. Descender de la misma tribu, compartir una vida en común y, sobre todo, las experiencias comunes, crean vínculos emocionales incluso hoy en día, como bien sabemos. Experiencias colectivas sociales, religiosas, estéticas, entre otras, de cualquier tonalidad –desde la tribal caza de cabezas hasta las modernas concentraciones de masas- activan los fundamentos emocionales colectivos de la psique grupal. El individuo aún no se ha separado de la corriente subterránea emocional, y cualquier excitación en una parte del grupo puede afectar la totalidad, tal como una fiebre que atacara a todas las partes del organismo. La fusión emocional, por lo tanto, barre con las aún frágiles diferencias de desarrollo de la estructura conciente en los individuos implicados y restaura la unidad original del grupo. Este fenómeno, que asume la forma de recolectivización de masas,[341] todavía ejerce una poderosa influencia sobre la vida del individuo en su relación con la comunidad.

En el temprano estado urobórico aún existe una fusión tanto del hombre con el mundo como del individuo con el grupo. La base de ambos fenómenos es la no diferenciación de la conciencia del Yo con respecto del inconsciente –en otras palabras, la incompleta separación de estos dos sistemas psíquicos.

Cuando hablamos de un contenido psíquico que es proyectado o introyectado, queriendo decir con esto que es experimentado como algo externo pero que luego es conducido al interior, estamos postulando una estructura claramente definida de personalidad para la cual existe un "exterior" y un "interior". En realidad, sin embargo, la psique comenzó por ser exteriorizada en muy gran medida. La proyección presupone que lo que es proyectado, esto es, activamente colocado en lo exterior a nosotros, previamente existió en el interior como algo psíquico. Pero la exterioridad de un contenido psíquico, contrastada con la idea de proyección, implica la existencia en el exterior de algo que originalmente no se encontraba en la personalidad. Esta exterioridad de un contenido es su condición original; esto significa que el contenido sólo fue reconocido como perteneciente a la psique en una posterior etapa de conciencia. Sólo desde ese punto de vista, por lo tanto, puede el contenido exteriorizado diagnosticarse como proyectado. Por ejemplo, en la medida que Dios esté exteriorizado, actuará como el "Dios real del exterior", aunque una conciencia posterior pueda diagnosticarlo como una proyección de la imagen de Dios que está presente en la psique.[342] Las formación y el desarrollo de la personalidad humana consiste básicamente en "conducir al interior" –introyectar- estos contenidos exteriorizados.

Entre los fenómenos básicos que caracterizan la existencia urobórica del grupo y la sumersión de cada parte en la psique grupal, está el control del grupo por las dominantes del inconsciente colectivo, los arquetipos e instintos. El tono emocional del grupo está determinado por estos mismos contenidos; y porque la carga libidinal de estos excede aquélla de la conciencia del individuo, sus manifestaciones tienen un efecto violento sobre los individuos y los grupos incluso hoy en día.

En relación a la sumersión del individuo en el grupo y de la conciencia del Yo en el inconsciente, podemos citar la interesante observación de Trotter acerca del rebaño:

La respuesta apropiada del individuo se debe a un impulso recibido del rebaño y no directamente del objeto de alarma. Parece ser que es de esta manera que la paralizante emoción del miedo es alejada del individuo, mientras que sus efectos sólo lo pueden alcanzar cuando se presentan como la activa y formidable pasión del pánico.[343]

Reiwald, de cuyo libro hemos tomado este extracto, comenta:

La pasividad del individuo en relación al rebaño es en cierta medida la condición de la actividad del rebaño.[344]

Aunque la interpretación teleológica de Trotter sea en cierto modo cuestionable, puesto que el individuo puede verse arrojado al peligro o a la muerte por causa de una reacción colectiva, el fenómeno es suficientemente importante en sí mismo como para merecer atención. En la situación original cada parte está más ajustada al grupo que al mundo exterior, y su adaptación se halla en dependencia reactiva con respecto al grupo. La relación con el mundo exterior está en gran medida actuada no directamente por el individuo, sino por esa entidad imaginaria, el "grupo", cuya encarnación es el líder o animal guía, y cuya conciencia se responsabiliza por todas las partes del grupo.[345]

La participación, como sabemos, también desempeña un importante rol durante la infancia, desde que el niño está involucrado en la psicología inconsciente de sus padres.[346] Exactamente la misma situación uróborica que hemos descrito en el plano colectivo se repite en el plano ontogenético.

En estas circunstancias, cuando la conciencia está insuficientemente diferenciada del inconsciente, y el Yo del grupo, el miembro del grupo se encuentra a merced tanto de las reacciones del grupo como de las constelaciones que se dan en el inconsciente colectivo. El hecho de que sea preconciente y preindividual lo conduce a experimentar el mundo y a reaccionar ante éste de una manera que es más colectiva que individual, y más mitológica que racional. Una apercepción mitológica del mundo y un modo de reacción arquetípico e instintivo constituyen características propias del hombre que se encuentra en los albores de la conciencia. Lo colectivo y los miembros del grupo no experimentan el mundo objetivamente, sino mitológicamente, en imágenes y símbolos arquetípicos; y su reacción ante éste es arquetípica, instintiva e inconsciente, no individual y conciente.

Las reacciones inconscientes de los miembros del grupo, cuando están contenidas dentro del grupo, conducen invariablemente a la hipóstasis de un alma grupal, de una conciencia colectiva, o de algo similar. Esto es comprensible si partimos de la experiencia de la parte que percibe al conjunto como totalidad; de hecho, aún hablamos de la nación, el pueblo, etcétera, exactamente de la misma manera. Y aunque esta "nación" sea una hipóstasis, es psicológicamente verdadera y es psicológicamente necesario realizar tal hipóstasis, ya que, en tanto totalidad efectiva, la nación es algo psicológicamente más y algo distinto que la suma de sus partes, y es siempre experimentada como tal por cada una de las partes que la compone. Mientras más inconsciente sea la totalidad la personalidad de un hombre, y mientras más germinal sea su Yo, más proyectará sobre el grupo su experiencia de su propia totalidad. El germen del Yo y el Sí Mismo del grupo están relacionados directamente, al igual que, a la inversa, la individualización, el desarrollo del Yo, y finalmente la experiencia del Sí Mismo a través de la individuación dan por resultado el retiro de esta proyección. Mientras menos individualizadas estén las personas, más fuerte será la proyección del Sí Mismo sobre el grupo, y más fuerte serán, también, las participaciones inconscientes entre los miembros del grupo. Pero, en la medida que el grupo se vuelve más individualizado y se incrementa el significado del Yo y del individuo, estas relaciones humanas se van haciendo más concientes mientras que las participaciones inconscientes se debilitan. En la situación urobórica, sin embargo, el Yo aún se encuentra en estado germinal y la conciencia todavía no ha evolucionado hasta convertirse en un sistema.

El desarrollo del Yo a partir del uróboros

En los inicios, la conciencia surge como una isla con los contenidos que por entonces poseyera, pero pronto se hunde de nuevo en el inconsciente. De hecho, todavía no hay continuidad de conciencia. Este estado a menudo ha sido reportado como propio de los primitivos, quienes, si no se encuentran activos y ocupados con algo, se adormecen y fácilmente se cansan debido al esfuerzo conciente. Sólo con la progresiva sistematización de la conciencia es que se produce un incremento de la continuidad de la conciencia, un fortalecimiento de la voluntad y una capacidad para la acción voluntaria, que en el hombre moderno constituyen las características de su conciencia del Yo. Mientras más fuerte sea su conciencia más serán las cosas que pueda realizar con ella, y mientras más débil sea ésta, más serán las cosas que simplemente "acontezcan". El estado urobórico es incuestionablemente un estado "fronterizo".

Es durante el sueño que con mayor facilidad regresionamos al estado urobórico de la psique, que como cualquier otro estado anterior continúa existiendo en nosotros y puede reactivarse en cualquier momento con tal de que descienda el nivel de conciencia, como cuando dormimos, o como resultado de alguna debilidad o enfermedad, o por una disminución de la conciencia inducida de otra manera.

Cuando nos sumergimos en el mundo de los sueños, nuestro Yo y nuestra conciencia, al ser productos tardíos del desarrollo humano, vuelven a disolverse. En nuestros sueños habitamos un mundo interior sin estar al tanto de que lo hacemos, puesto que todas las figuras del sueño son imágenes, símbolos y proyecciones de procesos internos. Igualmente el mundo del hombre de los albores es en gran medida un mundo interior experimentado fuera de él, una condición en la que afuera y adentro no están discriminados uno del otro. El sentimiento de unidad con el universo, la capacidad de todos los contenidos de cambiar de forma y lugar de acuerdo con las leyes de la similitud y afinidad simbólicas, el carácter simbólico del mundo, el significado simbólico de todas las dimensiones espaciales –alto y bajo, izquierda y derecha, etcétera-, el significado de los colores, entre otros, todo esto el mundo de los sueños lo comparte con el periodo del despertar de la humanidad. Aquí como allá, las cosas espirituales asumen forma "material", convirtiéndose en símbolos y objetos. La luz representa la iluminación, las ropas representan cualidades personales, y así sucesivamente. Los sueños sólo pueden comprenderse en términos de la psicología de la época de los albores del género humano, que, tal como lo muestran los sueños, aún está viva en nosotros.

La fase en la que el germen del Yo está aún contenido en el inconsciente, al igual que el feto en el útero, cuando el Yo todavía no ha hecho su aparición como complejo conciente y no hay tensión entre el sistema yoico y el inconsciente, es la fase que hemos designado como uobórica y pleromática. Urobórica, porque está dominada por el símbolo de la serpiente circular que se muerde la cola, que representa la no diferenciación, todo emergiendo de todo y todo entrando en todo, dependiendo de todo, y conectando con todo; pleromática, porque el germen del Yo aún habita en el pleroma, en la "plenitud" del Dios informe, y, en tanto conciencia no nata, dormita en el huevo primordial, en la dicha del paraíso. El Yo posterior considera esta existencia pleromática como la primera felicidad del hombre, porque en esta etapa no hay sufrimiento; el sufrimiento sólo aparece en el mundo con el advenimiento del Yo y con la experiencia del Yo.

El Yo de los albores se cansa con facilidad durante esta fase de primera infancia, porque es pobre en libido; en consecuencia, el germen del Yo es en gran medida pasivo, puesto que carece de actividad real propia, lo que presupone un Yo con unidades de libido a su disposición para gastarlas a discreción, esto es, con voluntad. De modo que, para comenzar, la conciencia es principalmente receptiva, aún cuando esta receptividad implique terminar exhausta y conduzca a la pérdida de conciencia a través de la fatiga.

A la tendencia del Yo a disolverse en el inconsciente la hemos llamado "incesto uobórico". Esta regresión –en la etapa en que el Yo es aún débil y completamente inconsciente de sí- es placentera, tal como se comprueba por el carácter positivo de los símbolos durante la fase urobórica, de la cual son típicos la infancia y el dormir. "Placentera" en este contexto significa la extinción del incipiente mundo del Yo y la conciencia con todas sus tensiones. Yo y conciencia, sin embargo, presuponen una tensión entre conciencia e inconsciente; y sin la energía potencial resultante de dicha tensión, la conciencia no puede vivir.

Durante esta temprana etapa todas las experiencias del Yo en relación al inconsciente son simultáneamente placenteras y dolorosas. El incesto urobórico es un típico ejemplo de esto. Incluso la autodisolución es una experiencia placentera, ya que mientras que el objeto a disolver –el Yo- es débil, el solvente –que encuentra placentera la disolución- es fuerte. La identidad inconsciente con el poderoso solvente, la madre urobórica, proporciona un placer al que debe denominarse masoquista en su forma tardía, pervertida. El sadismo disolvente del uróboros y el masoquismo del disuelto germen del Yo se funden en un sentimiento ambivalente de placer-dolor. El sujeto de este sentimiento es informe, puesto que se trata de la unidad psíquica inconsciente del uróboros y del germen del Yo. Esta "muerte en éxtasis" está simbolizada por el pleroma, la "plenitud" conocida por el Yo como una experiencia fronteriza, siendo indiferente que la plenitud –esto es, el inconsciente colectivo- sea interpretado como dicha paradisíaca, el mundo de las Ideas platónicas, o como el omnipresente vacío.

La etapa del incesto urobórico es la fase inferior y más temprana de la historia del Yo. La regresión y fijación a este nivel ocupan un importante lugar en la vida de la persona promedio y desempeñan un innegable rol negativo en la vida del neurótico, así como un innegable rol positivo en la vida del hombre creativo. Dependerá de la intensidad de la conciencia y de la fase de desarrollo alcanzada por el Yo que el incesto urobórico resulte regresivo y destructivo o progresivo y creativo. Desde que el mundo del uróboros es el mundo del origen y la regeneración, del cual la vida y el Yo renacen eternamente como el día de la noche, se sigue que el uróboros posee un valor creativo. Por esta razón muchos mitos de creación tienen como emblema el uróboros: puesto que mientras el incesto urobórico es el símbolo de la muerte, el uróboros maternal es el símbolo del renacimiento, de la natividad del Yo y del amanecer de la conciencia, el advenimiento de la luz.

Reiwald ha llamado la atención en su libro hacia un significativo pasaje acerca de Leonardo da Vinci:

Ahora ves que la esperanza y el deseo de retornar al primer estado del caos es como la polilla atraída por la luz, y que el hombre que con constantes anhelos espera con dicha cada primavera, cada nuevo verano, cada nuevo mes y nuevo año –mientras juzga que la cosas por las que espera siempre tardan demasiado en llegar- no percibe que lo que espera es su propia destrucción. Pero este deseo es la auténtica quintaesencia, el espíritu de los elementos, que, hallándose a sí mismo prisionero con el alma, siempre está esperando a regresar desde el cuerpo humano a aquel que se lo otorgó. Y debes saber que esta misma espera es esa quintaesencia, inseparable de la naturaleza, y que el hombre es la imagen del mundo.[347]

Tal como el término "incesto urobórico" indica con claridad, esta búsqueda de la muerte es una expresión simbólica de la tendencia del Yo y la conciencia a la desintegración, una tendencia con un profundo carácter erótico. Vimos en la Parte I cómo el incesto refleja la actividad del uróboros maternal, del arquetipo de la Gran Madre, madre de la vida y de la muerte, cuya figura es transpersonal y no reductible a la madre personal. La imagen arquetípica del incesto urobórico está eternamente en funcionamiento, y sus efectos se extienden desde Leonardo y Goethe hasta nuestros días, cuando encuentran una válida expresión contemporánea en un poema de D.H. Lawrence:

…rema, pequeña alma, rema
en la más larga travesía, hacia la más grandiosa meta.
Ni recto ni sinuoso, ni aquí ni allá
sólo sombras plegadas sobre sombras más profundas
y más profundo, al corazón del puro olvido
como las circunvoluciones de una sombra imaginaria
o más profundo, como los pliegues y envolturas de un vientre.
Déjate llevar, déjate llevar, alma mía, hacia el más puro
más oscuro olvido.
Y ante los penúltimos portales, el manto rojo oscuro
de las memorias del cuerpo resbala y es absorbido
al interior de las sombras imaginarias,
de las circunvoluciones de la sombra al vientre parecida.
Y cerca de la gran curva final de la intacta oscuridad
el rodeo de la experiencia del espíritu se ha desvanecido
los remos han desaparecido del bote, y los platillos
idos, idos, y el bote se disuelve como perla
mientras el alma por fin se desliza perfecta hacia la meta,
el corazón del puro olvido y la paz completa,
el vientre del silencio en la noche viva.
Oh paz, oh adorable paz, el placer más adorable
de esta mi alma al interior del mar de paz.
Oh adorable último, último silencio de muerte, en el puro olvido
al final de la más larga travesía
¡Paz, completa paz!
¿Pero puede ser esto también su procreación?
Oh, construye tu navío de muerte
Oh, constrúyelo.
Oh, nada importa excepto la más larga travesía.[348]

A pesar del aspecto de muerte que conlleva, el incesto urobórico no debe considerarse como la base de una tendencia instintiva que legítimamente podría denominarse "instinto de muerte".

El estado inconsciente es el estado primordial y natural, y el estado conciente es el producto de un esfuerzo que consume libido en ello. Existe en la psique una fuerza de inercia, un tipo de fuerza gravitatoria psíquica que tiende a retornar a la original condición inconsciente. A pesar de su inconsciencia, este estado es un estado de vida y no un estado de muerte. Es tan ridículo hablar del instinto de muerte en una manzana que cae del árbol como hablar del instinto de muerte de un Yo que cae en la inconsciencia. El hecho de que el Yo experimente este estado como una muerte simbólica se debe simplemente a la particular etapa arquetípica en que se encuentre su desarrollo conciente, y ninguna teoría científica especulativa que postule un instinto de muerte puede derivarse a partir de dicho estado.[349]

La atracción que ejerce la gran "masa" del inconsciente, esto es, el inconsciente colectivo con su poderosa carga energética, sólo puede superarse temporalmente mediante un especial desempeño del sistema conciente, aunque también puede modificarse y transformarse a través de la elaboración de ciertos mecanismos. Es debido a esta inercia que el niño, particularmente cuando es pequeño, tiende, tal como los investigadores lo han demostrado, a persistir en una actitud dada y a experimentar cualquier cambio –por ejemplo, un estímulo externo o, posteriormente, un situación nueva, una orden, etcétera– como si fuera una conmoción, que le genera miedo, dolor, o al menos una sensación de incomodidad.

Incluso en su etapa de vigilia nuestra conciencia del Yo, que en cualquier caso sólo conforma un segmento de la totalidad de la psique, muestra diversos grados de animación, que van desde el ensimismamiento, atención parcial y una vigilia difusa hasta concentración parcial en algo, concentración intensa y, finalmente, momentos de alerta general y extrema. El sistema conciente incluso de una persona sana está cargado de libido sólo durante ciertos periodos de su vida; mientras duerme, su sistema está práctica o completamente vaciado de libido, y el grado de animación varía con la edad. El margen de atención conciente en el hombre moderno es relativamente estrecho, la intensidad de su desempeño activo es limitada, y la enfermedad, la tensión, ancianidad y todos los disturbios psíquicos le reclaman un cupo a esta atención. Parece ser que el órgano de la conciencia aún se encuentra en una etapa temprana de su desarrollo y que es relativamente inestable.

En todo caso, una marcada inestabilidad del Yo caracteriza la etapa del amanecer psicológico e histórico cuyo emblema es el uróboros. La fusión de zonas de conciencia que para nosotros están más o menos definidas conduce, como si fuera, a un perpetuo jugar a las escondidas con nosotros mismos y a una confusión de las posiciones del Yo. Inestabilidad emocional, reacciones ambivalentes placer-dolor, intercambiabilidad de interior y exterior, tanto en el individuo como en el grupo –todo ello resulta en una inseguridad del Yo que se ve intensificada por los poderosos "vectores" emocionales y afectivos del inconsciente.

Es en correspondencia con la naturaleza paradójica del lenguaje simbólico, lo que nos permite en el mejor de los casos "circunscribir" más que describir "el núcleo intangible de significado"[350] de un arquetipo, que el uróboros es no sólo la "figura perfecta", en tanto círculo, sino también el símbolo del caos y de lo amorfo. Es el símbolo de la época preyoica, y de allí que también del mundo prehistórico. Antes del comienzo de la historia, la humanidad existió en un estado de anonimato amorfo del cual sabemos, y podemos saber, muy poco, porque durante ese periodo "reinó" el inconsciente, tal como decimos –con la esperanza de que mediante esta vaga circunvolución ocultemos nuestra manifiesta ignorancia de los hechos. En la medida que no exista un Yo aperceptivo no puede haber historia, ya que la historia requiere de una conciencia "reflectante" que por medio de esa reflexión la constituya. De ahí el tiempo anterior a la historia sea caos indeterminado y no diferenciación.

El equivalente, en el plano religioso, de esta psique amorfa es el numen indeterminado, el agente primordial o sustrato en cuya matriz "lo Divino" y los dioses cristalizan y de la cual emergen después. Los agentes indeterminados como el mana, orenda, o incluso lo que llamamos "dinamismo", son típicos del periodo preanimístico de la psiquización universal, en el que la psique aún no ha cobrado forma definida, ya que en dicha condición todavía no está asociada con la idea de un alma individual, que a su vez tampoco puede derivarse de dichas ideas. Esta fuerza vaga y omniabarcadora constituye el plano en el que opera la magia, que actúa sobre todas las cosas a través del principio de correspondencia y similitud. Los contrarios lógicos unificados en *participation mystique* –ésa es la ley de este mundo mágico donde todo está imbuido de energía sagrada. Allí no hay división estricta entre lo sagrado y lo no sagrado, entre lo divino y lo humano, entre lo humano y lo animal. El mundo aún está inmerso en un medio en el que todo se transforma en todo y en el que todo actúa sobre todo. Al igual que la todavía germinal naturaleza del Yo causa que el arquetipo de la totalidad sea proyectado sobre el grupo bajo la forma del Sí Mismo grupal, también, sorprendentemente, el corolario religioso del nivel humano más primitivo lo constituye un monoteísmo primitivo, ya que aquí es donde encontramos proyectado al uróboros como una figura de totalidad, esto es, la deidad primordial.

De este modo, hablando de la "suprema deidad", cuyo culto, sin embargo, era "inexistente o muy limitado" y con la cual no podían establecerse relaciones personales, Preuss dice:

En la mayoría de los casos fue probablemente el cielo nocturno o el cielo diurno, o la combinación de ambos con sus numerosos fenómenos que estimulaban en conjunto a la vida, lo que causó que fuera aprehendido como una personalidad.

Y continúa:

Estas ideas de Dios, mediante las cuales muchos fenómenos son sensualmente comprendidos, debieron surgir antes de la observación de los detalles, tales como las estrellas, a los que posteriormente se les atribuyó las propiedades del cielo.[351]

Esta formulación se presta a malos entendidos porque el término "comprendido" alude a la actividad racional del Yo. Sólo si "comprensión sensual" es entendida como la "visión configuradora" del hombre primitivo, es que la descripción del proceso resulta correcta. En el estado uróbórico hay una totalidad de fuerzas indeterminadas que mantienen todo junto y unido en participación. Es sólo en la medida que se incrementan los poderes configuradores de la conciencia y que el Yo adquiere un contorno más definido que pueden percibirse las formas individuales:

El campo de maíz es asombrosamente más significativo que la mazorca, el cielo más que las estrellas, la comunidad humana más que el hombre individual.[352]

Siguiendo la misma línea, Preuss encuentra que:

El cielo nocturno y el cielo diurno fueron aprehendidos en su totalidad antes que las estrellas, porque la totalidad pudo ser concebida como un ser uniforme y las concepciones religiosas referentes a las estrellas a menudo causaron que éstas fueran confundidas con los cielos como totalidad, ya que el pensamiento del hombre era incapaz de tomar distancia de la visión total.[353]

Igualmente,

La supremacía del sol es posterior a la de la luna, que a su turno sigue a la supremacía del cielo nocturno como totalidad.[354]

De manera similar, el interior oscuro de la tierra "que contiene todo lo que aparece sobre la superficie de la tierra", y la tierra misma con toda su vegetación, están identificados con el cielo nocturno estrellado, y es sólo después que se establecerá la igualdad entre un águila y el sol.

Aquí el desarrollo es análogo al de la conciencia del Yo. Comienza con una concepción urobórica de la totalidad y luego procede con una capacidad plástica cada vez más poderosa para configurar y diferenciar los fenómenos.

La debilidad original del Yo individual –que corresponde ontogenéticamente a la fase de infancia- motiva su gran dependencia de la totalidad que lo rodea, en virtud de la cual procura agenciarse la seguridad y protección que no puede obtener por sí mismo. Esta situación naturalmente intensifica los lazos emocionales con el grupo y el mundo extrahumano. El uróboros es constantemente experimentado una y otra vez como el Omninutricio y el Omniabarcador, esto es, como la Gran Madre. En esta situación urobórica ocupan el primer plano la Gran Madre "buena" y las "bendiciones del matriarcado", y no un miedo primordial.

La participación universal, la exteriorización de los contenidos psíquicos y la presencia de contenidos psíquicos altamente cargados, se combinan para producir, en la fase pleromática, un sentimiento indiferenciado de unidad que integra al mundo, al grupo y al hombre casi de una manera corporal. Aunque esta "sumersión en el inconsciente" causa cierta desorientación al Yo y a la conciencia, de ningún modo desequilibra la totalidad de la personalidad. La orientación de esta última radica en la guía segura de los instintos y de los patrones de los vectores inconscientes, tal como sucede en la incuestionable dirección que siguen los eventos en todo el ámbito de la naturaleza extrahumana.

Millones de años de experiencia ancestral están acumulados en las reacciones instintivas de la materia orgánica, y en las funciones del cuerpo hay incorporado un conocimiento vivo, casi universal en alcance, pero que no va acompañado por ningún tipo de conciencia. Durante los últimos pocos miles de años la mente humana laboriosamente ha adquirido conciencia, a través de sus conocimientos científicos de física, química, biología, endocrinología y psicología, de algunos escasos fragmentos de lo que las células, sistemas funcionales y organismos hacen "con conocimiento" en sus reacciones y adaptaciones. Es en razón de este conocimiento incorporado que la fase pleromática del uróboros se intuye como una de sabiduría primordial. La Gran Madre posee una sabiduría infinitamente superior a la del Yo, porque los instintos y arquetipos que hablan a través del inconsciente colectivo representan la "sabiduría de la especie" y su voluntad.

Como hemos visto, la fase uróborica está gobernada por una sensación ambivalente de placer-dolor, que tiene que ver con todas las experiencias que revierten al nivel uróborico o que son superadas por éste. En el caso del incesto uróborico creativo, esta sensación se expresa mediante la ambivalente experiencia del renacimiento a través de la muerte, y en fantasías masoquistas o sádicas cuando el incesto es neurótico o psicótico. Pero en ninguna circunstancia el arquetipo de la Gran Madre del inconsciente colectivo representa el "punto de placer". Asociar al inconsciente sólo con el principio del placer, como opuesto al principio de realidad, es prueba de una tendencia al menosprecio y corresponde a un mecanismo de defensa conciente.

Impulsos e instintos, arquetipos y símbolos están mucho mejor adaptados a la realidad y al mundo externo que una conciencia que se encuentra en sus primeras etapas. Ningún instinto –sólo habría que pensar en el instinto de construcción del nido y en el de crianza– puede de ninguna manera adaptarse a un mero principio de placer de "satisfacción de deseos", ya que los instintos comandan un conocimiento de la realidad infinitamente superior a nuestros conocimientos concientes incluso hoy en día. La psicología animal proporciona incontables ejemplos de orientación en la realidad con respecto al mundo externo, a otros animales, plantas, a las estaciones, etcétera, absolutamente desconcertantes e inexplicables. Esta adaptación del instinto al entorno es inconsciente, pero la sabiduría de estos instintos es real y en ningún sentido está determinada por algún tipo de "deseo" o algo similar.[355]

La fuente real de conflictos entre el individuo y el inconsciente descansa en el hecho de que el inconsciente representa la voluntad de la especie, de lo colectivo, y no en la oposición entre los principios de placer y realidad, donde el principio de placer está supuestamente asociado con el inconsciente y el principio de realidad con la conciencia.

En el simbolismo cósmico asociado con el uróboros en las mitologías de la creación, encontramos un autorretrato simbólico de aquella temprana fase psíquica en la que aún no existe una personalidad uniformemente centrada. La multiplicidad del mundo y la correspondiente multiplicidad de la conciencia se revelan a la luz de una conciencia evolutiva.

Durante la fase de la Gran Madre uróborica, la conciencia del Yo, en la medida que esté presente, aún no ha evolucionado hasta formar su propio sistema y todavía no posee existencia independiente. Sólo podemos imaginar el más temprano surgimiento de los elementos de la conciencia del Yo utilizando la analogía de lo que sucede incluso hoy en día cuando, en determinados momentos de exaltación emocional, o cuando los arquetipos se abren paso entre la conciencia –esto es, en ciertas situaciones extraordinarias-, y sobreviene una iluminación, una momentánea elevación de conciencia, como cuando el pico de la isla atraviesa la superficie del mar, un chispazo de revelación que interrumpe el monótono discurrir de la existencia inconsciente. Estos fenómenos aislados o habituales siempre han sido considerados por los primitivos y por nosotros mismos como características del Gran Individuo quien, como curandero, vidente y profeta, o posteriormente como el hombre de genio, posee una forma de conciencia diferente a la del resto. Dichos hombres son reconocidos y considerados como "divinos", y sus *insights*, ya sea que asuman la forma de visiones, máximas, sueños, o revelaciones concedidas por una "aparición", echan los primeros cimientos de la cultura.

En general, sin embargo, el curso de la existencia humana –y extrahumana- en esta fase está dirigido por el inconsciente. La unidad de la psique, que la Psicología Analítica define como el Sí Mismo, funciona de manera inmediata y sin reflexión dentro de la totalidad de un sistema psicofísico que se autoregula y se autoequilibra. En otras palabras, la tendencia que hemos llamado centroversión posee un prototipo biológico y orgánico.

Centroversión en organismos a nivel urobórico

La centroversión es la tendencia innata de una totalidad a crear unidad dentro de las partes que la componen, y a sintetizar en sistemas unificados las diferencias que existen entre esas partes. La unidad de la totalidad se conserva mediante procesos compensatorios controlados por la centroversión, con cuya ayuda la totalidad se convierte en un sistema autocreativo y en expansión. En una etapa posterior la centroversión se manifiesta como un centro directivo, con el Yo en el centro de la conciencia y el Sí Mismo como centro de la psique. Durante la etapa prepsíquica funciona como el principio de entelequia de la biología, y en esta etapa tal vez sería mejor denominarla tendencia integradora. La tendencia específica de la centroversión sólo se impone durante la fase formativa, cuando un centro visible aparece en el Yo o tiene que ser postulado como existente en el Sí Mismo. Opera inconscientemente, como función integradora de la totalidad, en todos los organismos, desde la ameba hasta el hombre. Para simplificar, utilizaremos el término "centroversión" incluso cuando nos ocupemos de las primeras etapas, ya que en sí misma la integración procede de la totalidad de un sistema centrado, pero invisible.

La centroversión se manifiesta en un organismo a través de la regulación que ejerce sobre el conjunto y a través de los esfuerzos compensatorios que realiza para lograr el equilibrio y la sistematización. Promueve la agregación celular y facilita el funcionamiento armónico entre tejidos celulares diferentes, órganos, entre otros. El hecho cierto de que la organización diferenciada de la ameba, por ejemplo, conforma un conjunto que es de un orden superior a los procesos metabólicos de nutrición y excreción constituye una expresión de la centroversión a nivel uobórico.

Manifestándose en la infinitamente variada y armoniosa cooperación entre órganos y grupos de órganos en todos los organismos superiores, la fuerza de la centroversión opera inconscientemente. En la medida que un organismo somete todos los procesos causales a su propio sistema de relaciones propositivas, la orientación teleológica resulta ser un principio supraordinado que pertenece a la auténtica naturaleza de aquel organismo y que expresa su totalidad y unidad. Pero carecemos, hasta donde llegan nuestros conocimientos más avanzados, de suelo alguno sobre el cual coordinar este principio teleológico con cualquier centro de conciencia. El conocimiento incorporado y la propositividad inconsciente deben considerarse como marcas esenciales de cualquier organismo.

Mientras más primitivo sea el nivel psíquico, más será idéntico a los eventos corporales que lo gobiernan. Incluso los complejos personales, esto es, "porciones" semiconscientes que pertenecen a las capas superiores del inconsciente personal, y que están afectivamente cargadas y son de "tonalidad afectiva", pueden causar alteraciones físicas en el sistema circulatorio, en la respiración, la presión sanguínea, y así sucesivamente. Los complejos asentados a niveles más profundos y los arquetipos hunden sus raíces en la fisiología corporal y, al irrumpir en la conciencia, afectan violentamente la totalidad de la personalidad, tal como resulta dolorosamente evidente en el caso de las psicosis.[356]

Por consiguiente, a nivel uobórico, donde el Yo y la conciencia se encuentran menos desarrollados, la centroversión está ligada con un primitivo simbolismo corporal. El cuerpo representa la totalidad y la unidad en general, y su reacción como totalidad representa una totalidad genuina y creativa. Sentir al cuerpo como totalidad es la base natural del sentido de la personalidad. Que el cuerpo y sus cambios conformen la incuestionable base de lo que llamamos nuestra personalidad puede comprobarse en el hecho de que aún señalamos nuestro cuerpo cuando hablamos de "nosotros", y no hay duda de que la singularidad del cuerpo del hombre y la mezcla de factores hereditarios en su constitución son los verdaderos fundamentos de la individualidad. Esto podría explicar la preocupación del hombre por su cuerpo y por todas las partes que le pertenecen y que participan de él, por ejemplo, el pelo, las uñas, las heces, etcétera, los cuales, tanto como su sombra, su aliento y sus huellas digitales, están considerados como porciones esenciales e integrales de su personalidad.

Un ejemplo instructivo de este simbolismo "cuerpo-Sí Mismo" lo proporciona el *churinga* de los aborígenes australianos, y el correspondiente *ap* de Nueva Guinea. El *churinga* son piezas de madera o de piedra que se esconden en cuevas especiales. La palabra *churinga* significa "mi cuerpo escondido".[357] En las leyendas se dice que la mayoría de los ancestros totémicos transformaron sus cuerpos en *churingas*.

El *churinga* es considerado el cuerpo que un hombre comparte con su ancestro totémico [*iningukua*]. El *churinga* asocia al individuo con su ancestro totémico personal, y le garantiza la protección del *iningukua*.[358]

El *churinga* no es la sede de la vida o del alma, sino como Lévy-Bruhl dice:

El *churinga* es por lo tanto un "doble" del individuo, esto es, el individuo mismo… La relación entre un hombre y su *churinga* se expresa en el dicho: "nana unta mburka nama" –éste es tu cuerpo.[359]

De igual modo, el abuelo, cuando el joven ha alcanzado la mayoría de edad, le entrega su *churinga* diciéndole estas palabras:

Aquí está tu cuerpo, aquí está tu otro yo.*

La relación entre Sí Mismo, otro yo, ancestro totémico y *churinga* es una relación de participación, de la cual Lévy-Bruhl afirma con corrección que se acerca mucho a la cosustancialidad. El otro yo es el ángel guardián del individuo, pero si éste provoca su enfado debido a alguna negligencia también puede convertirse en su enemigo, causándole enfermedad, etcétera.

El *iningukua* lo acompaña durante toda la vida, lo previene de las amenazas y peligros y lo ayuda a escapar de estos. Es una especie de deidad tutelar o ángel guardián. Pero desde que el individuo y su iningukua son uno y el mismo quizá debamos preguntarnos, ¿es el individuo su propio guardián? Sí, porque aquí la participación no implica que los dos seres estén fusionados en uno. No hay duda respecto a un asunto, el individuo es el iningukua. Pero desde otro punto de vista, este iningukua es distinto de él. El *iningukua* vivió antes que él, y no morirá con él. De este modo los individuos participan de un ser que está indudablemente en ellos, quienes en ciertas características difieren de él, y quien los mantiene en un estado de dependencia.[360]

Hemos citado este pasaje de considerable extensión porque es un ejemplo clásico no sólo del concepto *participation mystique*, de Lévy-Bruhl, sino también de la proyección de lo que la Psicología Analítica denomina "Sí Mismo". Que el Sí Mismo esté aquí sentido como idéntico al cuerpo y al mundo de los ancestros hace de la conexión entre ellos algo muy significativo. El ancestro totémico representa "la experiencia ancestral que hay en nosotros", que está incorporada en el cuerpo y que a la misma vez es la base de nuestra individualidad. Nótese que este pasaje proviene de un capítulo titulado "La inmanencia del grupo en el individuo"; es decir, la totalidad del grupo, que es idéntica al ancestro totémico común, está simultáneamente incluida en el cuerpo y en el Sí Mismo.

En Nueva Guinea, el nombre que recibe el objeto análogo al *churinga* australiano es *ap*, "hombre";[361] aquí también el individuo está unido con lo colectivo y con el cuerpo, en el cuerpo ancestral común a ambos.

El vínculo original con el cuerpo como con algo "peculiarmente propio" es la base de todo desarrollo individual. Posteriormente el Yo se relaciona con el cuerpo, con sus poderes superiores y con el inconsciente –con cuyos procesos está identificado en gran medida- de un modo diferente e incluso encontrado. En tanto principio superior que opera a través de la cabeza y la conciencia, el Yo entra en conflicto con el cuerpo, y algunas veces este conflicto conduce a una disociación parcial, neurótica, que, sin embargo, es sólo producto de una sobre diferenciación posterior. Pero incluso entonces la totalidad del cuerpo parece estar en una relación de identidad e igualdad con la totalidad de la psique, es decir, con el Sí Mismo. Estas dos formaciones de totalidad, o imágenes de completitud, son supraordinadas a la conciencia del Yo y regulan los sistemas individuales -incluyendo la conciencia del Yo- desde un punto de vista total del cual el Yo sólo puede ser parcialmente consciente.

Todo esto se encuentra en correspondencia con el estado uróborico de perfección donde el cuerpo y la psique son idénticos. Psicológicamente, esta situación tiene dos lados, a los cuales los hemos reunido bajo el símbolo del "uróboros alimentario". Existe, en primer lugar, la "psiquización" inconsciente del cuerpo y el consecuente significado simbólico de sus diversas partes y regiones; en segundo lugar, una preponderancia del simbolismo metabólico. Mientras que en sus desarrollos posteriores la centroversión promueve la formación de la conciencia del Yo como su órgano específico, en la fase uróborica, cuando la conciencia del Yo aún no ha sido diferenciada hasta formar un sistema separado, la centroversión todavía está identificada con el funcionamiento del cuerpo como totalidad y con la unidad de sus órganos. El simbolismo metabólico de intercambio mutuo entre cuerpo y mundo está en su punto máximo. El objeto del hambre, la comida que debe "ser conducida adentro", es el mundo mismo; mientras que el otro, el lado productivo del proceso, está simbolizado por "resultado", esto es, evacuación. El símbolo dominante no es el semen; en las mitologías de la creación, orina, excremento, esputo, sudor y aliento (y posteriormente, palabras) constituyen símbolos elementales del principio creativo.

Cuando se nos informa que los alimentos más importantes de las Islas Salomón, la malanga y el boniato, surgieron del "excremento de Tantanu",[362] o que en las ceremonias de iniciación de Nueva Guinea los neófitos son tratados como niños recién nacidos y sólo pueden ingerir alimentos mezclados con esperma,[363] y que los no iniciados, ignorantes de los mitos de creación, no reciben esperma para comer porque "ellos no aprecian ni estiman apropiadamente a las plantas y animales nutricios", puede asumirse que la explicación descansa en la acentuación simbólica del cuerpo, y en la santificación de todo lo que le pertenece, algo característico de la fase uróborica.

Este proceso dinámico de intercambio entre cuerpo y mundo, simbolizado por el uróboros alimentario, se encuentra en armonía con el mundo animal de los instintos, donde comer y ser comido son las únicas expresiones de vida y de los esfuerzos del hombre para dominar la naturaleza. Ésta es la base incluso en las etapas más elevadas de desarrollo, y es la precondición de la etapa sexual. La sexualidad y la previa diferenciación en dos sexos son productos posteriores en el esquema de evolución. La situación primordial es la reproducción por división celular, lo que causa que los organismos proliferen en estructuras de millares de células. Pero la división celular como medio principal de propagación sólo tiene lugar cuando las condiciones nutricionales son favorables, y es dependiente de éstas.

Detentar y ejercer poder, ser fuerte y ganar en fortaleza, todas estas tendencias pertenecen a la esfera primordial del uróboros alimentario. Ellas se expresan en la sensación de bienestar corporal, en un rendimiento físico que es ante todo idéntico a un metabolismo balanceado, donde la ingesta y salida de materia –los prototipos biológicos de la introversión y extraversión de la libido- se encuentran en equilibrio. La sensación de estar saludable, no cuando se refleja en la conciencia, sino cuando inconscientemente se da por sentada, es fundamental para ese *joie de vivre* que es una condición para la formación del Yo. Pero incluso cuando es inconsciente, sin poseer un centro en el Yo, el sistema psíquico representa una asimilación psíquica del mundo, cuyas huellas han sido depositadas en los instintos.

Los instintos del inconsciente colectivo forman el sustrato de este sistema asimilativo. Ellos son los repositorios de la experiencia ancestral, de toda la experiencia que el hombre, en tanto especie, ha tenido del mundo. Su "campo" es la Naturaleza, el mundo externo de los objetos, incluyendo la colectividad humana y el hombre mismo como unidad psicofísica asimilativo-reactiva. Esto quiere decir que hay en la psique colectiva del hombre, así como también en todos los animales, pero modificada en función de la especie, una capa constituida por las reacciones instintivas, específicamente humanas a su entorno natural. Una capa adicional contiene instintos de grupo, es decir, experiencias del entorno específicamente humano, de la colectividad, raza, tribu, grupo, etcétera. Esta capa cubre el instinto de arrebañarse, reacciones específicas de grupo que sirven para distinguir una raza o pueblo en particular de otros, y todas las relaciones diferenciadas con el no-Yo. Una capa final está formada por reacciones instintivas a los organismos psicofísicos y sus modificaciones. Por ejemplo, el hambre, constelaciones hormonales, etcétera, son respondidas por reacciones instintivas. Todas estas capas están intercomunicadas. El factor común a todas es que las reacciones son puramente instintivas, la unidad psicofísica que reacciona como una totalidad por medio de actos significativos que no son producto de la experiencia del individuo, sino de la experiencia ancestral, y que son ejecutados sin la participación de la conciencia.

Esta experiencia ancestral está enraizada en el cuerpo y se expresa orgánicamente, a través de las reacciones del cuerpo. La capa más baja y la de mayor extensión de experiencia "incorporada" es psicoquímica y no posee representación psíquica de ningún tipo. Los instintos e impulsos, como vectores de acción, son psíquicos, aunque no necesitan ser representados centralmente. La totalidad cuerpo-psique regulada por el sistema nervioso responde a ellos mediante la acción. Por citar un ejemplo, el hambre es la representación psíquica de una deficiencia en las células, que, con la ayuda de las reacciones instintivas y sus combinaciones, pone en movimiento al organismo y lo impele a actuar. Pero sólo cuando el hambre está centralmente representado y es percibido por un Yo que ocupa el centro es que tenemos el comienzo de la conciencia, no cuando el instinto pone sencillamente en movimiento al cuerpo-total por medio de la acción refleja.

Centroversion, Yo y conciencia

Debemos ahora considerar el significado del Yo y la conciencia para la totalidad del organismo psicofísico, y su relación con la centroversión. Es innecesario decir que nuestro interés no es establecer el marco para una teoría de la conciencia, sino que sólo estamos intentando delinear algunos puntos de vista que han demostrado su importancia para el desarrollo psicológico del individuo y de lo colectivo.

La excitabilidad de la materia orgánica es una de las propiedades elementales que le facilitan su orientación en el mundo. Debido a su excitabilidad, el tejido nervioso se vuelve diferenciado y sus órganos se desarrollan. La conciencia, el sistema de control de la centroversión, se encuentra en coordinación con estos. Entre las funciones esenciales de un sistema de conciencia cuyo centro es el Yo se encuentran el registro y la combinación de los estímulos provenientes del exterior y del interior, las reacciones balanceadas antes ellos, y el almacenamiento de los estímulos y patrones de reacción. En el transcurso de millones de años de diferenciación se crearon relaciones cada vez más complicadas dentro de la estructura del organismo, pero también una necesidad también cada vez mayor de registro, control y balance. La mayoría de estos innumerables puntos de balance son inconscientes y están incorporados; es decir, son partes integrales de la estructura del sistema corporal. Pero con el incremento de la diferenciación las zonas bajo control empiezan a ser representadas con mayor frecuencia en el órgano de control de la conciencia. Esta representación toma la forma de imágenes, que son equivalentes psíquicos de los procesos físicos que tienen lugar en los órganos.

La conciencia del Yo es un órgano sensorial que percibe el mundo y el inconsciente por medio de imágenes, pero esta capacidad de formar imágenes es en sí misma un producto psíquico, no una característica del mundo. La formación de imágenes hace posibles la percepción y asimilación. Un mundo que no puede ser imaginado, un mundo no plástico como el de los animales inferiores, es por supuesto un mundo con vida; en éste hay instintos y el organismo como totalidad responde a ellos mediante acciones inconscientes. Pero un mundo así nunca es representado en un sistema psíquico que lo refleje y le dé forma. Aquí, la psique se va conformando a través de una serie de reflejos; responde a los estímulos con reacciones inconscientes, pero sin un órgano central en el cual sean representados los estímulos y las reacciones. Sólo en la medida que la centroversión se desarrolla y da lugar a sistemas de alcance y calibre cada vez mayores, es que obtenemos un mundo representado en imágenes, así como también un órgano –la conciencia- que percibe este mundo plástico de representaciones. El mundo psíquico de imágenes es una síntesis de experiencias del mundo externo y del mundo interno, tal como lo demuestra cualquier símbolo.

De este modo la imagen-símbolo psíquica "fuego", como algo "rojo", "caliente", "llameante", contiene tantos elementos de experiencia interna como de experiencia externa. "Rojo" posee no sólo la perceptible cualidad de rojez, sino también el componente emocional del calor como un proceso interno de excitación. "Abrasador", "caliente", "llameante", "brillante", etcétera, son más imágenes emocionales que perceptivas. Planteamos, por lo tanto, que el proceso físico de oxidación, el fuego, es experimentado con la ayuda de imágenes que derivan del mundo interior de la psique y que son proyectadas sobre el mundo exterior, más que experiencias del mundo externo que son sobre impuestas al interno. La reacción subjetiva ante el objeto siempre antecede a la objetiva, mientras que las cualidades objetivas del objeto permanecen en el trasfondo. En el curso del desarrollo humano el objeto se separa sólo gradualmente y con suma lentitud de la masa de proyecciones en que está envuelto, la cual se origina en el interior del mundo de la psique.

La centroversión, como función primaria de la psique, está en funcionamiento desde el inicio, y hace que los contenidos inconscientes se presenten ante la conciencia bajo la forma de imágenes. Ello conduce en primer lugar a la formación de imágenes simbólicas, y en segundo lugar a la reacción del Yo ante ellas. Llamamos a la formación de imágenes y a las reacciones de la conciencia ante ellas una expresión de centroversión, porque los intereses de la unidad psicofísica como totalidad se preservan con mayor efectividad con la ayuda de estos procesos que sin ellos. La representación central de la imagen en la conciencia le proporciona al individuo una experiencia más exhaustiva y completa del mundo interior y del mundo exterior, y a la misma vez una mejor orientación en cada aspecto de la vida. La reacción interna, esto es, el ajuste de la conciencia del Yo al mundo del instinto, parece haberse originado tan temprano como la reacción externa.

Cuando los instintos están centralmente representados, esto es, cuando aparecen como imágenes, Jung los llama arquetipos. Los arquetipos toman la forma de imágenes sólo cuando está presente la conciencia; en otras palabras, el autorretrato plástico de los instintos es un proceso psíquico de orden superior. Esto presupone un órgano capaz de percibir estas imágenes primordiales. Este órgano es la conciencia, que a este respecto está asociada con los símbolos del ojo, la luz y el sol, de modo que en la cosmogonía mitológica el origen de la conciencia y el advenimiento de la luz son uno y el mismo fenómeno.

En el periodo de los albores de la conciencia la percepción de imágenes resultaba en una inmediata acción refleja, porque la conciencia sólo asumía una posición pasiva con respecto al órgano ejecutivo del cuerpo, pero no estaba supraordinada a éste. El hecho de que su sustrato orgánico derive embriológicamente del ectodermo, muestra que la conciencia era una especie de órgano sensorial; aunque ya estaba diferenciada en dos direcciones y podía percibir imágenes provenientes tanto del exterior como del interior. Originalmente fue imposible para el Yo distinguir la fuente de dichas imágenes, debido a que en la etapa de *participation mystique* lo exterior no podía percibirse como distinto a lo interior; los dos juegos de imágenes se traslapaban, de modo que la experiencia del mundo coincidía con la experiencia interna.

Esta fase original, cuando la conciencia era un órgano sensorial, está señalada por la funciones de sensación e intuición, esto es, por las funciones perceptivas[364], que son las primeras en aparecer tanto en el desarrollo de los primitivos como en el del niño.

De esta manera, la conciencia evolutiva está al menos tan abierta a los estímulos internos como lo está a los estímulos externos. Pero es significativo que el órgano de registro que recibe estos estímulos del interior y del exterior se sienta, y necesariamente se sienta, alejado de estos, diferente y, como si fuera, extrínseca. Se sitúa como un sistema de registro a medio camino entre el mundo externo y el cuerpo como campo de excitación interna. Esta posición de separación en una condición fundamental de la conciencia, y constituye la esencia de su funcionamiento intensificar y diferenciar esta actitud aún más. En otras palabras, es una necesidad histórica para el órgano de registro y control al que llamamos conciencia diferenciarse en dos direcciones a la misma vez.

El sistema nervioso, en particular el sistema cerebroespinal cuyo exponente final es la conciencia, es un producto orgánico del inconsciente, designado para mantener el balance entre el mundo exterior y el mundo interior. El mundo interior abarca desde reacciones físicas y sus modificaciones, hasta las más intrincadas reacciones psíquicas. No es reactivo sólo a estímulos internos, no es sólo la máquina de estímulos que imaginan los materialistas, sino la fuente de movimientos espontáneos de todo tipo, que se manifiestan como impulsos y complejos, tendencias físicas y psíquicas. El sistema conciente y el Yo deben reconocer estas tendencias internas, balancearlas y ajustarlas al mundo externo, es decir, la conciencia tiene que proteger a la persona de los animales salvajes y de los estallidos del fuego, y al mismo tiempo controlar todas las constelaciones instintivas y proporcionarles satisfacción. Su responsabilidad y competencia consisten tanto en modificar el entorno para la producción de alimento, como en realizar modificaciones internas que adapten a lo colectivo las tendencias egocéntricas del individuo. En tanto el sistema de la conciencia del Yo funcione sólidamente, permanece como un órgano afiliado a la totalidad que combina en sí mismo las funciones ejecutivas y directivas.

El dolor y la incomodidad se encuentran entre los factores que más temprano contribuyen a la edificación de la conciencia. Son "señales de alarma" que envía la centroversión para indicar que el equilibrio inconsciente ha sufrido una perturbación. Estas señales fueron originalmente medidas de defensa que desarrolló el organismo, aunque la manera en que se desarrollaron es tan misteriosa como la de todos los demás órganos y sistemas. La función de la conciencia del Yo, sin embargo, no es únicamente percibir, sino asimilar estas señales de alarma, para cuyo propósito el Yo, incluso cuando sufre, tiene que mantenerse distante de ellas si quiere reaccionar apropiadamente. El Yo, manteniendo su distancia como centro de la conciencia que registra, es un órgano diferenciado que ejerce su función de control en interés de la totalidad, pero que no es idéntica a ésta.

Originalmente, el Yo fue sólo un órgano del inconsciente que, impelido y dirigido, persiguió los objetivos que éste le impuso, ya sea que fueran personales y vitales, tales como la satisfacción del hambre y la sed, o aquellos propios de la especie, como dominarse en la sexualidad. Los descubrimientos de la psicología profunda han aportado abundante evidencia que demuestra que el sistema conciente es un producto del inconsciente. De hecho, la profunda y extensa dependencia de este sistema con respecto de sus inconscientes fundamentos interiores es uno de los descubrimientos más importantes de los tiempos modernos. La importancia de esto está en correspondencia con la igualmente profunda y extensa dependencia externa del individuo con respecto a lo colectivo.

Aunque la conciencia es un producto del inconsciente, se trata de un producto muy especial. Todos los contenidos del inconsciente tienen, en tanto complejos, una tendencia específica, que consiste en imponerse. Como organismos vivientes, devoran a otros complejos y se enriquecen con su libido. Podemos ver cómo en los casos patológicos, en las ideas fijas o compulsivas, manías, en los estados de posesión, y nuevamente en todo proceso creativo donde "la obra" absorbe y deseca todos los contenidos extraños, un contenido inconsciente atrae hacia sí a todos los demás, los consume, los subordina y los coordina, formando con ellos un sistema de relaciones donde es él quien domina. También encontramos el mismo proceso en la vida normal, cuando una idea –amor, trabajo, patriotismo o cualquier otra- asciende a la cima y se impone a costa de las demás. Unilateralidad, fijación, exclusividad, etcétera, son las consecuencias de esta tendencia de todos los complejos a convertirse en el centro.

La peculiaridad del complejo del Yo, sin embargo, es doble; primero, a diferencia de los demás complejos, como centro de la conciencia tiende a la agregación y a agrupar al resto de complejos a su alrededor; y segundo, está orientado hacia la totalidad más que ningún otro complejo.

La centroversión se esfuerza de manera persistente en que el Yo no permanezca como un órgano del inconsciente, sino que se convierta cada vez más en el representante de la totalidad. Esto quiere decir que el Yo lucha en contra de la tendencia inconsciente que busca dominarlo, y en lugar de permitir que ésta lo posea, aprende a conservar su distancia en relación tanto al interior como al exterior.

Aunque en la esfera de la naturaleza los individuos son sacrificados por millares con el fin de preservar la voluntad de la especie que busca la propagación y variación, esta voluntad de la Gran Madre entra en conflicto cada vez mayor con la conciencia del Yo, quien no se ve a sí misma como simple ejecutora de la voluntad colectiva, sino más y más como una individualidad única que está en oposición a la voluntad colectiva de la Gran Madre.

Todos los instintos e impulsos, todos los atavismos, y todas las tendencias colectivas pueden aliarse entre sí con la imagen de la Gran Madre y oponerse al Yo. Desde que allí hay una gran variedad de contenidos, y el número de símbolos asociados con la Gran Madre es extraordinariamente grande, la imagen de la Gran Madre adquiere un surtido tan desconcertante de características que coincide con el inconsciente tal como está simbolizado por "las Madres", en *Fausto*.

El Yo tiene, en tanto el nacido al último, que luchar por su posición y asegurarla contra los asaltos de la Gran Madre interna y la Gran Madre externa. Finalmente tiene que ampliar sus territorios en una lucha prolongada y amarga.

Con la emancipación de la conciencia y el incremento de la tensión entre ella y el inconsciente, el desarrollo del Yo conduce a una etapa en la que la Gran Madre deja de aparecer como buena y amistosa para convertirse en la enemiga del Yo, la Madre Terrible. El lado devorador del uróboros se experimenta como la tendencia del inconsciente a destruir la conciencia. Esto es idéntico al hecho básico de que la conciencia del Yo tiene que extraer libido del inconsciente para asegurar su propia existencia, ya que, si no lo hace, su logro específico recae en el inconsciente, en otras palabras, es "devorada".

De este modo, el inconsciente no es en sí mismo destructivo y la totalidad tampoco lo experimenta así, sino sólo el Yo. Esto es muy importante en la medida que concierne al desarrollo futuro del Yo. Sólo durante las primeras etapas el Yo se siente amenazado y fugitivo, protestando porque el inconsciente sea destructivo. Posteriormente, cuando la personalidad se sienta aliada no sólo con el Yo, sino con la totalidad, la conciencia ya no se sentirá amenazada en el mismo grado que se sentía el Yo adolescente, y el inconsciente presentará entonces otros aspectos que no serán los de peligro y destrucción.

Lo que el Yo experimenta como destructividad es en primer lugar la arrolladora carga energética del inconsciente mismo, y en segundo lugar la fragilidad, propensión a la fatiga e inercia de su propia estructura conciente. Los dos elementos aparecen proyectados en el arquetipo del Antagonista.

El surgimiento de esta imagen induce al temor como reacción defensiva por parte del sistema conciente. Pero el auténtico hecho que puede tornarse visible como imagen muestra que la conciencia está fortaleciéndose y volviéndose más alerta. El nebuloso poder de atracción hasta aquí ejercido por el inconsciente se cristaliza en una cualidad negativa, reconocida como hostil a la conciencia y al Yo, y por lo tanto motiva la puesta en marcha de un mecanismo de defensa. El temor al inconsciente conduce a la resistencia y de esta manera a un fortalecimiento del Yo; de hecho siempre debemos considerar que el temor al inconsciente, y el temor en general, es un síntoma de la centroversión, que busca proteger al Yo.

La resistencia del Yo al inconsciente se transforma de miedo y lucha en la actitud desafiante de los "luchadores" –exponentes mitológicos de esta fase intermedia-, y finalmente en la actitud agresiva del héroe, que activamente comanda la posición de la conciencia contra el dragón del inconsciente.

En los mitos de los luchadores encontramos un claro ejemplo de las intenciones agresivas del inconsciente, de la Gran Madre que constituye la amenaza principal para la posición del Yo en la conciencia adolescente. El Yo, como centro de la conciencia que se sistematiza al servicio de la centroversión, se expone a las fuerzas desintegradoras del inconsciente. Debe tomarse en cuenta que la sexualidad es sólo una de estas fuerzas, y de ningún modo la más importante. La tendencia de los contenidos inconscientes a inundar la conciencia corresponde al peligro de ser "poseído", uno de los más grandes "peligros del alma" incluso en la actualidad. Un hombre cuya conciencia esté poseída por un contenido en particular tendrá un enorme dinamismo, precisamente el del contenido inconsciente; pero esto contrarresta la tendencia a la centroversión del Yo a trabajar por la totalidad en lugar de hacerlo por el contenido individual. En consecuencia el peligro de desintegración y colapso alcanza su punto máximo. La posesión por un contenido inconsciente acarrea la pérdida de conciencia y produce un efecto intoxicante, de modo que alguien que sea golpeado por éste se encuentra siempre bajo la influencia de la Gran Madre y se ve amenazado de sufrir el mismo destino de todos sus amantes juveniles: ya sea con afeminamiento y castración, si se transforma en ella, o con locura y muerte, si es desmembrado.

La creciente tensión entre el sistema de la conciencia del Yo y el sistema corporal inconsciente, es la fuente de la energía psíquica que distingue a los hombres de los animales. La centroversión que hace posible esta diferenciación e individualización es una expresión del principio creativo, y en la especie humana este principio lleva a cabo sus experimentos sobre el individuo, que es el portador del Yo.

El Yo y la conciencia son los órganos de la fuerza inconsciente de centroversión que crea unidad y balance dentro de esta unidad. No es que su objetivo sólo sea regulador; es también productivo. Está en la naturaleza del organismo no sólo mantener el status de totalidad mediante finos ajustes, sino desarrollar en sí mismo unidades más grandes y complicadas a través de la extensión del campo empírico con el cual entra en contacto.

Lo que hemos denominado como uróboros alimentario tiene que ser conducido a su realización mediante el principio creativo que opera en su interior desde un inicio. Este principio no sólo dirige el metabolismo de las fuerzas de la vida, no sólo balancea y compensa; también lleva al desarrollo de nuevas unidades, dando lugar a nuevos órganos y sistemas de órganos, e intentando nuevos experimentos creativos. Cómo sean puestas a prueba estas innovaciones en cuanto a su desempeño y capacidad de adaptación, es un problema secundario, a cuya solución el darwinismo ha contribuido de manera notable. Pero es otra cosa muy diferente explicar los experimentos creativos mismos. Aún no hemos tenido éxito en demostrar ni siquiera como remotamente probable que un órgano surge a partir de una acumulación de variaciones aleatorias infinitesimales. Es muy fácil explicar la diferenciación de los órganos de esta manera, pero no cómo es que surgieron a través de una gradual asociación.

La mitología representa el principio creativo como la naturaleza autogenerativa del uróboros, que está asociado con el símbolo de la masturbación creativa. Esta masturbación simbólica no tiene nada que ver con la posterior y marcada fase genital, sino que simplemente expresa la autonomía y autarquía del uróboros creativo, que se engendra a sí mismo, se embaraza a sí mismo, y da a luz a él mismo. La etapa del "circuito cerrado" se transforma en una de balance creativo, y, en lugar de la anterior pasividad extática, ahora asume el control autárquico una constelación dinámica. Aquí el símbolo apropiado no es la quieta esfera, sino "la rueda autopropulsada".

El desarrollo histórico y psicológico del hombre muestra que el rol del individuo es tan importante para la humanidad como lo es el rol del Yo y la conciencia para el inconsciente. En ambos casos, lo que originalmente adquiere existencia como el órgano e instrumento de la totalidad, termina poseyendo una actividad específica que, a pesar de los conflictos que esto produce, ha demostrado ser extremadamente fecunda en el amplio campo de la evolución.

La centroversión es una función innata, irreductible y unitiva, propia de la estructura psicofísica. Procurando la unidad, es al mismo tiempo la expresión de la unidad, y contribuye a la formación del Yo; es decir, produce al Yo como centro de un sistema conciente que se levanta sobre contenidos y funciones agrupadas alrededor de su núcleo.

Uno junto al otro, entonces, con los procesos de integración que unifican una masa de células individuales y sistemas celulares en la unidad cuerpo-psique, el proceso de diferenciación produce un sistema autónomo de conciencia separado del inconsciente. Ambos procesos son la expresión y efecto de la centroversión. El sistema conciente no es sólo el tablero central de control que establece relaciones entre el interior y el exterior; es al mismo tiempo una expresión del impulso creativo hacia la innovación que posee el organismo. Pero mientras que en el ámbito biológico y animal este impulso tiene que operar en espacios temporales casi infinitos, en la conciencia humana ha evolucionado un órgano ahorrador de tiempo por el cual las innovaciones pueden ponerse a prueba en periodos mucho más cortos. La cultura humana es producto de este impulso hacia la experimentación. En vista de la brevedad de la cultura humana nada definitivo puede afirmarse acerca de su éxito. Pero el hecho en cuestión es que durante el curso de este pequeño lapso temporal –en comparación con la evolución biológica-, en el cual la conciencia humana ha dado forma a la cultura humana, han tenido lugar los cambios más extraordinarios. Tecnología y ciencia, las herramientas de la conciencia, han creado una enorme cantidad de órganos artificiales, y el rápido crecimiento y gran variedad de innovaciones creativas son prueba de su superioridad cuando de comparan con la lenta formación y desarrollo de los órganos en biología. Los experimentos de la vida, al contar con la ayuda de la conciencia para desarrollar su trabajo creativo, parecerían haber tenido un golpe de suerte.

Al hacer hincapié en esto nos damos plena cuenta de que nuestra manera de hablar es antropológica y teleológica. Pero el hecho indiscutible de que la conciencia necesariamente se experimenta a sí misma como el exponente de los experimentos creativos de la totalidad tan pronto como empieza a examinarse a ella y a su historia, le proporciona nuevas justificación y consistencia a nuestro enfoque antropocéntrico. Es, después de todo, científicamente justificable considerar a la conciencia como uno de los órganos experimentales de la vida, más justificable en todo caso que comentar acerca del hecho fundamental de la existencia espiritual del hombre y pretender zanjar el tema con reflexiones y conductismos. Al postular un principio creativo al inicio de sus mitos de creación y situarlos en los comienzos del mundo, el hombre experimentó su propia –y por proyección, la de Dios- creatividad mucho antes de que la idea de la evolución creativa fuera descubierta.

En tanto vehículo de la tradición, la conciencia humana asume colectivamente el rol que anteriormente desempeñó el factor biológico. Los órganos ya no son heredados sino transmitidos. De este modo surge un mundo espiritual de conciencia que, al igual que la cultura humana, impone su independencia de la vida y la naturaleza. En este mundo espiritual, el individuo, como portador del Yo y del principio conciente asociado a éste, es lo más importante. El héroe es el prototipo del Yo maduro que lucha por liberarse de las garras de las fuerzas inconscientes. Él es el ejemplo, el Gran individuo, y todo desarrollo individual está modelado según él.

Antes de examinar los factores que hacen posible socavar la autoridad del inconsciente, debemos resumir brevemente las etapas que conducen desde el Yo germinal que está contenido en el inconsciente hasta la lucha del héroe. Al seguir las huellas de esta secuencia mitológica y simbólica sólo podemos sugerir tentativamente una interpretación en términos de energía psíquica.

La transición desde el uróboros hasta la Gran Madre se caracteriza por un Yo que ha dado un paso adicional en su desarrollo y por el fortalecimiento del sistema conciente, así como por la transición de la época no plástica a la época plástica.

La época plástica es la edad mitológica del ritual cósmico, que reencarna la secuencia de eventos cósmicos y mitológicos. Los arquetipos, como fuerzas cósmicas, aparecen sobre todo en las mitologías astrales, solares y lunares y los ritos sobre los cuales presiden. Ésta es la época de las grandes mitologías, cuando las figuras cósmicas de las deidades primordiales –Gran Madre y Gran Padre- se cristalizan a partir del fluido de la masa de poderes indeterminados, del "vasto y siniestro Dios de la prehistoria",[365] y comienzan a tomar la forma de dioses-creadores. La divinidad total uboŕica, imaginada como la perfección sin forma del "Dios supremo", es reemplazada por los dioses arquetípicos. Ellos, también, son proyecciones puras del inconsciente colectivo sobre los objetos más remotos posibles –los cielos. Desde que allí no hay todavía una conciencia del Yo desarrollada, tampoco ninguna individualidad efectiva, no puede haber relación entre el hombre y los eventos cósmicos que ocurren en "algún lugar celestial". Es como si al comienzo las figuras hubiesen sido todavía autónomas, reflejándose como dioses en el espejo de los cielos, sin haber pasado a través del filtro del hombre y su personalidad, o sin haber sufrido alteración alguna en ese tránsito.

Las mitologías que tratan sobre la creación del mundo, y las primeras grandes secuencias de los dioses y sus batallas, a menudo han llegado a nosotros procedentes de periodos posteriores después de haber sido elaboradas por la filosofía especulativa. Pero siempre se conservan los tempranos fundamentos mitológicos. Mitos y rituales locales surgen en incontables lugares, y todos contribuyen a moldear a los grandes dioses. La unificación de muchos cultos separados bajo una imagen divina más célebre, es de importancia secundaria. El elemento resaltante es que las deidades Madre y Padre, los dioses y diosas del cielo y la tierra, son adorados como figuras, como factores operativos que poseen un Yo por centro, al cual se le adscriben determinadas cualidades, y que ya no son más demonios difusos y mágicos con atributos humanos que acechan desde las sombras.

Una mirada al desarrollo histórico muestra una y otra vez cuán visible emerge la forma a partir de lo informe, lo definido a partir de lo indefinido, y cómo desde el nivel *daemónico*-animal surgen centros de fuerza, seres imbuidos de características específicamente humanas. El ejemplo más claro de esto es el desarrollo de los dioses de la religión griega. Los dioses del Olimpo constituyen el mejor ejemplo de esta progresiva configuración que va más allá de la etapa arcaica de vaga numinosidad,[366] aunque el mismo desarrollo puede verse en todas partes, pero quizá no con similar grado de claridad.

Los mitos de la época plástica indican una creciente humanización de la vida de los dioses y de la experiencia que tiene el hombre de ellos. Mientras que el numen primitivo era cósmico, cargado de un simbolismo cuyo contenido de poder oscurecía sus formas, ahora hay una gradual aproximación de lo divino a lo humano. Las batallas y eventos que antiguamente fueron concebidos entre los dioses ahora descienden a nivel humano.

Las primeras fases en la relación entre la conciencia del Yo y el inconsciente estuvieron marcadas por la dependencia y resistencia. En el uróboros, la etapa de no diferenciación con respecto al inconsciente aún podía experimentarse positivamente, pero en la etapa simbolizada por la Gran Madre, la dependencia del hijo, aunque si bien positiva al inicio, pronto asume una forma negativa.

El inconsciente urobórico que simboliza la Gran Madre es un sistema que tiene que aflojar su dominio sobre el Yo y la conciencia –o mejor dicho, tendría que aflojar su dominio si el desarrollo procediera sin fricciones.

Pero uno de los hechos que siempre se presenta en nuestra experiencia psíquica es que el crecimiento tiene lugar a trompicones. Se dan retenciones y bloqueos de la libido que deben ser rotos por una nueva etapa de desarrollo. Siempre el "viejo sistema" se mantiene en pie hasta que las fuerzas opositoras son lo suficientemente fuertes como para superarlo. Aquí, también, "la guerra es padre de todas las cosas". Los sistemas psíquicos poseen una estabilidad interna que Jung ha designado como inercia de la libido. Todo sistema –y todo arquetipo corresponde a un grupo definido de contenidos organizados dentro de un sistema- posee un impulso hacia la autopreservación que se pone de manifiesto en el dominio retentivo y posesivo que este sistema tiene sobre el Yo. La liberación y la libre actuación sólo se vuelven posibles cuando el sistema del Yo tiene mayor cantidad de libido a su disposición que el sistema retentivo, esto es, cuando la voluntad del Yo es lo suficientemente fuerte como para desprenderse del arquetipo.

Fases adicionales en el desarrollo del Yo

La creciente independencia de la conciencia sólo alcanza un punto de inflexión en el mito del héroe; hasta entonces está ensombrecida por sus orígenes inconscientes. En su progreso desde la autodestrucción urobórica hasta la resistencia adolescente, podemos discernir un constante aumento de la actividad del Yo y su polarización con respecto al inconsciente, que originalmente es experimentado como paradisíaco, luego como peligroso y fascinante, y finalmente como enemigo. Y dado que la actividad del Yo y la intensidad de su libido se incrementan, el simbolismo varía. Primero, los símbolos vegetales son los que más destacan, con su pasividad y terrenalidad. El joven es una deidad de la vegetación –flor, cereal, árbol. Su cosecha, muerte y resurrección en la floración de la semilla pertenece al ritmo natural del matriarcado. Su sexualidad es el instrumento de la fertilidad de la tierra, sigue la periodicidad de las épocas de celo, y no está relacionado con el mundo de la conciencia del Yo.[367]

El predominio del simbolismo vegetal significa no sólo el predominio fisiológico del sistema nervioso vegetativo (simpático); también denota, fisiológicamente, el predominio de aquellos procesos de crecimiento que ocurren sin la ayuda del Yo. Pero a pesar de la aparente independencia, el Yo y la conciencia se caracterizan en esta etapa, sin embargo, por su dependencia con respecto del sustrato determinante del inconsciente en el cual están enraizados, y también del sustento que éste les proporciona.

En la medida que la actividad del Yo se incrementa, el simbolismo vegetal es seguido de la fase animal, cuando el macho se experimenta a sí mismo como un animal con vida, activo y salvaje, aunque aún subordinado a "la señora de las bestias salvajes". Al principio esto podría sonar paradójico, ya que la fase animal aparentaría estar en correspondencia más con un fortalecimiento de las fuerzas inconscientes y no con un fortalecimiento del Yo.

En la fase animal, el Yo es de hecho en gran medida idéntico a sus componentes instintivos, los vectores del inconsciente. La "señora" es la fuerza directriz "detrás" de esta actividad, pero ahora el Yo masculino ya no es pasivo ni vegetativo: es activo y deseoso. La intencionalidad del Yo ha ganado consistencia, de modo que ya no es un caso de mi "soy impulsado" ni de mi "tengo la urgencia", sino de mi "yo quiero". El Yo, hasta aquí inactivo, se vuelve motivado por un instinto animal –en otras palabras, el ímpetu instintivo se comunica al Yo y a la conciencia, quienes después de asumirlo extienden su radio de acción.

La centroversión, durante su primera fase conciente, se pone de manifiesto como narcisismo, una generalizada sensación corporal en la cual la unidad del cuerpo es la primera expresión de individualidad. Esta relación mágica con el cuerpo es una característica esencial de la centroversión, y el amor por el propio cuerpo, su adorno y sacralización, constituyen la etapa más primitiva de la autoformación. Esto es evidente en la difundida práctica del tatuaje entre los primitivos, y el hecho de que el tatuaje individual no calce dentro del patrón colectivo estereotipado es una de las formas más tempranas de expresar la propia individualidad. El individuo se da a conocer y se distingue por medio de la forma específica que le da a sus tatuajes. El modo individual de tatuarse muestra su nombre, y también el nombre del círculo más íntimo con el cual se identifica –el clan, casta, secta o gremio profesional. La correspondencia mágica entre el mundo y el esquema corporal también pertenece a esta temprana fase narcisista. En esta conexión la tendencia a "encarnar" cualidades individuales y de desplegarlas sobre una persona está vigente incluso en la actualidad; varía desde el mundo del vestido y la moda hasta el atuendo militar, desde la corona hasta la insignia del regimiento.

Después de dejar atrás la etapa corporal narcisista, el Yo avanza a la etapa fálica donde la conciencia del propio cuerpo coincide con una masculinidad excitada y activamente deseante. La transición está marcada por numerosos fenómenos en los cuales las "etapas intermedias" están acentuadas.[368] Las figuras andróginas y hermafroditas de dioses y sacerdotes, y los cultos que enfatizan la bisexualidad original de la Gran Madre urobórica, caracterizan la transición de lo femenino a lo masculino.[369]

La perversión sexual es sólo una expresión mórbida del predominio de esta fase arquetípica, pero no es idéntica a ella, ya que junto a esta expresión mórbida hay otras positivas y productivas que operan sobre el amplio campo de la cultura.[370]

El falicismo[371] es simbólico de una etapa primitiva en la conciencia del hombre acerca de su masculinidad. Sólo gradualmente él se da cuenta de su propio valor y de su propio mundo. El hombre comienza como el copulador, no el engendrador; incluso cuando el falo es adorado por la mujer como el instrumento de fertilidad, se trata más del abridor del vientre –como es el caso de ciertos pueblos primitivos[372]- que del dador de la semilla, el portador de gozo más que de fecundidad.

La adoración del falo podría haber surgido junto con la adoración del dios fertilizador. El placer sexual y el falo son experimentados orgiásticamente sin una directa conexión que necesariamente los asocie con la propagación. La madre-virgen que concibe al dios, y las ménades adoradoras del falo, corresponden a dos diferentes formas de posesión, donde el falo y el dios procreador aún no son idénticos.

Mitológicamente, las deidades fálico-ctónicas son acompañantes de la Gran Madre, no representantes de la masculinidad específica. Psicológicamente esto significa que la masculinidad fálica está todavía condicionada por el cuerpo y de este modo bajo el control de la Gran Madre, de la cual continúa siendo el instrumento.

Aunque en la fase fálica el Yo masculino persigue conciente y activamente su especial meta, a saber la satisfacción del instinto, todavía es en gran medida el órgano del inconsciente que no puede comprender que la satisfacción sexual en el apareamiento no tiene nada que ver con la propagación; de hecho, la dependencia del instinto con respecto a la voluntad de la especie por la autopropagación permanece completamente inconsciente.

Mientras que el elemento fálico-ctónico del falicismo se vuelve cada vez más conciente, la masculinidad gana en fortaleza y autorrealización, y se desarrollan los componentes de poder agresivo y activo. Al mismo tiempo, los hombres –incluso cuando cuentan con el liderazgo social- pueden estar sometidos a la gran diosa ctónica de la fertilidad y adorarla a través de una representante femenina, debido al dominio de la Gran

Madre en el inconsciente masculino.

La creciente ascendencia del falicismo luego unifica a la familia bajo su mando, y finalmente llegamos a la lucha psicológica entre el matriarcado y el patriarcado, y a una modificación de la masculinidad.

La acentuación del Yo conduce desde la etapa urobórica a la hermafrodita, y luego a la narcisista, que es autoerótica en un comienzo y representa una forma primitiva de centroversión. La siguiente etapa es la de la masculinidad fálico-ctónica, dominada por la esfera corporal, que a su vez es seguida por una masculinidad en la cual la actividad de la conciencia se ha convertido en la actividad específica de un Yo autónomo. En otras palabras, la conciencia, en tanto "masculinidad superior de la cabeza", obtiene conocimiento de su propia realidad y se vuelve autoconciente. Esta masculinidad superior es la masculinidad del "falo superior", con la cabeza como sede de la realización creativa.

El desarrollo de la conciencia del Yo corre en paralelo a la tendencia a hacerse independiente del cuerpo. Esta tendencia encuentra su expresión más obvia en el ascetismo masculino, en la negación del mundo, en la mortificación del cuerpo y en la misoginia, y es ritualmente practicada en las ceremonias de iniciación de los adolescentes. La finalidad de todas estas pruebas de resistencia es fortalecer la estabilidad del Yo, la voluntad y la masculinidad superior, así como establecer un sistema conciente de superioridad sobre el cuerpo. Al elevarse por sobre éste y triunfar sobre sus dolores, temores y lujurias el Yo obtiene una experiencia fundamental de su espiritualidad viril. A estas tribulaciones se añade la iluminación por medio del principio superior espiritual, ya sea que éste sea transmitido por seres espirituales en visiones individuales o colectivas, o por la comunicación de doctrinas secretas.

El objetivo de toda iniciación, sin embargo, desde los ritos de pubertad hasta los misterios religiosos, es la transformación. En todas ellas se engendra el hombre espiritual superior. Pero este hombre superior es el hombre poseedor de conciencia o, tal como lo expresa el lenguaje litúrgico, de conciencia superior. En él, el hombre experimenta su pertenencia a un mundo espiritual y celestial. Ya sea que esta pertenencia asuma la forma de una apoteosis, o que el iniciado se convierta en uno de los hijos de Dios, o en un *sol invictus*, o que el héroe se transforme en estrella o en un ángel de las huestes celestiales, o que se identifique a sí mismo con el ancestro totémico, se trata de lo mismo. Siempre entra en alianza con el cielo, con la luz y el viento, símbolos cósmicos del espíritu que no es de esta tierra, incorpóreo y enemigo del cuerpo.

El cielo es el lugar donde habitan los dioses y los genios, y simboliza el mundo de la luz y la conciencia en contraste con el mundo terrenal, ligado al cuerpo, del inconsciente. Ver y conocer son las funciones distintivas de la conciencia, luz y sol los factores transpersonales celestiales que constituyen su condición superior, y ojo y cabeza los órganos físicos que están correlacionados con la discriminación conciente. De allí que en la psicología de los símbolos el alma espiritual descienda del cielo y que en el esquema psíquico corporal sea asignada a la cabeza, al igual que la pérdida de esta alma esté representada mitológicamente como ceguera, como la muerte del caballo-sol, o como precipitarse al océano –en otras palabras, el derrocamiento de la masculinidad siempre sigue el sendero de la regresión. Implica la disolución de la masculinidad superior en su forma fálica inferior y por lo tanto la pérdida de conciencia, de la luz del conocimiento, del ojo, y una recaída al mundo ctónico, ligado al cuerpo, de la animalidad.

El hecho de que el temor sea un síntoma de centroversión, una señal de alarma enviada para advertir al Yo, puede verse con mayor claridad en el miedo a la regresión a una forma de Yo antiguo que podría destruir al nuevo, y con él al nuevo sistema de conciencia del Yo. La "tendencia a la autopreservación" de un sistema determina su reacción placer-dolor.[373]

Las cualidades placenteras asociadas con la fase previa del Yo, una vez que ese sistema ha quedado atrás, se convierten en dolorosas para el Yo en la siguiente etapa. El incesto urobórico es placentero sólo para un débil núcleo del Yo que aún se encuentra envuelto en el uróboros. Pero en la medida que el Yo se fortalece, el placer urobórico se transforma en temor urobórico a la Gran Madre, desde que este placer entraña los peligros de la regresión y la castración matriarcal que podrían significar su extinción.

La conquista del temor es por lo tanto la característica esencial del Yo-héroe que se atreve a dar el salto evolutivo a la siguiente etapa y que, a diferencia del hombre promedio que se aferra al conservadurismo del sistema existente, no representa al inveterado enemigo de lo nuevo. En esto consiste la verdadera cualidad revolucionaria del héroe. Él solo, al dejar atrás la antigua etapa, logra deshacerse del temor y transformarlo en deleite.

B. La separación de los sistemas

(Etapas mitológicas: la separación del Mundo Parental y la lucha contra el dragón)

Centroversión y Diferenciación

El desarrollo progresivo de la personalidad está determinado por la división en los sistemas de conciencia e inconsciente, o mejor dicho, por su separación, tomando en cuenta que sólo en el desarrollo posterior de la conciencia occidental es que la separación asume la forma más peligrosa de escisión. Este desarrollo está representado mitológicamente en las etapas de la separación del Mundo Parental y en el Mito del Héroe, estando esta última contenida parcialmente en la primera.

A través de la separación del Mundo Parental, el cielo y la tierra se distinguen uno del otro, se crea la polaridad, y la luz es liberada. Se trata de una representación mitológica del Yo, equidistante del mundo inferior, femenino, de la tierra y el cuerpo, y del mundo superior, masculino, del cielo y el espíritu. Pero desde que la conciencia y el Yo siempre se experimentan a sí mismos como masculinos, este mundo-tierra inferior es tomado como el mundo de la Gran Madre, y en consecuencia hostil al Yo, mientras que el Yo siente al cielo como el mundo espiritual amigable, personificado posteriormente como el Padre Omnipotente.

La separación del Mundo Parental es la forma cósmica de la lucha del héroe, y retrata la emancipación del individuo en términos mitológicos. Esta primera etapa consiste en derrotar a la Gran Madre dragón, en liberar de su dominio al individuo y al sistema de la conciencia del Yo.

La formación de la personalidad puede ahora proseguir el curso de la centroversión, el cual, al combinar, sistematizar y organizar, acentúa la formación del Yo y al mismo tiempo hilvana los contenidos de conciencia originalmente difusos en un sistema singular.

El principal objetivo de la conciencia con respecto a sojuzgar las tendencias del inconsciente consiste básicamente en mantener la distancia, en consolidar y defender su posición, esto es, en fortalecer la estabilidad del Yo. En todo este tiempo el Yo está adquiriendo conciencia de sus diferencias y peculiaridades; la libido a disposición del sistema conciente ha aumentado –mediante procesos que serán descritos más adelante-, y desde la autodefensa pasiva el Yo se lanza a la actividad y a la campaña de conquista. En los mitos esta etapa comienza bajo el motivo de los Hermanos Gemelos.

Hemos mostrado en la sección donde tratábamos acerca del Macho Terrible cómo el Yo asimila el aspecto destructivo del poder masculino del uróboros y la Gran Madre y lo coordina con la personalidad y la conciencia. Una parte del arquetipo del Antagonista –una figura del inconsciente colectivo- es incorporada al sistema personal.

Este antagonista representa el poder de la oscuridad en tanto cualidad transpersonal, simbolizado por ejemplo en el antiguo Set egipcio, la serpiente Apopis o el jabalí asesino de hombres. Al principio, la conciencia del Yo del adolescente, pasiva o débilmente resistente, cae víctima de él: la carga energética del arquetipo es más fuerte y la conciencia del Yo se extingue. Durante la etapa de los hermanos gemelos, sin embargo, el adolescente experimenta una parte de esta fuerza destructiva como suya y personal. Ya no sigue siendo simplemente la víctima de la Gran Madre, sino que, a través de su automutilación y suicidio, asimila negativamente la tendencia destructiva que se ha vuelto en su contra. El Yo, desde su centro, obtiene el control sobre la tendencia agresiva del inconsciente y la convierte en una tendencia del Yo y en un contenido de conciencia; pero aunque las intenciones destructivas de la Gran Madre hacia el Yo se han vuelto ahora concientes, ella aún continúa manteniendo a la vista a su antiguo objeto. La resistencia del Yo a la Gran Madre y la realización conciente de su política destructiva van juntas. Al principio el Yo es abrumado por el contenido que nuevamente surge en su conciencia –a saber, el arquetipo del Antagonista-, y cae bajo su dominio. Sólo gradualmente, y únicamente hasta el grado en que el Yo reconoce esta tendencia destructiva ya no solamente como un contenido hostil del inconsciente, sino como una parte de él mismo, es que la conciencia comienza a incorporarlo, digerirlo y asimilarlo, en otras palabras, a hacerlo conciente. La destrucción es ahora separable de su antiguo objeto, el Yo, y se ha convertido en una función del Yo. El Yo ahora puede usar al menos una porción de esta tendencia en beneficio sus propios intereses. De hecho, lo que ha sucedido es que el Yo, tal como hemos dicho, "le voltea las tablas" al inconsciente.

La asimilación de las tendencias destructivas del inconsciente está cercanamente emparentada con las cualidades "negativas" de la conciencia. Esto se expresa no sólo en su capacidad de distinguirse del inconsciente y mantenerlo a distancia, sino también en utilizar esta capacidad en sus siempre renovados intentos de separar el *continuum* del mundo en objetos, haciéndolo de esta manera asimilable para el Yo. Los poderes asimilativos de la conciencia, que le permiten aprehender los objetos, primero como imágenes y símbolos, luego como contenidos y finalmente como conceptos, así como absorberlos y reordenarlos, presupone esta función analítica. A través de todo este proceso la tendencia destructiva del inconsciente se convierte en una función positiva de la conciencia.

En la función analítica-reductiva de la conciencia hay siempre un elemento activo de defensa en contra del inconsciente y en contra del peligro de ser dominado por él. Esta actividad negativa es obvia dondequiera que nos encontremos con el simbolismo de cuchillos, espadas, armas, etcétera. En numerosos mitos de la creación del mundo, cortar en pedazos al dragón precede a la construcción de un nuevo mundo con sus partes desmembradas. Al igual que el alimento debe trocearse antes de digerirlo e incorporarlo a la estructura del organismo, de igual modo el vasto *continuum* del mundo del uróboros debe desarticularse y dividirse en objetos que la conciencia pueda asimilar.

La tendencia urobórica del inconsciente a reabsorber todos sus productos destruyéndolos para volver a producirlos bajo una forma nueva, cambiada, se repite en el plano superior de la conciencia del Yo. Aquí, también, el proceso analítico precede a la síntesis, y la diferenciación es el principal requisito para una posterior integración.[374]

En este sentido, todo conocimiento descansa sobre un acto agresivo de incorporación. El sistema psíquico, y en un grado incluso mayor la conciencia misma, es un órgano de separación, digestión y luego reconstrucción de los objetos del mundo y el inconsciente, exactamente de la misma manera como nuestro sistema digestivo corporal descompone la materia fisio-químicamente y la utiliza para la creación de nuevas estructuras.

La actividad del héroe en su lucha contra el dragón es la de un Yo que actúa, que tiene voluntad y que discrimina, y que, sin estar más fascinado ni dominado, y abandonando su actitud juvenil de defensa pasiva busca el peligro, lleva a cabo nuevos y extraordinarios hechos y batalla para conseguir la victoria. La supremacía de la Gran Madre, el control que ella ejercía a través del poder instintivo del cuerpo, es sustituido por la autonomía del Yo, del hombre espiritual superior que posee una voluntad propia y obedece a su razón. La lucha fáustica por abandonar el mar y llegar a tierra simboliza el principal acto de la conciencia heroica, quien le arrebata un nuevo territorio al inconsciente y lo coloca bajo el mando del Yo. Al igual que en el nivel adolescente los elementos predominantes eran la pasividad, el miedo y la defensa del inconsciente, en el nivel heroico el Yo hace acopio de coraje y pasa a la ofensiva. Carece de importancia si esta ofensiva es introvertida o extravertida desde que ambos flancos son ocupados por la Gran Madre, ya sea que la llamemos naturaleza, el mundo o la psique inconsciente.

Llegamos ahora al incesto activo del héroe, la lucha y derrota de la Gran Madre. El carácter aterrorizador de este dragón consiste esencialmente en su poder de seducir al Yo y luego castrarlo y destruirlo en el incesto matriarcal. El temor a la disolución mantenía alejado al Yo de regresionar a la Gran Madre y al uróboros; era la reacción de protección del sistema del Yo en contra de la regresión. Pero cuando el Yo no está más en situación de permanecer en la etapa de "los luchadores", que aún están dominados por su miedo a la Gran Madre, es que debe conquistar el temor que alguna vez lo protegió y hacer precisamente aquello que más teme. Debe exponerse a las fuerzas aniquiladoras del Madre Dragón urobórica sin permitir que sea destruido por ellas.

Al vencer su miedo, y al entrar efectivamente en la Gran Madre urobórica, el Yo experimenta su masculinidad superior como una cualidad perdurable, inmortal e indestructible, y su temor se transforma en gozo. Esta conexión entre miedo y placer desempeña un rol decisivo en la psicología normal, pero es particularmente importante en la psicología de la neurosis. En esta etapa de desarrollo, y sólo en ésta, la sexualidad se convierte en el símbolo de una lucha por "situarse en lo más alto", y aquí la terminología adleriana del impulso de poder es completamente apropiada.[375] Pero perseverar en dicho simbolismo, tal como lo encontramos –conciente o inconscientemente- en muchos neuróticos, significa que la etapa arquetípica de la lucha contra el dragón aún no ha sido superada, y que el Yo está atrapado en ella. En muchos casos el fracaso no se expresa mediante el símbolo de la castración o el desmembramiento, tal como sucede en la etapa de la Gran Madre, sino por el símbolo de la derrota y el cautiverio, y ocasionalmente por la ceguera.

Al igual que la ceguera de Sansón y Edipo, el cautiverio, que en muchos mitos y cuentos de hadas asume la forma de ser comido, es una forma de fracaso superior al desmembramiento o la castración fálica. Superior, porque la derrota en esta etapa afecta a una conciencia del Yo más altamente desarrollada y más estable. De aquí que esta derrota no sea necesariamente final, como la castración y la muerte están obligadas a ser, y en cierto modo también la ceguera. El derrotado podría, por ejemplo, ser rescatado posteriormente por un héroe, con lo que la derrota podría terminar en victoria. La conciencia, aunque profundamente cansada, podría ser capaz de resistir el cautiverio hasta que llegue la ayuda. Las diferentes formas que asume el rescate corresponden a las diferentes formas de progresión. Por ejemplo, Edipo continúa siendo un héroe a pesar de que regresiona trágicamente a la madre, Sansón trasciende su derrota y muere victoriosamente, Teseo y Prometeo son liberados de sus ataduras por Hércules, etcétera.

Igualmente, el Yo-héroe que cae en batalla no es destruido en tanto personalidad individual, en el sentido de que el Yo sea anulado en un incesto urobórico o matriarcal. Al atravesar las etapas arquetípicas de la mitología, el Yo avanza hacia el objetivo de la lucha contra el dragón, que, tal como hemos visto, significa inmortalidad y eternidad. La obtención de algo suprapersonal e indestructible a través de esta lucha es el significado último y más profundo del tesoro, al menos en lo que respecta al desarrollo de la personalidad.

No es nuestra intención repetir aquí lo que ya se dijo en la Parte I acerca de la separación del Mundo Parental, la creación de la luz y el mito del héroe en relación al desarrollo y diferenciación de la conciencia. Nuestro objetivo psicológico es, sobre todo, indicar algunos de los medios por los cuales el Yo se separa del inconsciente para constituirse en un sistema relativamente independiente; en otras palabras, cómo se forja la personalidad individual. Tenemos que examinar cómo lo personal y lo individual se emancipan de lo transpersonal y colectivo

La fragmentación de los arquetipos

La separación de la conciencia del inconsciente puede efectuarse por cualquiera de los siguientes medios: (1) la fragmentación –separación o escisión- de arquetipos y complejos, (2) la devaluación o deflación del inconsciente; (3) la personalización secundaria de los contenidos que fueron originalmente transpersonales; (4) el agotamiento de los componentes emocionales capaces de abrumar al Yo; (5) procesos abstractos por los cuales el inconsciente primero se representa como una imagen, luego como una idea y finalmente es racionalizado como concepto. Todas estas diferenciaciones ayudan a la formación, desde un difuso inconsciente transpersonal que no tiene conocimiento de los individuos y es puramente colectivo, a un sistema de personalidad cuyo más alto representante se encuentra en la conciencia del Yo.

Con el fin de rastrear el desarrollo de la conciencia tenemos que realizar una necesaria distinción entre dos componentes del inconsciente. Esto implica dividir el contenido material del inconsciente colectivo de sus contenidos dinámicos o emocionales. El arquetipo no sólo representa, en tanto imagen, algún contenido más o menos accesible a la conciencia, sino que también tiene, independientemente de sus contenidos o en asociación con estos, un efecto emocional y dinámico sobre la personalidad. Lo que hemos llamado "la fragmentación de los arquetipos" es un proceso por el cual la conciencia busca extraer del inconsciente el contenido material de los arquetipos con el fin de satisfacer las necesidades de su propio sistema.

Rudolph Otto, en su descripción de lo numinoso, lo denomina el misterio asombrador, fascinante y beatífico, "lo sagrado Otro", lo Santo.[376] Esto *numinosum* es la experiencia central del Yo con respecto a cualquier y a todo arquetipo; es la experiencia básica que el Yo tiene del inconsciente colectivo y del mundo sobre el cual se proyectan los arquetipos. Es como si el mundo del inconsciente fuera, en efecto, una extensión de lo numinoso, como si la inconcebible multiplicidad de sus aspectos se hubiesen dividido en figuras separadas del inconsciente colectivo con la finalidad de volverse objeto de experiencia del Yo, ya sea de manera sucesiva o agregada. En el curso del desarrollo, esto es, durante la fase de transición de la etapa no plástica a la plástica, el inconsciente colectivo se atomiza en el mundo pictórico de las imágenes arquetípicas, y la misma línea de desarrollo conduce a la posterior fragmentación de los arquetipos.

Agotamiento de los componentes emocionales: racionalización

La fragmentación ocurre en el sentido de que, para la conciencia, el arquetipo primordial se descompone en un gran grupo de arquetipos y símbolos relacionados. O mejor dicho, este grupo puede ser pensado como la periferia que rodea a un centro desconocido e intangible. Los arquetipos y símbolos que se han separado ahora son aprehendidos y asimilados con mayor facilidad, de modo que ya no dominan a la conciencia del Yo. Esta múltiple experiencia de los arquetipos, uno después de otro y desde lados diferentes, es el resultado de un desarrollo en el curso del cual la conciencia aprende a protegerse de los efectos del arquetipo primordial. La grandeza numinosa del arquetipo, tal como originalmente la experimentó el hombre primitivo, es la unidad del grupo arquetípico de símbolos a través del cual éste ahora se manifiesta, además de una cantidad desconocida que desaparece en el proceso.

Tomemos como ejemplo al arquetipo de la Gran Madre. Combina en sí una desconcertante variedad de aspectos contradictorios. Si consideramos estos aspectos como cualidades de la Gran Madre y los enumeramos como cualidades del arquetipo, entonces tenemos el resultado del proceso que estamos describiendo. Una conciencia desarrollada puede reconocer estas cualidades, pero originalmente el arquetipo actuó masivamente sobre el Yo, con toda la profusión indiferenciada de su naturaleza paradójica. Esta es la principal razón por la que el Yo sea arrollado, y la conciencia se vea desorientada, por el arquetipo, cuyo surgimiento desde las profundidades es siempre nuevo, diferente, inesperado y terriblemente vívido.

De este modo la Gran Madre es urobórica: terrible y devoradora, benéfica y creativa; una ayudante, pero también cautivadora y destructiva; una hechicera enloquecedora, pero aún así portadora de sabiduría; bestial y divina, ramera voluptuosa y virgen inviolable, inmemorialmente vieja y eternamente joven.[377]

Esta original bivalencia del arquetipo con la yuxtaposición de sus opuestos se hace pedazos cuando la conciencia separa el Mundo Parental. A la izquierda, se alinea una serie negativa de símbolos –Madre Mortífera, Gran Meretriz de Babilonia, Bruja, Dragón, Moloch; a la derecha, una serie positiva en la que encontramos a la Madre Buena, quien, en tanto Sophia o Virgen, da a luz y nutre, y conduce por el camino del renacimiento y la salvación. Aquí Lilith, allí María; aquí el sapo, allí la diosa; aquí un pantano de sangre, allí el Eterno Femenino.

La fragmentación del arquetipo se representa en los mitos como la acción del héroe; sólo cuando él ha separado el Mundo Parental es que la conciencia puede nacer. Podemos seguir los detalles de este proceso de fragmentación en el mito del héroe. Al principio la lucha contra el dragón está dirigida contra el arquetipo primordial del uróboros, pero una vez que éste ha sido dividido la lucha debe ser dirigida contra el padre y la madre, y finalmente se alcanza una constelación cuando la dicotomía se vuelve absoluta. En contra del héroe se alinean el Padre Terrible y la Madre Terrible; a su favor, el Padre-Dios creativo y la Diosa Virgen. De este modo el mundo informe del uróboros se convierte en el mundo humano, conducido a la forma por medio de la vida del héroe. El hombre, moldeándose a sí mismo según el héroe, encuentra ahora su justo lugar entre los ámbitos superior e inferior.

El poder del arquetipo primordial de la Gran Madre se encuentra en su estado original cuando todo está entremezclado e indiferenciado, imposible de ser aprehendido porque todo está en permanente fluir. Sólo después las imágenes emergen de esta unidad basal para formar un grupo de arquetipos y símbolos relacionados que giran alrededor de este centro indescriptible. La cantidad de imágenes, cualidades y símbolos es esencialmente un producto de la fragmentación causada por una conciencia que percibe, discrimina, divide y registra desde la distancia. *Determinatio est negatio*. La multiplicidad de imágenes corresponde a la multiplicidad de actitudes y posibles reacciones de la conciencia, lo que está en contraste con la original reacción total propia del hombre primitivo.

El arrollador dinamismo del arquetipo ahora es mantenido a raya: ya no deja escapar paroxismos de pánico, locura, éxtasis, delirio y muerte. El insoportable blanco resplandor de la luz primordial se descompone por obra del prisma de la conciencia en un arcoiris multicolor de imágenes y símbolos. De este modo, a partir de la imagen de la Gran Madre, la Madre Buena es separada, reconocida por la conciencia y establecida en el mundo conciente como un valor. La otra parte, la Madre Terrible, en nuestra cultura está reprimida y en gran medida excluida del mundo conciente. Esta represión tiene como resultado que, mientras que el patriarcado se desarrolla, la Gran Madre se convierta simplemente en la Madre Buena, consorte de Padres-Dioses. Su oscuro lado animal, su poder como la Gran Madre urobórica, está olvidado. Además en todas las culturas occidentales, incluyendo aquellas de la antigüedad, hay vestigios de consortes femeninas junto a las deidades paternas que las han suplantado. Sólo en los tiempos recientes se han laboriosamente redescubierto antiguos cultos maternales, y estaba reservado a una época versada en psicología profunda excavar el mundo primitivo de la Madre Terrible y Urobórica. Su represión fue comprensible y necesaria desde el punto de vista del patriarcado y de un desarrollo de conciencia con fuertes tendencias patriarcales. La conciencia del Yo tuvo que consignar estos aspectos al olvido porque su miedo al abismo estaba incómodamente todavía muy cerca: aunque tuvo éxito en su lucha contra el dragón, los terrores de su lucha aún estaban vivos. De allí que la conciencia, temiendo que el "conocimiento real" significara atraer el destino de la regresión que le acaeció a Edipo, reprimiera a la Esfinge y con eufemísticas imprecaciones entronizara a la Gran Madre.

La fragmentación de los arquetipos no debe concebirse bajo ningún aspecto como un proceso analítico conciente. La actividad de la conciencia produce un efecto diferenciado sólo debido a la variedad de posibles actitudes que ella pueda adoptar. El surgimiento de un grupo de arquetipos separados del arquetipo básico, y del correspondiente grupo de símbolos, es la expresión de procesos espontáneos en los cuales la actividad del inconsciente continúa intacta. Para el Yo conciente estos arquetipos y símbolos aparecen como productos del inconsciente, incluso cuando hayan sido constelados por la situación conciente en su conjunto. En la medida que la conciencia fracase en constelar el inconsciente, no aparecerán símbolos ni arquetipos diferenciados. Mientras más aguda sea la sistematización de la conciencia, con mayor precisión se constelarán los contenidos del inconsciente. Es decir, las manifestaciones del inconsciente varían según la intensidad y amplitud de la mente conciente. El crecimiento de la conciencia y el incremento de su carga energética ayudan a la diferenciación del arquetipo, permitiendo enfocar con mayor exactitud a éste y a los nexos arquetípicos que hay entre los símbolos. De allí que la actividad de la conciencia sea de la mayor importancia; pero todas las manifestaciones visibles permanecen, al igual que el símbolo mismo, dependientes de la espontaneidad del inconsciente.

La descomposición del inconsciente amorfo en la imagen del mundo de los arquetipos, les permite a estos ser representados y percibidos por la conciencia. Ya no más los "oscuros" impulsos e instintos ejercen completo control sobre la totalidad; en su lugar, la percepción de una imagen interna produce una reacción por parte del Yo conciente. Originalmente esta percepción hacía estallar una reacción total muy similar a un reflejo, como por ejemplo el "terror pánico" que suscitaba la imagen de Pan.

La reacción postergada y la desemotividad corren en paralelo a esta división del arquetipo en grupos de símbolos. El Yo deja de ser arrollado y la conciencia se vuelve más capaz de asimilar y comprender los símbolos individuales. El mundo se torna más claro, la orientación es ahora posible y la conciencia gana amplitud. Una deidad primordial anónima y amorfa es inconcebiblemente aterrorizante; es extraordinaria e inalcanzable, incomprensible e imposible de manipular. El Yo experimenta su informidad como algo inhumano y hostil, si es que alguna vez afronta siquiera la imposible tarea de experimentarla. De modo que a menudo encontramos en el inicio un dios inhumano bajo la forma de alguna bestia, o como algún engendro monstruoso y horriblemente anómalo. Estas espantosas criaturas son expresión de la incapacidad del Yo de experimentar la inconmensurabilidad de la deidad primordial. Mientras más antropomórfico se vuelve el mundo de los dioses, más cercano al Yo se vuelve éste y mayor la pérdida de su carácter abrumador. Los dioses Olímpicos son mucho más humanos y familiares que la primitiva diosa del caos.

Durante este proceso, la deidad primordial se subdivide en distintos dioses, cada uno con su propia individualidad. Dios ahora se experimenta y se revela bajo tantos aspectos como dioses hay. Esto significa que los poderes de comprensión y expresión del Yo se han incrementado de modo notable. La creciente diferenciación de los cultos muestra que el hombre ha aprendido a "lidiar con" la deidad en la forma de dioses individuales. Él conoce qué es lo que ellos quieren y sabe cómo manipularlos. Todo dios que pueda ser visto y manipulado ritualmente representa una porción ganada por la conciencia, una porción inconsciente hecha conciente.

Es un hecho conocido que los dioses "funcionales" de la religión eventualmente se convierten en funciones de conciencia. Originalmente, la conciencia no tenía a su disposición libido suficiente como para llevar a cabo cualquier actividad por "voluntad propia" –sembrar, cosechar, cazar, hacer la guerra, etcétera-, y se veía obligada a invocar la ayuda del dios que "comprendía" esas cosas. Por medio de la invocación ceremonial el Yo activaba la "ayuda del dios", y de este modo conducía el flujo de la libido desde el sistema inconsciente hacia el sistema consciente. El progresivo desarrollo de la conciencia asimila a los dioses funcionales, que siguen viviendo como cualidades y capacidades del individuo conciente que siembra, cosecha, caza y hace la guerra cómo y cuándo quiere. Es evidente, sin embargo, que si la manipulación conciente no tiene éxito, como en la guerra, entonces el dios de la guerra continúa actuando como un dios funcional incluso hoy en día.

Así como una simbólica multiplicidad de dioses rodean al Dios primordial, de igual modo, mientras que la conciencia se desarrolla, cada arquetipo se rodea de su propio grupo de símbolos. La unidad original es descompuesta en un sistema solar de arquetipos y símbolos agrupados alrededor de un arquetipo nuclear, y el nexo arquetípico del inconsciente colectivo avanza hacia adelante, saliendo de la oscuridad a la luz.

Nuevamente, al igual que el sistema digestivo descompone la comida en sus elementos básicos, de igual manera la conciencia descompone al gran arquetipo en grupos y símbolos arquetípicos que posteriormente los poderes perceptivos y organizativos de la mente conciente podrán asimilar como atributos y cualidades separados. Mediante la abstracción progresiva los símbolos se convierten en atributos de variada importancia. De esta manera, la naturaleza animal de la deidad arquetípica aparece al lado de ésta como su "animal de compañía". Con la posterior racionalización, el elemento "humano" –esto es, su parentesco con el Yo- pasa con tanta notoriedad al frente que el dios frecuentemente lucha contra este animal, el lado animal de él mismo.[378] Si la abstracción o agotamiento del contenido del símbolo mediante la asimilación consciente es llevada aún más allá, entonces el símbolo se transforma en una cualidad. Por ejemplo, Marte, cuyo original significado, como el de cualquier otro dios, era excesivamente complejo, se convirtió en la cualidad "marcial". Esta fragmentación del grupo simbólico tiende en dirección a la racionalización. Mientras más complejo sea un contenido, menos podrá la conciencia aprehenderlo y evaluarlo, ya que la estructura de la segunda es tan unilateral que sólo podrá arrojar luz y obtener claridad sobre una zona limitada del primero. A este respecto la conciencia está constituida de la misma manera que el ojo. Hay un punto donde la visión alcanza su máxima agudeza, y grandes zonas que sólo puede percibir con claridad después de continuos movimientos del ojo. De la misma manera, la conciencia sólo puede mantener enfocado un pequeño segmento; en consecuencia tiene que descomponer un contenido de gran extensión en aspectos parciales, experimentándolos de a pocos, uno después de otro, y después aprender a obtener una visión sinóptica de la totalidad del terreno a través de comparaciones y abstracciones.

La importancia de esta fragmentación resulta particularmente clara en el caso de un contenido bivalente tal como hemos mostrado en el caso del arquetipo de la Gran Madre. Vimos que la personalidad tiene una tendencia bivalente cuando las pautas positivas y negativas se presentan en ella de modo simultáneo, esto es, amor y odio hacia el mismo objeto. El estado de bivalencia, que es innato en los primitivos y en los niños, corresponde a un contenido bivalente compuesto por elementos positivos y negativos. La estructura antitética de dicho contenido hace que la orientación conciente sea imposible y eventualmente conduce a la fascinación. La conciencia retorna continuamente a este contenido, o a la persona que lo encarna o que es portadora de la proyección, y es incapaz de apartarse de él. Constantemente se producen nuevas reacciones, la conciencia se siente en una encrucijada, y las reacciones afectivas empiezan a aparecer. Todos los contenidos bivalentes que simultáneamente atraen y repelen actúan de la misma manera sobre el organismo en conjunto y generan poderosas reacciones afectivas, ya que la conciencia cede, regresiona y los mecanismos primitivos ocupan su lugar. Las reacciones afectivas que resultan de la fascinación son peligrosas; equivalen a una invasión del inconsciente.

Una conciencia avanzada, por lo tanto, dividirá el contenido en sus cualidades dialécticas o contrarias. Antes de su división, el contenido no es ni bueno ni malo; se encuentra más allá del bien y del mal, atractivo y repelente, motivo por la cual irrita a la conciencia. Pero si hay una división en bien y mal la conciencia puede asumir una actitud. Acepta y rechaza, se orienta ella misma, y de este modo se libra del alcance de la fascinación. Este sesgo conciente hacia la unilateralidad se refuerza por los procesos de racionalización antes mencionados.

Racionalización, abstracción y desemotividad son todas expresiones de la tendencia "devoradora" de la conciencia del Yo a asimilar los símbolos de a pocos. Dado que el símbolo es descompuesto en contenidos concientes, pierde su efecto compulsivo, su significado convincente, y se vuelve pobre en libido. De este modo, los dioses griegos ya no son para nosotros, como sí lo fueron para los griegos, fuerzas vivientes y símbolos del inconsciente que requerían una aproximación ritual; ellos han sido descompuestos en contenidos culturales, principios concientes, datos históricos, asociaciones religiosas, y así sucesivamente. Ellos existen como contenidos de conciencia y ya no más –o sólo en casos especiales- como símbolos del inconsciente.

Sin embargo, sería erróneo decir que la conciencia posee una naturaleza que procura destruir el alma, ya que no debemos olvidar que la conciencia construye al mismo tiempo un mundo nuevo y espiritual en el que, una vez transformadas, asigna un nuevo lugar a las venerables pero peligrosas figuras del inconsciente.

Este proceso de racionalización, que le permite a la conciencia formar nuevos conceptos y adoptar una visión consistente del mundo, llega en la etapa final de un desarrollo que sólo está comenzando a realizarse en el hombre moderno.

La formación de símbolos y grupos de símbolos desempeñan un rol fundamental para ayudar a la conciencia a comprender e interpretar el inconsciente, y, para el hombre primitivo, el componente racional de un símbolo es particularmente importante. El símbolo actúa sobre la totalidad de la psique, y no únicamente sobre la conciencia; pero con la expansión de la conciencia también se produce una modificación y diferenciación de la acción del símbolo. El contenido complejo del símbolo todavía sigue "poseyendo" a la conciencia, pero, en lugar de arrollarla, ahora la conciencia, absorta, dirige toda su atención hacia el símbolo. Mientras que su original efecto arquetípico dejó a la conciencia, por decirlo de algún modo, fuera de combate, y la condujo a una primaria e inconsciente reacción total, el efecto posterior del símbolo es estimularla y vigorizarla. Su significado intrínseco se dirige directamente a la mente y la conduce a la reflexión y comprensión, precisamente porque activa más que el simple afecto y la emotividad. Ernst Cassirer ha demostrado fehacientemente cómo el lado intelectual, cognitivo y conciente del hombre se desarrolla a partir de las "formas simbólicas",[379] que desde el punto de vista de la Psicología Analítica constituyen expresiones creativas del inconsciente.

De este modo, la emancipación de la conciencia y la fragmentación de los arquetipos están lejos de ser un proceso negativo en el sentido de que el hombre primitivo experimenta un mundo "animado", el mismo que el hombre moderno sólo conoce como "abstracto". La pura existencia en el inconsciente, que el hombre primitivo comparte con el animal, es en realidad no humana y prehumana. El hecho de que el despertar de la conciencia y la creación del mundo sean procesos paralelos que producen el mismo simbolismo, indica que el mundo "existe" sólo en el grado en que sea conocido por un Yo. Un mundo diferenciado es el reflejo de una conciencia autodiferenciada. Los múltiples arquetipos y grupos simbólicos separados de un arquetipo primordial, son idénticos al mayor grado de experiencia, conocimiento e insight del Yo. Bajo el impacto total de la experiencia en el periodo de los albores, no pudo reconocerse ninguna forma en particular, ya que la tremenda fuerza que ello implicaba extinguió al Yo en una especie de convulsión numinosa. Pero una conciencia humana mejor informada puede experimentar, en la multiplicidad de religiones y filosofías, teologías y psicologías, las innumerables facetas y significados de lo numinoso, ahora diseccionado en imagen y símbolo, atributo y revelación. Es decir, aunque la unidad primordial sólo pueda experimentarse fragmentariamente, al menos ha ingresado al radio de alcance de la conciencia, mientras que para el Yo aún no desarrollado sigue siendo completamente abrumadora.

Una conciencia autodiferenciadora implica que el complejo del Yo se puede asociar con cualquier número de contenidos diferenciados y de este modo adquirir experiencia. La experiencia primitiva es total, pero no está asociada con un complejo del Yo y, en consecuencia, no puede convertirse en experiencia personal que pueda ser recordada. Lo que hace de la auténtica psicología infantil algo tan extraordinariamente difícil de describir, es el hecho de que no hay un complejo del Yo desarrollado capaz de adquirir experiencia, o al menos de recordarla. Por esta razón la psicología infantil, al igual que la del hombre primitivo, es más transpersonal que personal.

La mayor emotividad de los niños y los primitivos puede conducir con facilidad a la extinción del complejo del Yo, ya sea porque esta emotividad sea original, como en el niño, o porque irrumpa en la conciencia bajo de la forma de un afecto. Si imaginamos que la función conciente, con el fin de operar adecuadamente, debe poseer cierto lastre específico de libido, pero no más que eso, entonces es obvio que una sobrecarga de libido desestabilizará la función y finalmente causará su falla total, de modo que no habrá posibilidad de que el Yo tenga experiencia ni memoria.

Un factor concomitante a la fragmentación de los arquetipos y que, al igual que ésta, ayuda al crecimiento permanente de la conciencia del Yo, es la tendencia en el hombre a agotar sus reservas originales de emotividad a favor de su razón. Este agotamiento de los componentes emocionales acompaña su avance evolutivo desde la etapa de hombre medular hasta la de hombre cortical. Las emociones y los afectos están ligados a los niveles inferiores de la psique, los más cercanos a los instintos. La tonalidad afectiva básica, que de aquí en adelante describiremos como componentes "emocionales-dinámicos", tiene sus raíces orgánicas en las partes más primitivas del cerebro, a saber, la región medular y el tálamo. Desde que estos centros están ligados al sistema nervioso simpático, los componentes emocionales siempre estarán íntimamente asociados con los contenidos inconscientes. De allí el círculo vicioso al que nos referimos de continuo: los contenidos inconscientes producen emociones, y las emociones a su vez activan contenidos inconscientes. La conexión entre las emociones y los contenidos inconscientes con el sistema nervioso simpático halla su base fisiológica en este punto. La emoción se manifiesta simultáneamente con una alteración de las secreciones internas, la circulación, la presión sanguínea, respiración, etcétera, pero, igualmente, los contenidos inconscientes excitan, y en los casos neuróticos perturban, al sistema nervioso simpático, ya sea directamente o indirectamente, a través de las emociones producidas.

La tendencia evolutiva señala con claridad que el hombre medular está siendo sustituido por el hombre cortical. Esto puede verse en la continua deflación del inconsciente y en el agotamiento de los componentes emocionales. Es sólo ahora, con la crisis del hombre moderno del presente, cuya sobre acentuación de su lado conciente, cortical, ha conducido a una excesiva represión y disociación del inconsciente, que se vuelve necesario para él "revincularse" con la región medular. (*Véase Apéndice II.*)

El hombre situado en los albores de la conciencia vive al máximo sus afectos y emociones. No debemos olvidar que los "complejos", aquellos contenidos del inconsciente que influencian nuestras vidas en grado extraordinario, han sido explícitamente caracterizados como de tonalidad afectiva. La tendencia de todos los complejos de aferrarse a nuestros afectos, conforma la base de los experimentos de asociación de Jung. Los disturbios en la estructura racional de la conciencia que se ponen de manifiesto durante estos experimentos, y la excitación física mostrada en los experimentos psicogalvánicos, se deben al componente emocional de los complejos y a los afectos que producen, lo que de inmediato conduce a su detección.[380]

La evolución humana va desde el hombre primitivo emocional hasta el hombre moderno, cuya conciencia expandida lo protege –o intenta proteger- de estos accesos de emotividad primitiva. Pero en la medida que el hombre situado en los albores de la conciencia continúa viviendo en *participation mystique* con sus contenidos inconscientes, y dado que su sistema conciente es incapaz de existir independientemente del inconsciente, los componentes materiales y dinámicos están tan cercanamente ligados unos de los otros que podemos hablar de identidad y completa fusión entre ellos. O también podemos expresarlo diciendo que la percepción y la reacción instintiva es una y la misma. La aparición de una imagen –el componente material- y la reacción instintiva que afectó a la totalidad del organismo psicofísico –el componente dinámico-emocional- actúan unidos a la manera de un arco reflejo. Originalmente, por lo tanto, una imagen perceptual del interior o del exterior resultaba en una reacción inmediata. En otras palabras, el emparejamiento de la imagen con el componente dinámico-emocional instantáneamente producía huida o ataque, un acceso de furia, parálisis, etcétera.

Esta reacción primitiva y el emparejamiento de los dos componentes cesan en la medida que la conciencia se fortalece. Con el constante desarrollo del cerebro, el reflejo instintivo es postergado por la intervención conciente en la forma de reflexión, deliberación, entre otros. Gradualmente la reacción instintiva es sustituida por la conciencia.

Hay, sin embargo, dos lados de esta sustitución de la reacción original, total, por la reacción discontinua, diferenciada, "fragmentaria" del hombre moderno. La pérdida de reacción total es lamentable, especialmente cuando conduce al espécimen apático, muerto en vida, de la actualidad, quien ya no responde a nada vital excepto cuando está re-colectivizado y quien, como parte de una masa, o, depravado por técnicas especiales, revierte a lo primitivo. Sin embargo, la total reactividad del hombre primitivo tampoco es un asunto que se preste a romanticismos. Debemos darnos cuenta de que, al igual que el niño, el primitivo fue forzado a una reacción total por cualquier y por todos los contenidos inconscientes que emergieron, y que, dominado por su emotividad y las imágenes subyacentes, actuaba como una totalidad, pero sin libertad.

Por esta razón la tendencia antiemotiva de la conciencia, siempre que no sea llevada a extremos, es una completa bendición para la humanidad. La impulsividad del hombre primitivo y de los hombres sumergidos en la masa, que son susceptibles de lanzarse en estampida hacia la acción catastrófica ante la menor provocación, es tan peligrosa, tan impredecible en su susceptibilidad "sin sesos", que es muy deseable para la comunidad que esto sea reemplazado por directivas concientes.

La conciencia tiene que resistir estas reacciones instintivas porque las fuerzas ciegas del instinto pueden dominar con facilidad al Yo, contra las cuales el sistema conciente debe protegerse si lo que quiere es desarrollarse. Aunque las reacciones instintivas representan un "apropiado" patrón de conducta, existe sin embargo un conflicto entre la conciencia del Yo en desarrollo y el mundo del instinto. La primera siempre debe adoptar su específico patrón de conducta, que persigue objetivos muy diferentes a los del segundo, en lugar de las reacciones colectivas e instintivas; ya que estas últimas no están en ningún modo en armonía con los objetivos individuales del Yo, mucho menos con su preservación.

Muy a menudo el instinto está insuficientemente adaptado a la situación individual, siendo apropiado sólo a un nivel primitivo y a un Yo primitivo, pero en absoluto a uno desarrollado. Por ejemplo, una oleada de reacción afectiva ante un golpe mortal puede ser extremadamente útil para los salvajes de la jungla; pero en la vida normal del hombre civilizado este tipo de reacción instintiva –excepto en tiempos de guerra- no es sólo inapropiado sino verdaderamente peligroso. Las amargas experiencias de la psicología de masas nos han enseñado cuán carentes de sentido y desastrosamente operan los instintos desde el punto de vista del individuo, aunque en ocasiones puedan ser beneficios para la comunidad.

Entre los primitivos, y dondequiera que las condiciones sean primitivas, el conflicto entre la conciencia individual y las tendencias colectivas del inconsciente se resuelve a favor de lo colectivo y al precio de lo individual. A menudo las reacciones instintivas no guardan relación con el Yo, sino sólo con lo colectivo, la especie, etcétera. La Naturaleza siempre demuestra que no le da mucho valor al individuo. Como dice Goethe:

Lo único que parece querer lograr es la Individualidad; sin embargo en nada le importan los individuos.[381]

En contraste con esto, sin embargo, el desarrollo de la conciencia también está al servicio de los intereses del individuo. Mientras que el Yo se encuentra en el proceso de asimilar el inconsciente, cada vez se realizan más intentos para proteger la personalidad, para consolidar el sistema conciente, y para contener el peligro de la inundación e invasión desde el lado del inconsciente.

De este modo, durante el desarrollo del Yo, se vuelve imperativo prevenir que una situación alcance un punto de quiebre por el cual el componente dinámico-emocional de una imagen inconsciente o arquetipo lleve al Yo a una reacción instintiva, y por lo tanto a la dominación de la conciencia.

Por esta razón existe un bien fundado sentido en la tendencia a separar la reacción de la imagen perceptual que la genera, y a descomponer el arco reflejo original hasta que los componentes materiales y dinámicos del inconsciente colectivo estén totalmente separados. Si el surgimiento de un arquetipo no es seguido de inmediato por una acción instintiva refleja, será mucho mejor para el desarrollo de la conciencia, porque el efecto de los componentes dinámicos-emocionales es perturbar, e incluso impedir, el conocimiento objetivo, ya sea que éste se refiera al mundo externo o al mundo psíquico del inconsciente colectivo. La conciencia con sus cuatro funciones, introvertida así como extravertida, es el órgano cognitivo por excelencia, y su diferenciación y la de sus funciones es sólo posible cuando los componentes emocionales del inconsciente están excluidos. El blanco seguro de la función diferenciada se ve oscurecido continuamente por la intrusión de los componentes emocionales.

Si el Yo desea obtener una condición de tranquilidad en la cual pueda ejercer la discriminación, entonces la conciencia y la función diferenciada deben abandonar tanto como les sea posible el campo activo de los componentes emocionales. Todas las funciones diferenciadas son susceptibles de verse perturbadas por estos, pero la perturbación es más evidente en el caso del pensamiento, que por naturaleza está en oposición al sentimiento y más aún a la emotividad. Más que ninguna otra función, el pensamiento diferenciado requiere de una "cabeza fría" y de "sangre fría".

Conciencia, Yo y voluntad, que podrían ser descritos como la vanguardia del desarrollo de la conciencia, por lo menos en Occidente, tienden a aflojar los vínculos entre los componentes materiales y dinámicos del inconsciente; entonces y como consecuencia, al reprimir a estos últimos –esto es, las acciones y reacciones instintivas de tonalidad afectiva-, tienden a controlar y asimilar los componentes materiales. Esta represión de los componentes dinámicos-emocionales es inevitable, ya que el desarrollo conciente demanda que el Yo esté liberado del abrazo de la emoción y el instinto.[382]

La fragmentación de los arquetipos y el agotamiento de los componentes emocionales, por lo tanto, son tan necesarios para el desarrollo de la conciencia y para la real o imaginaria depotenciación del inconsciente, como lo son los procesos de abstracción y de personalización secundaria que discutiremos más adelante. Estos procesos abstractivos no deben identificarse con la tendencia a la abstracción del pensamiento científico ni con la racionalización conciente; ellos empiezan mucho más temprano. El desarrollo desde el pensamiento prelógico hasta el pensamiento lógico[383] representa una mutación básica, que se esfuerza por establecer la autonomía del sistema conciente con la ayuda de estos mismos procesos abstractivos. De esta manera el arquetipo es reemplazado por la idea, de la cual es el precursor. La idea es el resultado de la abstracción; expresa "el significado de una imagen primordial que ha sido 'abstraída' o separada de la concreción de la imagen".[384] Es un "producto del pensamiento".

De este modo, la línea discurre desde la total posesión del hombre primitivo por parte de las imágenes primordiales hasta una situación final en que la deflación del inconsciente se encuentra en un punto tan avanzado que la idea es considerada un contenido conciente, frente al cual uno puede, aunque no tuviera la necesidad, asumir una actitud. En lugar de ser poseídos por un arquetipo ahora "tenemos una idea" o, mejor aún, "perseguimos una idea".

Personalización secundaria

El fortalecimiento del sistema del Yo personal y, simultáneamente, el constante socavar al inconsciente tienden en dirección a la personalización secundaria. Este principio sostiene que hay una persistente tendencia en el hombre a tomar los contenidos primarios y transpersonales como secundarios y personales, y a reducirlos a factores personales. La personalización está directamente conectada con el crecimiento del Yo, de la conciencia y de la individualidad a lo largo de toda la historia humana; a través de la personalización surge la "personalidad", y, gracias a ella, la esfera psíquica personal del Yo particular emerge del torrente de eventos transpersonales y colectivos.

La personalización secundaria también está conectada con los procesos de introyección y la interiorización de contenidos "externos".

Tal como hemos visto, el hombre empieza a experimentar lo transpersonal en lo que es exterior a él, esto es, proyectado sobre los cielos o el mundo de los dioses, y termina introyectándolo y convirtiéndolo en un contenido psíquico personal. En el lenguaje de los símbolos, en el ritual, mitos, sueños, y en la realidad infantil, estos contenidos son "comidos", "incorporados", y de esta manera "digeridos". Mediante estos actos de introyección, y por la asimilación de los contenidos previamente proyectados, la psique se forja a sí misma; y el sujeto y la personalidad conciente centrada en un Yo, adquieren mayor "peso" mientras más contenidos sean incorporados. Pero, tal como señalamos cuando discutíamos la fragmentación de los arquetipos, es sólo a través de la formación de imágenes –el darle forma a lo informe- que la asimilación conciente es posible. La conciencia evolutiva aprende gradualmente a distinguir formas en la penumbra y, incluso más importante, a elaborarlas. De igual modo, en la personalización secundaria el sistema en expansión de la personalidad atrae a las figuras transpersonales hacia su propia órbita. Esto implica no sólo introyección, sino la antropomórfica creación de imágenes, lo que da pie a la antigua sentencia de Jenófanes:

Si el ganado y los caballos y los leones tuvieran manos, y pudieran usar sus manos para pintar con ellas y para producir obras de arte como lo hacen los hombres, entonces los caballos pintarían las formas de los dioses como caballos, y el ganado como ganado, y cada uno haría los cuerpos de los dioses según los suyos propios.[385]

La personalización secundaria conlleva una constante disminución del poder de lo transpersonal, y un constante incremento en la importancia del Yo y la personalidad. La secuencia comienza con lo impersonal, lo *numinosum* omnipotente, la mitología cósmica, y con las ideas de la época dinamista o preanimista, que tienen como corolario un ser humano más o menos centrado, inconsciente, y que psicológicamente existe en tanto la unidad que forma parte de un grupo. Después viene la época plástica, con formas vagas que surgen detrás de los mitos astrales, luego los dioses con sus contrapartes terrestres, los héroes mana, quienes poseen una personalidad más arquetípica que histórica.

De aquí que el héroe asesino de dragones que representa al sol en su "viaje nocturno por mar", o en otras culturas a la luna, sea el ejemplo arquetípico y la figura guía de todos los héroes históricos.[386]

De este modo, la etapa mítica es seguida por el temprano periodo histórico con sus dioses-reyes, etcétera, cuando la entremezcla de lo divino con lo terrenal, y el descenso de lo transpersonal hasta el nivel humano, se volvió más y más evidente. La personalización secundaria conduce finalmente a las deidades locales que se convierten en héroes y a los animales totémicos que se transforman en espíritus domésticos.

En la medida que la conciencia y la personalidad individual ganan en importancia y ocupan cada vez más el primer plano durante el periodo histórico, hay un marcado fortalecimiento del elemento personal. En consecuencia, la esfera humana y personal se enriquece a expensas de lo extrahumano y transpersonal.

El peso que recae sobre la conciencia del Yo y la individualidad hace que el hombre se vuelva conciente de sí mismo en tanto ser humano, mientras que en la etapa de inconsciente no discriminación era en su mayor parte un ser puramente natural. El hecho de que, en el totemismo, él podía "ser" lo mismo un animal que una planta, o incluso un objeto, es una expresión de su incapacidad para la autodiscriminación y de que aún no tenía desarrollada la posibilidad de conocerse a sí mismo como persona.

Mientras que las formas animales de los dioses y los ancestros originalmente simbolizaban y expresaban la identidad del hombre con la naturaleza, que se traducía en términos prácticos en hechicería, cacería mágica y en la cría de animales domésticos, el teriomorfismo de una época posterior es una expresión del numen transpersonal de los tiempos prehistóricos. De este modo los animales acompañantes de los dioses delatan en todas partes las formas originales de estos últimos. En Egipto, por ejemplo, podemos rastrear el desarrollo de la personalización secundaria en el incremento de la humanización de los dioses. En los tiempos prehistóricos las enseñas de diversos nomos fueron animales, plantas u objetos de algún tipo, sin importar que escojamos considerarlos símbolos totémicos o no. En la Primera Dinastía a los halcones, peces, etcétera, les brotaron brazos; al final de la Segunda Dinastía empezaron a aparecer las formas híbridas, cuerpos humanos con las cabezas de antiguas figuras animales que se habían transformado en dioses antropomórficos; y desde la Tercera Dinastía en adelante la forma humana se convierte en la regla. Los dioses se establecen con forma humana como los señores del cielo, y los animales se retiran.[387] El avance de la personalización secundaria también puede observarse en la literatura, donde los motivos mitológicos se convierten en cuentos de hadas y finalmente en las primeras novelas. Un buen ejemplo de este "descenso" es la manera en que el mito de Set-Osiris o Set-Horus se transforma en la historia de los Dos Hermanos. Lo que originalmente fue la oposición cósmica entre la luz y la oscuridad se convierte en el conflicto entre los dos hermanos gemelos divinos, y finalmente queda reducido a la "novela familiar" en el cual el drama inmemorial ha asumido elementos personalistas.

Esta progresiva asimilación de contenidos inconscientes forja gradualmente la personalidad, creando de esta manera un sistema psíquico aumentado que forma la base de la historia espiritual interna del hombre, a la misma vez que ésta se independiza progresivamente de la historia colectiva que tiene lugar alrededor de él. Este proceso, iniciado en primera instancia por la filosofía, ha alcanzado lo que cronológicamente es su última etapa en la psicología, que por supuesto aún está en pañales. Mano a mano con esto se da una "psiquización" del mundo. Dioses, demonios, cielo e infierno, en tanto fuerzas psíquicas, son retirados del mundo objetivo e incorporados a la esfera humana, la que acto seguido se expande considerablemente. Cuando le damos el nombre de "sexualidad" a lo que alguna vez se experimentó como una divinidad ctónica, o hablamos de "alucinación" en lugar de revelación, y cuando los dioses del cielo y el inframundo son reconocidos como dominantes del inconsciente del hombre, significa que una inmensa porción del mundo exterior se ha alojado en la psique humana. Introyección y psiquización constituyen el otro lado del proceso por el cual un mundo de objetos físicos se vuelve visible, y por el cual las proyecciones ya no pueden seguir modificando ese mundo en el grado en que podían hacerlo previamente.

Lo que ahora sucede, sin embargo –y éste es el resultado más importante de la personalización secundaria en la medida que concierne al individuo–, es que los contenidos transpersonales se proyectan sobre personas. Al igual que en los procesos históricos las imágenes de dioses se proyectaban sobre seres humanos y se experimentaban en ellos, ahora las figuras arquetípicas son proyectadas sobre el entorno personal, y esto conduce a una necesaria pero extremadamente peligrosa confusión de la persona con el arquetipo.

Este proceso desempeña un rol importante no sólo en la infancia, como proyección de los arquetipos parentales sobre los padres, sino que el destino de lo colectivo también está determinado en enorme medida por estas proyecciones sobre los Grandes Individuos que influencian la historia humana, ya sea positivamente como negativamente, en tanto héroes, santos, líderes y similares. Veremos que una cultura colectiva saludable sólo es posible cuando la personalización secundaria no es llevada hasta el punto del absurdo; si es muy radical, conduce a falsas proyecciones de lo transpersonal y al fenómeno de la re-colectivización, por la cual se ponen en peligro ciertos elementos vitales de la herencia cultural que pueden perderse por completo.

La deflación del inconsciente, como resultado de todos los procesos que hemos descrito, da lugar a la sistematización de la conciencia y a la separación de los dos sistemas. La relativa depontenciación del inconsciente es absolutamente necesaria si lo que se quiere es que la conciencia del Yo se refuerce y enriquezca con libido. Al mismo tiempo, el gran muro que señala la frontera entre la conciencia y el inconsciente se ve constantemente apuntalado por la revaluación –y devaluación- de los contenidos inconscientes. El lema patriarcal del Yo, "Lejos del Inconsciente, lejos de la Madre", autoriza todos los medios de devaluación, supresión y represión con la finalidad de excluir de su órbita a los contenidos potencialmente peligrosos para la conciencia. La actividad de esta última así como su desarrollo futuro depende de la resultante tensión acrecentada entre ella y el inconsciente.

La actividad de la conciencia masculina es heroica en tanto voluntariamente decida asumir la lucha arquetípica contra el dragón del inconsciente y la lleve a feliz término. Este predominio de la masculinidad, que es de importancia crucial para la posición de la mujer en las sociedades patriarcales,[388] determina el desarrollo espiritual del hombre occidental.

La correlación entre conciencia y masculinidad culmina en el desarrollo de la ciencia, como un intento del espíritu masculino por emanciparse del poder del inconsciente. Donde quiera que aparezca, la ciencia acaba desarticulando el carácter original del mundo, que estaba lleno de proyecciones inconscientes. De este modo, vaciado de proyecciones, el mundo se vuelve objetivo, una construcción científica de la mente. En contraste con la inconsciencia original y el ilusorio mundo que está en correspondencia con ella, este mundo objetivo es visto como la única realidad. De esta manera, bajo el continuo tutelaje del discriminante espíritu masculino, siempre en la búsqueda de leyes y principios, el "principio de realidad" acaba siendo representado por los hombres.

En la medida, entonces, que la conciencia del Yo, con sus funciones discriminantes, se esfuerza por desarticular el carácter indeterminado del mundo inconsciente, es que constituye el órgano de adaptación a la realidad. De aquí que, en el hombre primitivo y en los niños, su desarrollo se encuentre en necesaria dependencia con respecto a su capacidad de aprehender la realidad, y en ese sentido la oposición freudiana entre el principio de la realidad y el principio del placer está justificada. Pero esta adaptación a una realidad puramente externa ya no satisface las necesidades de los desarrollos posteriores y más recientes. Nuestra conciencia moderna está empezando a reconocer el hecho que los elementos constituyentes de la realidad también se encuentran en el inconsciente mismo, como los dominantes de nuestra experiencia, como ideas o arquetipos. La conciencia, por lo tanto, debe volverse hacia el interior. En tanto órgano discriminante, tiene que funcionar tan eficientemente con respecto a la psique objetiva interna como con respecto a la physis objetiva externa. Introversión y extraversión están ahora dominadas por un principio de realidad ampliado, el cual, en interés de la centroversión, debe aplicarse por igual al mundo y al inconsciente. El surgimiento de la psicología profunda como un medio para investigar la psique objetiva es un síntoma de esta nueva orientación.[389]

La transformación de los componentes placer-dolor

El sendero de la evolución, que conduce a la humanidad desde la inconsciencia a la conciencia, es el camino trazado por las transformaciones y elevaciones de la libido. A ambos lados se levantan las grandes imágenes, los arquetipos y sus símbolos. En la medida que el hombre progresa a lo largo de este camino, su sistema conciente adquiere cada vez unidades más grandes de libido, de modo que este sistema está continuamente expandiéndose y fortaleciéndose. De esta manera, el hombre de los albores, con sus momentáneos fogonazos de conciencia, es gradualmente reemplazado por el hombre moderno, cuyo Yo permanece en un *continuum* más o menos conciente, dentro de un mundo cultural producto de la consciencia colectiva de su grupo y de la humanidad en su conjunto.

Llamamos a este camino una "subida" porque experimentamos la conciencia y el mundo de la luz como si estuvieran "encima" de nosotros, y al inconsciente y la oscuridad como si estuvieran "debajo", todavía bajo la influencia del simbolismo primitivo que asocia la postura vertical de la figura humana con el desarrollo de la cabeza como sede de los centros "superiores" y de la conciencia. La secuencia de etapas que comienza con el Gran Círculo y atraviesa los nexos de arquetipos hasta llegar al arquetipo singular y el grupo simbólico, y desde la idea al concepto, es una secuencia ascendente, pero también una limitación. Lo que originalmente fue experimentado solamente como algo difuso "en la profundidad", cargado con energía y por lo tanto verdaderamente real y fascinante, se convierte, en tanto contenido conceptual, en un asunto del pensamiento, libremente manipulable por la mente y aplicable a voluntad. Dicho contenido ha ganado en valor utilitario, pero sólo a expensas de entregar una parte esencial de su carga inicial de libido a la conciencia como conjunto.

La capacidad de fascinación de un contenido inconsciente radica en su poder para atraer libido conciente, y cuyo primer síntoma es la desviación de la atención hacia dicho contenido. Si la atracción se hace mayor, la libido es absorbida de la conciencia, lo que puede expresarse en una disminución del nivel de conciencia, fatiga, depresión, etcétera. Mientras que en una enfermedad la activación del contenido inconsciente debido a un aflujo de libido se manifiesta como perturbaciones, síntomas y cosas parecidas, y mientras que en el individuo creativo este contenido se combina espontáneamente con la conciencia para expresarse como creatividad, el acto de realización conciente consiste en que el Yo conduce deliberadamente a la mente y a la libido a su disposición hacia el foco de fascinación. La libido que activa el sistema inconsciente en su componente emocional, y la libido del sistema del Yo que reconoce y realiza, en el acto de reconocimiento fluyen juntas dentro del mismo cauce. El Yo percibe esta confluencia como placentera, y así sucede con toda realización genuina, con todo nuevo reconocimiento o descubrimiento, y, nuevamente, donde quiera que un complejo sea desinervado o un contenido inconsciente asimilado. Carece de importancia si el contenido fascinador sea realizado concientemente como imagen, sueño, fantasía, idea, "corazonada" o proyección. La asimilación de contenidos inconscientes, bajo cualquier forma, conduce no sólo a un enriquecimiento del material conciente sino también a un enriquecimiento de la libido, lo que se percibe, subjetivamente, como emoción, vivacidad y dicha que algunas veces raya en la intoxicación; y, objetivamente, como un incremento del interés, una capacidad para trabajar aumentada e intensificada, alerta mental, etcétera.

En el proceso de realizar y asimilar un contenido inconsciente, el Yo realiza un "descenso", desde el punto de vista conciente, a las profundidades con la finalidad de obtener el "tesoro". En términos de energía psíquica, el placer del "héroe conquistador" surge de la combinación de la libido conciente con aquella del contenido recientemente adquirido que la conciencia incorporó.[390]

La aprehensión y asimilación de un contenido por parte de la conciencia son expresión de su enriquecimiento con libido. Pero de ningún modo la totalidad de la carga libidinal del contenido puede ser absorbida. En simultáneo con la alteración y enriquecimiento de la conciencia, la división del contenido conduce muy a menudo, si no siempre, a una activación del inconsciente. Podemos explicar el mecanismo de la siguiente manera: la conciencia no puede absorber una cierta proporción de la libido liberada, que fluye de regreso al inconsciente, donde "libidiniza" grupos asociados de complejos o contenidos arquetípicos. Estos contenidos surgen entonces por asociación y resultan en ideas aleatorias, etcétera –en la medida que hagan su aparición-, o también se efectúan nuevas constelaciones inconscientes. La combinación de estas nuevas constelaciones con la actividad original de realización es lo que constituye la continuidad de todo trabajo creativo, cuyos elementos esenciales siempre están preparados de antemano por el inconsciente, y son por lo tanto elaborados y enriquecidos antes de ser producidos.

La continuidad de estos procesos se pone de manifiesto no sólo en la creatividad, sino también en las series de sueños, visiones y fantasías, en las que siempre encontramos consistencia interna, una red de asociaciones depositadas alrededor de uno o más núcleos, como si estuvieran dispuestas alrededor de un centro.[391]

Una de las más importantes conquistas de la conciencia es su habilidad para disponer a voluntad de la libido proporcionada a su sistema, y a usarla con más o menos independencia de la fuente de la que proviene. Al igual que la animación ocasionada en un lector por un libro "estimulante" puede aplicarse a un poema, una caminata, una partida de bridge, o a un flirteo, sin que haya necesariamente una conexión entre el libro y la reacción del Yo, así el Yo puede aplicar según le plazca una porción de la libido acumulada en él a partir de la realización conciente de un contenido inconsciente. Esta libertad relativa del Yo, al margen de cuánto abuse de ésta, es uno de sus más preciosos logros.

En el curso de estos desarrollos, la conciencia se vuelve capaz de dirigir su atención sobre cualquier objeto que escoja, y al mismo tiempo el Yo adquiere una relativa independencia. El camino conduce desde la fascinación, cuando el Yo era pasivo y se encontraba a merced de cualquier contenido inconsciente activado, hasta el estado de una conciencia con suficiente libido como para poder aplicarla libre y voluntariamente sobre cualquier interés que demande el mundo exterior o lo colectivo, o sobre cualquier cosa de la que escoja ocuparse.

Antes de la aparición de la psicología profunda parecía perfectamente natural identificar psicología con psicología de la conciencia. Los descubrimientos de la psicología profunda han producido la impresión inversa de que todos los contenidos concientes son determinados exclusivamente por el inconsciente. Pero sólo a través de una mejor comprensión del juego dialéctico entre conciencia e inconsciente es que se torna posible el verdadero conocimiento psicológico. La formación y consolidación del sistema conciente, y su lucha por su autonomía y autopreservación, son factores tan importantes en la historia del desarrollo psíquico como lo es la relativización de esta autonomía a través de la constante tensión entre conciencia e inconsciente.

Un problema muy importante con respecto a la energía y que está conectado con la secuencia de etapas psíquicas es la modificación de los componentes emocionales debido al cambio en las cualidades placer-dolor. El componente placer-dolor depende de la carga libidinal de un sistema psíquico. El placer es el equivalente psíquico del adecuado funcionamiento de un sistema, esto es, de su salud, y el síntoma de esto es el equilibrio, así como la capacidad de expandirse con la ayuda de unidades adicionales de libido. La "inercia" de un sistema es proporcional a su gravedad específica, esto es, a sus poderes de resistencia. Todo sistema se resiste a la disolución y reacciona ante el peligro con dolor, al igual que reacciona al estímulo y enriquecimiento de la libido con placer.

Desde que el Yo es el centro del sistema conciente, nos identificamos principalmente con las reacciones placer-dolor de este sistema como si éstas fueran las nuestras. Pero en realidad la fuente de la experiencia placer-dolor del Yo de ningún modo es sólo el sistema conciente.

A partir del hecho de que la personalidad evoluciona en dos sistemas, conciencia e inconsciente, resulta evidente que el conflicto entre ambos también conduce al conflicto psíquico entre las posiciones placer-dolor, dado que cada sistema parcial se esfuerza por mantenerse a sí mismo y reacciona al peligro con dolor, y reacciona a todo refuerzo y ampliación de sí mismo con placer, tal como hemos dicho.

Como consecuencia de esto, sin embargo, el conflicto de placer –como podemos llamar a esta situación para abreviar- depende tanto del grado de integración alcanzado por la personalidad como de la etapa de desarrollo del Yo, que a su vez determina las relaciones entre el Yo y el inconsciente. Mientras menos desarrollada sea la conciencia, menor será el conflicto de placer, que a su vez, nuevamente, disminuirá a mayor integración de la personalidad, desde que el conflicto de placer expresa una disociación entre conciencia e inconsciente.

No siempre estas dos líneas de desarrollo discurren en paralelo. En un niño pequeño un nivel bajo de Yo se combina con un alto grado de integración; de aquí que su sentido del placer sea en general relativamente fuerte, cuya expresión mitológica es el estado paradisíaco uróbórico. Por otro lado, durante el proceso de maduración que ocurre en la primera mitad de la vida, una disminución de la integración se combina con un incremento del Yo y la conciencia. La diferenciación de la personalidad conduce a un incremento de la tensión dentro de la psique y por tanto a un creciente conflicto entre las experiencias placenteras del Yo y aquellas del sistema inconsciente autónomo.

La idea de un inconsciente que tenga "experiencias placenteras" suena paradójica en un comienzo, de hecho un absoluto sinsentido, desde que cualquier experiencia, incluyendo la del placer, necesita pasar a través de la conciencia y del Yo. Pero no es éste el caso. La serenidad del infante es tan enfática como su experiencia del dolor, pero de ningún modo está asociada con una fuerte conciencia del Yo. De hecho, el placer y el dolor primitivos son en gran medida expresiones de procesos inconscientes. Esto es una corroboración del hecho de que la conciencia es físicamente sólo un sistema parcial. En la enfermedad física queda claro de manera patente que el deterioro y disturbio de la conciencia están lejos de ser experimentados como continuamente dolorosos. Sólo en el grado en que el Yo se ha convertido en el centro y portador de la personalidad, es que este dolor o placer resulta idéntico a la personalidad. En las reacciones neuróticas y especialmente en las histéricas, el fracaso del Yo y su sufrimiento están frecuentemente acompañados por una "sonrisa de placer" –la mueca triunfante del inconsciente después de haber tomado posesión del Yo. Lo misterioso de dichas manifestaciones neuróticas o psicóticas –que corresponden a la "disfunción" de las posiciones de placer- puede explicarse como una disociación de la personalidad, esto es, su no-identidad con el Yo.

En la psicología de los primitivos este fenómeno puede observarse de manera sorprendente en la posesión, donde el placer o dolor del demonio –el complejo inconsciente causando la posesión- se manifiesta de forma absolutamente independiente de la experiencia placer-dolor del Yo.[392]

La etapa uróbórica está dominada por una indiferenciada reacción placer-dolor; posteriormente esta reacción híbrida se ordena con la diferenciación de los dos sistemas, y después, en la etapa de la separación del Mundo Parental, se divide en dos opuestos. El original carácter híbrido de reacción llega por lo tanto a su final: el placer es placer y el dolor, dolor, y adicionalmente hay una clara coordinación con los dos sistemas psíquicos, de modo que el placer de uno se convierte en el dolor del otro, y viceversa. Una conciencia del Yo victoriosa experimenta su victoria como placentera, mientras que el derrotado sistema inconsciente experimenta dolor.

A pesar de esta coordinación de placer y dolor con los dos sistemas, el dolor del sistema inconsciente "derrotado" no permanece inconsciente. La situación de la conciencia se ve complicada por el hecho de que debe tomar nota de este dolor y hacerlo conciente, o al menos no permanecer inmutable ante él. Esto resulta en sufrimiento para el Yo, incluso cuando se imponga triunfante sobre el inconsciente.

Los mitos expresan este fenómeno mediante el sentimiento de culpa primordial que acompaña a la separación del Mundo Parental. En realidad, la culpa experimentada por el Yo proviene del sufrimiento del inconsciente. Tal como hemos señalado con anterioridad, es en cierto sentido el Mundo Parental, el inconsciente mismo, quien es el querellante, no el Yo.

Sólo mediante la superación de sus sentimientos de culpa puede la conciencia del Yo realizar sus auténticos valores; sólo entonces planta pie en el suelo y aprueba sus propias acciones. El conflicto de placer también está operativo en estos sentimientos, y al conquistarlos el héroe afirma la vida bajo la luz completa de la conciencia, incluso estando en medio de un conflicto.

Sin embargo, el Yo asimilador sólo puede conquistar a fuerza de una lucha continua, nunca de un simple golpe. Los dioses que han sido derrocados aún desempeñan un rol en las religiones de sus conquistadores. Así, el derrocamiento de las antiguas diosas matriarcales y su reemplazo por dioses patriarcales en *La Orestíada* no termina simplemente con la expulsión de las Erinias, sino, muy por el contrario, con la institución de un culto en su honor. Encontramos que este tipo de cosas suceden por todos lados.

En la medida que un contenido es completamente inconsciente, regula la totalidad y su poder se encuentra en el punto máximo. Pero si el Yo consigue extraerlo del inconsciente y convertirlo en un contenido conciente, es que –hablando mitológicamente- ha sido superado. Si, no obstante, este contenido sigue consumiendo libido, el Yo debe continuar trabajando hasta que sea completamente incorporado y asimilado. La conciencia del Yo no puede, por lo tanto, evitar futuros enfrentamientos con el contenido "conquistado" y es probable que sufra por ello.

Por citar un ejemplo: el asceta cuya conciencia del Yo haya triunfalmente rechazado sus componentes instintivos que amenazaban con dominarlo, experimenta placer con su Yo, pero "sufre" porque el instinto que ha negado es también una parte de su estructura total.

El conflicto de placer entre los dos sistemas tiene lugar principalmente en la conciencia y como tal determina la vida del adulto, al igual que el sufrimiento que conlleva caracteriza la vida del héroe en la mitología. Sólo con el comienzo de la madurez este sufrimiento se supera parcialmente en el proceso de individuación. Un alto nivel de Yo coincide una vez más con una personalidad integrada, y con el progresivo equilibrio de los dos sistemas el conflicto de placer se ve también balanceado.

La formación de autoridades dentro de la personalidad

Las fases arquetípicas del desarrollo conciente corresponden a ciertos niveles del Yo que están coordinados con periodos definidos de la vida individual, cada uno de ellos con su cúmulo de experiencias. Ellos pertenecen al bagaje de la conciencia personal o a las memorias arquetípicas del individuo, quien pasa a través de las fases arquetípicas del desarrollo de la conciencia en su propio desarrollo ontogenético.

Jung[393] ha enfatizado que los arquetipos no están determinados por su contenido, sino sólo por su forma:

Una imagen primordial está evidentemente determinada por sus contenidos sólo cuando es conciente, y por lo tanto se reviste con el material de la experiencia conciente.

La experiencia conciente del arquetipo consiste además en la manera exclusivamente personal por la cual lo transpersonal se convierte en una realidad para el individuo.

Cuán individualmente se experimenten las fases arquetípicas depende, por lo tanto, de la personalidad, una parte de la cual está formada por el inconsciente "personal". En consecuencia, el "revestimiento" ontogenético del marco arquetípico –su "relleno", por decirlo de algún modo- puede hacerse conciente a través del análisis del inconsciente personal, mediante la activa comparecencia de estos contenidos presentes en la memoria para disipar de este modo sus hasta entonces efectos inconscientes. Una vez más observamos cómo las estructuras arquetípicas preformadas en el inconsciente colectivo están ligadas con contenidos exclusivamente personales, sin que uno sea derivable del otro. El tipo de experiencia que tendremos está predeterminada por los arquetipos, pero qué experimentemos siempre es individual.

Esta duplicación de los elementos personales y arquetípicos se muestra con particular claridad en un fenómeno de gran importancia para la formación y desarrollo de la personalidad, a saber, la formación en su interior de diversas "autoridades". Además del Yo, la Psicología Analítica, distingue entre dichas autoridades al Sí Mismo, esto es, la totalidad de la psique, la Persona, el ánima (o ánimus en las mujeres) y la sombra.[394] El hecho de que estas autoridades aparezcan como "personas" es consistente con la enseñanza fundamental de la teoría analítica de que todos los contenidos inconscientes se ponen de manifiesto como "personalidades parciales".[395] Cada una de estas autoridades puede, en tanto complejo autónomo, obsesionar al Yo y conducirlo a un estado de posesión, tal como muestra con claridad la psicología del hombre primitivo e incluso la del hombre civilizado. La psicología de las neurosis abunda en casos de tales estados de posesión. La formación de autoridades psíquicas como órganos psíquicos posee un significado contundente para el individuo, desde que facilitan la unidad de la personalidad. El crecimiento de estas autoridades en el curso de la historia humana –y el desarrollo de una personalidad en la cual estas autoridades están estructuralmente unidas- es un proceso que aún continúa.

No estamos, desafortunadamente, en capacidad de escribir una historia de estas formaciones, aunque podemos realizar un seguimiento de su actualización ontogenética en el desarrollo del individuo. Sólo podríamos echar un vistazo, muy brevemente, a lo que puede decirse acerca de este proceso desde el punto de vista del desarrollo por etapas.

En el curso de su heroico "encuentro" con el mundo exterior y el mundo interior, el Yo establece relaciones objetivas con ambos introyectando una variedad de contenidos y elaborando a partir de ellos un cuadro de la realidad. Aquí surge una complicación, porque el sistema del Yo que busca dominar estas realidades externa e interna no está fijo de una vez para siempre, sino que es un mecanismo asimilatorio con una historia propia, en el curso de la cual recorre, paso a paso, las fases arquetípicas del desarrollo conciente. De esta manera hay en el sistema psíquico y en la conciencia –en la medida que represente a ese sistema- diferentes fases de desarrollo en lo que respecta al Yo y al mundo, diferentes modos de aprehensión y diferentes símbolos, éxitos y fracasos en los intentos de asimilación, todos coexistiendo lado a lado, de modo que la orientación sólo se hace posible a través del orden jerárquico que impone el desarrollo por estadios. La introyección en la conciencia de posiciones inconscientes que han sido ya recorridas, y de niveles anteriores de desarrollo del Yo, siempre complican la situación del Yo al actualizar estas posiciones y exponer así a la conciencia a sus influencias.

La formación de la personalidad, al igual que la del Yo y la conciencia, está regulada por la centroversión, cuya función es la de promover la unidad creativa del organismo viviente. El peligro de disolución a través de la participación es extraordinariamente grande cuando el organismo es inconsciente, pero menor para una personalidad conciente e integrada. Los procesos que ya hemos descrito –a saber, fragmentación de los arquetipos, agotamiento de los componentes emocionales, personalización secundaria, deflación del inconsciente y racionalización, todos los cuales permiten la estabilidad del Yo y la conciencia- demuestran, a pesar de su tendencia a separarse y diferenciarse, estar guiados por la centroversión, y el crecimiento de la personalidad y de las autoridades consteladas por ellos favorecen sus propósitos igualmente.

En la medida que la personalidad se desarrolla debe asimilar amplias zonas del inconsciente. El objetivo de las autoridades es proteger la personalidad de las fuerzas desintegradoras del inconsciente colectivo sin romper el vínculo vital que lo une a éste, y garantizar la existencia continuada del individuo sin obstaculizar su contacto con el grupo y el mundo.

La formación de la Persona como mecanismo de defensa en contra de lo colectivo y también como medio de adaptación a éste, ha sido completamente descrita por Jung,[396] pero parece ser más difícil explicar el origen del ánima y de la sombra.

Una parte sustancial de la sombra, también, es el resultado de la adaptación colectiva. Ella contiene todos aquellos elementos de la personalidad que el Yo considera como valores negativos. Esta valoración selectiva está colectivamente determinada por la clase de valores que están en vigor dentro del canon cultural del individuo. En la medida que sus valores sólo son positivos en relación a una cultura en particular, la sombra que contiene sus valores negativos será igualmente relativa.

Pero sólo la mitad de la sombra pertenece al Yo, desde que al formar parte del inconsciente personal también es parte de lo colectivo [externo]. Por otro lado, también es constelada por la figura del Antagonista en el inconsciente colectivo, y la importancia de la sombra como autoridad radica precisamente en su posición a medio camino entre el inconsciente personal y el inconsciente colectivo. Su efecto sobre la personalidad total radica en compensar al Yo. Es como si la centroversión hubiese introducido en los vuelos aspiracionales de la conciencia del Yo, con su animosidad hacia el cuerpo, el plúmbeo peso de la sombra para que ésta se encargue de que no se produzcan "extravíos en la luna", y para que la actitud de una mente conciente, proclive a hipostasiar y a generalizar, no ignore las condiciones colectivas, históricas y biológicas. De este modo, la sombra previene la disociación de la personalidad que siempre resulta de la hipertrofia de la conciencia y de la sobre acentuación del Yo.[397]

La formación de la sombra va en paralelo con la introyección del Antagonista, una figura que ya habíamos encontrado cuando discutimos la psicología de los mitos. La asimilación del mal y la incorporación de las tendencias agresivas siempre le proporcionan consistencia a la sombra y la centran. El "hermano oscuro" es tanto un símbolo del lado sombrío como del alma-arbusto de los primitivos.[398] Sólo al incorporar este lado oscuro suyo, la personalidad asume una posición defensiva. El mal, sin importar bajo qué canon cultural se le juzgue, es por necesidad un constituyente de la individualidad al igual que lo son el egoísmo, la presteza para atacar o defenderse, y, finalmente, su capacidad para marcar distancias con respecto de lo colectivo y mantener su "otredad" frente a las demandas de la comunidad. La sombra enraíza la personalidad en el subsuelo del inconsciente, y este vínculo sombrío con el arquetipo del Antagonista, esto es, el diablo, es en el sentido más profundo parte del abismo creativo de toda personalidad viviente. Por esa razón en los mitos la sombra aparece a menudo como un hermano gemelo, ya que éste no es sólo el "hermano hostil", sino también el compañero y el amigo, y en ocasiones es difícil determinar si este gemelo es la sombra o el Sí Mismo, el "otro" inmortal.

Esta paradoja confirma la verdad de la antigua ley que sostiene que superior e inferior se reflejan mutuamente. De hecho, en el desarrollo psicológico, el Sí Mismo permanece oculto en la sombra; la sombra es el "guardián del puente"[399], el vigilante del umbral. El camino que conduce al Sí Mismo pasa a través de la sombra; detrás del aspecto oscuro que ella representa se encuentra la totalidad, y sólo después de hacer amistad con la sombra es que podemos ganar la amistad del Sí Mismo.

Examinaremos más adelante[400] algunas de las complicaciones culturales que surgen del conflicto entre el Yo y la sombra, y, en grado aún mayor, las que surgen entre la comunidad y el lado de sombra del individuo.

Este breve vistazo a la psicología de la sombra es suficiente, y de la misma manera sólo podemos aventurar unas pocas observaciones acerca de la formación de aquella otra autoridad conocida como la imagen del alma, o ánima/ánimus.[401]

Si tomamos en consideración la secuencia Uróboros, Gran Madre, Princesa, notaremos que se da una progresión constante desde la confusión monstruosa y paradójica hasta la clara figura humana de la cautiva liberada. Mientras más retrocedemos, más complejos, intangibles y desconcertantemente misteriosos se vuelven los términos de la secuencia; pero en la medida que nos acercamos al Yo, los términos ganan en definición y ofrecen numerosos puntos de relación.

Es como una de esas fotografías que, en la medida que no está enfocada, parece no tener contornos y es completamente confusa, pero que adquiere un patrón definido cuando el observador se sitúa a una distancia apropiada. Figuras, cuerpos y relaciones ahora se vuelven visibles, mientras que previamente permanecieron borrosas e indescifrables. El desarrollo de la conciencia es más o menos análogo a esta alteración de la visión; de hecho parece estar en directa dependencia de la distancia que le permite a la conciencia percibir formas y significados distintos donde antes sólo había ambigüedad y tinieblas.

Con la liberación del ánima del poder del dragón urobórico, se incorpora un componente femenino en la personalidad del héroe. Su propia contraparte femenina, esencialmente igual a él, ha ingresado a escena, y ya sea que se trate de una mujer real o de su propia alma, la capacidad del Yo de relacionarse con este elemento femenino es la parte más valiosa de la captura. En esto reside la diferencia entre la princesa y la Gran Madre, con quien no era posible establecer una relación de igualdad. La unión de masculino y femenino, exterior e interior, produce sus frutos en el héroe cultural y fundador de reinos, en la familia o en el trabajo creativo.

El revincularse a la Gran Madre, al suelo y al origen, pasa a través del ánima princesa, ya que ella es el abismo de lo femenino en forma alterada, personal. Sólo en ella la mujer se vuelve compañera del hombre. La ayuda de él consiste básicamente en liberar a la princesa del poder del dragón, o en eliminar la apariencia de dragón que la distorsiona a ella y a su humanidad, tal como ilustran los numerosos mitos y cuentos populares con el tema del hechizo.

Una parte sustancial de la figura del ánima se forma a través de la fragmentación del arquetipo de la madre urobórica y de la introyección de sus aspectos positivos. Hemos visto cómo este arquetipo gradualmente se divide en porciones hasta formar un grupo arquetipal. Por ejemplo, cualidades como buena y mala, vieja y nueva, permanecen juntas uno al lado de la otra en el uróboros y en la Gran Madre, pero en el curso del desarrollo la "joven" princesa o ánima se separa de la "vieja" madre, quien continúa inmutable desempeñando su rol específico como buena y mala a la vez en el inconsciente.

El ánima es una figura simbólica y arquetípica, compuesta de elementos mágicos, seductores y peligrosamente fascinantes que transmiten tanto locura como sabiduría. Ella tiene elementos divinos, humanos y animales, y puede asumir las formas correspondientes cuando está hechizada o cuando el hechizo ha sido conjurado. En tanto alma, ella ya no puede ser definida tal como el hombre define a la mujer; más aún, aunque excede la altura y profundidad del hombre, ella finalmente ha ingresado en la esfera humana, un "tú" con quien "Yo" puedo comulgar, y no simplemente un ídolo que adorar.

Con su mezcla de características personales y arquetípicas, el ánima se sitúa en las fronteras de la personalidad, pero como una de sus "autoridades" ella es una parte asimilable de su estructura.

Cuando, por ejemplo, la figura del ánima se descompone en el proceso de individuación y se convierte en una función de relación entre el yo y el inconsciente,[402] obtenemos una ilustración de la fragmentación y asimilación de los arquetipos cuya importancia histórica para la evolución de la conciencia hemos intentado describir.

Sólo relacionándonos con la realidad del alma –la cautiva liberada- podemos establecer el vínculo con el inconsciente auténticamente creativo, ya que la creatividad en todas sus formas es siempre el producto del encuentro entre el mundo masculino de la conciencia del Yo y el mundo femenino del alma.

Al igual que la proyección del Sí Mismo sobre el grupo, en tanto Sí Mismo colectivo, forma la base libidinal de la psique grupal y de allí de toda la vida en comunidad,[403] de igual modo la proyección del ánima o del ánimus es la base para la vida entre los sexos. En el primer caso, el símbolo omniabarcador del Sí Mismo se proyecta sobre el grupo omniabarcador;

en el segundo, la imagen-alma, que tiene lazos cercanos con el Yo y la personalidad, se proyecta sobre la figura más íntima de una mujer. Dondequiera que el ánima (y, *mutatis mutandi*, el ánimus) sea inconsciente, ella es proyectada, y de ese modo fuerza al individuo a una relación humana con la portadora de la proyección, lo vincula con lo colectivo a través de su compañera, y lo compele a experimentar a un "tú" humano, al mismo tiempo que lo hace parcialmente conciente de su propia alma inconsciente. Aunque tanto el Sí Mismo como al ánima actúan como agentes inconscientes en un principio, ellos gradualmente delimitan, desde el amplio campo de la participación, zonas más pequeñas que se encuentran más cerca del Yo, mientras que el poderoso vínculo libidinal entre la pareja conduce a una progresiva realización conciente, lo que de esta manera socava la fascinación inconsciente.

La existencia de las figuras del ánima y del ánimus significa que la personalidad aún posee un sistema con fuertes motivaciones inconscientes; pero juzgado desde la situación del hombre de los albores de la conciencia, que es propenso en cualquier momento a la disolución urobórica a través de la *participation mystique*, este componente es una estructura relativamente estable capaz de resistir las arremetidas del inconsciente colectivo. De esta manera los poderes prospectivos de la psique, que otorgan guía y advertencias ante los peligros, sirven a los propósitos de la centroversión. Cuando ella aparece en su forma superior, como Sophia, el ánima revela con claridad su función básica cual es la de compañera sublime y ayudante del Yo.

La función sintética del Yo

Las funciones militantes o "heroicas" del Yo, sin embargo, no son aplicadas exclusivamente a controlar el inconsciente. Que las mismas funciones también se usan para dominar el mundo externo, no necesita mayor profundización, desde que podemos dar por descontado que esta actividad forma la base de la ciencia occidental. Una función no menos importante del Yo es la función sintética, que le permite construir una nueva totalidad a partir de las partes "descompuestas" después de la asimilación del material que previamente desglosó y modificó la facultad analítica. Nuestra visión del mundo, en la medida que tengamos una concepción conciente del conjunto, es la unidad de un mundo que nosotros hemos transformado, el cual alguna vez, como unidad inconsciente, incluía toda la conciencia.

Hemos descrito una amplia variedad de procesos que ilustran la polaridad y colaboración de los dos sistemas psíquicos, su separación y recombinación parcial, sus tendencias hacia el mutuo aislamiento, y las luchas para dominarse entre ellos. Estos procesos serían desastrosos para el individuo en el que tienen lugar, y podrían amenazar hasta su existencia, si no estuvieran en gran medida controlados y balanceados por una tendencia a la totalidad que regula la armonía psicofísica y las interrelaciones de los sistemas mismos. Hemos presentado esta tendencia bajo el concepto de centoversión. Se pone en funcionamiento cada vez que el conjunto enfrenta el peligro del dominio del inconsciente y sus contenidos autónomos, o, a la inversa, cuando el peligro proviene del excesivo aislamiento y sobrevaloración del sistema conciente. Con la ayuda de la compensación, un factor básico en toda vida orgánica y psíquica, se conduce a la unidad a la psique y a la physis, y su rango de acción se extiende desde el metabolismo equilibrado de los organismos unicelulares hasta el equilibrio que procura entre la conciencia y el inconsciente.

La diferenciación de la conciencia con respecto del inconsciente, y del individuo con respecto del colectivo omnipresente, es un rasgo típico de la especie humana. Mientras que lo colectivo hunde sus raíces en la experiencia ancestral y está representado por el inconsciente colectivo, el individuo está enraizado en el Yo, cuyo desarrollo ocurre en gran medida con la ayuda de la conciencia. Ambos sistemas están amalgamados en la misma psique singular, pero el uno se nutre del otro tanto filogenética como ontogenéticamente. El Yo es el centro de la voluntad y la acción, pero la conciencia de la cual es el centro también posee, como órgano de la representación y la cognición, la capacidad de percibir procesos que ocurren en el inconsciente colectivo y en el cuerpo.

Todos los objetos de los mundos exterior e interior son introyectados como contenidos de conciencia y luego son representados en función de su valor. La selección, ordenamiento, gradación y delimitación de los contenidos así representados dependen en gran medida del canon cultural dentro del cual se desarrolla la conciencia y que la condiciona. Pero es característico de cada individuo, bajo cualquier circunstancia, crear para él mismo una visión del mundo concientemente constelada y sintéticamente construida, ya sea grande o pequeña en amplitud.

La semejanza entre la conciencia del Yo y el uróboros es el fundamental "aire familiar" que existe entre el Yo y el Sí Mismo, que corresponde mitológicamente al que existe entre el padre y el hijo. Debido a que, psicológicamente, el Yo y la conciencia son órganos de centroversión, el Yo enfatiza con derecho su posición central. Este hecho básico de la situación humana encuentra su equivalente mitológico en el nacimiento divino del héroe y su filiación al "cielo". Lo que estamos propensos a denominar como creencia "antropocéntrica" de los primitivos, según la cual la existencia del mundo depende de sus representaciones mágicas y cuyos rituales controlan el curso del sol, es en realidad una de las verdades más profundas de la humanidad. La semejanza padre-hijo entre el Sí Mismo y el Yo se pone de manifiesto no sólo en las hazañas marciales del héroe-hijo, sino también en el poder sintético de la conciencia para crear un nuevo mundo espiritual de cultura humana a semejanza del divino.

Esta función sintética, que ocupa su lugar junto a la analítica, presupone una facultad sobre la que hemos llamado la atención repetidas veces: la facultad de objetivación. La conciencia del Yo, situada entre los mundos exterior e interior de objetos, e impulsada a realizar incesantes actos de introyección, está en virtud de estas funciones de registro y equilibro siempre impelida a conservar su distancia, hasta finalmente alcanzar un punto donde se separa incluso de ella misma. Esto produce una especie de autorelativización, la cual, como escepticismo, humor, ironía y un sentido de la propia relatividad, promueve una forma superior de objetividad psíquica.

Durante este proceso la conciencia del Yo demuestra su diferencia con respecto a otros sistemas psíquicos parciales –de los cuales ella es sólo uno más- al deshacerse de la fanática obsesión por ella misma, lo que es un síntoma de la voluntad primaria de todo sistema psíquico por la autoconservación. Es precisamente esta creciente reflexión, autocrítica, y deseo por la verdad y la objetividad lo que le permite a la conciencia realizar una mejor y más adecuada representación incluso ante las posiciones a las que se opone. Esto le facilita la objetivación de sí misma y finalmente, en el clímax de su desarrollo, le enseña a deponer su centralización en el Yo, lo que le permite integrarse a la totalidad de la psique, el Sí Mismo.

La actividad sintética, que es absolutamente indispensable para la integración de una personalidad "centrada en el Sí Mismo", es una de las funciones elementales de la conciencia. Es un vástago directo de la centroversión y de sus efectos sintetizadores. Aquí, el factor nuevo y decisivo, sin embargo, es que la síntesis que ha producido el Yo es una síntesis conciente; en otras palabras, la nueva unidad no permanece en el nivel biológico sino que es elevada al nivel psicológico. La completitud es uno de los objetivos de esta síntesis.

Tal como parece indicar el proceso de integración en la segunda mitad de la vida, la estabilidad de la personalidad está determinada por el radio de alcance de la síntesis conseguida. Sólo cuando el material ha sido sintetizado hasta el grado requerido por la completitud, es que las demandas de la centroversión se ven satisfechas; luego ésta se pone de manifiesto situando al Sí Mismo en el centro de la personalidad, con todos los fenómenos concomitantes.

La integración de la personalidad es equivalente a la integración del mundo. Al igual que una psique carente de centro que está dispersa en participaciones y sólo percibe un mundo difuso y caótico, de igual modo el mundo se constela siguiendo un orden jerárquico sobre una personalidad integrada. La correspondencia entre la propia visión del mundo y la formación de la personalidad se extiende desde el nivel más bajo hasta el más alto.

Sólo ahora, cuando la división de la personalidad en dos sistemas ha quedado atrás, es que se restaura la unidad de la psique a través del trabajo sintético de la conciencia, pero en el nivel superior de la integración. El objetivo visionario de la lucha contra el dragón –inmortalidad y eternidad- ha sido conseguido. Mediante el desplazamiento del Yo al Sí Mismo, la experiencia más íntima del proceso de individuación, el carácter transitorio del Yo queda relativizado. La personalidad ya no está más identificada completamente con el efímero Yo, sino que experimenta su identidad parcial con el Sí Mismo, ya sea que esta experiencia tome la forma de "divina" o de "clavarse a la divinidad" (adherencia)[404] de la que hablan los místicos. El elemento que destaca es que la sensación que tiene la personalidad de ya no ser idéntica al Yo, prevalece sobre la mortalidad que pende sobre la yoidad. Pero ése es el objetivo supremo del mito del héroe. En su lucha victoriosa el héroe demuestra su ascendencia divina y experimenta el cumplimiento de la condición primaria bajo la cual entró en batalla, la misma que se expresa en la fórmula mitológica "Yo y el Padre somos uno".

C. Equilibrio y crisis de la conciencia

La compensación de los sistemas separados: la cultura en equilibrio

En el Apéndice I hemos trazado algunas de las líneas de desarrollo que conducen desde la situación original del grupo hasta la formación colectiva de personas más o menos fuertemente individualizadas, y tratamos al mismo tiempo de mostrar el rol que desempeña el Gran Individuo que los mitos representan como el héroe. Este desarrollo se da en paralelo con otro, en el cual la diferenciación de la conciencia del inconsciente, su separación en dos sistemas, y la emancipación de la conciencia del Yo se ven completados.

Con esto hemos dejado atrás la esfera del hombre de los albores de la conciencia y hemos ingresado en la esfera de la cultura, y ahora tenemos que examinar los problemas culturales que surgen con la separación de los dos sistemas.

La primera parte de la presente sección, que trata sobre "la cultura en equilibrio", proporciona un esbozo tentativo de la situación que se obtiene cuando la "naturaleza" garantiza la salud psíquica de lo colectivo, gracias al funcionamiento de las mismas tendencias compensatorias que existen en la humanidad y que puede demostrarse que también existen en la psique individual.

La segunda parte muestra, igualmente de manera tentativa, en qué grado nuestro malestar o enfermedad cultural se debe al hecho de que la separación de los sistemas – en sí mismo un necesario producto de la evolución- ha degenerado hasta convertirse en un cisma y de esta manera ha precipitado una crisis psíquica cuyos catastróficos efectos se reflejan en la historia contemporánea.[405]

***

Hemos hecho énfasis en que, en la evolución de la humanidad, lo "sagrado" y lo "extraordinario" son precursores de procesos que posteriormente ocurren en todo individuo. La amplia discrepancia entre la conciencia del Yo, por un lado, y el mundo y el inconsciente, por otro, hace imperativo que el Yo reciba ayuda, si es que los roles del individuo y de su conciencia del Yo son tan importantes para la especie como nosotros afirmamos que lo son. Esta ayuda se le es proporcionada al individuo, desde adentro y desde afuera, bajo la sola condición de que el Yo en proceso de madurez emule las muchas hazañas heroicas y luchas contra los dragones que la humanidad en su conjunto ha llevado a cabo antes que él. O mejor dicho, sería más correcto decir que el individuo debe reexperimentar todos los hechos heroicos que la humanidad ha efectuado emulando a los Grandes Individuos, los originales héroes y creadores cuyos logros se convirtieron en parte de la herencia colectiva humana.

Lo colectivo transmite al individuo en vías de madurez, bajo la forma de posesiones culturales en su mundo de valores, auténticos contenidos que han fortalecido el crecimiento de la conciencia humana, y proscribe todos los desarrollos y actitudes que sean contrarios a este proceso. Como vehículo de la tradición espiritual, lo colectivo le brinda soporte desde el exterior mediante los patrones arquetípicos apriorísticos formulados desde el interior, y los actualiza mediante la educación.

Las demandas educativas de lo colectivo, y las necesidades de adaptarse a estas demandas, forman juntas una de las ayudas más importantes en la lucha del Yo por su independencia. El "Cielo" y el mundo de los padres ahora constituyen el superyó o consciencia que, como otra "autoridad" dentro de la personalidad, representa los valores de la consciencia colectiva, aunque estos varíen según el tipo de colectivo y sus valores, y también según el estado de conciencia que el colectivo haya alcanzado.

Ya hemos indicado el significado del cielo y de la masculinidad para la lucha del héroe. Aquí debemos enfatizar nuevamente que, en la infancia temprana, el padre personal que representa lo colectivo se convierte en el portador del complejo de autoridad que está ligada a los valores colectivos, y que posteriormente, en la pubertad, este rol de representante es asumido por la sociedad de hombres. Ambos representantes son de gran ayuda en la lucha contra el dragón, que en la niñez y en la pubertad determinan la situación psíquica del Yo normal.[406]

Lo colectivo deposita un mundo de valores concientes a disposición del Yo en las tradiciones culturales del grupo. Un desarrollo unilateral de la conciencia del Yo, sin embargo, sólo elevaría el riesgo del peligro de una disociación entre los dos sistemas y precipitaría así una crisis psíquica. De ahí que exista una tendencia innata en todo colectivo y en toda cultura a establecer un balance entre sus propias posiciones y las del individuo que forma parte de ellas.

Las tendencias equilibrantes de una cultura generalmente operan a través de las esferas en que el inconsciente colectivo actúa directamente sobre la vida de la comunidad, a saber, a través de la religión, el arte, y las actividades ceremoniales grupales que puedan o no estar asociadas con ellas, tales como hacer la guerra, festividades, procesiones, reuniones, entre otros.

La importancia de estas esferas para el equilibrio de la cultura radica en el hecho de que garantizan la unidad de las funciones psíquicas, al prevenir un cisma entre la conciencia y el inconsciente.

En esta conexión debemos aclarar el rol que para la conciencia desempeña el símbolo. El mundo de los símbolos forma el puente entre una conciencia que lucha por emanciparse y sistematizarse, y el inconsciente colectivo con sus contenidos transpersonales. En la medida que este mundo existe y continúa operando a través de los diversos rituales, cultos, mitos, religión y arte, evita que los dos mundos se separen por completo, porque, debido al efecto del símbolo, un lado del sistema psíquico influencia permanentemente al otro y se establece así una relación dialéctica entre ambos.

Tal como Jung ha demostrado[407], el símbolo actúa como mediador en el paso de la energía psíquica desde el inconsciente para que ésta pueda aplicarse concientemente y encuentre una finalidad práctica. Jung describe el símbolo como una "máquina psicológica" que "transforma energía".[408]

En las culturas remotas, el hábito diario es simplemente la existencia inconsciente del hombre primitivo, el habitual clavar su libido al mundo en *participation mystique*, en cuyo estado transcurre su vida natural. A través del símbolo la energía se libera de esta atadura y se vuelve disponible para la actividad conciente y el trabajo. El símbolo es el transformador de la energía, y convierte en otras formas la libido que le permite al hombre primitivo conseguir lo que desea. Ésta es la razón por la que cualquier actividad que el primitivo necesite realizar deba ser iniciada y acompañada por una diversidad de medidas religiosas y simbólicas, ya sea la agricultura, caza, pesca, o cualquier otro trabajo "inusual" que no se haga todos los días. Sólo con la ayuda del símbolo y su efecto fascinante, que capture libido y que absorba al Yo, la "actividad inusual" podrá realizarse.

Las mismas condiciones todavía son operantes en el hombre moderno, sólo que no somos concientes de ellas. La "santificación" de una actividad no acostumbrada sigue siendo el mejor método para conseguir que un hombre abandone el surco del hábito diario y acondicionarlo para que alcance el estado que requiere la tarea. Por citar un ejemplo: la transformación de un insignificante oficinista en el líder responsable de un escuadrón de bomberos que debe verse cara a cara con la muerte, es probablemente una de las transformaciones psíquicas más radicales que puede demandarse de un hombre moderno. Esta metamorfosis de un normal ciudadano amante de la paz en un combatiente es, incluso hoy en día, sólo posible con la ayuda de los símbolos. Dichas transformaciones de la personalidad son logradas invocando los símbolos de Dios, Rey, Patria, Libertad, "el bien más sagrado de la nación", y mediante actos propiciatorios impregnados de simbolismo, con la asistencia añadida de todos los elementos mejor calculados de la religión y el arte para conmover al individuo. Sólo de esta manera es posible desviar la energía psíquica del "cauce natural" de la pacífica vida privada hacia la "inusual actividad" de la carnicería.

Al igual que el símbolo individual, el símbolo social válido para el grupo "nunca es de origen exclusivamente conciente ni exclusivamente inconsciente", sino que es producido por la "mutua colaboración de ambos". El símbolo por lo tanto posee un lado racional que "está de acuerdo con la razón" y otro lado que es "inaccesible para la razón, desde que está compuesto no sólo de información de naturaleza racional, sino de información irracional de pura percepción interna y externa".[409]

El componente sensorial, figurativo, del símbolo -el componente derivado de la sensación o la intuición, las funciones irracionales- no puede por lo tanto ser aprehendido por la razón. Mientras que esto es perfectamente obvio con símbolos claros como la bandera, la cruz, etcétera, es también cierto para ideas más abstractas en la medida que estén relacionadas con realidades simbólicas. El significado simbólico de la idea "Patria", por ejemplo, trasciende el elemento racional que indudablemente contiene, y es precisamente el inconsciente factor emocional el que es activado cuando se invoca a la Patria, lo que demuestra que el símbolo es un transformador de energía que, por cuya fuerza de fascinación, desvía a la libido de sus cursos acostumbrados.

Hablando en términos generales, el símbolo opera de manera inversa en el hombre primitivo y en el hombre moderno.[410] Históricamente, el símbolo condujo al desarrollo de la conciencia, a la adaptación a la realidad y al descubrimiento del mundo objetivo. Es ahora conocido, por ejemplo, que los animales "sagrados" vinieron "antes" que la ganadería, al igual que en general el significado sagrado de un objeto es más antiguo que su significado profano. Su significado profano sólo es percibido posteriormente, por detrás de su significado simbólico.

En el periodo de los albores el componente racionalizable de un símbolo fue de crucial importancia, desde que fue en este punto que la visión que el hombre tenía del mundo pasó de lo simbólico a lo racional. El avance desde el pensamiento prelógico al lógico procede igualmente por vía del símbolo, y puede demostrarse que los pensamientos filosóficos y científicos gradualmente se desarrollaron a partir del pensamiento simbólico, al emanciparse progresivamente de los componentes dinámico- emocionales del inconsciente.

Debido a que el hombre primitivo proyecta sus contenidos inconscientes sobre el mundo y los objetos, estos se le aparecen recubiertos de simbolismo y cargados con mana, y por tanto su interés se enfoca en el mundo. Su conciencia y voluntad son débiles y difíciles de mover; su libido está suspendida en el inconsciente y está a disposición del Yo sólo en pequeñas cantidades. Pero el símbolo, en tanto objeto animado por proyección, fascina, y, en la medida que lo "apresa" y "conmociona", pone a su libido en movimiento y con ella al individuo entero. Este efecto activador del símbolo, tal como Jung ha señalado,[411] es un elemento de importancia en todo culto. Fue sólo a través de la animación simbólica de la tierra que la dureza de la agricultura fue superada, al igual que la posesión simbólica de los *rites d'entrée** hacen posible realizar cualquier actividad que requiera grandes cantidades de libido.

El símbolo, sin embargo, es también expresión del lado espiritual, del principio formativo que mora en el inconsciente, ya que "el espíritu aparece en la psique como instinto", como un "principio sui generis".[412] Hasta donde concierne el desarrollo de la conciencia humana, este lado espiritual del símbolo es el factor decisivo. Más allá de su aspecto "apresador", el símbolo también posee un aspecto valioso: es más que un signo; asigna significado, significa algo que demanda interpretación. Es este aspecto el que habla a nuestro entendimiento y nos lleva a la reflexión, no sólo al afecto y a la emoción. Estos dos aspectos que trabajan juntos en el símbolo constituyen su naturaleza específica, a diferencia del signo o alegoría que poseen significados fijos. En la medida que el símbolo es una fuerza viva y efectiva, trasciende la capacidad de la conciencia experimentadora y "formula un esencial componente inconsciente"[413]

–la verdadera razón de por qué es tan atrayente y perturbador. La conciencia retorna a él permanentemente y da vueltas a su alrededor fascinada, meditando y reflexionando, completando de esta manera la *circumambulatio* que vuelve a manifestrase en tantos ritos y ceremonias religiosas espectacularmente representadas.

En la "vida simbólica",[414] el Yo no asimila un contenido mediante el lado racional de la conciencia y luego procede a analizarlo, descomponiéndolo con la finalidad de digerirlo en su forma desintegrada; en lugar de esto la totalidad de la psique se expone a la acción del símbolo y se deja permear y ser "conmovida" por éste. Esta cualidad permeabilizadora afecta al conjunto de la psique y no sólo a la conciencia.

Las imágenes y los símbolos, al ser productos creativos del inconsciente, conforman diversas formulaciones del lado espiritual de la psique humana. En ellos las tendencias de significado y "otorgadoras de sentido" del inconsciente encuentran un medio para expresarse, ya sea en una visión, un sueño, una fantasía, o nuevamente en una imagen interna que es vista en el exterior, como la manifestación visible de un dios. El interior "se expresa" por medio del símbolo.

Gracias al símbolo, la conciencia del hombre se espiritualiza y finalmente alcanza la autoconciencia:

El hombre puede aprehender y conocer su propio ser sólo en tanto y en cuanto lo pueda hacer visible en la imagen de un dios.[415]

Mito, arte, religión y lenguaje son todas expresiones simbólicas del espíritu creativo del hombre; en ellas este espíritu asume forma objetiva, perceptible, y se vuelve conciente de sí mismo cuando el hombre a su vez se vuelve conciente de la existencia de éste.

Pero la función "otorgadora de sentido" de los símbolos y arquetipos también posee un poderoso lado emocional, y la emotividad que provoca está igualmente dirigida; esto es, ella posee un carácter significativo y ordenador. Tal como Jung dice:

Toda relación con el arquetipo, ya sea a través de la experiencia o simplemente de la palabra hablada, es "conmovedora", es decir, tiene un efecto porque libera en nosotros una voz más poderosa que la nuestra. Aquel que habla en imágenes primordiales habla con la fuerza de mil voces; cautiva y domina, mientras que al mismo tiempo eleva la idea que está tratando de expresar, desde lo ocasional y transitorio, hasta el reino de lo imperecedero. Él transmuta nuestro destino personal en el destino de la humanidad, y por lo tanto evoca en nosotros todas aquellas fuerzas benéficas que de vez en cuando le han permitido a la humanidad encontrar un refugio ante cada peligro, así como sobrevivir a la noche más larga.[416]

Como resultado, la posesión por el arquetipo proporciona significado y liberación a la misma vez, desde que libera una parte de las fuerzas emocionales que han sido embalsadas mediante el desarrollo de la conciencia y como consecuencia del agotamiento de los componentes emocionales. Más aún, en y a través de estas experiencias –las cuales, como hemos visto, fueron originalmente experiencias grupales- se produce una reactivación de la psique grupal que pone fin, al menos temporalmente, al aislamiento del Yo individual.

La posesión por el arquetipo vincula de nuevo al individuo con la comunidad: se hunde en el torrente del inconsciente colectivo y se regenera a través de la activación de sus propios estratos colectivos. Naturalmente, esta experiencia originalmente fue un evento sagrado y el grupo lo celebró como un fenómeno colectivo. Al igual que las celebraciones religiosas, que fueron y en su mayor parte siguen siendo fenómenos de grupo, el arte también fue alguna vez un fenómeno colectivo. Aparte del hecho de que el arte, en la medida que esté relacionado con la autorepresentación de los símbolos arquetípicos, estuvo siempre asociado con la esfera sagrada a través de la danza, el canto, la escultura y el relato de mitos, conservó su carácter sacramental colectivo incluso en tiempos posteriores, tal como podemos comprobarlo en la tragedia griega, en los actos sacramentales medievales, en la música de iglesia, etcétera. Sólo gradualmente, con la progresiva individualización, fue que su carácter colectivo cayó en desuso y el adorador, espectador u oyente individual emergió del grupo.

La cultura de una nación o grupo está determinada por el funcionamiento en su interior de un canon arquetípico que representa sus valores más elevados y profundos, y que organiza su religión, arte, festividades y la vida cotidiana. En la medida que la cultura se encuentre en un estado de equilibrio, el individuo se encuentra a salvo en la red del canon cultural, nutrido por su vitalidad, pero atrapado en ella.

Esto quiere decir que, mientras esté contenido en la cultura de su grupo, su sistema psíquico se encuentra equilibrado porque su conciencia está protegida, desarrollada y educada por el tradicional "mundo celestial" que vive en los valores colectivos, y su sistema conciente está compensado por los arquetipos encarnados en las proyecciones de la religión, el arte, las costumbres, entre otros. Cuando aparece una situación crítica, ya sea individual o colectiva, de inmediato se apela a quienes transmiten el canon. Ya sea que estos sean curanderos, profetas y sacerdotes, o comisarios, líderes, ministros y oficiales, dependerá del canon, y también de que sus instituciones básicas estén fundamentadas sobre demonios, espíritus, dioses, un solo Dios, o sobre la idea de un árbol, piedra, animal, lugar sagrado, entre otros.

En todos los casos el efecto psicológico de la apelación será la restitución del balance, ocasionando previamente una reorientación del canon predominante y una reunión con la colectividad, con lo que se conseguirá superar la crisis. En la medida que la red de valores permanezca intacta, el individuo promedio se encuentra seguro en su grupo y su cultura. En otras palabras, los valores existentes y los símbolos existentes del inconsciente colectivo son suficientes para garantizar el equilibrio psíquico.

Todos los símbolos y arquetipos son proyecciones del lado formativo de la naturaleza humana que crea orden y asigna significado. Por lo tanto, los símbolos y las figuras simbólicas son las dominantes de toda civilización, temprana o tardía. Ellos son los núcleos de significado alrededor de los cuales gira la humanidad, y todos los estudios e interpretaciones de la cultura constituyen los estudios e interpretaciones de los arquetipos y sus símbolos.

La representación colectiva de los arquetipos determinantes en las festividades religiosas y en las artes asociadas con ellas, le brinda significado a la vida y la saturan de las emociones que liberan las fuerzas psíquicas transpersonales del trasfondo. Junto a la experiencia religiosa y sacramental de los arquetipos, también existe un efecto estético y catártico a ser tomado en cuenta, si dejamos de lado los primitivos estados de posesión inducidos por bebidas alcohólicas, excesos sexuales u orgías sádicas. Aquí nuevamente podemos detectar un cambio gradual en la línea de desarrollo.

Al principio todo se encuentra bajo la compulsión emocional inconsciente de los símbolos que aparecen en el ritual, cuyo objetivo es representarlos y "encarnarlos". En los antiguos ritos de coronación, por ejemplo, el símbolo y el ritual aún son completamente idénticos a la vida ejemplar del rey. Posteriormente el ritual asume la forma de una acción sagrada que es "actuada" por el colectivo para el colectivo, aunque todavía está investida de toda la fuerza de la eficacia mágica y ritual.

Gradualmente el *significado* del símbolo se cristaliza, se separa de la acción y se convierte en un contenido cultural capaz de realización e interpretación concientes. Aunque el ritual es actuado al igual que antes, se trata de algo así como de un juego con significado –como los ritos de iniciación, por ejemplo- y la interpretación de los símbolos hasta aquí representados y encarnados se convierte en una parte esencial de la iniciación. El acento, entonces, ya ha recaído sobre la asimilación conciente y sobre el fortalecimiento del Yo.[417]

La ley de la compensación continúa actuando como una expresión de la centroversión sobre la totalidad del campo de una cultura, en la medida que esta cultura se encuentre "en equilibrio". La compensación de lo colectivo a través de la intervención de los componentes transpersonales del canon cultural y sus influencias sobre la religión, el arte y las costumbres, no es de ningún modo sólo "orientadora" en cuanto a sus efectos, esto es, productora de significado y valor; también proporciona libertad emocional y una realineación. Esta compensación emocional se vuelve más y más importante en la medida que el sistema conciente se hace más diferenciado y especializado.

Una analogía significativa puede encontrarse en los sueños, que constituyen compensaciones de la conciencia dirigidas por la centroversión. Los contenidos que la conciencia necesita le son proporcionados a ésta a través del sueño bajo la guía de la centroversión, que se esfuerza por recuperar el balance e intenta corregir las aberraciones, unilateralidades y descuidos que amenazan la totalidad.

El sueño, si es comprendido, altera la orientación de la conciencia y, adicionalmente, proporciona una realineación de la conciencia y la personalidad. Esta realineación se refleja en un cambio completo de actitud –por ejemplo, después de dormir nos despertamos refrescados, alertas, llenos de vigor, o nuevamente nos podemos despertar sintiéndonos apáticos y de mal humor, deprimidos o con los nervios de punta. Parece, también, que los contenidos de la conciencia pueden ser alterados por una diferencia en la carga emocional. Los contenidos desagradables súbitamente aparecen encantadores y por lo tanto materialmente diferentes; las cosas que antes nos atraían aparecen descoloridas, nuestros deseos nos disgustan, lo que no se puede conseguir se vuelve una necesidad imperiosa, y así por el estilo.[418]

La realineación emocional de la conciencia produce de este modo una reorientación inconsciente de su actividad. En las personas enfermas se lleva a cabo mediante las constelaciones inconscientes que, debido a que no están incorporadas en la estructura total, pueden perturbar e incluso destruir la vida; pero en la persona sana la realineación está dirigida por la centroversión, en cuyo caso la emotividad es cualquier cosa que lo estimule positivamente y lo ponga en movimiento, atraiga o repela. Donde esto no existe sólo hay esterilidad: conocimiento vacuo, hechos intrascendentes, información sin importancia, detalles desconectados y sin vida, y relaciones superficiales. Pero cuando el componente emocional aparece, surge una corriente de libido que despierta el interés, y nuevas constelaciones y nuevos contenidos psíquicos empiezan a moverse otra vez. Este interés puede trabajar en su mayor parte de manera inconsciente, como una especie de afectividad que proporciona dirección, ya que el interés que nosotros podemos dirigir concientemente es sólo un pequeño tributario de la corriente principal inconsciente que fluye a través de nosotros y que regula la vida de la psique.

Esta corriente emocional de vitalidad en una cultura la canalizan los arquetipos incorporados en el canon cultural del grupo. La emotividad permanece como una fuerza viviente y regenera al individuo, aún cuando se encuentre más o menos ligada al sendero convencional establecido por la costumbre y los hábitos comunitarios.

Sin embargo, las ceremonias colectivas del grupo no son los únicos teatros donde actúan las fuerzas transpersonales. La vida normal del individuo, también, está implicada en una red de símbolos. Todos los periodos de la vida naturalmente importantes –nacimiento, pubertad, matrimonio, etcétera- se resaltan y celebran. Como son sentidos como colectivos y transpersonales, esto es, como algo más allá de lo puramente individual, se los sacraliza poniéndolos en contacto con el canon cultural de los arquetipos.

Este contacto con los importantes procesos de la naturaleza regula y sostiene la vida del grupo y la del individuo. Las festividades cósmicas celebradas en honor del sol y la luna, los aniversarios que traen la vida con un ordenamiento sagrado y le proporcionan dirección, se vinculan con los eventos históricos en los que lo colectivo celebra su historia como historia humana. Por todos lados la vida está tachonada de tiempos sagrados, lugares sagrados, días sagrados. El paisaje está sembrado de santuarios, templos, iglesias, monumentos y memoriales que señalan el lugar donde la religión y el arte depositaron sus contenidos arquetípicos en nuestro espacio temporal, y por todos lados el canon de valores transpersonales estampa su sello sobre la comunidad a la que ha hecho suya. De la misma manera, el tiempo también es capturado en una red de días festivos con sus celebraciones solemnes –actuaciones, concursos, festividades de otoño y primavera, sacramentos y ritos, en los cuales la vida cósmica se entremezcla con la terrenal.

Pero el poder emotivo, sagrado, de lo transpersonal toca la vida del individuo aún más de cerca, y en un sentido más profundo. Nacimiento y muerte, madurez, matrimonio y el nacimiento de los hijos son en todas partes "sagrados" para el hombre, al igual que la enfermedad y la recuperación, la felicidad y la infelicidad, y le brindan la ocasión de vincular su destino personal con el destino que lo trasciende. En todas partes el contacto con los arquetipos modifica el mundo puramente personal.

No tenemos deseos de citar una gran cantidad de casos particulares que demuestren cómo el continuo influjo de la vida transpersonal garantiza la vitalidad de la vida personal.[419] Nuestra exclusiva preocupación es la situación básica, a saber, que en tanto la cultura se encuentre "en equilibrio", los individuos contenidos en ella normalmente guardan una relación adecuada con el inconsciente colectivo, incluso si esta relación es sólo con las proyecciones arquetípicas del canon cultural y sus valores más elevados.

La organización de la vida al interior de este marco impide –en la persona normal- todas las peligrosas invasiones del inconsciente colectivo y le garantiza al miembro del grupo un grado relativamente alto de seguridad interna, permitiéndole llevar una existencia ordenada en una concepción del mundo donde lo humano y lo cósmico, lo personal y lo transpersonal, se encuentran articulados uno con otro.

La excepción a esta regla –excepciones de las que, sin embargo, depende la comunidad- la constituyen los "*outsiders*", aquellos que caen dentro de otra categoría y que el mito conoce como el héroe, el Gran Individuo.

El juego dialéctico entre el Gran Individuo y lo colectivo aún tiene lugar en nuestros días. Para él, lo único que cuenta es lo extraordinario. Él debe conquistar lo ordinario porque representa el poder del antiguo orden que lo constriñe. Pero conquistar la vida normal –que es la vida de lo no heroico- siempre significa sacrificar los valores establecidos y de este modo entrar en conflicto con lo colectivo. Si posteriormente el héroe es honrado como portador de cultura, salvador, etcétera, generalmente esto sólo ocurre después de haber sido liquidado por lo colectivo. La ascensión mitológica al poder del héroe es sólo transpersonalmente cierta. Él y su mundo de valores pueden conquistar y lograr el poder, pero muy a menudo no vive lo suficiente como para experimentarlo personalmente.

El héroe o Gran Individuo es siempre y fundamentalmente el hombre con experiencia inmediata interior quien, como vidente, artista, profeta o revolucionario, prevé, formula, establece y realiza los nuevos valores, las "nuevas imágenes". Su orientación proviene de la "voz", de la excepcional e interna expresión del Sí Mismo, que posee toda la urgencia de un "dictado". En esto radica la extraordinaria orientación de este tipo de individuo. No sólo el canon es siempre "fundado", hasta donde podemos juzgar, de acuerdo con las revelaciones enunciadas por la voz, sino que tener experiencia de la voz a menudo se convierte en parte integral del canon, como es el caso de los espíritus guardianes de los nativos norteamericanos, o cuando el individuo tiene que adquirir su propio tótem. Incluso cuando está patológicamente dominado por la actividad espontánea del inconsciente colectivo y, con la mente desquiciada, proclama la voluntad de lo Transpersonal, aún así es considerado santo precisamente porque ha enloquecido. La humanidad, con profunda intuición psicológica, ve en él a una víctima de los poderes que son, santificado por haber sido "tocado" por lo transpersonal.

Aquí no podemos entrar en la cuestión de si, en el caso del individuo creativo, la posesión resulta de la actividad de la psique inconsciente o de su propia conciencia, o de si debe a un exceso o a un déficit en su sistema psíquico personal. Todas estas posibilidades existen, pero sólo pueden ser examinadas en un estudio separado acerca de la creatividad.

Lo importante, sin embargo, es que el canon arquetípico siempre es creado y llevado a la realidad por individuos "excéntricos". Estos son los fundadores de religiones, sectas, filosofías, ciencias políticas, ideologías y movimientos espirituales, al abrigo de los cuales el hombre colectivo vive sin necesidad de entrar en contacto con el fuego primordial de la revelación directa, ni de experimentar las agonías de la creación.

Hablando de la función compensatoria del arte creativo, Jung escribe:

En esto radica el significado social del arte: trabaja sin descanso en la educación del espíritu de la época, llevando a la luz aquellas formas que más falta le hacen a su tiempo. Retrotrayéndose a partir del descontento del presente, el ansia del artista se revincula con una imagen primordial que yace en el inconsciente y que es la más adecuada para compensar las insuficiencias y unilateralidades del espíritu de su época. El artista captura esta imagen, y en el esfuerzo de elevarla desde lo más profundo del inconsciente para llevarla cerca de la conciencia modifica sus formas, hasta que ésta pueda ser aceptada por sus contemporáneos, de acuerdo con sus capacidades.[420]

El héroe no es creativo en el sentido de que decore y embellezca el canon existente, aunque su creatividad también pueda manifestarse a través de dar forma y transformar los contenidos arquetípicos de su época. El auténtico héroe es el que trae lo nuevo y rompe en pedazos el tejido de los viejos valores, a saber, el padre-dragón que, respaldado por la totalidad del peso de la tradición y el poder de lo colectivo, siempre se esfuerza por obstruir el nacimiento de lo nuevo.

Los creadores conforman el elemento progresista de la comunidad, pero al mismo tiempo son los conservadores que se revinculan con los orígenes. En las siempre renovadas luchas contra el dragón ellos conquistan nuevos territorios, establecen nuevas provincias de conciencia, y derrocan los anticuados sistemas de conocimiento y moralidad en nombre de la voz cuyos dictados siguen, sin importar que formulen sus objetivos bajo la forma de una vocación religiosa o de una ética práctica. La profundidad del estrato inconsciente del cual surge lo nuevo, y la intensidad con que este estrato se fija al individuo, constituyen los auténticos criterios de este dictado de la voz, y no la ideología de la mente conciente.

Por medio del símbolo los arquetipos irrumpen a través de la persona creativa en el mundo conciente de la cultura. Es esta realidad situada en los estratos profundos de la psique la que fertiliza, transforma y amplía la vida de lo colectivo, proporcionándole a éste y al individuo el único trasfondo que dota a la vida de un significado. El significado de la religión y el arte es positivo y sintético, no sólo en las culturas primitivas, sino también en nuestra propia cultura excesivamente conciente, precisamente porque proporcionan una salida para los contenidos y componentes emocionales que han sufrido rigurosa supresión. En lo colectivo así como en el individuo, el mundo patriarcal de la cultura, con su primacía de la conciencia, forma sólo un segmento de la totalidad. Las fuerzas positivas del inconsciente colectivo que han sido excluidas luchan por expresarse en la persona creativa, y fluyen a través de ella hacia la comunidad. En parte son fuerzas "antiguas", silenciadas por la diferenciación extrema de la cultura, y en parte fuerzas nuevas que no han sido experimentadas y que están destinadas a darle forma al rostro del futuro.

Ambas funciones ayudan a mantener "en equilibrio" a la cultura, asegurando que ésta no se aleje demasiado de sus raíces ni que, por el otro lado, se fosilice debido al conservadurismo.

Pero el héroe, como vehículo de este esfuerzo de compensación, se aliena de la situación humana normal y de lo colectivo. Esta descolectivización implica sufrimiento, y él sufre a la misma vez porque, en su lucha por la libertad, es también la víctima y representante del antiguo orden obsoleto y se ve forzado a cargar con el peso de su propia alma.

El significado de este hecho ya ha sido señalado por Jung,[421] quien habla de la fatal compulsión que conduce al héroe hacia el sacrificio y el sufrimiento.

Ya sea que sus actos sean vistos como servicios, como en el caso de Heracles, cuya vida, al igual que la vida de muchos, si es que no de todos los héroes, es una serie de fatigosos trabajos y metas difíciles, o ya sea que este simbolismo asuma la forma del sacrificio del toro como sucede con Mitra, o de la crucifixión como Jesús, o que se trate del encadenamiento al Cáucaso como Prometeo, siempre y en todos sitios nos encontramos con el tema del sacrificio y el sufrimiento.

El sacrificio que debe realizarse puede significar sacrificar el antiguo mundo matriarcal de la infancia o el mundo real del adulto; a veces el futuro debe sacrificarse en beneficio del presente, otras veces lo que debe sacrificarse es el presente de modo que el héroe pueda satisfacer al futuro. La naturaleza del héroe tiene tantas caras como las situaciones de agonía de la vida real. Pero siempre es obligado a sacrificar la vida normal bajo cualquiera de los aspectos que esto puede presentársele, ya sea madre, padre, hijos, patria, amada, hermano o amigo.

Jung señala que el peligro al cual el héroe está expuesto es al "aislamiento en él mismo".[422] El sufrimiento que conlleva el hecho de ser un Yo y un individuo está implícito en la situación del héroe, al tener que distinguirse psicológicamente de sus compañeros. Él ve cosas que ellos no ven, no se interesa por las cosas que ellos sí –pero eso significa que es un tipo diferente de ser humano y que por lo tanto se encuentra necesariamente solo. Las soledad de Prometeo en la roca o de Cristo en la cruz es el sacrificio que deben soportar por haberle llevado el fuego y la redención a la humanidad.

Mientras que el individuo promedio no posee alma propia, porque el grupo y su canon de valores le dicen qué debe ser o no ser psíquicamente, el héroe es alguien que puede afirmar que su alma es suya porque ha luchado por ella y la ha ganado. De aquí que no pueda haber actividad heroica y creativa sin antes haber ganado el ánima, y que la vida individual del héroe se encuentre ligada en el sentido más profundo con la realidad psíquica del ánima.

La creación siempre es un logro individual, ya que todo trabajo o acto creativo es algo nuevo que no estaba antes, que es único y que no será repetido. De este modo el componente ánima de la personalidad está conectado con la "voz" que expresa el elemento creativo presente en el individuo, y que está en contraste con el convencionalismo del padre, de lo colectivo, de la consciencia. El ánima como profetisa o sacerdotisa es el arquetipo del alma que concibe al Logos, la "palabra espermática" de Dios. Ella es la inspiradora y la inspirada, la Virgen Sophia que concibe por medio del Espíritu Santo, y la Madre-Virgen que da a luz al Logos-espíritu-hijo.

En la temprana fase urobórica y matriarcal sólo existe el tipo de vidente que, al sacrificar su Yo, y de esta manera afeminarse por identificación con la Gran Madre, pronuncia sus declaraciones bajo el impacto demoledor del inconsciente. Este tipo de videncia está ampliamente distribuida. La forma más conocida es la mántica, en la cual una mujer desempeña el rol profético de vidente y sacerdotisa, sibila y Pitia. Sus funciones fueron posteriormente asumidas por el vidente-sacerdote masculino que se identifica con ella. Esto aún puede verse en la relación de Wotan con Erda. Él recibe la antiquísima sabiduría de la Gran Madre, el don de la profecía, pero a cambio tiene que sacrificar su ojo derecho. De este modo, con su abandono extático y sus desquiciados frenesíes de emoción, el wotanismo, en su forma orgiástica y también mántica, carece de la claridad del ojo del conocimiento superior, que se perdió debido a la "castración superior" llevada a cabo por Erda.

El oscuro tipo de Wotan como salvaje cazador y el Holandés Errante* pertenecen al séquito de la Gran Madre. Detrás de su inquietud espiritual hay un antiguo deseo de incesto urobórico, el deseo de muerte que parece estar profundamente arraigado en el alma germánica.[423]

No es casual que encontremos un profundo contraste entre este tipo de vidente obsesionado con la madre y el tipo de profeta que surgió entre los antiguos Hebreos. Su característica esencial es su afinidad con la figura del padre, y la preservación e intensificación de su conciencia por medio de esta afinidad. Para él, las profecías mántica y oniromántica son muy inferiores a la profecía que tiene lugar con la conciencia intacta. La intensidad profética depende de la intensidad de la conciencia, y Moisés es considerado el profeta más importante porque enfrentó a Dios de día y a rostro descubierto. En otras palabras, el profundo insight del estrato transpersonal activado, y la aguda visión de una conciencia altamente desarrollada, en conjunto tienen que dar lugar a una relación entre ambos, y no al desarrollo de uno a expensas del otro.

De este modo el héroe, al igual que el Yo, está situado entre dos mundos: el mundo interior que amenaza con dominarlo, y el mundo exterior que quiere liquidarlo por quebrar las viejas leyes. Sólo el héroe puede mantenerse de pie en contra de estas fuerzas colectivas, porque es el ejemplo de individualidad y posee la luz de la conciencia.

A pesar de su hostilidad original, lo colectivo acepta posteriormente al héroe en su panteón, y sus cualidades creativas perviven –al menos en el canon occidental– como un valor. La paradoja de que quien quebró el viejo canon sea incorporado en el canon mismo, es típico del carácter creativo de la conciencia occidental, cuya especial posición hemos señalado repetidamente. La tradición en la que el Yo es educado, demanda emular al héroe en tanto y en cuanto haya sido él el creador del canon cultural que está en vigor. Es decir, la conciencia, la responsabilidad moral, la libertad, etcétera, constituyen los valores supremos. El individuo es educado en función de estos valores culturales, pero la desgracia le espera a quienquiera que se atreva a incumplirlos, ya que de inmediato lo colectivo lo proscribirá por haber roto las viejas tablas.

Sólo el héroe puede destruir lo viejo y liberarse a sí mismo de las redes de su cultura asaltándolas creativamente, pero por lo general lo colectivo debe preservar a toda costa sus estructuras compensatorias. Su resistencia al héroe y expulsarlo son justificables como medios de defensa ante el colapso inminente que causarían las innovaciones del Gran Individuo, colapso que significaría para millones de personas un evento prodigioso. Cuando un viejo canon cultural es demolido, le sigue un periodo de caos y destrucción que podría durar siglos, durante los cuales se sacrifican víctimas en hecatombes hasta que un canon nuevo y estable se instituya, con una estructura compensatoria lo suficientemente fuerte como para garantizar un mínimo de seguridad a lo colectivo y al individuo.

El cisma de los sistemas: la Cultura en crisis

Ahora nos queda describir cómo, en el curso del desarrollo, la emancipación de la conciencia ha precipitado una crisis, y cómo la separación de la conciencia del inconsciente ha conducido al peligro de un cisma. En este punto ingresamos a la crisis cultural de nuestro tiempo y a la del desarrollo de occidente como totalidad. Sólo podemos intentar realizar un seguimiento de las tendencias psicológicas ya descritas y de este modo aportar alguna contribución, dentro de los límites de nuestro tema, para la comprensión de los problemas culturales. La tentación de ir más allá de esto es grande, debido a que los temas en cuestión son tópicos candentes; pero aquí, como en muchos otros lugares, debemos contentarnos con realizar unas cuantas observaciones y tan sólo señalar el fenómeno sin embarcarnos en una discusión de conexiones causales.[424]

La cultura occidental, cuya crisis estamos experimentando en la actualidad, difiere de todas las otras conocidas por nosotros en que, si bien es un *continuum*, se encuentra en permanente proceso de cambio, así el grado de modificación no sea siempre igualmente obvio. La división convencional en clásica, medieval y moderna es completamente falaz. Un análisis más profundo puede mostrar que el hombre occidental se encuentra en continuos movimientos y contramovimientos, pero siempre desplazándose de manera constante en una dirección fijada desde el inicio: hacia la emancipación del hombre de la naturaleza, y de la conciencia del inconsciente. El canon cultural del hombre medieval también se encuadraba en este *continuum*, no sólo debido al énfasis que dicho canon ponía sobre el alma individual y su salvación, sino también por la herencia espiritual recibida de la antigüedad clásica, que estaba lejos de ser un simple asunto de formas externas, tal como lo demuestra toda la historia de la iglesia.

A pesar de la tendencia al conservadurismo innato presente en todo canon, el canon occidental posee un ingrediente revolucionario que deriva de su aceptación del arquetipo del héroe. No es necesario decir que esta figura del héroe no es el punto central de este canon, ni que su influencia revolucionaria no es fácil de reconocer; pero cuando uno ve en cuán corto espacio de tiempo las figuras más revolucionarias de la historia eclesiástica se asimilaron y produjeron una nueva variación del canon, uno se da cuenta por completo de la tremenda importancia que tuvo en éste la aceptación del arquetipo del héroe. La santidad del alma individual, que se impuso a través de la Edad Media a pesar de toda la ortodoxia y la quema de herejes, se ha secularizado desde el Renacimiento, aunque la idea ya existía desde mucho antes.

Pasa lo mismo con la acentuación de la conciencia individual. La recolectivización, que fue de modo tan conspicuo una característica de la Edad Media si se la compara con la antigüedad, es más un problema sociológico que teológico. En tiempos recientes –esto es, durante los últimos ciento cincuenta años- hemos sido testigos de un proceso análogo que ha ocurrido de una forma completamente alejada de todo lo teológico, de modo que nos encontramos en una mejor situación para comprender las conexiones entre ellas. Nos referimos al problema de las masas, el cual, debido a la cristianización de los pueblos bárbaros de Europa, condujo a una recolectivización que contrastó muy fuertemente con los altos estándares de la conciencia individual que consiguió el hombre culturizado de la antigüedad. Y en la actualidad también, cuando las masas oprimidas y las masas asiáticas están ingresando en la historia, habrá inevitablemente un descenso temporal del nivel de conciencia y de cultura individual, si lo comparamos con el individuo singular que apareció como resultado de la civilización occidental que comienza en el Renacimiento.

Los cuatro fenómenos –agregación de masas, decadencia del antiguo canon, cisma entre conciencia e inconsciente, y divorcio entre el individuo y lo colectivo- discurren en paralelo. Hasta qué punto están causalmente conectados es difícil de determinar. En todo caso queda muy claro hoy en día que se está formando un nuevo canon en la masa colectiva. Psicológicamente predomina una situación colectiva primitiva, y en este nuevo colectivo las viejas reglas de *participation mystique* prevalecen de modo mucho más palpable que en cualquier otra época de los últimos siglos de desarrollo occidental.

Esta masificación psicológicamente reaccionaria del hombre moderno coincide con otro fenómeno sociológico, a saber, la entrada en la historia de nuevos grupos de razas principales. Es decir, uno no debe confundir la situación colectiva primitiva de las masas asiáticas que ahora ingresan a la historia con el fenómeno de la recolectivización, en el cual incalculables millones de habitantes de las ciudades, altamente individualizados y especializados, regresionan a una masificación colectiva *(Véase Apéndice II)*. La entremezcla de líneas de desarrollo progresivas y regresivas es una de las complicaciones de la moderna psicología de lo colectivo y cultural.

Aunque partiendo desde el inicio bajo el lema "Lejos del inconsciente", el Yo, órgano de la centroversión, nunca debe perder contacto con éste, ya que es una parte esencial de su natural función equilibrante brindarle al mundo transpersonal el sitio que le corresponde.

El desarrollo que ha dado lugar a la división de los dos sistemas es coherente con el necesario proceso de diferenciación psíquica, pero, al igual que toda diferenciación, corre el riesgo de exceder un límite y pervertirse. Al igual que la diferenciación de las funciones concientes en el individuo entraña el peligro de la unilateralidad, el desarrollo de la conciencia occidental en su conjunto también afronta este mismo riesgo. La pregunta que ahora surge es cuán lejos puede llegar la diferenciación conciente y en qué punto comienza a convertirse en su opuesto; esto es, en qué punto del desarrollo del héroe surge el peligro de una mutación que, tal como nos dicen tantos mitos, pueda conducir a su caída.

Demasiada estabilidad puede inmovilizar al Yo, una conciencia del Yo demasiado independiente puede aislarse del inconsciente, y la autoestima y autoresponsabilidad pueden degenerar en presunción y megalomanía. En otras palabras, la conciencia, como polo opuesto al inconsciente, y habiendo tenido que representar el esfuerzo de la personalidad por constituirse, puede perder su vínculo con la totalidad de la psique y deteriorarse.[425]

El peligro de alienarse del inconsciente se presenta bajo dos formas: esclerosis de conciencia y posesión. En una conciencia esclerótica –un producto tardío del desarrollo y que por lo tanto es desconocido en la mitología- la autonomía del sistema conciente ha sido llevada tan lejos, que el vínculo vivo con el inconsciente se ha atrofiado peligrosamente. Esta atrofia se expresa en la pérdida en la conciencia del Yo de la función que se esfuerza por conseguir la totalidad, y en una creciente neurotización de la personalidad.

La posesión, la segunda forma de perder la relación con el inconsciente, se presenta de manera diferente. Aquí el sistema conciente ha sido dominado por el espíritu, con la ayuda del cual ha luchado para liberarse de la tiranía del inconsciente. Hemos denominado a este fenómeno "castración patriarcal" porque la actividad creativa del Yo aquí está obstaculizada por el padre, tal como previamente lo estuvo por la madre.

En contraste con la inundación del Yo por el inconsciente, que finaliza con el desmembramiento de la conciencia, la característica aquí es una ilimitable expansión del Yo.

La castración matriarcal implica la pérdida de la conciencia masculina, deflación y degradación del Yo. Sus síntomas son depresión, un reflujo de la libido hacia el inconsciente, anemia del sistema conciente, y un *"abaissement du niveau mental"* (Janet).

En la inflación de la castración patriarcal producida por la identificación del Yo con el espíritu, el proceso es al revés. Éste conduce a la megalomanía y a la expansión desmesurada del sistema conciente. Este último se ve sobrecargado de contenidos espirituales que no puede asimilar y de unidades de libido que pertenecen al inconsciente. El símbolo característico de esta condición es la "ascensión", y sus síntomas son "perder el suelo que hay bajo los pies", pérdida del cuerpo más que desmembramiento, manía en lugar de depresión.

La manía está conectada con todos los signos de la acentuación exagerada del sistema conciente, tales como asociaciones intensificadas, algunas veces conducentes a "fugas" asociativas, paroxismos de voluntad y acción, optimismo sin sentido, entre otros, todos los cuales contrastan con la ralentización de asociaciones, debilitamiento de la voluntad y la acción, y el pesimismo tan evidente en la fase depresiva. Al igual que la identificación con la Gran Madre causa el debilitamiento del lado masculino de la conciencia y empobrece la actividad de la voluntad y de los poderes directrices del Yo, la identificación con el padre espiritual debilita el lado femenino. La conciencia carece del contrapeso inconsciente que podría profundizar y ralentizar los procesos concientes. En ambas formas hay una perturbación de la compensación, pero cada caso es diferente.

La compensación es el primer requisito para una relación productiva entre el Yo y el inconsciente. Esto significa que la princesa, el alma, está tan extraviada para el Yo como lo está bajo la formas de castración patriarcal y matriarcal.

Pero, tal como quedó claro en la Parte I de este libro, detrás de ambas formas acecha la original castración uróbórica, en la cual se anulan las tendencias a la diferenciación. Poniéndolo en lenguaje psicológico: al igual que la manía y la melancolía son simplemente dos formas de locura, dos formas de ese estado uróbórico devorador que destruye toda conciencia del Yo, también la regresión al inconsciente, esto es, ser devorado por la Gran Madre, y asimismo el vuelo hacia "exclusivamente" la conciencia, esto es, ser devorado por el padre espiritual, son dos formas en que toda conciencia auténticamente compensada desprovecha sus esfuerzos por conseguir la totalidad. La deflación así como la inflación destruyen la eficacia de la conciencia, y ambas constituyen derrotas para el Yo.

La inflación espiritual, cuyo ejemplo perfecto es el frenesí del *Zaratustra* de Nietzsche, es un típico desarrollo occidental llevado a los extremos. Detrás de la sobreacentuación de la conciencia, del Yo y de la razón –suficientes en sí mismos como para ser los objetivos que guíen el desarrollo psíquico-, está presente el arrollador poder del "cielo"; un peligro que subyace a la lucha heroica contra el lado terrenal del dragón, y que culmina en una espiritualidad que ha perdido contacto con la realidad y los instintos.

La forma que este tipo de degeneración usualmente asume en occidente no es la inflación espiritual, sino esclerosis de conciencia, donde el Yo se identifica con la conciencia como si ésta fuera una forma de espíritu. En la mayoría de los casos esto significa identificar al espíritu con el intelecto, y a la conciencia con el pensamiento. Dicha limitación es completamente injustificada, pero la tendencia patriarcal de desarrollo "lejos del inconsciente" y con dirección a la conciencia y al pensamiento, hace que esta identificación sea comprensible.

Debido a este extremismo, el sistema conciente pierde su verdadero significado de ser el órgano compensatorio de centroversión, cuya función es representar y realizar la totalidad de la psique. El Yo degenera en un complejo psíquico como cualquier otro, y exhibe el egocentrismo y la obsesión que son característicos de todo complejo.

En esta situación, todos los desarrollos que han contribuido de manera significativa a la formación de la conciencia alcanzan el extremo y se pervierten. Por ejemplo, la división de un contenido inconsciente en sus componentes materiales y emocionales se produjo originalmente en interés del desarrollo conciente, pero ahora es uno de los elementos críticos de una hipertrofiada conciencia separada del inconsciente. El agotamiento de los componentes emocionales y la alienación del Yo del mundo de las imágenes arquetípicas, resultan en su incapacidad para reaccionar en absoluto a las imágenes sensoriales, un hecho particularmente notorio en el hombre moderno. La confrontación con una imagen inconsciente, e incluso con una situación inesperada, lo encuentra inmune a la reacción. Contrastada con la instantánea acción refleja del primitivo, el intervalo entre la situación y la reacción se prolonga extraordinariamente, si es que no se abroga por completo.

La pérdida de la afectividad y la emotividad, incrementada aún más por la diferenciación especializada de la conciencia en funciones separadas, es ciertamente una condición esencial de la actividad conciente, e indudablemente ha ayudado al hombre moderno en sus propósitos científicos, pero posee un formidable lado de sombra. El conocimiento conciente necesita suprimir los componentes emocionales, lo que es típico y sólo ventajoso para los trabajos no creativos. Los procesos creativos, por otro lado, no pueden y no deben excluir los poderosos, e incluso excitantes, componentes emocionales; de hecho parecen ser sus ingredientes necesarios. Cada nueva concepción y cada nueva idea creativa contienen elementos que hasta ese momento eran inconscientes, y la inclusión de los componentes emocionales asociados con los contenidos inconscientes produce una excitación. La conexión del sistema consciente con el sustrato de tonalidad emocional del inconsciente hace posible por sí sola la creatividad. Por lo tanto, si es llevada al extremo, la tendencia a la diferenciación y a la represión de emociones del desarrollo occidental produce un efecto esterilizante y obstaculiza la ampliación de la conciencia. Esto se ve confirmado por el hecho de que las personas creativas siempre tienen algo de infantiles y de no completamente diferenciadas; ellas son centros de efervescente creatividad, y no tiene sentido llamar a esas características "infantiles" ni tratar de reducirlas al nivel de la novela familiar.

Esta tendencia a reducir todos los contenidos transpersonales a términos personalistas es la forma más extrema de personalización secundaria. El agotamiento de los componentes emocionales y la personalización secundaria tienen una importante función histórica que cumplir, en la medida que ayudan a rescatar a la conciencia del Yo y a la personalidad de las garras del inconsciente. Esto explica por qué siempre aparecen durante la transición desde lo prepersonal y suprapersonal a lo personal. Pero cuando la personalización secundaria pretende imponerse devaluando a las fuerzas transpersonales, entonces produce una peligrosa sobrevaloración del Yo. Es una típica falsa constelación de la mente moderna, que ya no es capaz de ver nada que trascienda la esfera personal de la conciencia del Yo.

La personalización secundaria está siendo explotada por el hombre occidental con la finalidad de devaluar las fuerzas inconscientes de las cuales siente miedo. La supremacía de lo transpersonal, y por lo tanto del inconsciente que, en términos psicológicos, es la sede de la transpersonalidad, es denigrada y difamada. Esta forma de defensa mágica, apotropeica, intenta zanjar el asunto y exorcizar todo peligro con un poco sincero "nada más que" o "no es tan malo como imaginas". Así como el bravo y traicionero Mar Negro era eufemísticamente llamado Ponto Euxino, el "mar hospitalario", o las Erinias fueron renombradas como las Euménides, y la abismal inconmensurabilidad de la Divinidad se convirtió en el "Padre Amoroso y Misericordioso" y en el "arrullador de los niños", igualmente ahora confundimos lo transpersonal con lo meramente personal. La divinidad primordial del Creador y el feroz e infinitamente extraño animal-tótem ancestral que habita en el alma humana, han sido tan falseados que ahora se pretende derivarlos de un prehistórico padre gorila o del depósito de muchos padres similares, quienes no se habrían comportado con la debida corrección con sus "hijos".

Incluso las exageraciones de la personalización secundaria son expresiones de los esfuerzos del hombre para recuperar, mediante introyección, la posesión de los contenidos psíquicos exteriorizados. Pero la necesaria consecuencia de este proceso, por el cual los contenidos que antes parecían ser exteriores después son diagnosticados como interiores, es que las fuerzas transpersonales ahora aparecen en la psique humana y son reconocidas como "factores psíquicos". Cuando esto sucede, parcialmente en la teoría de los instintos, y de manera completamente conciente en la teoría de los arquetipos de Jung, significa que se ha logrado una adecuada asimilación. Pero cuando la personalización secundaria se pervierte conduce a una expansión desmesurada del Yo, que acto seguido intenta demoler lo transpersonal llamándolo mera ilusión y lo reduce a datos personales del Yo.

Como resultado, el significado de la personalización secundaria como prerrequisito para la asimilación conciente es eliminado, porque lo transpersonal está ahora reprimido de facto. Ya no puede ser concientemente asimilado, y comienza a operar de manera negativa como un vago y poderoso factor "inconsciente" al interior de la psique, al igual que lo hizo en el exterior en el comienzo del desarrollo del hombre. El aspecto problemático acerca de este giro en los acontecimientos es que en sí mismo es legítimo y necesario, y que sólo conduce al absurdo y al peligro si es exagerado.

Encontramos un proceso correspondiente en la racionalización, donde el arquetipo es transformado en concepto. La línea discurre, tal como hemos visto, desde el arquetipo como una efectiva figura transpersonal hasta la idea, y luego al "concepto" que uno se "forma". Un buen ejemplo de esto es el concepto de Dios, que ahora deriva en exclusiva de la esfera de la conciencia –o que se intenta derivar de ella, tal como el Yo se engaña en pretender. Ya no hay nada transpersonal, sino sólo personal; ya no hay más arquetipos, sino sólo conceptos; no más símbolos, sólo signos.

Esta separación del inconsciente conduce por un lado a la vida de un Yo vacío de significado, y por otro lado a una activación de los estratos más profundos del inconsciente, los cuales, ahora notablemente destructivos, devastan el mundo autocrático del Yo con invasiones transpersonales, epidemias colectivas y psicosis de masas. Es claro que la alteración de la relación compensatoria entre la conciencia y el inconsciente no es un fenómeno que deba tomarse a la ligera. Incluso cuando esto no es lo suficientemente agudo como para desencadenar una enfermedad psíquica, la pérdida del instinto y la sobreacentuación del Yo tienen consecuencias que, multiplicadas varios millones de veces, constela la crisis de la civilización.

A pesar que aquí no podemos realizar el seguimiento de las consecuencias psicológicas y éticas de esta situación para saber en qué medida afectan al individuo en su relación con el grupo,[426] aún debemos comentar acerca de lo que ha venido a llamarse la moderna decadencia de los valores, y que nosotros preferimos describir como el colapso del canon arquetípico.

El canon cultural enuentra su origen en la proyección de las imágenes arquetípicas del inconsciente. Su efectividad puede variar, ya sea porque la conciencia del grupo experimente una mutación progresiva o regresiva, o porque ocurran modificaciones en el inconsciente colectivo, espontáneas, o como reacción a los cambios políticos y sociales. Debemos dejar sin examinar la cuestión de cuándo, y en qué circunstancias, los cambios en el mundo real conducen a reacciones en el inconsciente colectivo, y cuándo y en qué circunstancias las modificaciones en el inconsciente colectivo se expresan en trastornos sociológicos. Que el canon de valores ha venido desintegrándose de manera continuada durante los últimos pocos cientos de años de desarrollo occidental, es una perogrullada que, sin embargo, no nos evita experimentar con horror y asombro las crudas consecuencias de este proceso en el pasado, en el presente y en el futuro.

La desintegración del antiguo sistema de valores se encuentra en pleno apogeo. Dios, Rey, Patria, se han convertido en factores problemáticos, de igual manera que Libertad, Igualdad, Fraternidad, amor y juego limpio, progreso humano, y el significado de la existencia. Esto no quiere decir que no seguirán influyendo en nuestras vidas como factores transpersonales de una naturaleza arquetípica; pero su validez, o al menos su posición, se ha vuelto precaria, la relación de uno con otro cuestionable, y su antiguo orden jerárquico ha sido destruido.

De este modo, el individuo que carece del soporte de un movimiento compensatorio en su interior, abandona el ordenado tejido de la civilización. Para él significa una ruptura de la experiencia transpersonal, el encogimiento de los horizontes del mundo, y la pérdida de toda certeza y significado en la vida.

Debemos observar dos reacciones generales ante esta situación. La primera es la regresión a la Gran Madre, a la inconsciencia, a la proclividad a arrebañarse en la masa, para así obtener, como si fuera un átomo colectivo con nuevas experiencias transpersonales, una nueva certeza y una nueva posición ventajosa; la segunda es el vuelo hacia el Gran Padre, al aislamiento propio del individualismo.

Cuando el individuo se desprende del tejido cultural de esta manera, se encuentra a sí mismo completamente aislado en un egotistamente inflado mundo privado. Las agitaciones, los malestares, los excesos, la informidad y carencia de sentido de una vida puramente egocéntrica –comparada con la vida simbólica- son los infelices resultados de esta apostasía psicológica.

Siguiendo el colapso del canon arquetípico, los arquetipos singulares toman posesión de los hombres y los consumen como demonios malévolos. Típico y sintomático de este fenómeno transicional es el estado de las cosas en Norte América, aunque lo mismo calza bien para prácticamente la totalidad del hemisferio occidental. Todo tipo concebible de dominante gobierna la personalidad, que es personalidad sólo de nombre. El hecho grotesco de que asesinos, bandidos, ladrones, falsificadores, tiranos y estafadores, bajo disfraces que no engañan a nadie, hayan tomado el control de la vida colectiva es característico de nuestro tiempo. Sus inescrupulosidades y dobles juegos son reconocidos –y admirados. Obtienen sus crueles energías en el mejor de los casos de algún descarriado contenido arquetípico que los tiene en su poder. El dinamismo de una personalidad poseída es además muy grande, porque, en su primitivismo que sólo puede acoger una única idea, no sufre por ninguna de las diferenciaciones que hacen a los hombres humanos. La adoración de la "bestia" de ningún modo es exclusiva de Alemania; predomina donde quiera que la unilateralidad, el empuje agresivo y la ceguera moral son aplaudidos, esto es, donde quiera que las molestas complejidades de la conducta civilizada sean eliminadas a favor de la rapacidad bestial. Uno sólo tiene que observar los ideales educativos imperantes en Occidente.

El carácter poseído de nuestros magnates financieros e industriales, por ejemplo, es psicológicamente evidente en el sencillo hecho de que se encuentran a merced de un factor suprapersonal –"trabajo", "poder", "dinero", o como quiera que les guste llamarlo-, que, en frase coloquial, los "consume" y sólo les deja un pequeño espacio, o ninguno, como personas privadas. Aunada con una actitud nihilista hacia la civilización y la humanidad, se da una hinchazón de la esfera del Yo que se expresa con egoísmo bruto en una total indiferencia hacia el bien común y en el intento de llevar una existencia egocéntrica, donde el poder personal, el dinero y las "experiencias" –increíblemente triviales, pero abundantes- ocupan cada hora de sus días.

Antiguamente la estabilidad del canon cultural garantizaba al individuo un conjunto de valores ordenados en donde todo ocupaba su lugar apropiado. Esto ahora está perdido, y el atomizado individuo es poseído y devorado por dominantes arbitrarios de naturaleza suprapersonal.

No sólo el poder, el dinero, la codicia, sino también la religión, el arte, la política, en tanto determinantes exclusivos bajo la forma de partidos, naciones, sectas, movimientos e "-ismos" de cualquier naturaleza, toman posesión de las masas y destruyen al individuo. Lejos de nosotros está comparar a los predadores que son el hombre industrial y el poderoso político, con el hombre que está dedicado a una idea; ya que este último, además de encontrarse poseído por los arquetipos que le darán forma al futuro de la humanidad, sacrifica su vida a un *daemon* impulsor. Sin embargo, es el objetivo de una psicología cultural basada en la psicología profunda exponer un nuevo canon cultural que tenga en cuenta el efecto colectivo de estas posesiones *daemónicas*, lo que imlica aceptar la responsabilidad por ellas.

La desintegración de la personalidad causada por una idea no es menos peligrosa que la desintegración causada por un hambre de poder vacía y personalista. El resultado de ambos puede verse en la desastrosa masificación y recolectivización del hombre moderno *(Véase Apéndice II)*. En otro lugar[427] hemos intentado mostrar la conexión entre la psicología profunda y el nuevo canon cultural. Una de las consecuencias más importantes del nuevo canon cultural es que la integración de la personalidad, su totalidad, se convierte en el supremo objetivo ético del cual depende el destino de la humanidad. E incluso cuando la psicología profunda nos ha enseñado a comprender cuán necesario es, especialmente para el "hombre superior", ser poseído por los arquetipos, esto no nos deja ciegos ante las posibles fatales consecuencias de dicha posesión.

El cuadro que hemos dibujado de nuestra época no está concebido como una acusación, mucho menos como una glorificación de los "buenos viejos tiempos", ya que los fenómenos que vemos alrededor de nosotros son síntomas de un trastorno que, visto desde cierto ángulo, es necesario. El colapso de la antigua civilización, y su reconstrucción desde un nivel inferior, los justifican porque la nueva base será ampliada de inmediato. La civilización que está a punto de nacer será una civilización humana en un sentido muy superior a cualquiera que haya existido hasta ahora, ya que habrá superado importantes limitaciones sociales, nacionales y raciales. Estos no son imposibles sueños fantásticos, sino hechos concretos, y las punzadas de su próximo nacimiento llevarán infinito sufrimiento a un infinito número de hombres. Espiritual, política y económicamente, nuestro mundo es una unidad indivisible. Desde este punto de vista las Guerras Napoleónicas fueron *coups d'etat* menores, y la visión del mundo de esa época, en la cual todo lo que quedaba fuera de Europa empezaba apenas a aparecer, nos resulta casi inconcebible por su estrechez.

El colapso del canon arquetípico en nuestra cultura, que ha producido una auténticamente extraordinaria activación del inconsciente colectivo –o del cual sea quizá su síntoma, puesto de manifiesto en movimientos de masas que tienen un profundo efecto sobre nuestros destinos personales-, es, sin embargo, sólo un fenómeno pasajero. En el momento en que las guerras de aniquilación mutua del viejo canon aún son peleadas, ya podemos discernir, en individuos singulares, dónde descansan las posibilidades sintéticas del fututo, y casi qué aspecto tendrán. El giro de la mente desde la conciencia al inconsciente, la responsable *reaproximación* de la conciencia humana a los poderes de la psique inconsciente, ése el objetivo del futuro. Ningún esfuerzo chapucero para cambiar el mundo y ninguna mejora social le podrá dar el golpe de gracia al *daemon*, a los dioses y demonios del alma humana, ni evitarán que estos tiren abajo una y otra vez lo que la conciencia ha construido. A menos que se les asigne el lugar que les corresponde en la conciencia y la cultura, nunca dejarán en paz a la humanidad. Pero la preparación para esta *reaproximación* descansa, como siempre, en el héroe, en el individuo; él y su transformación son los grandes prototipos humanos; él es el campo de pruebas de lo colectivo, al igual que la conciencia es el campo de pruebas del inconsciente.

D. Centroversión y etapas de la vida

Peregrinaje, Peregrino y Camino
no son otro que Yo yendo hacia Mí mismo.

FARID UD-DIN ATTAR

Prolongación de la infancia y diferenciación de la conciencia

En la Parte I discutimos las fases arquetípicas del desarrollo de la conciencia tal como se ponen de manifiesto en las proyecciones mitológicas del inconsciente colectivo de la humanidad. En la Parte II realizamos el intento de mostrar cómo y porqué se forja la personalidad en el curso de la historia humana, y en qué relación se encuentra con las fases arquetípicas.

Ahora, en este capítulo final, debemos mostrar cómo las leyes básicas cuyo funcionamiento hemos estado rastreando en la historia psíquica de la humanidad se recapitulan, en forma modificada, en la historia de vida ontogenética del individuo en nuestra cultura.

Sólo podemos realizar un esbozo tentativo, ya que aquí no podemos presentarle al lector un compendio detallado de la psicología de la infancia y la pubertad. Sin embargo, es importante brindarle un breve resumen de este desarrollo, porque de esta manera la conexión entre la historia evolutiva del hombre y la vida moderna, y la vida de cada individuo, se volverá más clara. De hecho, este vínculo entre ontogénesis e historia humana por sí solo nos proporciona la justificación de haber ampliado tanto nuestro campo de exposición del último tema, y de reclamar al mismo tiempo que la auténtica preocupación de este libro es la atención al hombre moderno y su urgente problemática.

Una psicoterapia del individuo, y una terapia cultural de la sociedad como conjunto, nos parece posible sólo cuando se haya obtenido una visión sinóptica del origen y significado de la conciencia y de su historia, lo que nos permitirá realizar un diagnóstico de la situación conciente del individuo y de lo colectivo.

El reconocimiento de crucial importancia, para la psicología y la psicoterapia, de las etapas de la vida, y el descubrimiento del proceso de individuación como un desarrollo que tiene lugar durante la segunda mitad de la vida, se lo debemos a las investigaciones de C. G. Jung.[428] Los factores más importantes para la comprensión del desarrollo del individuo son las diferentes direcciones y distintos efectos de la centroversión en las dos fases de la vida. La primera fase, que es la de diferenciación, tiene su prototipo histórico en la formación del Yo y su desarrollo, esto es, cuando la actividad de la centroversión pasa desde la totalidad psíquica del Sí Mismo inconsciente y se mueve en dirección al Yo.

Durante la primera mitad de la vida, un periodo de centramiento del Yo que finaliza en la pubertad, la centroversión se expresa como una relación compensatoria entre los sistemas conciente e inconsciente, pero permanece en estado inconsciente; en otras palabras, el órgano central de centroversión, el Yo, no tiene conocimiento de su dependencia de la totalidad. Durante la segunda etapa de la vida, sin embargo, que generalmente viene acompañada de un cambio psicológico en la personalidad a mediana edad, se da en el Yo una creciente conciencia de la centroversión. El proceso de individuación es posible que comience entonces, resultando en la constelación del Sí Mismo como centro psíquico de la totalidad, que ya no actúa sólo inconscientemente sino que es experimentado de manera conciente.

El retardo de la madurez y la dependencia del individuo con respecto al grupo social por un periodo de casi dieciséis años son, como sabemos, características predominantes de la especie humana. Esta juventud prolongada, contrastada con el temprano desarrollo del resto del mundo animal, es el prerrequisito más importante para la cultura humana y su transmisión. La inclusión de un gran periodo de aprendizaje y entrenamiento hasta que se alcance la completa madurez encuentra su contraparte en el desenvolvimiento de la conciencia a lo largo de la historia humana. Durante este periodo el cerebro se desarrolla hasta el punto en que el hombre como especie lo tiene desarrollado. El periodo de aprendizaje que finaliza con la pubertad está dedicado a la educación cultural, y consiste en la adopción de valores colectivos y en la diferenciación de la conciencia que le faciliten al individuo la adaptación al mundo y a lo colectivo.[429]

En último lugar, también ocurre en este periodo una diferenciación adicional en la personalidad, cuya etapa final encontramos en el adulto, y cuyo desarrollo, en la medida que sigue la tendencia patriarcal de evolución conciente, resumiremos brevemente.

La educación y creciente experiencia de vida fortalecen la adaptación a la realidad, que es más o menos idéntica a la adaptación a lo colectivo y sus demandas. Mientras tanto, lo colectivo compele al individuo, no obstante que sus orientaciones puedan ser distintas en los diferentes periodos, a una unilateralidad que en todo momento es aceptable para él.

Diversos factores colaboran con esta orientación. Su común denominador es el fortalecimiento de la conciencia y de su capacidad para la acción, así como la simultánea exclusión de las fuerzas inconscientes.

Uno de estos factores es la diferenciación de los tipos psicológicos. Es decir, cada individuo adoptará una actitud definida hacia el mundo, ya sea extravertida o introvertida. Junto con la actitud habitual, se da una diferenciación adicional de una de las funciones principales de la conciencia, que opera de manera diferente en cada individuo.[430] Esta diferenciación del tipo, ya sea condicionada por constitución o de otro modo, le garantiza las máximas oportunidades de adaptación, porque la función innata más eficiente se desarrollará hasta convertirse en la función principal. En simultáneo a esta diferenciación se da una supresión de la función menos eficiente, la cual, en tanto "función inferior", permanecerá en gran medida en estado inconsciente.

Un objetivo importante del desarrollo infantil y de la educación es la utilización del individuo en el sentido de convertirlo en un miembro útil para la comunidad. Esta utilidad, lograda a través de la diferenciación por separado de los componentes y funciones de la personalidad, se obtiene necesariamente a costa de la totalidad. La necesidad de renunciar a la totalidad inconsciente de la personalidad como parte de su desarrollo es una de las dificultades más formidables para el niño, y especialmente para el niño introvertido.

La transición desde la "orientación por la totalidad" en el niño pequeño, cuando la dirección corre a cargo de la inconsciente actividad del Sí Mismo, hacia una conciencia centrada en el Yo y la necesaria división de la totalidad en dos sistemas separados, constituye una dificultad especial. En esta fase crítica, el Yo infantil debe reexperimentar la herencia legada por el héroe a la humanidad –el desarrollo sistemático de la conciencia y su protección- y hacerse de su posesión rápidamente, si lo que quiere es acceder a la cultura colectiva y obtener un lugar para él en la comunidad.

El desarrollo en la primera fase de la vida está marcado por dos crisis decisivas, cada una de las cuales corresponde a una lucha contra el dragón. La primera crisis se caracteriza por un encuentro con el problema de los Primeros Padres y por la formación del Yo. Se ve representada entre los tres y cinco años de edad, y el psicoanálisis ha hecho que ciertos aspectos y formas de este encuentro parental nos resulten familiares bajo el disfraz del complejo de Edipo. La segunda crisis es la pubertad, cuando nuevamente tiene que lucharse contra el dragón pero en otro nivel. Aquí la forma del Yo finalmente se ha fijado con la ayuda de los que hemos denominado "cielo". Es decir, emergen nuevas constelaciones arquetípicas, y con ellas una nueva relación entre el Yo y el Sí Mismo.

Característico de este proceso de diferenciación en la infancia, es la pérdida y renuncia a todos los elementos de perfección y totalidad, inherentes en la psicología del niño en la medida que esto es determinado por el pleroma, el uróboros. Aquello que el niño tiene en común con el hombre de genio, con el artista creativo y con el primitivo, y que constituye el encanto y la magia de su existencia, debe ser sacrificado. El objetivo de toda educación, y no sólo en nuestra cultura, es expulsar al niño del paraíso de su don innato y, a través de la diferenciación y de la renuncia a la totalidad, obligar al Viejo Adán a recorrer los senderos de la utilidad colectiva.

Desde el principio del placer al principio de realidad tal como los hemos definido, desde el hijito de mamá hasta el escolar, desde el uróboros hasta el Yo, tal es el curso del normal desarrollo de la infancia. La desecación de la imaginación y de la habilidad creativa, que el niño posee en muy alto grado, es uno de los típicos síntomas del empobrecimiento que supone el crecimiento. Una constante pérdida de la vitalidad del sentimiento y de las reacciones espontáneas en interés de la "sensatez" y el "buen comportamiento", es el factor operativo en la conducta que ahora es demandada al niño en su relación con lo colectivo. El incremento de la eficiencia a expensas de la profundidad y la intensidad es el sello de este proceso.

En el plano ontogénetico ahora se siguen todos los desarrollos que hemos descrito como indispensables para la formación del Yo y la separación de los sistemas conciente e inconsciente. La primordial apercepción mitológica y transpersonal del mundo[431] que posee el niño se ve limitada debido a la personalización secundaria, y finalmente es completamente abolida. Esta personalización es necesaria para el crecimiento de la personalidad que ahora comienza, y se efectúa con la ayuda de los lazos con el entorno personal sobre el cual se proyectan los arquetipos en un inicio. Mientras que los lazos personales se fortalecen, el arquetipo es reemplazado gradualmente por la imago, en la cual las características personales y transpersonales están visiblemente mezcladas y activas. De este modo, los arquetipos transpersonales están "bloqueados" por las figuras personales del entorno con las cuales el Yo se relaciona. O, tal como dice Rilke:

...de ningún modo podrás apartarlo de esa siniestra compañía.
En verdad, él intenta, se escapa, y se acurruca aligerado
en tu corazón secreto, donde está a gusto y comienza renovado.
Pero, ¿volverá alguna vez a ser él mismo?
Madre, lo hiciste pequeño, fuiste tú quien le dio vida;
por ti es nuevo, y ante sus jóvenes ojos
inclinaste un mundo que era amistoso y conjuraba todo lo extraño.
¿Dónde, Oh, dónde están los años cuando tú simplemente, parándote frente a él,
filtrabas con tu esbelta figura el hirviente abismo?
Mucho escondiste de su vista de esta manera; la habitación que crujía de noche
la hiciste inofensiva, y sacaste cosas de tu corazón que era un refugio
con las que mezclaste un espacio más humano con su espacio nocturno.[432]

Luego sigue la fragmentación de los arquetipos y la separación del lado "bueno" de la figura de la Madre de su lado negativo transpersonal, o viceversa. El miedo del niño y el sentimiento de verse amenazado no deriva del carácter traumático del mundo, ya que no existe trauma bajo condiciones humanas normales e incluso bajo condiciones primitivas; proviene más bien del "espacio nocturno", o, para ser más precisos, surge cuando el Yo da un paso que lo aleja de este espacio nocturno. La conciencia del Yo germinal entonces experimenta el impacto sobrecogedor del estímulo mundo-y-cuerpo, ya sea directa o indirectamente. La importancia de las relaciones familiares descansa precisamente en el hecho de que las figuras personales del entorno que constituyen la primera forma de sociedad, deben ser capaces, tan pronto como el Yo emerge de la seguridad primaria del estado urobórico, de ofrecerle la seguridad secundaria del mundo humano.

Este desarrollo se da en paralelo con el agotamiento de los componentes emocionales y con el surgimiento de la temprana acentuación del cuerpo, y esto a su vez conduce a la gradual edificación del superyó a través de las demandas y prohibiciones del entorno.

Otro elemento general del desarrollo de la conciencia, a saber, la deflación del inconsciente, puede rastrearse en el normal desarrollo del niño, cuando el mundo primordial, inconsciente, de la niñez, el mundo de los sueños y los cuentos de hadas, y también el de los dibujos y juegos infantiles, se difumina en creciente medida ante la realidad del mundo externo. La libido acumulada del inconsciente activado se emplea ahora para forjar y expandir el sistema conciente. La implementación de este proceso señala la transición del juego al aprendizaje. La escuela en nuestra cultura es el arquitecto a quien lo colectivo le ha encargado erigir, sistemáticamente, un bastión entre el desinflado inconsciente y una conciencia orientada hacia la adaptación colectiva.

La línea patriarcal de desarrollo conciente, con su consigna "¡Lejos del mundo

Materno! ¡Con dirección al mundo Paterno!", es impuesta por igual sobre hombres y mujeres, aunque cada quien puede seguirla en direcciones diferentes. Ser un hijito de mamá es señal de no haber culminado la lucha inicial contra el dragón que marca el final de la infancia. Este fracaso hace imposible el ingreso a la escuela y al mundo de otros niños, al igual que el fracaso en los ritos de iniciación impide el ingreso al mundo adulto de los hombres y las mujeres.

Llegamos ahora a la formación de aquellos componentes de la personalidad cuyo descubrimiento se lo debemos a la psicología analítica de Jung: la Persona, las figuras del ánima y el ánimus, y la sombra. Estos se producen por los procesos de diferenciación que ya hemos descrito, y que ocurren durante la primera mitad de la vida. En todo ellos, elementos personalistas e individuales se combinan con elementos arquetípicos y transpersonales, y los componentes de la personalidad, que de ordinario existen en la estructura de la psique como potenciales órganos psíquicos, se amalgaman con las variantes particulares, adquiridas, que el individuo lleva a la realización durante el curso de su desarrollo.

El desarrollo de la Persona es el resultado de un proceso de adaptación que suprime todos los elementos individuales significativos y las potencialidades, disfrazándolas y reprimiéndolas a favor de los factores colectivos, o a favor de aquellos que lo colectivo considera deseables. Aquí nuevamente, la totalidad es intercambiada por una falsa personalidad exitosa y práctica. La "voz interior" es ahogada por el crecimiento del superyó, de la consciencia, ambos representantes de los valores colectivos. La voz, la experiencia individual de lo transpersonal, que es particularmente fuerte durante la infancia, es abandonada a favor de la consciencia. Cuando el paraíso es abandonado, la voz de Dios que habla en el Jardín también es abandonada, y los valores de lo colectivo, de los padres, de ley y consciencia, de la moralidad en vigor, etcétera, deben aceptarse como valores supremos con la finalidad de que la adaptación social sea posible.

Mientras que la disposición natural de cada individuo lo inclina a ser física y psíquicamente bisexual, el desarrollo diferencial de nuestra cultura lo fuerza a relegar el elemento contrasexual al inconsciente. Como resultado, sólo aquellos elementos que concuerdan con las características exteriores del sexo y que se alinean con la valoración colectiva son reconocidos por la mente conciente. De este modo, las características "femeninas" o "sentimentales" son consideradas indeseables en un niño, al menos en nuestra cultura. Dicha acentuación unilateral de una sexualidad específica termina por constelar el elemento contrasexual en el inconsciente, en la forma del ánima en los hombres y del ánimus en las mujeres, los cuales, en tanto partes del alma, permanecen inconscientes y dominan las relaciones conciencia-inconsciente. Este proceso cuenta con el soporte de lo colectivo, y la diferenciación sexual, precisamente porque la representación del elemento contrasexual a menudo es difícil, se ve al principio acompañada de formas típicas de animosidad hacia el sexo opuesto. Este desarrollo, también, sigue el principio general de diferenciación que presupone el sacrificio de la totalidad, aquí representado por la figura del hermafrodita.

De igual modo, como hemos visto, la formación de la sombra, el lado oscuro de la personalidad, está parcialmente determinada por la adaptación a la consciencia colectiva.

El entrenamiento de la voluntad y el cumplimiento de la acción directa y disciplinada a expensas de la reactividad inconsciente, instintiva, es igualmente necesario para la adaptación a la realidad demandada al niño en crecimiento. Una vez más se da la represión de los componentes emocionales. La pasión y la afectividad del niño pequeño dan lugar al control de los afectos y a la represión de los sentimientos observables en los niños bien educados.

La formación de todas estas "autoridades" fortalece el Yo, la conciencia y la voluntad, y, más o menos aislando el lado intelectual, conduce a un incremento de la tensión dentro de la personalidad. La identificación del Yo con la conciencia le impide al primero el contacto con el inconsciente y de este modo con la totalidad. La conciencia puede ahora proclamar que representa la unidad, pero esta unidad es sólo la relativa unidad de la mente conciente y no la de la personalidad. La totalidad psíquica se pierde, y es reemplazada por el principio de los opuestos que domina todas las constelaciones concientes e inconscientes.

En un sentido, por lo tanto, el desarrollo y cultivo de la conciencia que requiere lo colectivo constituye al mismo tiempo un proceso de desarraigo. El vínculo interno con los instintos debe abandonarse en gran medida, y, como seguridad secundaria para el Yo, deben hundirse nuevas raíces en el subsuelo de lo colectivo y en su canon vigente de valores culturales. Este proceso de transplante significa mudarse desde estar centrados en los instintos a estar centrados en el Yo, y cualquier falla en esto genera innumerables desórdenes y enfermedades.

La progresión a lo largo de las etapas arquetípicas, la orientación patriarcal de la conciencia, la formación del superyó como representante de los valores colectivos al interior de la personalidad, la existencia de un canon de valores colectivos, todos estos factores son condiciones necesarias para el normal desarrollo ético. Si alguno de estos factores se ve inhibido, el resultado son perturbaciones en el desarrollo. Una perturbación de los primeros dos factores, que son específicamente psíquicos, conduce a la neurosis; un disturbio en los otros dos, que son culturales, se expresan más como desajuste social, delincuencia o criminalidad.

El niño promedio no sólo sobrevive a este proceso de desarraigo, sino que obtiene de éste un incremento de la tensión interior. La pérdida relativa de unidad, la polarización en dos sistemas psíquicos, el aislamiento del mundo interior y la erección de autoridades al interior de la personalidad pueden producir conflictos, pero no puede decirse que sean los fundamentos de todo desarrollo neurótico. Por el contrario, sólo son normativos, y es su ausencia, o mejor dicho que queden sin completar, lo que conduce a la enfermedad.

Una cierta unilateralidad del desarrollo a favor de la conciencia es muy característico de nuestra específica estructura psíquica occidental, lo cual, por lo tanto, implica conflicto y sacrificio desde el inicio. Al mismo tiempo, sin embargo, dicha estructura posee la innata capacidad de hacer que el conflicto sea productivo y dota al sacrificio de un significado. La centroversión se expresa en la psique como un esfuerzo por la totalidad que, mientras la vida continúa, equilibra la unilateralidad de la primera mitad de la vida mediante un desarrollo complementario durante la segunda mitad. El conflicto tensional entre la conciencia y el inconsciente, debido a que las tendencias compensatorias de la psique están en funcionamiento, conduce a un crecimiento constante de la personalidad; y, con una intensificación de la relación conciencia-inconsciente en una personalidad auténticamente madura, el conflicto original es reemplazado por una síntesis cada vez más rica y completa.

Pero, para comenzar, la diferenciación y división que encontramos como necesarias para el desarrollo de la humanidad, son también necesarias para el individuo, quien en su propio desarrollo sigue las huellas que la humanidad dejó marcadas en los viejos senderos que recorrió antes que él. La tensión que surge por su interna polarización psíquica forma la energía potencial de la personalidad y lo relaciona con el mundo de dos maneras.

En la medida que la conciencia del Yo se incrementa, se da una progresiva transferencia de libido al mundo, una "inversión" acumulativa de ésta sobre los objetos externos. Esta transferencia de libido deriva de dos fuentes: por un lado de la aplicación del interés conciente por parte del Yo, y por el otro lado de la proyección de contenidos inconscientes. Cuando la carga energética de los contenidos inconscientes se vuelve excesiva, estos se proyectan. Luego se aproximan a la mente conciente como imágenes que animan el mundo, y el Yo las experimenta como contenidos de ese mundo. De este modo la proyección resulta en una intensificada fijación al mundo y a los portadores de la proyección.

Este proceso es particularmente notorio en la pubertad. La activación del inconsciente, que en este periodo ocurre como un síntoma paralelo al cambio psicofísico, se pone de manifiesto en un incremento de la actividad del inconsciente colectivo y de los arquetipos; esto excede de lejos la activación de la esfera sexual, y sus manifestaciones consisten no sólo en el peligro de la invasión, tal como resulta evidente en la frecuencia con que se producen las psicosis en este periodo, sino más particularmente aún en el renovado y apasionado interés en todo lo suprapersonal, en ideas e ideales de alcance universal, que muchas personas sólo evidencian en este periodo de incrementada actividad del inconsciente colectivo. La pubertad se caracteriza además por un cambio en el tono emocional, una afinidad hacia la vida y el mundo más cercana a la unidad universal de los primitivos que a la actitud del adulto moderno. Esta animación lírica y el surgimiento relativamente frecuente de temas mitológicos en los sueños y composiciones poéticas de este periodo, son síntomas típicos de la activación de los estratos del inconsciente colectivo.

Pero desde que la actividad compensatoria de la conciencia también se incrementa durante la pubertad, es sólo en las naturalezas marcadamente introvertidas o creativas que se da una percepción directa de los movimientos que tienen lugar en el inconsciente. Por lo general pasan desapercibidos detrás del muro que divide al Yo del inconsciente, y sólo tímidos reflejos alcanzan a llegar a la mente conciente. Además de manifestarse a través del interés y el sentimiento, el inconsciente activado también se hace sentir por medio de proyecciones "fascinantes" que dan inicio y garantizan la siguiente etapa del desarrollo normal.

Las proyecciones más importantes en este periodo son las del ánima y del ánimus, las imagos contrasexuales que yacían durmiendo en el inconsciente y que ahora se han activado. Estas glamorosas imágenes se proyectan sobre el mundo y allí se buscan, constelando de este modo el problema de la pareja, el asunto más importante durante la primera mitad de la vida.

Activación del Inconsciente Colectivo y modificaciones en el Yo durante la pubertad

La separación de las imagos parentales, esto es, de los padres verdaderos, que debe realizarse durante la pubertad, es causada, tal como lo muestran los ritos primitivos de iniciación, por la activación de los arquetipos de los padres transpersonales o Primeros Padres. Esta activación se utiliza por y para lo colectivo, en el sentido de que este último requiere y contribuye con la proyección de los arquetipos parentales sobre contenidos transpersonales que también son reconocidos como realidades transpersonales. Es decir, la figura del maestro, profesor y líder –en una palabra, la personalidad mana[433]- es, en tanto proyección de la figura del padre, no menos importante que la proyección del arquetipo de la madre sobre el propio país, o sobre la comunidad, la iglesia, o un movimiento político. De aquí en adelante la vida del adolescente, que ha emergido del círculo familiar para formar parte de lo colectivo, será reivindicada y utilizada por estos contenidos.

El criterio de "ser un adulto" consiste en que el individuo es conducido fuera del círculo familiar e iniciado en el mundo de los Grandes Otorgadores de Vida. Además, la pubertad es un tiempo de renacimiento, cuyo simbolismo es el del héroe que se regenera solo a través de la lucha contra el dragón. Todos los ritos característicos de este periodo tienen el propósito de renovar la personalidad a través de un viaje nocturno por mar, cuando el principio conciente o espiritual conquista a la madre dragón, y los lazos con la madre y la infancia, y también con el inconsciente, se cortan. La estabilización final del Yo, laboriosamente conseguida etapa tras etapa, encuentra su contraparte en la separación final de la madre dragón en la pubertad. Al igual que la separación del ánima con respecto de la madre se efectúa en la vida real en este punto del desarrollo ontogenético, y así como la importancia de la madre se ve eclipsada por la de la compañera-alma, este tiempo normalmente ve la conclusión de la lucha contra la madre dragón. El renacido ha renacido a través del principio del padre con el cual se ha identificado en la iniciación. Se convierte en el hijo del padre sin la madre, y, dado que es idéntico al padre, es también el padre de sí mismo.[434]

A través del periodo prepuberal, el Yo ha ido adquiriendo una posición central; ahora, en la pubertad, finalmente se convierte en el portador de la individualidad. La separación del inconsciente –en la medida que esto es necesario para producir la tensión entre los dos sistemas- se ha completado. Las iniciaciones de pubertad son expresión del inconsciente colectivo activado que ahora pasa a estar vinculado a la comunidad, desde que, en estos ritos, el canon arquetípico es "bajado" y transmitido como el mundo espiritual de lo colectivo por los mayores que representan el "cielo". De este modo el neófito, incluso cuando no se le ha concedido una revelación personal, como sí sucede en el caso del "espíritu guardián" en las iniciaciones de los nativos norteamericanos, es conducido a experimentar de manera renovada y distinta su posición central dentro de lo colectivo. Ser iniciado y haber madurado significa ser un miembro responsable de lo colectivo, ya que de aquí en adelante el significado suprapersonal del Yo y del individuo está incorporado en la cultura de lo colectivo y su canon.

Autorealización de la centroversión durante la segunda mitad de la vida

La primera condición de este desarrollo es la exitosa finalización de la lucha del héroe, cuando el vencedor se une con las fuerzas suprapersonales que ante él hicieron su aparición en el mundo espiritual de la iniciación. El neófito se siente a sí mismo como el heredero de este mundo, en cuyo nombre asumió la lucha terrenal. Es de importancia secundaria que lleve a cabo su separación del mundo del inconsciente brindándole reconocimiento al mundo de la religión y la ética, o mediante su aceptación de los tabús y leyes religiosas.

La victoria significa la autogeneración de la masculinidad, y, al igual que el asesino del dragón, el vencedor es recompensado con la princesa. Ahora que ha alcanzado la adultez, y que la sexualidad se ha vuelto admisible, la amada toma el lugar de la madre. Él ahora tiene un rol sexual que desempeñar, y al mismo tiempo tiene que perseguir un objetivo tanto colectivo como individual.

La primera mitad de la vida está dedicada en gran medida a adaptarse a los poderes del mundo exterior y a sus demandas suprapersonales. La proyección de los arquetipos de los Primeros Padres, y los del ánima y ánimus, hacen posible que la conciencia se desarrolle en dirección al mundo externo. Es la fascinación de las imágenes arquetípicas que operan "detrás" del señuelo de la realidad externa lo que le proporciona a la psique su gradiente hacia el exterior, un elemento característico de todo desarrollo normal en esta etapa.

Esta etapa está marcada por el gradual desenvolvimiento de la conciencia y la multiplicación de las relaciones con la realidad. La tendencia subyacente está dada por la misma naturaleza, y corresponde a aquellos instintos innatos y mecanismos psíquicos que promueven el crecimiento y la estabilización de la conciencia. El simple hecho de que el inconsciente, cuando es activado en la pubertad, literalmente "se vuelque hacia adentro" a través de los procesos naturales de asimilación y proyección, constituye un ejemplo de esta misma tendencia.[435]

Después de la pubertad, el adulto normal posee una firme pero flexible conciencia del Yo, poseedora de una relativamente grande cantidad de libido a su disposición y bien protegida contra las incursiones del inconsciente, pero sin llegar a estar encapsulada; una conciencia que, en proporción a su capacidad de carga libidinal, está definitivamente orientada hacia una porción más pequeña o más grande del mundo exterior. La conciencia y la personalidad se conforman, por igual en introvertidos que en extravertidos, durante el progresivo dominio del mundo y la adaptación a lo colectivo. Las excepciones son el individuo creativo, en el cual existe una sobrecarga de actividad inconsciente cuya capacidad conciente es capaz de resistir, y el neurótico, en quien, por cualquier razón, el desarrollo conciente está perturbado.

La ausencia en nuestra cultura de ritos e instituciones designadas, al igual que los ritos de pubertad, para suavizar el tránsito del adolescente al mundo, es una de las razones de la incidencia de la neurosis entre la juventud, cuya característica común es la dificultad para encarar las demandas de la vida y para adaptarse a lo colectivo y a la pareja. La ausencia de ritos en el periodo del climaterio tiene los mismos efectos. Algo común en las neurosis de climaterio de la segunda mitad de la vida es la dificultad de liberarse de las ataduras mundanas, como es necesario para una vejez sosegada y sus metas. Las causas de estas neurosis son completamente diferentes de aquellas -de hecho, sus opuestas- que ocurren en la primera mitad de la vida.

Mientras que en la primera mitad de la vida la posición central del Yo no permite que las operaciones de centroversión afloren a la conciencia, el periodo de la mediana edad se caracteriza por un cambio decisivo de la personalidad. La centroversión se vuelve conciente. El Yo se ve expuesto a procesos en cierto modo dolorosos que, comenzando en el inconsciente, impregnan la entera personalidad. Esta mutación psicológica con su sintomatología y simbolismo Jung la ha descrito como el proceso de individuación, que ha ampliado y enriquecido con el abundante material de sus trabajos sobre alquimia.

Podemos decir, entonces, que, con el fenómeno de la segunda mitad de la vida, el desarrollo personal de la centroversión ingresa a su segunda fase. Mientras que en su primera fase condujo al desarrollo del Yo y a la diferenciación del sistema psíquico, su segunda fase trae consigo el desarrollo del Sí Mismo y la integración del sistema. Pero, aunque el proceso de transformación va en dirección opuesta al desarrollo que tuvo lugar durante la primera mitad de la vida, el Yo y la conciencia no se desintegran; por el contrario, hay una expansión de la conciencia generada por el Yo que reflexiona sobre sí mismo. Es como si el Yo fuera reconducido a su antigua posición: emerge de su monomaníaca obsesión consigo mismo y se convierte una vez más en el vehículo de la función de totalidad.

La actividad inconsciente del Sí Mismo domina el conjunto de la vida, pero es sólo en la segunda mitad que su actividad se vuelve conciente. Mientras que el Yo está siendo forjado en la temprana infancia, se produce un centrado de la conciencia, con el Yo como órgano representativo de la totalidad. En la pubertad el individuo, al igual que el Yo, se siente a sí mismo como el representante de la totalidad colectiva. Se convierte en un miembro responsable de lo colectivo, y entre ellos existe la misma relación creativa que existe entre el Yo y el inconsciente. Desde la pubertad hasta el climaterio, un periodo de activa expansión que va en reversa una vez iniciada la segunda mitad de la vida, la dialéctica externa se da entre el individuo y lo colectivo. Entonces, con la individuación, llega el dominio de la dialéctica interna entre el Yo y el inconsciente colectivo.

En el proceso de integración, la personalidad recorre a la inversa el camino que recorrió durante la fase de diferenciación. Ahora es cuestión de alcanzar una síntesis entre la mente conciente y la psique como totalidad, esto es, entre el Yo y el Sí Mismo, de modo que se constela una nueva totalidad entre los hasta ahora diametralmente opuestos sistemas conciente e inconsciente. Todas las diferenciaciones y componentes de la personalidad que fueron construidos durante la primera mitad de la vida, cuando la conciencia se estaba desarrollando, ahora están deconstruidos. Sin embargo, esto no toma la forma de una regresión como la que ocurre con el fenómeno de recolectivización de masas *(Véase Apéndice I)*, sino como una integración en la cual la expansión y desarrollo de la conciencia simplemente continúan en una nueva dirección.

En este proceso de transformación –que no sólo ocurre en la forma conciente del proceso de individuación, sino que, a través de la autorregulación de la psique, también gobierna la maduración de toda personalidad–, el Yo alcanza la conciencia del Sí Mismo. Con la creciente autoconciencia del Yo, el Sí Mismo evoluciona a partir de su actividad inconsciente y arriba a la etapa de actividad conciente. El camino de transformación seguido por la persona en proceso de individuación, refleja el proceso hermético de la alquimia; se trata de una nueva forma de lucha contra el dragón que culmina en un cambio cualitativo de conciencia. La etapa mitológica que llamamos "Transformación, u Osiris", se convierte en una realidad psicológica cuando la mente conciente experimenta la unidad de la psique.

En contraste con las etapas previas de deflación del inconsciente, diferenciación y formación de una gradiente hacia el mundo exterior, ahora lo que tenemos es deflación del mundo exterior, integración y formación de una gradiente interna hacia el Sí Mismo. Durante la primera mitad de la vida, la existencia inconsciente e impersonal de la infancia tuvo que amoldarse a la vida personal del adulto, quien, a la vez que mantiene su posición en lo colectivo, debe brindarle un lugar central a la esfera del Yo, ya sea que esta esfera sea la de los logros personales, las relaciones humanas, el poder o el trabajo creativo. Esta fase de desarrollo de la personalidad, dominada por el Yo, está seguida por otra en la cual la asimilación de los contenidos transpersonales y suprapersonales conduce a un cambio en el centro de gravedad, desde el Yo, centro de la conciencia, al Sí Mismo, centro de la psique total.

La integración de todas las autoridades de la personalidad dentro de esta total unidad psíquica une a la mente conciente aquellas partes que estaban separadas de ella y con las que nunca estuvo relacionada en lo absoluto, y este proceso activa los componentes emocionales y pone fin a la personalización secundaria. Aunque este desarrollo normalmente ocurre sin afectar la integridad de la conciencia, las crisis y peligros involucrados son similares a los que amenazan al Yo primitivo y pueden, en casos desafortunados, incluso destruir la personalidad. Aquí, también, las invasiones emocionales y arquetípicas amenazan al Yo porque, en su heroico viaje al inframundo, voluntariamente renuncia a las limitaciones y defensas del desarrollo conciente. Por ejemplo, detrás de las imagos parentales ahora acechan los arquetipos primordiales, y las figuras que salen al encuentro se vuelven más variadas, complejas, enigmáticas y equívocas en la medida que el viaje progresa. Así como la personalidad abandona la primacía de su sexualidad específica y, al asimilar al ánima o ánimus, recupera su hermafroditismo original, de igual modo los arquetipos pierden su carácter inequívoco en una multiplicidad de significados contradictorios. En contraste, sin embargo, con la situación primitiva, ahora hay una conciencia capaz de experimentarlos en toda su polivalencia y rasgos paradójicos, mientras que anteriormente la habrían llevado a la extinción. En la evolución de la humanidad la espontánea expresión del inconsciente a través del símbolo natural cobró preponderancia; pero ahora, simultáneamente, nos encontramos con el fenómeno que Jung designa como el "símbolo unificador" y como la "función trascendente".[436]

El símbolo unificador es un producto de una situación especial en la que, en vez del predominio de la creatividad del inconsciente, como cuando aparecen los símbolos naturales, el factor crucial es más bien la actitud del Yo conciente, su estabilidad frente al inconsciente. Como producto de la función trascendente, el símbolo unificador resuelve la tensión –de energía y contenido- existente entre la estabilidad de la conciencia del Yo y la tendencia contraria del inconsciente por dominarlo.

El símbolo unificador es por lo tanto una manifestación directa de la centroversión, de la totalidad del individuo. Bajo la influencia creativa de nuevos y hasta aquí inactivos elementos, las posiciones de la conciencia y el inconsciente quedan superadas, esto es, "trascendidas". El símbolo unificador es la forma más elevada de síntesis, el producto más perfecto del esfuerzo innato de la psique por lograr la totalidad y la autocuración, que no sólo "hace completo" todo conflicto –asumiendo que el conflicto es tomado en serio y sufrido hasta el final- al convertirlo en un proceso creativo, sino también haciendo de éste el punto de partida para una nueva expansión de la personalidad total.

Jung observa: "La estabilidad y afirmación de la individualidad, y el poder superior de la expresión inconsciente, son tan solo muestras de uno y el mismo hecho".[437] Estabilidad y afirmación de la individualidad: eso significa la fortaleza e integridad, también la integridad moral, de la mente conciente, su rechazo a dejarse arrollar por las demandas del inconsciente y del mundo. Pero "el poder superior de la expresión inconsciente" es la función trascendente, los elementos creativos en la psique que pueden superar una situación de conflicto, no solucionable por la mente conciente, mediante el descubrimiento de una nueva vía, un nuevo valor o una nueva imagen. Ambos en conjunto constituyen la expresión del hecho de que se ha alcanzado una total constelación de la personalidad, en la cual la creatividad de la psique y la afirmación de la mente conciente ya no funcionan como dos sistemas opuestos independientes uno del otro, sino que han alcanzado una síntesis.

Esta síntesis de la psique se ve frecuentemente acompañada de símbolos que representan la nueva unidad de los opuestos, como es el caso del hermafrodita. La naturaleza hermafrodita del uróboros reaparece aquí en un nuevo nivel.

Al igual que en la alquimia, donde en el estado inicial de hermafrodita la *prima materia* es sublimada a través de sucesivas transformaciones hasta que alcanza el estado final, y nuevamente hermafrodita, de la piedra filosofal, también el camino de la individuación conduce a través de sucesivas transformaciones a una síntesis superior del Yo, la conciencia y el inconsciente. Mientras que al inicio el germen del Yo descansaba al abrigo del uróboros hermafrodita, al final el Sí Mismo demostró ser el núcleo de oro de un uróboros sublimado, combinando en sí mismo lo masculino y lo femenino, elementos concientes e inconscientes, una unidad en la que el Yo no perece sino que se experimenta a sí mismo, en el Sí Mismo, como el símbolo unificador.

En este proceso se da una "sublimación" del Yo cuando se da cuenta de su relación con el Sí Mismo, una conexión que aparece más de una vez en la paradójica identidad entre Osiris y Horus. En el Sí Mismo el Yo se conoce como inmortal, y en sí mismo como mortal; la conexión entre los dos está presente en la máxima talmúdica: "El Hombre y Dios son Gemelos"[438], y también en el simbolismo de la identidad entre padre-hijo y entre madre-hija. Al ceder sus pretensiones a la unicidad y su posición central al Sí Mismo, el Yo, como su representante indirecto, se convierte en "rey de este mundo", al igual que el Sí Mismo se convierte en "rey del mundo espiritual".

La primera fase de este proceso de "Osirificación" y transformación, que es equivalente al proceso de individuación, descansa en los dominios del arquetipo del héroe; ésta es la fase de la lucha contra el dragón y del *hieros gamos* con el ánima. Estas dos juntas conforman la etapa preliminar de transformación que finaliza con la producción del Sí Mismo, de la unidad, como un acto interno de autogeneración y glorificación. La introyección del arquetipo del héroe, la unión con el alma, la fundación del reino que "no es de este mundo", y el nacimiento del rey constituyen tanto los misterios de la alquimia como los del proceso de individuación.[439]

El acto de autogeneración que tiene lugar justo al comienzo de la vida, cuando la conciencia del Yo se libera del abrazo devorador del dragón del inconsciente, encuentra su contraparte en el renacimiento del Yo como Sí Mismo, cuando, en la segunda mitad de la vida, éste se libera del abrazo del mundo dragón. La lucha contra el dragón del primer periodo comienza con el encuentro con el inconsciente y finaliza con el nacimiento heroico del Yo. El viaje nocturno por mar del segundo periodo comienza con el encuentro con el mundo y finaliza con el nacimiento heroico del Sí Mismo.

La última fase del desarrollo conciente ya no es más arquetípica, esto es, condicionada colectivamente, sino que es individual. Los materiales arquetípicos pueden haber sido asimilados igualmente, pero son asimilados concientemente y por un individuo que consigue la experiencia del Sí Mismo mediante su particular e idiosincrásica unión con los mundos transpersonales internos y externos. Ya no es el inconsciente, el mundo puramente colectivo del uróboros el que domina al Yo, tampoco la consciencia, el mundo puramente colectivo de la comunidad, sino que ambos han sido combinados y asimilados de una manera única. Mientras que el Yo fragmentario se halla a sí mismo en la situación de ser como un átomo arrojado entre los vastos mundos colectivos de la psique objetiva y la physis objetiva, el Yo unido con el Sí Mismo se experimenta a sí mismo antropomórficamente como el centro del universo.

Después de atravesar todas las fases de experimentación del mundo y del Sí Mismo, el individuo alcanza la conciencia de su auténtico significado. Él se sabe el inicio, medio y final del autodesarrollo de la psique, que se manifiesta primero como Yo y que luego es experimentado por este Yo como Sí Mismo.

Esta experiencia del Sí Mismo por parte del Yo, sin embargo, está ligada con la "eternidad", con la inmortalidad, como en el mito de Osiris. La totalidad que surge como resultado del proceso de individuación corresponde a un profundo cambio estructural, una nueva configuración de la personalidad. Mientras que en la primera mitad de la vida había una tendencia a la diferenciación y una tensión siempre en aumento a expensas de la totalidad, el proceso de integración tiende hacia el incremento de la estabilidad y a la disminución de la tensión. Esta tendencia de desarrollo concuerda con la natural maduración de todas las estructuras vivas. Tiene equivalentes tanto biológicos como físicos. La génesis, estabilización, configuración y consolidación de la personalidad están por lo tanto asociadas con un simbolismo cuyos ingredientes son forma, balance, armonía y solidez perfectos. El mandala, ya sea que aparezca bajo la forma de círculo, esfera, perla o flor simétrica, contiene todos estos elementos; mientras que el diamante, la piedra o la roca, como símbolos del Sí Mismo, representan la indestructibilidad y permanencia de algo que ya no puede volver a separarse en opuestos.

Pero donde el acento no recae tanto sobre la indestructibilidad, eternidad e inmortalidad, la estabilidad de la psique se presenta como la de un organismo vivo que crece, se desarrolla y renueva a sí mismo. De ahí la disminución de la tensión entre los puntos opuestos, en lugar del acuerdo y armonía de las fuerzas en acción, el cambio cualitativo más que la disminución cuantitativa de sus poderíos. Aquí como en todos lados, la madurez denota una transformación de tensiones cuantitavamente más fuertes en estructuras cualitativamente superiores y más estables.

La totalidad estructural, con el Sí Mismo como centro de la psique, está simbolizada por el mandala, por el círculo con un centro, y por el uróboros hermafrodita. Pero este círculo uroborico tiene ahora como centro el núcleo luminoso del Sí Mismo. Mientras que al comienzo el uróboros sólo existía a nivel animal, de modo que el germen del Yo contenido en él casi siempre permanecía escondido, en la flor que se abre del mandala la tensión animal de los opuestos queda superada, trascendida por un Sí Mismo cuyas flores forman una corola de opuestos. Al comienzo del desarrollo la conciencia no se extinguió ante la aplastante superioridad del inconsciente; al final está ampliada y fortalecida por su conexión con el Sí Mismo. Esta conexión del Sí Mismo con la estabilidad del Yo sirve para someter y sujetar en un círculo mágico a todos los contenidos, ya sean del mundo o del inconsciente, afuera o adentro.

La estructura autodiferenciadora de la psique se refleja en un mundo que se mantiene separado en virtud del principio de opuestos en afuera y adentro, conciencia e inconsciente, vida y espíritu, masculino y femenino, individual y colectivo. Pero para la psique en vías de madurez, que lentamente se integra ella misma bajo el símbolo del hermafrodita, el mundo, también, asume la apariencia de un anillo hermafrodita de existencia, dentro del cual un centro humano cobra forma, ya sea el individuo que alcanza la autorealización entre los mundos exteriores e interiores, o la humanidad misma. Puesto que la humanidad en su conjunto y el individuo singular tienen la misma meta, a saber, realizarse como unidad. Ambos son lanzados hacia una realidad, una mitad de la cual los confronta a ambos como naturaleza y mundo externo, mientras que la otra mitad se les aproxima como psique e inconsciente, como espíritu y poder *daemónico*.

Comenzamos con el Yo en el vientre del dragón urobórico parental, acurrucado como un embrión en la fusión protectora del interior y el exterior, mundo e inconsciente. Finalizamos, como en una pintura alquímica, con el hermafrodita de pie sobre este dragón: en virtud de su propio ser sintético ha vencido a la situación primordial, sobre él cuelga la corona del Sí Mismo, y en su corazón destella el diamante.

Pero sólo cuando el desarrollo conciente de la humanidad en su conjunto, y no simplemente el de individuos singulares, haya alcanzado este estado de síntesis, la situación urobórica supraindividual será verdaderamente vencida, y con ella el peligro colectivo del dragón. El inconsciente colectivo de la humanidad debe ser experimentado y aprehendido por la conciencia de la humanidad como el suelo común a todos los hombres. No será hasta que la diferenciación en razas, naciones, tribus y grupos se haya resuelto en una nueva síntesis, mediante el proceso de integración, que el peligro recurrente de las invasiones del inconsciente se logre prevenir. Una futura humanidad se dará cuenta de que el centro, que la personalidad individual todavía experimenta como su particular centro-Sí Mismo, es uno con el auténtico Sí Mismo de la humanidad, cuyo nacimiento finalmente conquistará y expulsará a la vieja serpiente, el dragón urobórico primordial.

APÉNDICES

I

El grupo y el Gran Individuo

Hemos intentado dilucidar el significado psicológico de la situación urobórica así como presentarla como la situación original del Yo. Nuestro objetivo ahora es mostrar cómo el Yo y el individuo se desarrollan a partir del grupo. En primer lugar tenemos que demostrar el significado positivo del grupo para el individuo y distinguir entre grupo y masa. El grupo es una unidad viva en la cual todo sus miembros están conectados unos con otros, ya sea que se trate de una natural conexión biológica como sucede en la tribu, la familia, el clan y el grupo de primitivos, o ya sea que se trate de una conexión institucional como es el caso del tótem, la secta, y el grupo religioso. Pero incluso en el grupo institucional los miembros están emocionalmente vinculados entre ellos a través de las experiencias en común, iniciaciones, entre otros. La formación del grupo depende, así, de la existencia de *participation mystique* entre sus miembros, de la proyección de procesos inconscientes cuyo significado emocional ya hemos discutido. Sintomático de esta situación es, por ejemplo, el hecho de que los miembros del grupo se llamen entre ellos hermanos y hermanas, y de este modo reproduzcan por analogía al original grupo familiar donde estos vínculos se dan por descontado.

Más aún, es parte de la naturaleza del grupo el tener un carácter permanente que está garantizado por los vínculos inconscientes entre sus miembros. Todo grupo genuino es un grupo permanente, y a través de esa permanencia también adquiere carácter histórico. Incluso los miembros de los grupos temporales como los del salón de la escuela, regimientos, etcétera, muestran una tendencia a elaborar una historia en común y, de esta manera, a convertirse en un grupo genuino. Estos tratan de hacer de la experiencia original sobre la que se constituyó el grupo –las experiencias compartidas durante la juventud o la guerra- algo histórico, y de demostrar su permanencia mediante convenciones, concentraciones, registros, libros de actas y similares.

Las asociaciones de masas, por otro lado, son sólo asociaciones nominales a las cuales no se les puede otorgar las características ni el nombre de grupo. En ellas siempre se trata de una cuestión de lo que la teoría de la Gestalt llama partes aditivas, esto es, una agregación de individuos que no están vinculados emocionalmente entre ellos y entre quienes no ocurre la proyección de procesos inconscientes. El uso común del tren para acudir al teatro, el participar en sindicatos, sociedades, gremios, corporaciones, partidos, etcétera, no constituye una comunidad de grupo. Ciertamente es posible que dichas asociaciones de masas se vuelvan secundariamente agrupadas, de modo que allí se pueda encontrar un reflejo parcial del fenómeno del grupo genuino. Pero entonces la naturaleza parcial de la agrupación ocupa el primer plano. En una emergencia se revela que el empuje del grupo primario, esto es, la nación, es más fuerte que la membresía partidaria. El destino de la democracia social, por ejemplo, ha demostrado repetidamente que el partido político es una asociación de masas que colapsa tan pronto como el grupo primario se activa, y que

315

la fidelidad del grupo a la nación se impone en una crisis emocional, como en el caso del estallido de una guerra.

De modo similar, las asociaciones que resultan del fenómeno de la recolectivización, que discutiremos más adelante, constituyen asociaciones de masas. El entusiasmo del individuo atomizado en un fenómeno de masas es un proceso psicológico que nunca forma un grupo y que no tiene carácter permanente. Como veremos, la masa carece de todas las señas positivas que posee el grupo, incluso cuando el individuo envuelto en la masa pueda confundirla con un grupo y piense que está experimentando la unidad –cuyo carácter ilusorio, sin embargo, queda de manifiesto en su misma transitoriedad.

De aquí que el grupo en el sentido que le damos a esta palabra sea una unidad psicológica con carácter permanente, ya sea natural o institucional, ambos en contraste con las asociaciones de masas. El grupo en el cual el individuo está contenido representa un conjunto natural cuyas partes están integradas, tal como se ve con la mayor claridad en la situación urobórica original. La superioridad de esta totalidad grupal sobre el individuo, en parte imprime sobre este último todas las marcas de un arquetipo. Éste está poseído de un poder superior, tiene carácter espiritual, es numinoso, y es siempre el "otro sagrado", tal como es evidente en todos los grupos institucionales en los que el fundador desempeña un papel. El ejemplo más claro de este fenómeno –la proyección de la totalidad del grupo- es el totemismo.

La naturaleza espiritual del tótem tiene un significado religioso y, incluso en mayor grado aún, un significado social y ético. Es el principio formativo de toda la vida primitiva, desde que determina todas las conductas, ritos y festividades, así como también toda la jerarquía social.

La adquisición de un tótem individual, tal como sucede en Norteamérica, de ningún modo es la regla; por el contrario, lo que aquí tenemos es la demanda colectiva de que el sujeto se individualice a través de la experiencia de la "voz", de la interna revelación directa, que está en completo contraste con la vida ordinaria de los primitivos, donde el tótem es heredado. Pero incluso entonces, el tótem es usualmente transmitido por medio de los ritos de iniciación, esto es, es convertido en la herencia espiritual del individuo. El fenómeno del espíritu guardián es especialmente interesante porque en él podemos observar, en forma colectiva, el acto que normalmente sólo experimenta el Gran Individuo, y que en todas partes conduce a la formación del totemismo. No sólo está vivo y activo el espíritu en la psique grupal, esto es, en el inconsciente del grupo, sino que también este fenómeno espiritual del inconsciente colectivo se pone de manifiesto mediante revelaciones que son percibidas por individuos particularmente dotados para ello, quienes, precisamente porque se convierten en portadores de las revelaciones de lo transpersonal, demuestran ser Grandes Individuos.

El inconsciente colectivo del grupo se pone de manifiesto tomando posesión del individuo, cuya función es, en tanto órgano del grupo, la de comunicar los contenidos del inconsciente. Dichas manifestaciones están determinadas por la situación del grupo y por la manera en que está constelado el inconsciente colectivo.

Tenemos, por lo tanto, una completa jerarquía de fenómenos reveladores de los estratos profundos de la psique, y una correspondiente jerarquía de portadores de estas revelaciones que resultan ser Grandes Individuos. En lo fundamental, dos cosas distinguen entre sí a los portadores de las revelaciones: la primera es el grado de participación conciente en el fenómeno de la revelación; la segunda es el alcance de las revelaciones.

El lugar más bajo en esta jerarquía lo ocupa el Gran Individuo que sólo es el portador pasivo de las proyecciones, es decir, uno cuya mente conciente y personalidad no mantienen ninguna relación con lo que es proyectado sobre él. Un ejemplo de esto es la muy difundida institución de las víctimas simbólicas que tienen que representar al dios que será sacrificado. Éstas pueden ser elegidas en virtud de su belleza, como es el caso de las diosas de la fertilidad, o porque poseen alguna marca simbólica –para nosotros algo completamente casual- en sus cuerpos, como es el caso de los albinos o porque posean algún estigma especial como las brujas en la Edad Media. A menudo los portadores de los símbolos son puramente institucionales, tal como sucedía con los prisioneros de guerra en el antiguo México. Esta forma, que no muestra directa relación entre la personalidad y los contenidos proyectados sobre ella, está basada en instituciones religiosas con su comitiva de sacerdotes, profetas, hechiceras, etcétera, quienes deciden sobre la vida de la víctima con la ayuda de prácticas adivinatorias u otras, y quienes son, por lo tanto, los factores operativos en la situación. Pero incluso aquí hay una activa proyección de un contenido del inconsciente grupal sobre un individuo que se convierte en Gran Individuo, tal como queda en evidencia por la numerosas dispensas de que goza por ser un "exento", alguien sobre quien no se aplican los tabús tradicionales.

En un nivel más elevado se encuentra el individuo cuya personalidad está poseída directamente por el contenido inconsciente –espíritu, demonio, Dios-, incluso cuando su mente conciente no participe en la asimilación o interpretación del mismo. Esta hipnosis pasiva por parte del inconsciente es un fenómeno muy común, conocido como chamanismo, y puede observarse en los estados de posesión de prácticamente todos los curanderos, profetas y personalidades por el estilo. A esta categoría también pertenece el demente, en quien las fuerzas transpersonales del inconsciente colectivo y del mundo espiritual se ponen de manifiesto sin la participación de la mente conciente ni del Yo. Como sabemos, entre los pueblos primitivos, a menos que estén presentes los correspondientes personajes "psicopáticos" dotados, este estado puede inducirse artificialmente haciendo que un miembro de la tribu pierda el juicio deliberadamente para convertirlo de este modo en curandero. Así se convierte en portavoz de lo transpersonal y le comunica al grupo los contenidos que éste necesita, y que han sido activados por el inconsciente colectivo.

Esta etapa tiene muchas formas y variantes, ya que la posesión pasiva por el inconsciente colectivo puede conducir a la identificación con éste, a la inflación, pero también a una "vida simbólica" en que el contenido sea auténticamente "representado" en la realidad, como es parcialmente el caso de los profetas Hebreos, y manifiestamente donde quiera que la vida de una figura divina sea "imitada".

Nuevamente, el líder temporal del grupo, quien no está relacionado con éste como líder permanente sino que sólo ha logrado algo sorprendente en una situación única y es por lo tanto un Gran Individuo sólo momentáneamente,[440] es un típico ejemplo de esta conexión entre posesión inconsciente y la importancia de la personalidad para el grupo.

La figura del Führer-médium, por ejemplo, el hipnotizador hipnotizado, cae en la categoría inferior del curandero, para quien el *daemonismo* del Gran Individuo es simplemente un medio para la *autodaemonización* de la masa, y cuya importancia como personalidad individual está sumergida, al igual que en el caso del demente, en su función como simple portavoz del inconsciente.

Llegamos aquí a un criterio fundamental. Muchos "grandes" hombres genuinos se distinguen de las previas etapas inferiores por el hecho de que su mente conciente participa activamente en el proceso y adopta una actitud responsable hacia éste. Lo que caracteriza al hipnotizador hipnotizado por el inconsciente es la banalidad de su mente, su carencia de problemas. Puesto que, si está completamente anegada por el contenido invasor, la conciencia se vuelve incapaz de asumir una contraposición de cualquier tipo, y es arrastrada y poseída por éste hasta el punto de la identificación.

El Gran Individuo, por otro lado, quien realmente es un gran hombre en el sentido de ser una gran personalidad, se caracteriza no sólo por el hecho de que el contenido inconsciente lo tiene en sus manos, sino también por el hecho de que su mente conciente tiene también en las suyas al dicho contenido. No tiene importancia si su asimilación del contenido asume la forma de creación, o de interpretación, o de acción; ya que el factor común a todas ellas es la participación responsable del Yo en el intento de asimilar el contenido invasor, y no sólo su participación, sino su habilidad de adoptar una actitud.

Sólo entonces el Gran Individuo se convierte en un ser humano creativo. La acción ya no descansa más únicamente en lo transpersonal invasor, sino en la centroversión que opera a través de la conciencia del Yo; en otras palabras, ahora hay una reacción creativa total en la que las cualidades específicamente humanas de formación del Yo y elaboración conciente son preservadas.

Esta categoría de Grandes Individuos sirve como modelo para el desarrollo de la individualidad en la humanidad en general. El destino individual del héroe –y el Gran Individuo creativo es, de hecho, un héroe- puede ser una excepción, pero él es también el ejemplo de un proceso que subsecuentemente afecta a todos los individuos por igual.

El Yo promedio, el individuo promedio, permanece fijado en el grupo, aunque en el curso del desarrollo se vea compelido a abandonar la seguridad original del inconsciente, a evolucionar hacia un sistema conciente, y a cargar sobre él todos los sufrimientos y complicaciones que conlleva el desarrollo. Él da a cambio la seguridad primordial del inconsciente por la seguridad secundaria del grupo. Se convierte en un miembro del grupo, y el hombre promedio consume al menos la mitad de su vida –la parte esencial de su desarrollo- adaptándose al grupo y permitiendo ser moldeado por las tendencias colectivas.

El rol desempeñado por lo colectivo en la cultura humana es decisivo. La sociedad, con sus postulados concientes, instituye una autoridad, una tradición espiritual que, hablada o no, conforma el trasfondo de la educación. El individuo está modelado por lo colectivo a través de su canon cultural, costumbres, leyes, moralidad, rituales y religión, instituciones y tareas colectivas. Cuando uno considera la original sumersión del individuo en lo colectivo, uno comprende por qué todas las orientaciones colectivas son tan vinculantes y son aceptadas sin cuestionamientos.

Junto a esta tendencia de lo colectivo a formar miembros promedio y a educar al Yo en función de la norma cultural que representan los mayores, hay otra tendencia que se encuentra en dirección al Gran Individuo.

Para el miembro del grupo, el Gran Individuo es fundamentalmente el portador de sus proyecciones. La totalidad psíquica inconsciente de lo colectivo es experimentada en la persona del Gran Individuo, quien es a la vez el Sí Mismo del grupo y el Sí Mismo inconsciente de cada miembro. Lo que está presente en cada parte del grupo como la totalidad inconsciente creativa de la psique, a saber, el Sí Mismo, se vuelve visible en el Gran Individuo o, en un nivel superior, se actualiza en su vida. Las partes colectivas aún son infantilmente dependientes, sin un Yo por centro, sin responsabilidad ni voluntad propias que las distancien de lo colectivo, de modo que el Gran Individuo es considerado como la fuerza directriz, como el auténtico centro de la vida, e institucionalmente es honrado como tal.

Es por lo tanto completamente inadmisible reducirlo o derivarlo de la figura del padre personal. Encontramos que, al igual que en la remota historia del hombre, el Gran Individuo se convierte en el portador de la proyección de imágenes arquetípicas tales como el Sí Mismo, la figura mana, el héroe y el arquetipo del padre, de modo que también en el curso del desarrollo ontogenético la figura que representa la autoridad, que en nuestra civilización es el padre, frecuentemente se convierte en la portadora de estas proyecciones. Pero de ninguna manera es sólo el arquetipo del padre el que se proyecta sobre él; es más, muy a menudo se trata de una imagen completamente diferente, por ejemplo, la del mago, el viejo sabio, el héroe o, a la inversa, el demonio, la muerte, y otras por el estilo.

El Gran Individuo que se aparta del anonimato de lo colectivo primordial es, en el plano celestial, la figura divina, mientras que en el plano terrenal es el curandero, jefe y rey-dios. Aquí los desarrollos sociológicos y religiosos se encuentran unidos muy de cerca; corresponden a los cambios psíquicos y a las diferenciaciones psíquicas por las cuales el Yo se separa del inconsciente indiferenciado, lo que se expresa en cambios sociológicos así como también en diferenciaciones teológicas en la visión que el hombre tiene del mundo.

Históricamente, el Gran Individuo es más accesible a nosotros bajo el rol del dios-rey y, posteriormente, como rey. El pictograma cuneiforme más antiguo para "rey" significa "gran hombre", y de esta manera fue siempre representado en el arte del antiguo Oriente. El Gran Rey de la Gran Casa, el faraón, es la encarnación y el representante del pueblo. Si el jeroglífico para el rey del Bajo Egipto es la abeja, y la misma imagen está presente en la esfera cultural del Éufrates, esto sólo nos dice la misma cosa. La "gran abeja" que gobierna el panal, y que en la actualidad llamamos la abeja reina, fue considerada en la antigüedad como el rey abeja. Pero en Egipto la designación del rey como "Primer Hombre" o "Gran Hombre" es un desarrollo posterior. Ésta sigue la etapa de su identidad como dios, cuando incluso ritualmente era destituido por su pueblo como un dios. Hablando de esta etapa, los Textos de las Pirámides dicen que el rey ya existía antes de la creación del mundo,[441] una ideología que reaparece posteriormente en conexión con el Mesías.[442]

Hemos mostrado cómo, en el proceso de autodeificación, el rey egipcio se convertía en el humano portador de un alma inmortal. Él es el único hombre que, al ser ritualmente transformado en un dios durante su vida, unificaba todas las partes del alma y se convertía en el "ser perfecto";[443] es decir, él es el primero y en este periodo el único hombre que es el simulacro de Dios, una concepción que en el judaísmo y en una forma de cierta manera modificada en el cristianismo se convertiría en un factor básico de la psique del hombre.

La historia de Egipto nos permite trazar de manera única la forma en que el Yo surgió de su original identidad colectiva y cómo el Gran Individuo, en tanto portador de la proyección del Sí Mismo colectivo, pavimentó el camino para la formación de cada Yo individual e inició y contribuyó al proceso. Mientras que en un colectivo compuesto por individuos incompletos el dios-rey es el representante arquetípico de la totalidad del grupo, esta figura gradualmente desarrolló una función mediadora, esto es, se desprendió cada vez de mayores cantidades de su mana a favor de los miembros del grupo y de este modo terminó desintegrado y "desmembrado". El mismo proceso de incorporación y asimilación de lo mayor, que originalmente sucedió entre el rey y Dios, ahora sucede entre el individuo y el rey, quien es "comido". Su reinado divino se reduce continuamente, pero al mismo tiempo los miembros incompletos de lo colectivo, que antiguamente sólo existían en tanto instrumentos para su apoteosis, se convierten en individuos completos. El rey se convierte ahora en un gobernante mundano, y su despotismo es simplemente humano y político, pero su degradación es acompañada por un proceso en el cual todo individuo adquiere un alma inmortal, esto es, se convierte en Osiris, e introyecta el Sí Mismo, el rey-dios, como el centro sagrado de su propio ser. Encontramos la misma secularización de un contenido sagrado en la creciente conciencia de un ancestro personal y en un nombre personal. Originalmente ambos fueron propiedad del rey; posteriormente se convirtieron en propiedad de cada individuo.[444]

El desarrollo de la conciencia del Yo y del individuo, a través del Gran Individuo, se efectúa por la transmisión de los contenidos que él ha revelado, y también por hacer de estos parte del canon cultural, esto es, parte de los valores y agentes suprapersonales que regulan la cultura y la vida. De esto son responsables básicamente los grupos de hombres, un hecho de especial importancia para la línea patriarcal de desarrollo de la conciencia y para la comprensión psicológica del mito del héroe.

En los inicios de la cultura, el desarrollo espiritual está fomentado por las sociedades de hombres bajo la forma de sociedades secretas, que posteriormente asumen la forma de sectas, misterios y religiones. Parece que estas sociedades secretas se formaron desde el inicio para oponerse al matriarcado. Koppers dice:

Las sociedades secretas constituyen un fenómeno muy antiguo en la historia de la humanidad. Parece que fueron fundadas por hombres asertivos no mucho después de que las mujeres introdujeron la primera agricultura. Esto pudo muy bien haber ocurrido en el Mesolítico.

Además:

Los hallazgos etnológicos apuntan en dirección a que fue la mujer quien desarrolló la recolección de plantas del periodo aborigen hasta convertirla en agricultura. Ella hizo que el suelo fuera útil y en consecuencia se convirtió en su propietaria. Primero económicamente y luego sociológicamente ella consiguió una posición dominante; se desarrollo el complejo del matriarcado.

La no muy placentera situación, en la que los hombres se encontraron envueltos, provocó una reacción. Esto se manifestó en las sociedades masculinas secretas, cuya confidencialidad y terror fueron dirigidos principalmente en contra de la porción femenina de la población. Los hombres intentaron a través de medios intelectuales y mágico-religiosos recuperar lo que habían perdido en la vida económica y social.[445]

Al margen de que es equivocado reducir un fenómeno histórico y espiritual como el surgimiento de las sociedades secretas a resentimientos personales, el punto principal ha sido pasado por alto. Incluso si aceptáramos esta "teoría compensatoria", el hecho a resaltar –y este hecho es precisamente el que necesita explicación- es que, para los grupos masculinos, los contenidos mágico-religiosos y espirituales no eran menos importantes que los sociales y económicos. El acento espiritual de la masculinidad, que constituye el aspecto central de todas las sociedades y misterios secretos, es el punto de mayor importancia. Y si invariablemente encontráramos, a la mitad de las ceremonias de iniciación, que a los neófitos se les muestra –so pena de muerte si revelan el secreto- que las máscaras y fantasmas que los aterrorizan son simplemente "interpretados como en el teatro" por hombres de su entorno personal, aun así esto contribuiría a la transmisión del secreto. No tenemos derecho de explicar esto a la manera científica moderna, diciendo que el neófito recibe casi la misma iluminación que cuando uno le revela a un niño de nuestro tiempo que en realidad Santa Claus es papito o el tío fulanito.

Aquí, como posteriormente en los misterios, estamos tratando con un genuino proceso de transformación que amerita atención seria. De la misma manera que la identidad del primitivo con su tótem no es sólo "representada", sino en realidad reproducida, en la danza y en las máscaras, la conexión de la sociedad secreta con su espíritu tutelar es una conexión sacramental. La hostia no sería más que la galleta si el espíritu que aparece en la iniciación sólo fuera el hombre que lo interpreta.

Koppers nos dice de la festividad Kina, de los indios Yamana, habitantes de la Tierra del Fuego:

Aquí el término "sagrado" se aplica al pie de la letra; puesto que al Kina sólo asisten hombres. Las mujeres no toman parte de él, y, de hecho, la institución en su conjunto está dirigida "contra" las mujeres. Los hombres se pintan y enmascaran para representar a los espíritus, y se espera que las mujeres los tomen como verdaderos espíritus. De este modo los hombres concientemente engañan a las mujeres, y, en principio al menos, la pena de muerte se aplica a los traidores que les comuniquen el secreto a las mujeres o a los no iniciados.

El mito correspondiente nos dice:

Es un mito astral claro y definido, según el cual las mujeres, guiadas por la mujer luna Kina, antiguamente realizaron el mismo mito que hoy ejecutan los hombres. La servidumbre de los hombres finalizó por la fuerza gracias al hombre sol. Guiados por el hombre sol, los hombres (de ese tiempo) mataron a todas las mujeres pero respetaron la vida de las más pequeñas con el fin de velar por la supervivencia de la tribu.[446]

El que las mujeres hayan sido concientemente "engañadas y embaucadas" es, si no una interpretación europea completamente falsa, un malentendido posterior de los propios nativos acerca de sus propios misterios, tal como encontramos con elevada frecuencia. Originalmente el misterio consistió precisamente en el hecho de que los hombres pintados y enmascarados eran "espíritus reales". Además de experimentar su genuina transpersonalidad como iniciado, el individuo también experimentaba un poco de "personalización secundaria" ritual. La separación del inconsciente que tenía lugar en la iniciación de la pubertad, se ve enormemente fortalecida por su experiencia de los portadores de las máscaras como personas. Eso disipa el miedo y fortifica al Yo y a la conciencia. Pero este conocimiento de ninguna manera contradice la otra experiencia del iniciado: que él y su mundo espiritual están unidos. Por el contrario, la doble relación que le permite al Yo iniciado, individualizado, comprenderse como persona y como máscara, personal y transpersonal a la vez, es una forma elemental de lo que el mito llama el parentesco divino del héroe.

La oposición de las sociedades masculinas a todas las tendencias matriarcales es innegable, pero no puede ser explicada por factores sociales, puesto que también la encontramos bajo condiciones sociológicas que hacen imposible la supresión de los hombres –no demostrada ni siquiera bajo condiciones matriarcales-, a saber, en el patriarcado. Por otro lado, la explicación psicológica que sostiene que el matriarcado no es tanto un factor sociológico sino más bien una etapa psicológica ayudará a clarificar la situación. Ya en el mito de Kina encontramos la oposición arquetípica entre la Mujer Luna y el Hombre Sol, en razón de lo cual Koppers destaca: "A la luz de la etnología universal, la religión totémica revela una preferencia por las concepciones solares". Es decir, el mundo colectivo de las iniciaciones, sociedades secretas, misterios y religiones es un mundo masculino y espiritual, y, a pesar de su carácter comunal, el acento aún recae sobre el individuo, en que cada hombre es iniciado individualmente y pasa por una experiencia individual que estampa sobre él su individualidad. Este énfasis en lo individual con su carácter electivo está en agudo contraste con el grupo matriarcal, donde predominan el arquetipo de la Gran Madre y la correspondiente etapa de conciencia, que llevan en sí todos los elementos que hemos descrito –*participation mystique*, emotividad, entre otros.

En el grupo opuesto de los grupos masculinos y sociedades secretas la dominante es la mitología del arquetipo del héroe y la lucha contra el dragón, esto es, la siguiente etapa en el desarrollo de la conciencia. Es verdad que las sociedades de hombres también conducen a sus miembros a una vida comunitaria, pero esto está marcado por su carácter individual, la masculinidad y la acentuación del Yo. En consecuencia esto favorece la formación del líder y del tipo heroico. Individualización, formación del Yo y heroísmo pertenecen a la auténtica vida del grupo masculino y son de hecho sus expresiones. Las condiciones en el grupo femenino parecen ser bastante diferentes en este aspecto, y es este contraste lo que explica las tendencias antifemeninas de las sociedades de hombres. Mujer y sexo, los principales representantes de esas constelaciones inconscientes instintivas que se agitan por causa de todo lo femenino, constituyen la zona de peligro: son "los dragones a los que deben vencerse". Ésta es la razón de por qué las mujeres no son admitidas en las sociedades masculinas. A este nivel, en el que los hombres aún no están seguros de ellos mismos, las mujeres son execradas como peligrosas y seductoras, y esto sigue siendo verdad en gran medida con culturas que poseen religiones patriarcales.[447]

La masculinidad colectiva es un fuerza creadora de valores y educativa. Todo Yo y toda conciencia está rodeada y formada por ella. De este modo, el lado masculino ayuda al Yo en desarrollo a vivir a través de las etapas arquetípicas de manera individual y a establecer contacto con el mito del héroe.

Incluso estas escasas indicaciones habrían bastado para aclarar por qué hablamos de una línea patriarcal de desarrollo de conciencia. El desarrollo procede partiendo de la madre hasta llegar al padre, y recibe la ayuda de una serie de autoridades colectivas -cielo, los padres, superyó- que son tan enfáticamente masculinos como el sistema conciente mismo. Investigaciones adicionales podrán demostrar que nuestros términos "patriarcal" y "matriarcal" son característicos sólo de las culturas tempranas mediterráneas a lo largo de Asia Menor y África. Ese hecho podría modificar nuestra terminología, pero no alteraría el contenido y sustancia del desarrollo por etapas. Así como el complejo paterno debe ser derribado al igual que el complejo de autoridad delimitado por él, también la oposición entre patriarcal y matriarcal. El simbolismo arquetípico de masculino y femenino no es biológico y sociológico, sino psicológico; en otras palabras, es posible que personas femeninas sean portadoras de masculinidad, y viceversa. Siempre es una cuestión de relaciones, nunca de definiciones tajantes.

Las figuras del Líder y Gran Individuo como proyecciones del inconsciente colectivo no son exclusivas del grupo masculino, aunque este último está más preocupado con la espiritualidad de estas figuras que el grupo femenino, cuya proyección del Sí Mismo encuentra en la figura de la Gran Madre un representante que está más próximo a la naturaleza que al espíritu. Como quiera que esto sea, la figura del Gran Individuo es de crucial importancia para el desarrollo de todo individuo singular. Su cristalización y separación de lo colectivo es obviamente un avance evolutivo, desde que la progresiva diferenciación del individuo, y la infinita variedad de sistemas del Yo que esto produce, conducen a una infinita variedad de experimentos dentro de la vida de la humanidad. Mientras que antiguamente, como vimos, sólo el "gran hombre" poseyó conciencia y representó para lo colectivo el papel de líder, el posterior curso de evolución se caracteriza por una progresiva democratización, en la cual un vasto número de conciencias individuales trabajan productivamente en la consecución del objetivo común humano. En este sentido, el líder que carga con la responsabilidad colectiva es un atavismo, y la democracia la forma futura de la humanidad, al margen de los expedientes políticos que se escojan para tal fin.

Esta democratización conciente de la humanidad se ve compensada por el genio, el Gran Individuo que es líder y héroe en un sentido "interno", esto es, el auténtico representante de las fuerzas y contenidos de que carece dicha conciencia democratizada y que alcanzan la conciencia por primera vez en él. Él es fundamentalmente el teatro de los originales experimentos de la humanidad, en quien están constelados esos contenidos que después ampliarán a la conciencia humana en su conjunto.

Entre la consciencia democratizada de la humanidad, que vive, funciona, percibe, piensa, formula, interpreta y comprende en millones de representantes, y los centros creativos, los hombres de genio, existe un continuo intercambio. Juntos, como los lados espiritual y cultural de la humanidad, ellos forman un frente unido en contra del inconsciente, incluso si, al comienzo, el genio sea perseguido sin descanso, matado de hambre y silenciado por la democracia de la consciencia. El hecho de que millones de seres humanos trabajen juntos concientemente y que en simultáneo se preocupen por los problemas vitales de lo colectivo –políticos, científicos, artísticos o religiosos-, incrementa notablemente la probabilidad de su aceptación. El intervalo de tiempo entre la aparición de un genio y su asimilación por la democracia de consciencia, es relativamente corto. Para el genio esto puede ser trágico, pero es irrelevante en la medida que la humanidad esté interesada.

II

El hombre-masa y el fenómeno de recolectivización

En el curso de desarrollo occidental, el esencialmente positivo proceso de emancipación del Yo y la conciencia de la tiranía del inconsciente se ha vuelto negativo. Ha ido mucho más allá de la división de la conciencia y el inconsciente en dos sistemas, y ha ocasionado un cisma entre ellos; y, al igual que la diferenciación y la especialización han degenerado en exceso de especialización, de igual modo este desarrollo ha ido más allá de la formación de la personalidad individual y ha originado un individualismo atomizado. Mientras que por un lado vemos grupos cada vez más grandes de personas sobreindividualizadas, por el otro lado hay masas cada vez más grandes de humanidad que se han separado de la situación original del grupo primario y han ingresado en el proceso histórico. Ambos desarrollos tienden a disminuir el significado del grupo como el de una unidad compuesta de personas vinculadas entre ellas conciente o inconscientemente, y a ensalzar a la masa como un conglomerado de individuos no relacionados.

Ahora, mientras que el clan, la tribu o el pueblo son por regla general un grupo homogéneo que desciende de un origen común, la ciudad, oficina o fábrica es una unidad-masa. El crecimiento de estas unidades-masa a expensas de la unidad del grupo sólo intensifica el proceso de alienación del inconsciente. Todas las participaciones emocionales son descompuestas y personalizadas; esto es, existen sólo en una esfera personal estrechamente restringida. Tal como ha sido largamente observado, en lugar del grupo o del pueblo ahora aparece una unidad-masa como el Estado, una estructura puramente nominal que, al estilo de un concepto, agrupa una gran variedad de diferentes cosas, pero no representa una idea que surja como imagen central de un grupo homogéneo.

Los intentos románticos por revaluar o revertir este desarrollo resultan por necesidad en regresiones, porque no toman en cuenta su tendencia hacia adelante y comprenden erróneamente su conexión con la positiva evolución histórica del Yo y la conciencia.

Debido al proceso de agregación de masas, el grupo original continúa existiendo sólo bajo la forma de la familia; pero aquí también podemos discernir una tendencia a la desintegración que restringe cada vez más la efectividad del grupo familiar, y que le asigna a ésta un lugar sólo durante la niñez, o mejor dicho, la infancia. La existencia de la familia, sin embargo, es de la máxima importancia para la psicología preconciente y transpersonal del niño.

En nuestra cultura se da un constante proceso de desintegración de grupos pequeños y naciones pequeñas, lo que mina los fundamentos psicológicos del grupo y se expresa en mentalidad masificada, así como en atomización e internacionalización conciente del individuo. Un resultado de esta expansión de la conciencia es que, al margen de las ideologías nacionales en conflicto, toda conciencia moderna se ve confrontada con las de otras naciones y razas, otros patrones económicos, religiosos y sistemas de valores. De este modo la original psicología grupal y el canon cultural que la determina, una vez dados por asumidos, se relativizan y perturban profundamente. La visión del mundo del hombre moderno ha cambiado a tal grado que aún está muy lejos de haber sido digerida psicológicamente. Detrás de la larga retrospectiva de la historia humana, que se prolonga más allá de los tiempos prehistóricos y llega al reino animal, detrás del surgimiento de la etnología y las religiones comparadas, de las revoluciones sociales que conducen al mundo hacia el mismo objetivo, del reconocimiento de la psicología primitiva y su conexión con la moderna psicología,[448] detrás de todo esto percibimos la misma fuerza impulsora. El trasfondo y sustrato común entre los hombres, el inconsciente colectivo, cuyo descubrimiento científico se lo debemos a Jung, comienza a manifestar su actividad universal en la humanidad misma. La imagen que hoy surge de un cielo estrellado de fuerzas arquetípicas que actúan sobre la humanidad está, sin embargo, acompañado de la desaparición de aquellas constelaciones fragmentarias que en el canon de los grupos individuales fueron consideradas como la totalidad del cielo. El conocimiento de otras religiones puede conducir a la experiencia de una tendencia religiosa común operando en la humanidad, pero esto también relativiza cada forma individual de religión, ya que en su raíz está condicionado por el suelo psicológico, histórico, social y racial del grupo del cual éstas emergen.

La revolución global que se ha apoderado del hombre moderno y en cuyo centro álgido nos encontramos hoy, ha conducido, con el trastocamiento de todos los valores, a una pérdida de orientación en la parte y en el todo, y diariamente tenemos nuevas y dolorosas experiencias de las repercusiones que esto provoca en la vida política de lo colectivo, así como en la vida psicológica de cada individuo.

El proceso cultural conduce a un cisma entre conciencia e inconsciente, en una forma que hemos descrito líneas arriba como característico del desarrollo que ocurre durante la primera mitad de la vida. La estructuración de la Persona, y la adaptación a la realidad bajo la guía del superyó como el tribunal de consciencia que representa los valores colectivos, junto con la ayuda de la supresión y represión, constelan los componentes de sombra y ánima en el inconsciente.

Este lado de sombra de la personalidad, sin embargo, debido a su contaminación con el lado inferior, arcaico y subdesarrollado, lleva consigo todas las marcas de la psique primitiva y de este modo se presenta en agudo contraste con el original hombre grupal.

Así, preferimos llamar al subhombre que habita en nosotros los modernos, "hombre-masa", en lugar de "hombre grupal", porque su psicología difiere en lo esencial respecto a este último. Aunque el genuino hombre grupal es en su mayor parte inconsciente, vive sin embargo bajo el imperio de la centroversión; él es una totalidad psíquica en la cual operan poderosas tendencias que trabajan por la conciencia, la individualización y el crecimiento espiritual. Hemos seguido estas tendencias, y por lo tanto será comprensible si ahora decimos que a pesar de su inconsciencia, a pesar de sus proyecciones, emotividad, entre otros, el hombre grupal posee poderes enormemente constructivos, sintéticos y creativos que se ponen de manifiesto en su cultura, su sociedad, su religión, arte, costumbres e incluso en lo que llamamos sus supersticiones.

El hombre masa que acecha en el inconsciente del hombre moderno, por otro lado, es psíquicamente un fragmento, una personalidad parcial que, cuando es integrada, trae consigo una considerable expansión de la personalidad, pero que obligatoriamente genera consecuencias desastrosas cuando actúa de manera autónoma.

Este componente inconsciente de masa está en oposición a la conciencia y al mundo de la cultura. Se resiste al desarrollo conciente, es irracional y emocional, antiindividual y destructivo. Mitológicamente corresponde al aspecto negativo de la Gran Madre –es su homicida cómplice, el jabalí adversario y asesino del hombre. Esta parte negativa, inconsciente, de la personalidad, es arcaica en el sentido más negativo, ya que es la bestia humana al acecho. Pero se convierte en la sombra y hermano oscuro del Yo sólo si, a través de un proceso de integración, el Yo desciende conscientemente a las profundidades del inconsciente para buscarlo y unirlo a la mente conciente. Pero cuando sucede lo inverso, cuando, por decirlo así, la conciencia es dominada y completamente poseída por él, nos encontramos con el aterrador fenómeno de la regresión al hombre masa, tal como se pone de manifiesto en las epidemias masivas de recolectivización.

En estas circunstancias, la conciencia desorientada y racionalista del hombre moderno, habiéndose atomizado y desvinculado del inconsciente, renuncia a lucha porque, suficientemente comprensible, su aislamiento en una masa que ya no le ofrece ningún soporte psicológico se le vuelve insoportable. Para él la tarea del héroe es muy difícil de realizar, la misma tarea que debe llevar a cabo siguiendo las huellas que la humanidad dejó antes que él. El tejido del canon arquetípico que solía darle soporte al hombre promedio ha desaparecido, y los héroes reales capaces de asumir la lucha por nuevos valores son naturalmente pocos y están alejados unos de otros.

El Yo renegado del hombre moderno sucumbe por lo tanto a una reaccionaria mentalidad masificada y cae víctima de la sombra colectiva, del hombre masa de su interior. Mientras que en una psique homogénea el elemento negativo ocupa un lugar significativo como descomposición y muerte, como caos y *prima materia*, o como el plúmbeo contrapeso que enraíza a tierra las cosas en desarrollo, en una psique fragmentada con un Yo derrotista y regresivo, lo negativo se convierte en cáncer y en peligro nihilista. Con la desintegración de la conciencia del Yo, todas las posiciones edificadas en el curso del desarrollo humano son regresivamente destruidas, como en la psicosis.

Como resultado, la esfera del Yo de lo humano y lo personal está perdida. Los valores personales ya no cuentan, y el logro supremo del individuo –su conducta como un ser humano individual- se descompone y es reemplazado por modos colectivos de comportamiento. Los *daemones* y arquetipos se vuelven autónomos nuevamente, el alma individual vuelve a ser tragada por la Gran Madre, y junto con ello la experiencia de la voz y la responsabilidad individual ante los hombres y ante Dios quedan invalidadas.

Que el fenómeno de masas sea estadísticamente una regresión a los estratos más inferiores resulta evidente por sí mismo, desde que la posición de la conciencia empieza a desmoronarse. En simultáneo, sin embargo, hay una reactivación del hombre medular y de su emotividad arrolladora. Con el colapso de la conciencia orientada por el canon cultural, el poder efectivo de la consciencia, del superyó, es también destruido, y la conciencia pierde su virilidad. El "afeminamiento" hace entonces su aparición desde el lado femenino como una invasión desde el lado inconsciente, manifestándose en la inervación de los complejos, de la función inferior y la sombra, y finalmente en una irrupción semipsicótica de los arquetipos. La totalidad de la posición defensiva de la mente conciente se desploma y junto con ella el mundo espiritual de los valores. La esfera personal del Yo así como la autarquía de la personalidad diminuyen, así como todas las acciones esenciales de la centroversión.

Cada uno de estos fenómenos puede descubrirse en la situación masificada y en el fenómeno de la recolectivización.[449]

El aspecto exclusivo y aterrorizador de esta recolectivización es que no significa ni puede significar una genuina regeneración. La regresión no reproduce la situación del grupo original, sino sólo una masa tal como nunca existió antes y es, psicológicamente, un fenómeno nuevo.

Cuando las masas de los habitantes de las ciudades regresan al estado inconsciente, no crean una unidad psicológica que pueda compararse de alguna manera con el grupo original y su psicología. En el grupo original, debemos enfatizarlo nuevamente, la conciencia, la individualidad y el espíritu existen en estado germinal y se esfuerzan para expresarse a través del inconsciente colectivo del grupo, mientras que el inconsciente al que los pueblos regresionan en la actualidad con resignación es, por decirlo de algún modo, un inconsciente que no posee una tendencia en esa dirección. La autonomía del inconsciente gobierna en solitario sobre la psique de masas, en colusión con el masificado hombre-sombra que acecha en la personalidad inconsciente, y por el momento al menos no hay señales de la intervención reguladora de la centroversión o de la regulación del grupo por el canon cultural. La masa, por lo tanto, no es la descomposición de una unidad más compleja en otra unidad más primitiva, sino una aglomeración sin centro. La regresión al hombre-masa sólo es posible dado el proceso de división extrema entre la conciencia del Yo y el inconsciente, y la consecuente pérdida de centroversión. Esta ausencia de regulación por parte de la totalidad conduce al caos.

Usando la analogía de la enfermedad psíquica uno puede, incluso en esas circunstancias, hablar de la acción de la centroversión. En el individuo, también, una rígida exclusión del inconsciente y una sistemática indiferencia hacia sus esfuerzos por lograr la compensación provocan que se vuelva destructivo. Así, encontramos que cesa la compensación y que, tal como dice Jung, el inconsciente dirige su tendencia destructiva hacia el Yo y la conciencia. Esta actitud de "si no quieres, entonces te obligo", algunas veces puede conducir a la centroversión, al igual que el castigo puede llevar al pecador al arrepentimiento. La descomposición destructiva del individuo en la masa entraña de por sí esta posibilidad, pero sólo si es hecha conciente, si es comprendida, asimilada y de este modo integrada.

El peligro más grande que evidentemente impide la realización conciente de esta situación, descansa en el fenómeno ilusorio que aparece con la recolectivización y ciega al Yo. El efecto tóxico de la masa reside precisamente en su carácter intoxicante, que siempre es un factor concomitante a la disolución de la conciencia y sus poderes de discriminación. Como vimos anteriormente, el vínculo libidinal entre el sistema del Yo y el inconsciente es "placentero". También lo es cuando el vínculo se rompe y el sistema del Yo se hunde en la regresión. La antigua carnada con la cual aquel taimado cazarratas, el "hipnotizador hipnotizado" de las epidemias de masas, nos seduce, es el incesto uróbico.

En la recolectivización, el Yo renegado proyecta la imagen del grupo original y su totalidad sobre la masa. El Yo se rinde y, reemocionalizado, se arroja a una orgía de participaciones masificadas, experimenta con placer a una masa emparentada de cerca con el uróboros, que lo absorbe, lo abraza y lo engulle. Pero una perversión regresiva y nihilista de la consigna "¡Abrazáos, millones!", es auténticamente diabólica. El hombre-sombra masificado, el rebaño de individuos atomizados y la masa, se combinan entre sí para formar una pseudounidad que es pura ilusión. Que se trata simplemente de un asunto de unificación en la masa y de un travestismo de la unidad, resulta evidente por la rápida desilusión en la que desemboca, y por el hecho de que la ilusión masiva es incapaz de producir ninguna participación genuina y duradera, mucho menos algo constructivo. La ilusión de la unidad en la aglomeración de la masa ni siquiera conduce a una genuina *participation mystique* con el espíritu de la masa, mucho menos a la relación de los participantes entre sí. En el auténtico grupo, el fenómeno grupal de la participación proporciona un desarrollo sintético que asume la forma de responsabilidad mutua, elevada disposición al autosacrifico, etcétera, que aparece no simplemente como una intoxicación momentánea sino que se encarna en instituciones y tareas comunales. Por ejemplo, las celebraciones orgiásticas entre los primitivos y en las culturas antiguas promovían el crecimiento de los grupos y las comunidades, y establecían formas religiosas y otros fenómenos cuya importancia para el desarrollo de la conciencia ya hemos enfatizado.

Pero en el fenómeno de masas el ilusorio entusiasmo es tan pasajero como aquel inducido por la hipnosis; no produce una impresión sobre la mente conciente que la lleve a una síntesis creativa, sino que se derrama sobre ella como cualquier otra intoxicación. Incluso este engañoso frenesí de posesión por la masa es entusiastamente deseado por un Yo vacío de todo significado, y constituye uno de los principales atractivos que el hipnotizador de masas utiliza con éxito.

La moderna propaganda masiva busca —en parte completamente inconsciente- restaurar la antigua unidad grupal y las mutuas proyecciones de los participantes, junto con todos los síntomas de posesión emocional que están relacionados con esto. Esto lo consigue –como se pudo observar en el caso particular del Nacional Socialismo- valiéndose de la ayuda de símbolos y arquetipos. Ya hemos señalado el error básico y también los peligros de estas tendencias a la recolectivización. Las deseadas víctimas de esta posesión son –sobre todo en las grandes ciudades- los individuos atomizados que se encuentran desvinculados del inconsciente, y aunque ellos puedan ser capaces de regresionar a este estado inconsciente sólo durante un corto tiempo a través de la rendición de sus respectivos Yos, el delirio subjetivo que acompaña a esto entraña las más peligrosas y destructivas consecuencias.

El moderno trabajador y ciudadano, con su educación científica y propensión a "reducir" todo lo transpersonal, se convierte él mismo en un individuo reducido cuando se recolectiviza en la masa. El hombre primitivo o arcaico, por otro lado, con su conciencia y sistema del Yo relativamente subdesarrollados, experimenta en un evento colectivo grupal, como en la ceremonia de iniciación o culto mistérico, una expansión y progresión de sí mismo a través de su propia experiencia de los símbolos y arquetipos. Él se ilumina gracias a ellos, y no se reduce por ellos. Estos fenómenos grupales tienden a constelar al hombre superior y a una "hermandad superior", y no, por el contrario, a soldar a las partículas de la masa en un mero conglomerado del cual Jung dijo "Las masas son bestias ciegas".[450] Nótese que el acento recae sobre "ciegas", no sobre "bestias". La posesión por el grupo, por lo tanto, nunca es destructiva en el mismo sentido que es destructiva la acción de la masa, donde la masa consiste en individuos atomizados, psicológicamente no relacionados, o sólo momentáneamente relacionados. El grupo contiene su propio regulador no sólo en la forma del canon en vigor, sino también en el mutuo conocimiento que sus miembros tienen uno del otro. El auténtico anonimato del individuo en la masa intensifica la acción del lado de sombra. Es un hecho significativo que, con la finalidad de llevar a cabo sus sádicas ejecuciones, los nazis se vieran obligados a apartar al asesino del grupo del que formaba parte. Es mucho más difícil, si es que no imposible, que la comunidad de un pueblo liquide a sus propios judíos. No tanto por la superior humanidad del grupo –hemos aprendido a no considerar esto precisamente como una característica fundamental de las buenas costumbres-, sino porque el individuo tiene que realizar sus acciones bajo la atenta mirada del grupo. Apartado de su grupo y sometido a terrorismo, el sujeto se vuelve capaz de todo.

Pero incluso en la situación masificada la calidad del individuo es de importancia, ya que la composición de la masa determina sus acciones. Sighele[451] todavía puede creer que la violencia o pacifismo de una masa están determinados por sus criminales o por aquellos de sus miembros cuya profesión sea la de "ver sangre"; pero la psicología profunda tiene un punto de vista diferente. El "hombre masa interior", la sombra, es el factor determinante, no sólo la conciencia y su orientación. La calidad del individuo es, de hecho, decisiva, aunque esto no está determinado tanto por la calidad de la conciencia como por la calidad de la entera personalidad, que por esa precisa razón debe constituir la base psicológica del nuevo canon cultural.

El crecimiento de la consciencia, la formación del superyó, la adaptación a los valores de lo colectivo, de los ancianos, se detiene en el punto donde el colapso del canon cultural priva a este tribunal colectivo de sus bases transpersonales. La consciencia se convierte entonces en una invención judía, capitalista o socialista. Pero "la voz", la orientación interna que permite conocer las revelaciones del Sí Mismo, nunca hablará en una personalidad desintegrada, en una conciencia en bancarrota, ni en un sistema psíquico fragmentado.

ILUSTRACIONES

A. EL URÓBOROS

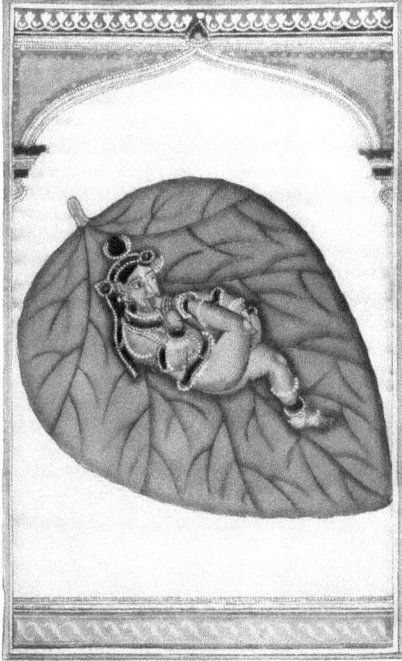

Ilustración 1

El nacimiento de Vishnú. India, ilustración de un manuscrito del siglo XVIII. (París, Bibliothèque Nacionale. Fotografía: Biblioteca.)

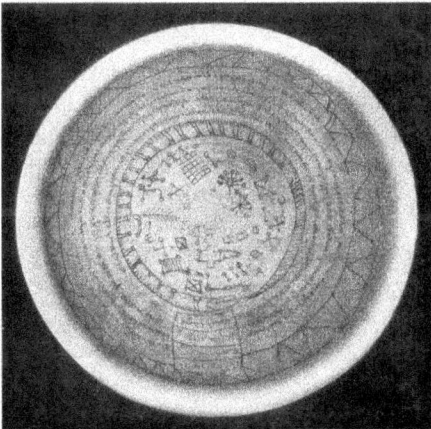

Ilustración 2

Serpiente mordiendo su cola y rodeando una inscripción. Vasija mandea, Mesopotamia, c.500 a.C. (Ubicación actual desconocida.)

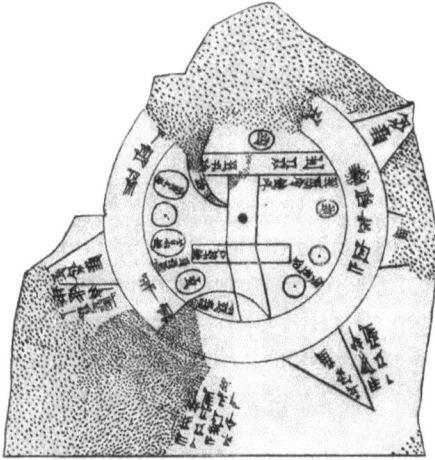

Ilustración 3

El océano rodeando al mundo. Mappa mundi, con Babilonia en el centro, de una tablilla cuneiforme. (Dibujo de Cuneiform Texts from Babylonian Tablets c. in the British Museum, Parte XXII, Londres, 1906, lámina 48.)

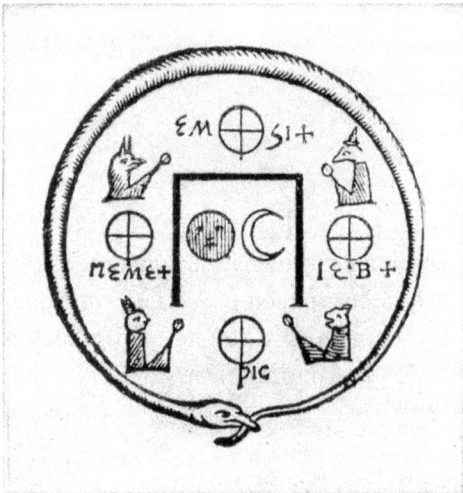

Ilustración 4

Los cuatro rincones del mundo, con serpiente alrededor. Copto. Grabado en madera de Athanasius Kircher, Oedipus Aegyptiacus, Roma, 1652-54.)

Ilustración 5

"Serpiente rodeando al mundo y a un bote." Dibujo de una niña inglesa de cinco años de edad procedente de la clase trabajadora. (De Herbert Read, Education through Art, Nueva York, 1948.)

Ilustración 6

Escudo de latón con motivo de serpiente. Benin, Nigeria, África occidental. (Dibujo de Leo Frobenius, Kulturgeschichte Afrikas, Zurich, 1933, a partir de A.H.L. Fox-Pitt-Rivers, Antique works of art from Benin, Londres, 1900, fig. 102.)

337

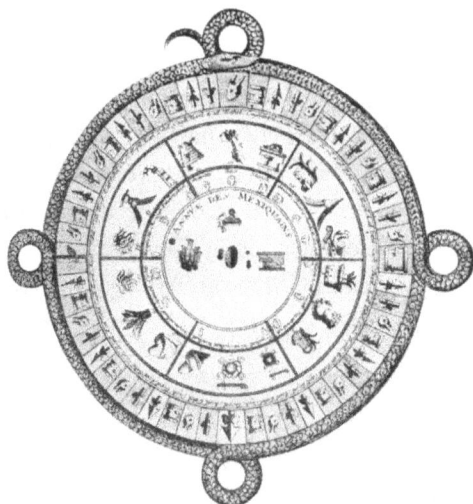

Ilustración 7

Calendario de piedra mexicano, con serpiente alrededor. (Aguafuerte de G.F. Gemelli Careri, Giro del Mondo, Nápoles, 1721, reproducción de un dibujo Azteca.)

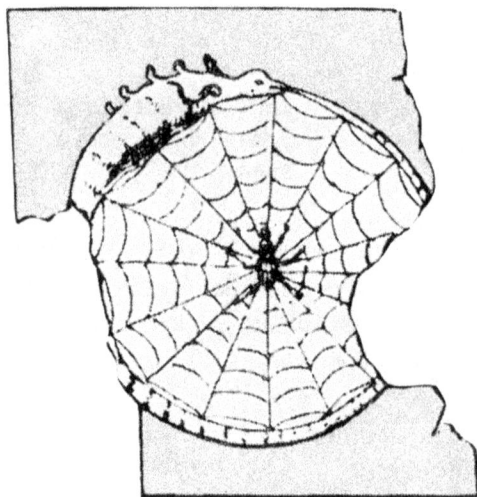

Ilustración 8

Maya, la eterna tejedora, rodeada por una serpiente. Viñeta dañada de un texto brahamánico de máximas. (De Nikolas Mueller, Glauben, Wissen und Kunst der alten Hindis, Mainz, 1822.)

Ilustración 9

Dragón alquimista. Una de las figuras alegóricas de Lambspringk, de Lucas Jennis, Dyas chymica tripartita, Frankfort on the Main, 1625.

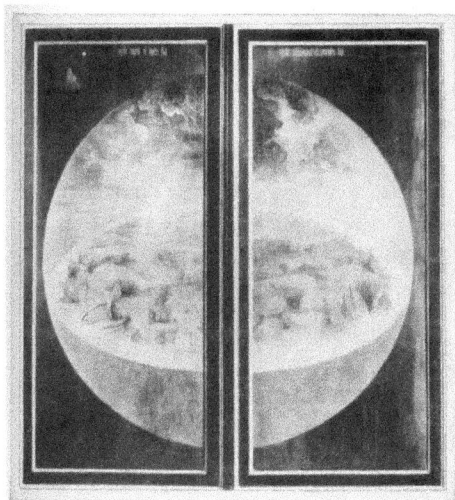

Ilustración 10

Hieronymus Bosch (El Bosco): *Creación*, del *Jardín de las delicias terrenales*, Holanda, c.1500. (Madrid, Prado. Fotografía: Rothe.)

Ilustración 11

Los nueve coros de ángeles. Miniatura de la *Scivias* de St. Hildegarde of Bingen, en un manuscrito del siglo XII. (Antigua Wiesbaden, Nassauische Landesbibliothek; MS. destruida en la Segunda Guerra Mundial. Fotografía: Biblioteca.)

B. LA GRAN MADRE

Ilustración 12

Diana de Efeso. Roma, siglo II d.C. (Nápoles, Museo Nazionale.)

Ilustración 13

Mater Matuta. Etruria, siglo V a.C. (Florencia, Museo Archeologico. Fotografía: Alinari.)

Ilustración 14

Afrodita y Anquises (?). Relieve en bronce de Paramythia, Grecia, siglo IV a.C. (Londres, British Museum. Fotografía: Museo.)

Ilustración 15
Sacerdote de los sacrificios de la Magna Mater. Relieve, Roma, siglo I a.C. (Roma, Museo Capitolini. Fotografía: cortesía de Comune di Roma.)

Ilustración 16
Ishtar como diosa de la guerra. Relieve del sello del rey Anu-Banini, Hazar-Geri, Babilonia, 2500-2000 a.C. (Dibujo de Jacques J.M. de Morgan. Misión scientifique en Perse, Vol. IV, París, 1896.)

Ilustración 17

La diosa hipopótamo Ta-urt, sosteniendo delante de ella el símbolo Sa de protección. Egipto, periodo Ptolemeico, 332-30 a.C. (Nueva York, Metropolitan Museum of Art. Fotografía: Museo.)

Ilustración 18

El rey ante Isis. Egipto, Templo de Seti I, Abydos, XIX dinastía, siglos XIV-XIII a.C. (Fotografía: A. Studly.)

343

Ilustración 19
Rangda, demonio femenino. Máscara de Bali. (Basilea, Museum für Völkerkunde. Fotografía: Museo.)

C. LA SEPARACIÓN DEL MUNDO PARENTAL

Ilustración 20
Miguel Ángel: Dios dividiendo la luz y la oscuridad. Detalle de la Capilla Sixtina, Roma. (Fotografía: Alinari.)

Ilustración 21

La separación del cielo y la tierra: Nut elevada sobre Geb por Shu. Egipto, representación en un sarcófago. (Turín, Egyptian Museum. Dibujo a partir de una ilustración en A. Jeremías, Das Alte Testament im Lichte des alten Orients, Leipzig, 1904.)

D. EL MITO DEL HÉROE

Ilustración 22

Jonás en la ballena. Del Khludoff Psalter, Bizantino, finales del siglo IX. Monasterio de San Nicolás, Preobrazhensk, Moscú. (De J.J. Tikkanen, Die Psalterillustration im Mittelalter, Helsingfors, 1903.)

Ilustración 23

El héroe Raven en la ballena. Dibujo de un indio Haida, costa noroccidental del Pacífico, finales del siglo XIX. (De Albert P. Niblack, "The coast indians of southern Alaska and northern British Columbia," U.S. National Museum Report 1887-88, Washington, 1890.)

Ilustración 24

Dánae y la lluvia de oro. Figura roja en cáliz, del pintor Triptolemos, Ática, comienzos del siglo V a.C. (Leningrado, Hermitage. De Jocelyn M. Woodward, Perseus, a study in Greek art and legend, Cambridge, 1937.)

Ilustración 25

Perseo asesinando a la Gorgona, con Hermes. A partir de figura negra en jarrón, Ática, siglo VI a.C. (Londres, British Museum. Dibujo de Jocelyn M. Woodward, Perseus, a study in Greek art and legend, Cambridge, 1937.)

Ilustración 26

Perseo y Andrómeda. Mural en Pompeya, siglo I a.C., probablemente a partir de una pintura de Nimias, un ateniense de la segunda mitad del siglo IV a.C. (Nápoles, Museo Nazionale. (De Jocelyn M. Woodward, Perseus, a study in Greek art and legend, Cambridge, 1937.)

E. TRANSFORMACIÓN, U OSIRIS

Ilustración 27

El dios halcón Horus con el rey Nectanebo II. Egipto, XXX dinastía, 370 a.C. (Nueva York, Metropolitan Museum of Art. Fotografía: Museo.)

Ilustración 28

Ramsés I sacrificando a Isis y al símbolo de la cabeza de Osiris. Abydos, XIX dinastía, siglos XIV-XIII a.C. (Fotografía: Museo.)

Ilustración 29

Osiris vuelto a la vida por Isis. Egipto, Templo de Seti I, Abydos, XIX dinastía, siglos XIV-XIII a.C.

Ilustración 30

El rey ante Osiris y Horus. Egipto, Templo de Seti I, Abydos, XIX dinastía, siglos XIV- XIII a.C.

Ilustración 31

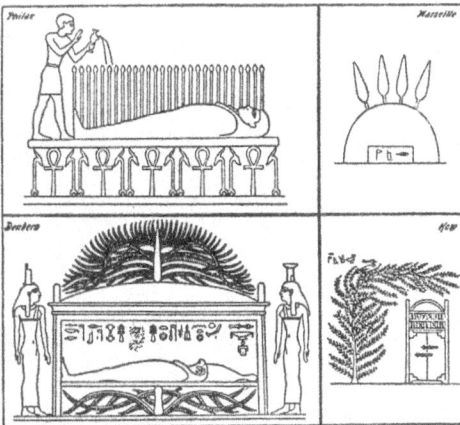

Diversas representaciones del entierro y tumba de Osiris. Egipto, periodo tardío. (Dibujos a partir de varios monumentos, de Eduard Meyer, *Äegypten zur Zeit der Pyramidenerbauer*, p.19, Leipzig, 1908; quien los explica así: "De recha arriba: túmulo de Osiris con su nombre y del cual crecen tallos; derecha abajo: la tumba cerrada de Osiris con el árbol al lado, sobre el cual se asienta el alma de Osiris con forma de garza, como un fénix; izquierda abajo: el cadáver del dios en el ataúd, bajo la sombra y custodia de un árbol inmenso, con Isis y Neftis a los lados lamentándose; izquierda arriba: el cadáver, del cual germinan granos a los que un sirviente riega.")

PIES DE PÁGINA

1 Jung, "La psicología del arquetipo del Niño", p. 153.

2 Ibidem, p. 157.

3 [Un adjetivo derivado del latín stadium, en el sentido biológico de "etapa de desarrollo".]

4 Mead, *Sex and Temperament in Three Primitive Societies*, pp. 228 y ss.

5 Una minuciosa investigación de las etapas arquetípicas en esferas individuales de cultura y mitología resultaría sumamente interesante, porque la ausencia o exceso de énfasis de las etapas individuales nos permitiría obtener importantes conclusiones acerca de las culturas en cuestión. Dicha investigación será llevada a cabo posteriormente.

6 Véase pg. 63, nota 19.

7 Es en este sentido que usaremos los términos "masculino" y "femenino" a lo largo de este libro, no como características personales vinculadas a lo sexual, sino como expresiones simbólicas. Cuando decimos que los dominantes masculinos o femeninos se imponen en ciertas etapas, o en ciertas culturas o tipos de personas, se trata de una afirmación psicológica que no debe ser reducida a términos biológicos o sociológicos. El simbolismo de "masculino" o "femenino" es arquetípico y por lo tanto transpersonal; en las distintas culturas que nos ocupan, es erróneamente proyectado sobre las personas como si ellas fueran las portadoras de dichas cualidades. En realidad todo individuo es un híbrido psicológico. Incluso el simbolismo sexual no puede derivarse a partir de la persona, porque es anterior a la persona. A la inversa, una de las complicaciones de la psicología individual es que en toda cultura la integridad de la personalidad es violada cuando se la identifica con el lado masculino o femenino del principio simbólico de los opuestos.

8 Aquí sólo podemos enfatizar el contenido material de los símbolos. El efecto sanador y el de "elaboración de totalidad" de los componentes emocionales del inconsciente colectivo serán discutidos en la Parte II.

9 Véase mi *Psicología profunda y nueva Ética*.

A. EL MITO DE LA CREACIÓN

10 The Philosophy *of Simbolic Forms*, trad. Manheim, Vol. II, pp 94 y ss.

11 Jung. *Psicología y Alquimia*, índice, s.v. "rotundum".

12 Platón. *Timeo* (basado en la traducción de Cornford)

13 Frobenius, *Vom Kulturreich des Festlandes*, p.69 ; Shatapatha Brahmana 6.1.1.8; Geldner, *Vedismus und Brahmanismus*, pp. 62 y ss.

14 Tao Teh King, N° XXV; trad. por Arthur Waley en *The Way and its Power*.

15 Frobenius, op. cit, p.112.

16 Brihadaranyaka Upanishad 1.4.1-3, trad. por Hume, *The Thirteen Principal Upanishads*.

17 Platón, *Timeo*, 34 (basado en la traducción de Cornford).

18 De aquí en adelante trasncrito como "uróboros".

19 Goldschmidt, *"Alchemie der Aegypter"*.

20 Jung. *"Las visiones de Zósimo"*. Citado del *Artis auriferae* (Basel, 1593), Vol I, "Tractatulus Avicennae", p. 406.

21 Leisegang, "The Mistery of the Serpent".

22 Numerosos ejemplos de representaciones fueron recogidos en los Eranos Archives, Ascona, Suiza; un duplicado de los archivos se encuentra en poder de la Bollingen Foundation, Nueva York, y en el Warburg Institute, Londres.

23 Kees, *Der Glötterglaube im alten Aegypten*, p. 347.

24 *Pistis Sophia*, trad. por Horner, pp.160-164 y 166-168.

25 Kerényi, "Die Göttin Natur".

26 Newcomb y Richard, *Sandpaintings of the Navajo Shooting Chant*, especialmente Pl. XIII.

27 Véase su "Envidia", una de los *Vicios* en los frescos (c. 1305) de la Capilla de la Arena, Padua: la figura es una bruja con cuernos y orejas de murciélago, de cuya boca aparece una serpiente que la rodea hasta morderle el rostro.

28 Véase también ilustraciones en Jung, Psicología y Alquimia, y en "Paracelso como fenómeno espiritual".

29 Consultar la obra de Jung y su escuela acerca del mandala en niños, personas normales y enfermos (ilustración 5), etc.

30 Richard Wilhelm, *en Das Buch des Alteen vom Sinn und Leben* (su edición alemana del Tao Teh Ching), p.90.

31 Jung, *"Aspectos psicológicos del arquetipo de la Madre"*.

32 Schoch-Bodmer, *"Die Spirale als Symbol und als Strukturelement des Lebendigen"*; Leisegang, *"Das Mysterium der Schalnge"*.

33 Piramyd Texts, verso 1248, en Sethe, *Pyramidetexte*.

34 Book of Apopis, en Roeder, *Urkunden zur Religión des Alten Aegypten*, p.108.

35 Moret, *The Nile and Egyptian Civilization*, p.376.

36 Kees, *Aegypten*, p. ii.

37 Kees, *Götterglaube*, p. 312 n.

38 Shatapatha Brahmana 11.1.6.7, trad. de Geldner, *Vedismus und Brahmanismus*.

39 Book of Apopis, en Roeder, op. cit.

40 Taittiriya Brahmana 2.2.9.5, trad. de Geldner, op.cit., p. 90.

41 Jung, "La estructura de la psique", p.150.

42 Briffault, *The Mothers*, Vol. II, p. 452.

43 Brihadaranyaka 3.9.9., en *The Ten Principal Upanishads*, trad. de W.B. Yeats y Shree Purohit Swami.

44 Evans-Wentz, *The Tibetan Book of the Dead*, p. 96.

45 Wünsche, *Kleine Midraschim*, Vol. III, pp. 213 ss.

46 Horodezky, *Rabbi Nachman von Brazlaw*, p. 188.

47 "Analytical Psychology and *Weeltanschauung*", p. 376.

48 Bischoff, *Die Elemente der Kabbalah*, Vol. I, p. 234.

49 Ensalmos 273-274, en Erman, *Literature of the ancient egyptians*.

50 Aitareya Upanishad 2.5.-3.2 (basado en las traducciones de Hume y Deussen)

51 Taittiriya Upanishad 2.2.

52 Mundaka Upanishad 1.1.8 (ambos basados en las traducciones de Hume y Deussen).

53 6.9.1 y ss.

54 Brihadaranyaka Upanishad 1.1.1

55 Ibid., 1.2.5 (basado en las traducciones de Hume y Deussen).

56 [Cf. Guénon, *Man and His Becoming According to the Vedanta*]. Aquí se señala (p.79, No. 2) que de la palabra latina *sapere*, "saborear, percibir, conocer", se derivan en última instancia dos grupos de palabras, concretamente, "*sap*", *Saft, sève*, "sabor", "sabroso", etc., por un lado, y *savoir*, "perspicaz", "sabio", etc., por otro, "en razón de la analogía que existe entre la asimilación nutritiva a nivel corporal y la asimilación cognitiva a nivel mental e intelectual".- Nota del traductor al inglés.]

57 Véase ilustración 1 (frontispicio). La imagen del dios creador Vishnú como niño chupándose el dedo del pie combina el circuito viviente del uróboros y su autonomía.

58 Una interpretación psicoanalítica (Abraham, "A short study of the development of the libido"; Jones, "Psychoanalysis of Christianity") que reduzca uno y otro, respectivamente, a la etapa canibalística oral de la organización de la libido y al flato en el nivel anal, es profundamente perniciosa para el hombre cuyos productos simbólicos son malinterpretados y depreciados de este modo.

59 *Timeo*, 33 (basado en la traducción de Cornford).

60 *Psicología y Alquimia*, índice, s.v.

61 Cf. el rol desempeñado por el círculo en los dibujos más tempranos de los niños (ilustración 5).

62 Albright, *Archaeology and the Religion of Israel*, p. 72.

63 Véase mi "Der mystische Mensch".

64 Esto no contradice la afirmación de Jung de que el Yo de la mujer tiene carácter femenino, y su inconsciente uno masculino. La mujer lleva a cabo parte de su lucha heroica con la ayuda de su conciencia masculina, o, en el lenguaje de la Psicología Analítica, su "animus", pero para ella esta lucha no es la única ni la final. Sin embargo, el problema de la "conciencia matriarcal" que aquí tratamos sólo será abordado en mi obra acerca de la psicología de lo femenino.

65 *Bachofen, Urreligion und antike Symbole*, Voll. II, p. 309.

66 Platón, *Menexeno*, 238.

67 *The Cambridge Ancient History*, Vol. de láminas I, p. 97.

68 Nilsson, "Die Griechen", en Chantepie de la Saussaye, *Lehrbuch der Religionsgeschichte*, Vol. II, p. 319.

69 Ibid.

70 El libro de Jung y Kerényi, *Ensayos para un ciencia de la mitología*, complementa nuestro estudio en puntos importantes. Sin embargo, aquí se hacen necesarias unas cuantas observaciones críticas. La sección en la cual Kerényi aborda el mito Kore-Deméter es de gran importancia para nuestro proyectado estudio de la psicología femenina y sus desviaciones de la línea del desarrollo por etapas, y será discutido con amplitud en él. El procedimiento

que adoptamos, de examinar un grupo determinado de arquetipos desde el punto de vista evolutivo, es "biográfico", precisamente en el sentido que Kerényi rechaza (pp. 35-38). Sin duda cada arquetipo es atemporal y por lo tanto eterno, al igual que Dios, de modo que el Niño Divino nunca "se convierte" en el joven divino, sino que ambos existen en paralelo sin ninguna conexión, en tanto ideas eternas. Y aun así, los dioses "evolucionan"; ellos tienen sus destinos y en consecuencia sus "biografías". Este aspecto evolutivo de lo eterno es visto como un aspecto más entre muchos otros posibles y verdaderos, y nos referimos a la etapa infantil sólo como la etapa de transición del uróboros a la adolescencia, sin elaborar su existencia independiente. En este sentido la obra de Jung y Kerényi enriquece notablemente nuestro tema.

En el arquetipo del niño, la conciencia del Yo todavía está insuficientemente separada del Sí Mismo inconsciente, y por todos lados hay huellas de su confinamiento en el uróboros, la deidad primordial. De allí que Jung hable de "hermafroditismo del niño", y de "niño en el comienzo y al final". La "invencibilidad del niño" expresa no sólo el lugar donde la deidad invencible tiene su sede, esto es, el uróboros, sino la naturaleza del nuevo desarrollo que el niño, en tanto luz y conciencia, representa. Ambos elementos pertenecen a la eternidad del Niño Divino.

Con el fenómeno de su "abandono", sin embargo, ingresamos al destino histórico del niño. Aquí se enfatizan su separación, diferenciación y singularidad, al igual que la aparición de la fatídica oposición a los Primeros Padres que determina la senda biográfica del niño y al mismo tiempo el progreso espiritual de la humanidad.

71 Przlyluski, *"Ürsprünge und Entwicklung des Kultes der Mutter-Göttin."*

72 Frazer, *The Golden Bough* (edición abreviada, 1951), p. 378.

73 Bachofen, op. cit. pp. 356-358.

74 Ibid., p. 359.

75 Kaiser Wilhelm III, *Studien zur Gorgo*; Childe, *New Light on the Most Ancient East*, lámina XIIIc.

76 Gunkel, *Schöpfung und Chaos*, p. 46.

77 La representación más temprana de estas fiestas de fertilidad muy bien puede ser la pintura neolítica de Cogul, España (Hoernes, *Urgeschichte der bildenden Kunst in Europa*, lámina de la p. 154, y p. 678), que muestra a nueve mujeres danzando alrededor de un joven con falo. El número 9, si es que no es accidental, enfatiza más aún el tema de la fertilidad.

78 Harding, *Woman's mysteries*.

79 Con el fin de evitar malentendidos debemos dejar claro de una vez por todas que si a lo largo de nuestra discusión hablamos de castración, nos estaremos refiriendo a una castración simbólica, y nunca a un complejo de castración personalista adquirido en la infancia y que hace referencia concretista a los genitales masculinos.

La etapa del hijo-amante y su relación con la Gran Madre posee un acento fálico; esto es, la actividad del adolescente está simbolizada por el falo y su mundo está gobernado por el ritual de fertilidad. De aquí que los peligros que lo amenazan con la destrucción estén asociados con el simbolismo de una castración que fue a menudo realizada en un acto ritual. Pero el simbolismo de la castración debe ser entendido en un sentido general, incluso cuando su terminología se derive de la etapa adolescente fálica. El simbolismo se encuentra tanto en las etapas pre-fálicas, como en las posteriores etapas post-fálicas, masculinas y heroicas. Nuevamente, la ceguera que ocurre en una fase posterior es una castración simbólica. El simbolismo de la castración negativa es típico de la hostilidad del inconsciente hacia el Yo y la conciencia, pero está cercanamente asociado con el aspecto positivo del símbolo del sacrificio, que representa una entrega activa al inconsciente por parte del Yo. Ambos símbolos –castración y sacrificio- están unidos en el arquetipo de la rendición, que puede ser activa y pasiva, positiva y negativa, y que norma la relación del Yo con el Sí Mismo en sus varias etapas de desarrollo.

80 Esta visión prevaleció a través del mundo antiguo e incluso se encuentra en las etapas posteriores de la cultura humana, esto es, en la leyenda judía y en la literatura hindú.

81 *Erman*, Die Religion der *Äegypter*, p. 33.

82 Ibid., p. 77.

83 Roeder, *Urkunden zur religion des alten Aegypten*, p. 143.

84 Kees, *Götterglaube*, p. 7.

85 *Erman*, op. cit., p. 34.

86 Ibid., p. 67.

87 Kees, *Götterglaube*, p. 13.

88 Seligman, *Egypt and Negro Africa*, p. 33.

89 *The Golden Bough* (edición abreviada, 1951), p. 394.

90 Pietschmann, *Geschichte der Phönizier*.

91 Albright, *From the Stone Age to Christianity.*

92 Es un hecho característico el que los ritos de iniciación en la pubertad siempre comienzan en este punto: la solidaridad masculina ayuda a depotenciar a la Gran Madre. El elemento orgiástico tiene un significado diferente en la psicología femenina durante esta etapa, pero no podemos abordar este asunto aquí.

93 Pietschmann, op. cit., p. 233. Aunque otros investigadores (A. Jeremias, *Das Alte Testament im Lichted des Alten Orients*; F. Jeremias, "Semitische Völker in Vorderasien," en Cantepie de la Saussaye, *Lerbuch der Religionsgeschichte*) no asocian esta palabra con *kelev*, "perro", pero conjeturan "sacerdote", las referencias a los sacrificios de perros en Isaías 66,3 hace probable la forma canina de los sacerdotes.

94 "The Epic of Gilgamesh," trad. de E.A. Speiser, en Ancient Near Eastern Texts, editado por Pritchard, p.84.

95 Moret, *The Nile and Egyptian Civilization*, p. 96

96 Ibid., p. 98.

97 Kees, *Aegypten*, p. 35.

98 Erman, *Religion* p. 80.

99 Ibid., p. 77.

100 Ibid., p. 85.

101 Ibid., p. 150

102 Ibid., p. 177.

103 Budge, *The Book of the Dead*, cap. 153a.

104 Ibid., cap. 153b.

105 Ibid., cap. 138.

106 Budge, *British Museum, Guide to the First, Second and Third Egyptian Rooms*, p. 70.

107 Budge, *The Book of the Dead*, p. 33.

108 Ibid., p. 135.

109 Erman, Religion, p. 229.

110 Budge, *The Book of the Dead*, p. 461.

111 Virolleaud, "Ischtar, Isis, Astarte" y "Anat-Astarte".

112 Erman, op. cit., p. 85

113 Frazer, *The Golden Bough*, cap. XXVIII.

114 "The tale of the two brothers", en Erman, Literature, p. 156 (modificado).

115 La palabra para "abominación" era el signo de un pez. Kees (*Götterglaube*, p. 63) dice: "En el Antiguo Reino, el pictograma para este epítome de impureza ritual era, en la mayoría de casos, el así llamado pescado bynni, o también barbo-bynni, quien con toda probabilidad corresponde al lepidotus de los antiguos, por lo tanto al tipo de pescado que por lo común era considerado sagrado."

Es significativo que en la mayoría de los primeros cultos relacionados con peces las figuras centrales eran deidades femeninas, y que las deidades masculinas fueran la excepción. Esto está demostrado mediante las pinturas de peces coronados por la corona de Hathor.

El pez oxyrhynchus era tanto aborrecido como adorado. Se le atribuía haberse comido el falo de Osiris y haber emergido de las heridas de éste. Strabo (XVII, 818) sostiene que tanto el lepidotus como el oxyrhynchus eran venerados por los egipcios. Como dice Kees, los registros romanos de una cofradía de pescadores en Fayum prueban que esta opinión es correcta.

La forma de pez de Osiris en Abidos confirma que el significado básico del elemento maternal es el del mar que contiene a los pescados. El poder vivificador y fertilizador del agua puede también ser representado fálicamente como un pescado. El pez es tanto el falo como el niño. El uróboros maternal aparece como el mar en la imagen de la diosa siria que es representada como la "casa de los peces". Y la Gran Madre greco-beocia, la Artemisa de Iolcos (*The Cambridge Ancient History,* Vol. de láminas I, p. 196a), quien era señora de las bestias salvajes en los tres reinos, lleva un vestido que claramente hace referencia al reino acuático, al tener sobre éste un gran pez.

La madre buena es el agua que protege al feto; ella es la madre-pez que proporciona la vida, ya sea que este pez sea el niño, el varón fertilizador, o un individuo viviente. Igualmente, en tanto Madre Terrible, representa las aguas destructoras de las profundidades devoradoras, y las aguas del abismo.

116 Bin Gorion, *Sagen der Juden*, Vol. I, "Die Urzeit," p. 325; Scholem, *Ein Kapital aus dem*

Sohar, p. 7; Scheftelowitz, *Alt-palästinischer Bauernglaube*.

117 Véase en pg. 177 y siguientes una interpretación diferente.

118 *Archaelogy and the Religion of Israel*, p. 71.

119 Ibid., p. 77.

120 Erman, *Literature*, pp. 169 y ss.

121 Albright, *Stone Age*.

122 Ibid., p. 178.

123 El simbolismo de la vaca y el ternero se encuentra muy temprano en Egipto, donde la enseña del 12do. nomo, residencia de Isis, muestra una vaca con su ternero (Kees, *Götterglaube*, p.76).

124 Nilsson, en Chantepie de la Saussaye, *Lehrbuch*, Vol. II, p. 297

125 Merezhkovski, *The Secret of the West*, pp. 288, 416.

126 Glotz, The Aegean Civilization, p.75.

127 Picard, "Die Grosse Mutter von Kreta bis Eleusis."

128 Citado por Cook, Zeus, Vol. I, p.157, n. 3; después de él, por Merezhkovski, op. cit., p. 280

129 Hausenstein, *Die Bildnerei der Etrusker*, ilustraciones 2, 3.

130 The Cambridge Ancient History, Vol. de láminas I, 200b.

131 Frazer, *The Golden Bough*, Cap. XXIV.

132 Para una importante contribución a la interpretación genealógica, véase la obra de Philippson "Genealogie als mythische Form", en *Untersuchungen über den griechischen Mythos*.

133 Libro II.

134 Merezhkovski, op. cit., p. 514.

135 Picard, "Die Ephesia von Anatolien"; cf. también Pietschmann, *Geschichte der Phönizier*, p. 228.

136 Picard, "Die Grosse Mutter von Kreta bis Eleusis". Es muy probable que el ratón, del que se sabe que fue adorado por los fenicios, los vecinos paganos de los judíos, debido a su alta capacidad reproductiva, rasgo que comparte con el cerdo, fuera un sagrado animal de la fertilidad. Frazer ha llamado la atención acerca de un pasaje en Isaías (66:17) donde se dice que los israelitas celebraban en secreto un festín pagano donde comían ratones y cerdos. Es obvia la referencia a las prácticas cananeas relacionadas con el culto a la Gran Madre. Esto se ve corroborado por el hecho de que están representadas imágenes de ratones cerca de la mano de la diosa de Cartago, la que es reconocida por ser una Gran Madre (A. Jeremias, op. cit.). El lado negativo del ratón se encuentra en que es portador de la peste bubónica, tal como se indica en la Iliada, Heródoto y el Antiguo Testamento.

137 Kees, *Götterglaube*, p. 42.

138 Ibid., p. 6.

139 Estela Metternich, en Roeder, Urkunden, p. 90.

140 Budge y Hall, *Introductory Guide to the Egyptian Collections in the British Museum*, p.

141 G.E. Smith, *The Evolution of the Dragon*, p. 216.

142 Ibid.

143 Renan, *Mission de Phénicie*, pl. 31; Pietchsmann, op. cit., p. 219 n.

144 The Golden Bough, p. 546.

145 Kerényi, "Kore", p. 119. (Edcns. Torchbooks). El interés exclusivo de este autor en la mitología griega, sin embargo, le impide profundizar con suficiente énfasis en el carácter arquetípico de este fenómeno.

146 Smith, *The evolution of the dragon*, p. 153.

147 En Hastings, *Encyclopaedia of Religion and Ethics*, s.v. "Aphrodisia".

148 Compárese la máscara utilizada en la danza de la diosa balinesa Rangda (ilustración 19), "la sedienta de sangre, comedora de niños...bruja, viuda y señora de la magia negra". De acuerdo con Covarrubias, (Isla de Bali, pp. 326 y ss.), Rangda (cuyo nombre significa "viuda") está representada como una monstruosa anciana, desnuda, pintada a rayas blancas y negras, con increíbles pechos colgantes rodeados de pelaje negro. Su largo cabello llega hasta sus pies, y a través de éste uno puede mirar sus ojos saltones, sus colmillos torcidos y la larga lengua roja de su máscara en cuyo extremo hay fuego. "Ella usa guantes blancos de garras inmensas y en su mano derecha sostiene el trapo con el cual esconde su horrible rostro para poder aproximarse a sus confiadas víctimas." Y compárese con la Gorgona (ilustración 25).

149 Bernoulli, en Bachofen, *Urreligion*, Vol. II, p. 74

150 Eurípides, Hipólito, V, 1064 y 1080.

151 Ibid., 13.

152 La división de la Gran Madre en una "buena" madre conciente y en una "malvada" madre inconsciente es un fenómeno básico en la psicología de la neurosis. La situación es entonces que concientemente el neurótico tiene una "buena relación" con la madre, pero en la plácida casa de este amor yace escondida la bruja, que engulle a los niños pequeños y les garantiza, como recompensa, una existencia sin Yo, pasiva e irresponsable. El análisis se encarga de desvelar la figura acompañante de la Madre Terrible, una figura inspiradora de temor que con amenazas e intimidaciones pone una prohibición sobre la sexualidad. Los resultados son masturbación, impotencia real o simbólica, autocastración, suicidio, etc. No importa si la figura de la Madre Terrible permanece inconsciente o es proyectada, en cualquier caso la sola idea del coito, de cualquier conexión con lo femenino, activa el temor a la castración.

153 *Urreligion*, Vol. I, pp. 128 y ss. (a propósito de su "Der Bär in den Religionen des Altertums," 1863.

154 Breysig, *Die Volkër ewiger Urzeit*.

155 Frobenius, *Kulturgeschichte Afrikas*, pp. 85 y ss.

156 Winckler, "Himmels- und Weltenbild der Babylonier."

157 A. Jeremias, *Handbuch der altorientalischen Geisteskultur*, p. 265.

158 [Otto Weininger, nacido en Viena en 1880, se pegó un tiro en esa ciudad en 1903. Su principal obra, *Sex and Character* (trad. al inglés, 1906), defiende la inferioridad moral de la mujer. Véase de Abrahamsen *The Mind and Death of a Genius* para una completa descripción

de Weininger. Bewusstsein als Verhängnisk ("Conciousness as destiny"), de Alfred Seidel, fue publicada en Bonn en 1927, habiendo sido editada póstumamente. Seidel nació en 1895, y se suicidó en 1924.

159 Albright, *From the stone age to Christianity*, p. 178.

160 [Lo mismo ocurre con otra obra de Stevenson, *Master of Ballantrae.*]

161 Quiere decir el inconsciente.

162 Véase pg. 151.

163 Lord Raglan, Jocasta´s Crime, p. 122.

164 [El último hueso de la espina dorsal (os coccygis), considerado como indestructible y sede de la resurrección del cuerpo. Cf. el sacro de Osiris, que forma parte del pilar Djed.]

165 Hymns of the Rig-Veda 10.18.45, trad. de Geldner, Vedismus und Brahmanismus, p. 70.

166 Andersen, *Myths and Legends of the Polynesian*, pp. 367-68.

167 The Worship of Nature, p. 26.

168 Cassirer, *The philoshophy of the symbolic forms*, trad. por Manhein, Vol. II, p. 96.

169 Brihadaranyaka Upanishad 1.4.1-3, trad. por Hume, *The Thirteen Principal Upanishads*.

170 Un ejemplo bastante conocido de participation mystique entre el hombre y el animal, citado por von den Steinen, *Unter den Naturvölken Zentral-Brasiliens*, p. 58.

171 Chhandogya Upanishad 3.19.1-3 (basado en las traducciones de Hume y Deussen).

172 The Philosophy of Symbolic Forms.

173 Danzel, *Magic und Geheimwissenschaft*, pp. 31 y ss.

174 [Referencia al volumen *Realidad del alma* de la obra de Jung.]

175 Rainer Maria Rilke, *Octava Elegía*

175a Traducido por Burnet, en *Early Greek Philosophy*, p. 52.

176 Tishby, "The doctrine of evil and the 'Klipah' in the Lurian Cabala."

177 Scholem, *Major trends in Jewish mysticism*, pp. 283 y ss.

178 Más adelante examinaremos de qué manera los dominantes femeninos, el uróboros y la Gran Madre, difieren en cuanto al rol que desempeñan en la psicología del varón y la mujer. El sistema del Yo consciente que hemos descrito como "masculino" -un término dictado no por el capricho sino por la mitología- está igualmente presente en la mujer, y su desarrollo es tan importante para su cultura como lo es para la del hombre. A la inversa, el sistema "femenino" del inconsciente está también presente en el varón, y, al igual que en el caso de la mujer, determina en él su existencia natural y su relación con el trasfondo creativo. Pero aquí debemos señalar una diferencia esencial en la estructura de lo masculino y lo femenino que nunca ha sido suficientemente enfatizada. El hombre experimenta la estructura "masculina" de su conciencia como particularmente suya pero experimenta al inconsciente "femenino" como algo extraño a él, mientras que la mujer se siente en casa en su inconsciente y fuera de su elemento en la conciencia.

B. EL MITO DEL HÉROE

179 [El autor cita la versión original, *Wandlungen und Symbole der Libido* (trad. como

Pshychology of the Unconscious), porque la revisión de 1952, *Symbole der Wandlung*, no había sido publicada cuando él escribió. Por lo tanto, cita la versión original, a pesar de que la versión revisada (muy considerablemente) está disponible hoy en alemán, como *Symbole der Wadlung*, y en inglés, como *Symbols of Transformation* [y en español, *Símbolos de Transformación*].

180 Handbuch der altorientalischen Geisteskultur, pp. 205 y ss. El material mitológico es ampliado y corroborado por datos etnológicos. La creencia en el nacimiento del héroe a partir de una virgen, tal como Briffault (*The Mothers*, Vol. II, p. 450) ha demostrado, es universal, e impera en Norte y Sudamérica, Polinesia, Asia, Europa y África.

181 Rank, *The Mith of the Birth of the Hero.*

182 Przyluski, "Ursprünge und Entwicklung des Kultes der Mutter-Göttin."

183 Cf. Drews, *Die Marienmythe*, por la abundancia de material. Pero Drews confunde causa con efecto cuando deduce el nacimiento de héroe-sol a partir de la constelación de Virgo, que asciende por el este el 24 de diciembre en el punto más bajo del solsticio de invierno. La designación de esta constelación con el nombre de Virgo es sólo una proyección del arquetipo de la virgen sobre los cielos. Fue llamada Virgo porque en ella el héroe-sol nace cada año como el sol.

184 Blackman, "Myth and ritual in ancient Egypt," en Hooke, Myth and Ritual, p. 34.

185 Erman, *Religion*, p.53.

186 Rank, op. Cit.

187 Briffault, *The Mothers*, Vol. I, p. 122.

188 Ibid., p. 251.

189 Preuss, *Die geistige Kultur der Naturvölker*, p. 73.

190 Incluso en la actualidad encontramos casi siempre, en casos de homosexualidad masculina, una psicología matriarcal donde la Gran Madre cuenta inconscientemente con el predominio.

191 Goldenweiser, *Anthropology*, p. 409.

192 Goldenweiser, *Anthropology*, p. 242.

193 Van der Leeuw, *Religion in Essence and Manifestation*, Cap. 20.

194 Erman, *Religion*, p. 53.

195 San Juan, cap. 3.

196 Símbolos de Transformación [= Psicología de lo Inconsciente]

197 The Myth of the Birth of the Hero.

198 Raven, el héroe típico entre los indios del noroeste de Norteamérica, conquista a la ballena después de ser tragado por ella.

199 Jung, *Símbolos de Transformación*, índice, s.v.

200 Ibid.

201 Carpenter, *Intermediate Types among Primitive Folk.*

202 "Aspectos psicológicos del arquetipo de la Mzadre" p. 98.

203 A. Jeremias, *Das Alte Testament im Licht des aten Orients*, p. 678.

204 Albright, *Archaeology*, p. 74.

205 Silberer, *Problems of mysticism and its symbolism*, pp. 97 y ss.

206 Elements of folk psychology, pp. 281 y ss.

207 Bachofen, *Mutterecht*, Vol. 2, p. 442

208 Gadd, "Babylonian Mith and Ritual," en Hooke, Myth and Ritual, p. 59.

209 Der Tote Tag (1912).

210 En este sentido el matriarcado siempre precede al patriarcado, y con referencia a un gran grupo de neuróticos podemos hablar de una psicología matriarcal que aún debe ser reemplazada por la psicología del patriarcado.

211 Zimmer, *Maya, der Indische Mythos*, pp. 219 y ss.

212 Heyer, "Erinnyen und Eumeniden."

213 Van der Leeuw, *Religion in Essence and Manifestation*.

214 Van der Leeuw, *Religion in Essence and Manifestation*.

215 "The Relations between the Ego and the Unconscious". [Las relaciones entre el yo y el inconsciente.]

216 Bin Gorion, Sagen der Juden, Vol. II, "Die Erzväter," XI.

217 Rank, The Myth of the Birth of the Hero. Cf. A. Jeremias, cuyas legítimas interpretaciones transpersonales son personalizadas por Rank y reducidas al absurdo.

218 Moisés y el monoteísmo.

219 Cf. la conexión entre Set, hermano de Isis, y el cuchillo de piedra sílex; o entre Marte, amante de Afrodita, y el hierro.

220 Rank (*Psychoanalytische Beiträge zur Mythenforschung*, p. 374), como todos los freudianos, simplemente sustituye el problema entre los hermanos gemelos con el conflicto entre el hermano mayor y el hermano menor y luego entre el padre y el hijo, con la intención de reducir nuevamente la totalidad del asunto al complejo de Edipo. Las etapas históricas y psicológicas que aquí están en cuestión deben mantenerse separadas y no interpretarse en términos personalistas.

221 Briffault (*The Mothers*, Vol. I, p. 201) ha demostrado que los orígenes de la sociedad no se encuentran en la familia patriarcal sino en la familia matriarcal, y que la psicología de los simios antropoides no proporcionan evidencia de la existencia de una original familia patriarcal.

222 Mutterrechtliche Familie und Ödipus-Komplex; The Father in Primitive Psychology; etc.

223 Aldrich, *The Primitive Mind and Modern Civilization*, p. 6.

224 Leisegang, *Die Gnosis*, pp. 129 y ss.

225 Incluso si la investigación filológica pudiera probar que pachad significa "parentesco" y que la interpretación como "temor" fuera errónea, esta última goza de aceptación generalizada y como tal es efectiva. (CF. Albright, *Stone Age*, para la interpretación de parentesco.) La psicología padre-hijo es típica del pueblo Judío, en el cual todavía es posible encontrar el complejo de Isaac. Para éste la ley y el antiguo orden sirve como refugio contra las demandas de la realidad. La ley se convierte así en "el seno de Abraham", y la Torah una suerte de vientre espiritual masculino de cuyo interior nada nuevo puede nacer.

226 "From the History of an Infantile Neurosis"

227 Véase pg. 260.

C. EL MITO DE TRANSFORMACIÓN

228 Cf. Jung y Wilhelm, *El secreto de la Flor de Oro;* Jonas, "Lied von der Perle," en *Gnosis und spätantiker Geist*, pp. 320 y ss.; Preuss, *Die gesitige Kultur der Naturvölker*, p. 18; Jung, *Psicología y Alquimia*, fig. 16.

229 Jung, Tipos psicológicos.

230 Jung, "Sobre energética psíquica".

231 Véase pgs. 141, 143.

232 Der Götterglaube, pp. 134 y ss.

233 Kees, "Die Befriedigung des Raubtiers," pp. 56 y ss.

234 Erman, *Religion*, pp. 66 y ss.

235 Jung, "Psicología de la transferencia," párr. 431

236 No es necesario decir que sólo este factor puede constelar la femineidad superior. Los así llamados argumentos "espirituales" que activan la libido de parentesco y conducen al incesto pertenecen a la esfera de la femineidad inferior, mientras que los móviles sexuales que condujeron a la lucha contra el dragón deben ser clasificados como pertenecientes a la superior.

237 Véase pg. 190.

238 Símbolos de Transformación, p. 11.

239 Véase pg. 40.

240 Jung, op. cit.

241 Hooke, *Myth and Ritual,* pp. 8 y ss.

242 Frazer, *The Golden Bough* (edición abreviada, 1951), p. 421.

243 Hooke, op. cit., p. 3.

* Las Gorgonas eran tres hermanas monstruosas: Esteno, Euríale y Medusa.

244 Ibid., p. 8.

245 Woodward, *Perseus: A Study in Greek Art and Legend.*

246 Ibid., p. 39.

247 [Véase Coomasraswamy, "A note on the stickfast motive." – Nota del traductor al Inglés.]

248 Woodward, op. cit., p. 74.

249 Hermes, Atenea y Perseo representan la triple alianza entre el Sí Mismo, Sophia y el Yo en contra del inconsciente, esto es, la Medusa. Esta tríada se corresponde con la combinación tríadica más antigua de Osiris, Isis y Horus en contra de Set, que examinaremos en el siguiente capítulo. Atenea representa a la virgen-madre del héroe, Sophia, cuya representante terrenal como ánima es Andrómeda, a quien Perseo libera.

250 Nilsson, en Chantepie de la Saussaye, *Lehrbuch*, Vol. II, p. 316.

251 Woodward, op. cit., Pl. 3a.

252 Para la conexión entre la Gran Madre como Artemisa-Hécate-Deméter, Medusa y el

caballo, véase Philippson, *Thessalische Mythologie*.

253 Ensalmos 834 y ss., en *Sethe, Pyramidentexte*.

254 Kees, *Aegypten*, p. 29.

255 Estela Metternich, en Roeder, Urkunden, p.90.

256 Budge, *Book of the Dead*, introd., p. c [100]

257 Ermann, *Religion,* p. 362 y ss.

258 Blackman, en Hooke, *Myth and Ritual*, p. 30.

255 Estela Metternich, en Roeder, *Urkunden*, p.90.

256 Budge, *Book of the Dead*, introd., p. c [100]

257 Ermann, *Religion,* p. 362 y ss.

258 Blackman, en Hooke, *Myth and Ritual*, p. 30.

259 Véase pg. 84.

260 Tomando en cuenta los tabús que lo rodean, el rol que desempeñó el cerdo en Egipto es extremadamente desconocido. El hecho de que no se hayan descubierto representaciones tempranas de cerdos trillando el grano no demuestra que esta operación la realizaran corderos, ni sólo cerdos en el Reino Nuevo. Siempre es posible que los cerdos sólo fueran representados en el Reino Nuevo debido a que no se levantara hasta entonces el tabú que recaía sobre ellos.

La asociación entre el jabalí con el enemigo y destructor del joven dios, quien, como Atis, Adonis, Tammuz y Osiris, era un dios de los cereales, parece indicar que el cerdo desempeñaba un rol negativo en el ritual. Es cierto que en la antiguas ceremonias de coronación los bueyes y los burros desempeñaban el rol del enemigo (Blackman, op. cit., p. 30), pero en el Libro de los Muertos, Set todavía aparece como jabalí y como buey.

La supresión de Set, el jabalí, y el cerdo es consistente con la supresión de la Gran Madre y todos sus símbolos y ritos. Mientras que en el matriarcado fue un animal favorecido y sagrado para la Gran Madre, las diosas Isis, Deméter, Perséfone, Bona Dea y Freya, en el patriarcado se convirtió en epítome del mal. El "gran dios" Set fue asociado como jabalí con Isis, la cerda blanca. Pero, mientras que el jabalí originalmente representó el poder salvaje, ctónico y destructor de la Gran Madre (Jeremias, *Das Alte Testament im Licht des Alten Orients*, p. 331), en este punto representa a Set en su rol de tío maternal asesino para finalmente quedar identificado con todo lo malvado.

La opinión (Hall y Budge, *Guide to the Fourth*, etc., Rooms, p. 114) de que se consideraba a los cerdos extremadamente sagrados y por lo tanto impuros, y que por ello no se comieron en Egipto hasta la era cristiana, difícilmente puede reconciliarse con el hecho de que una de las princesas que vivieron en la XVIII Dinastía poseyó mil quinientos cerdos y sólo ciento veintidós bueyes (Erman y Ranke, *Aegypten und ägiptisches Leben*, p.529). La importancia económica que tuvo el cerdo en Egipto permanece incierta; es posible que los cerdos, al igual que los peces, constituyeran la dieta básica del pueblo pero, al ser sagrados e impuros, no fueran consumidos en los sectores elevados de la sociedad.

261 Budge, *Libro de los Muertos*, Introducción, pp. xix y cxx.

262 The Golden Bough (edición abreviada, 1951), pp. 438 y ss.

263 Van der Leeuw, *Religion in Essence and Manifestation*.

264 "From the Prayers of One Unjustly Prosecuted," en Erman, *The Literature of the Ancient Egyptians*, p. 304.

261 Budge, *Libro de los Muertos*, Introducción, pp. xix y cxx.

262 The Golden Bough (edición abreviada, 1951), pp. 438 y ss.

263 Van der Leeuw, *Religion in Essence and Manifestation*.

264 "From the Prayers of One Unjustly Prosecuted," en Erman, T*he Literature of the Ancient Egyptians*, p. 304.

265 Budge, op. cit., figs. de los Capítulos 28 a 149.

266 Pirámides Sakkara; cf. Budge, introd., p. cxx.

267 Ibid., Cap. 43.

268 Frazer, op. cit., p. 423.

269 Si el improbable supuesto de que Osiris fue originalmente el dios sumerio Asar y que llegó a Egipto vía Mesopotamia (cf. Winlock, *Basreliefs from the Temple of Rameses I at Abydos*, p. 7 n) demuestra ser correcto, entonces Biblos tendría mucho mayor importancia como lugar de encuentro cultural. En los tiempos matriarcales del culto a la fertilidad parece ser que Egipto dependió culturalmente de Biblos, tal como lo sugiere el mito cuando afirma que Isis trasladó a Osiris desde Biblos a Egipto.

270 A. Jeremias, op. cit., fig. 125.

271 La carpintería, también, como proceso sagrado, pertenece a este canon. La madera, al igual que la leche y el vino, era considerada un principio vital de Osiris-Horus (cf. Blackman, op. cit., p. 30), y el aceite de cedro con sus cualidades preservadoras y endurecedoras desempeñó un rol importante en el embalsamamiento. [El simbolismo de la madera se repite en la historia de Jesús carpintero: cf. Coomaraswamy, *The Bugbear of Literacy*.- Nota del traductor al Inglés.]

272 Budge, op. cit., figuras de las páginas 73, 77, 121.

273 Budge, *Guide to the Fourth*, etc., Rooms, p. 98.

274 Véase pg. 190.

275 Véase pgs. 187 y sgts.

276 Véase pgs. 187 y 189.

277 Budge, *Book of the Dead*, cap. 43.

278 Véase pg. 175.

279 Budge, op. cit., introducción al capítulo 43.

280 Ibid., capítulo 155. Al muerto se le promete que se convertirá en un ser espiritual perfecto, un khu, y que en la celebración del año nuevo se unirá a los seguidores de Osiris. Esto nos da una clave importante para el significado del pilar djed durante la celebración del año nuevo, que será discutido más adelante.

281 Petrie, *The Making of Egypt*, láms. X, LII.

282 Erman, *Religion*, p. 265.

283 Op. cit., introducción al capítulo 98.

284 The Mothers, Vol. II, p. 778 y ss.

285 Textos de las Pirámides, invocaciones 472, 974, en Erman, Religion, p. 219.

286 Budge, op. cit., pp. 55, 73, 77.

287 Erman y Ranke, *Aegypten,* p. 318.

* El *fasces* era un haz de 30 varas (una por cada curia de la antigua Roma) atados de manera ritual con una cinta de cuero rojo que formaban un cilindro alrededor de un hacha. Originalmente era el emblema de los reyes etruscos, después fue adoptado igualmente por los monarcas romanos y su uso continuó durante la república y parte del imperio. Eran transportados al hombro por un número variable de líctores, fasces lictoriae, que acompañaban a los magistrados curules como símbolo de la autoridad de su imperium y su capacidad para castigar y ejecutar.

288 Moret, *The Nile,* p. 58.

289 Winlock, op. cit., p. 21.

290 Budge, op. cit., figuras de las páginas 81 y 94.

291 Ibid., p. 666.

292 Ibid., capítulo 17.

293 El aspecto autorenovador del *khepri* es de importancia fundamental aquí. En este contexto es un hecho intrascendente si, tal como piensa Briffault, se le ha transferido al sol un significado originalmente lunar.

294 Op. cit., p. 4 n.

295 Véase pg. 41.

296 Moret, op. cit., p. 376; Kees, op. cit., p. 11.

297 Estela Metternich, en Roeder, op. cit., p. 90.

298 Budge, op. cit., figuras de la página 211.

299 Ibid, cap. 175; Kees, op. cit., p. 27.

300 Budge, op. cit., capítulo 64.

301 Carece de importancia si, con Petrie, fechamos la Primera Dinastía en el 4,300 a. C., o con Breasted, en el 3,400 a.C. En cualquier caso estamos situados en los comienzos de la época histórica.

302 Textos de las Pirámides, ensalmos 370-375, en Sethe, *Pyramidentexte.*

303 Una pregunta que no puede ser contestada actualmente es si el significado del grano en sus muchas permutaciones, particularmente como símbolo de transformación espiritual en las religiones mistéricas, pudo estar originalmente relacionado con el fenómeno de la fermentación y la destilación de bebidas alcohólicas. Osiris no sólo es un dios del maíz, también es un dios del vino; además, la Festividad de la Epifanía, celebrada cada 6 de enero, cuando se conmemora la transformación del agua en vino durante las bodas de Canaán, es también el aniversario de la transformación del agua en vino que efectuó Osiris (Gressmann, *Tod und Auferstehung des Osiris*).

Las bebidas alcohólicas y las orgías de fertilidad siempre estuvieron asociadas en el mundo antiguo, y aún lo están en las sociedades primitivas. De hecho, la transformación del grano en alcohol debió causar gran impacto en la humanidad, como uno de los más asombrosos ejemplos de cambio natural. La base del licor, ya sea cereal, arroz, maíz, yuca, etc., es invariablemente una fruta de la tierra, un "Hijo de la Tierra" que ocupa un lugar central en el ritual de fertilidad. Mediante su extraña transformación, este producto terrenal adquiere el carácter de un espíritu embriagador y se convierte en sacramento, permitiendo la revelación, sabiduría y redención.

Esta antiquísima base del misterio es aún transparente, no sólo en los simbolismos del vino Dionisiaco y Cristiano, sino dondequiera que la intoxicación sacramental desempeñe un rol. Sería sorprendente que las doctrina secretas de transformación que florecieron desde la antigüedad hasta los tiempos de los alquimistas, no estuvieran conectadas con este elemental fenómeno. La prima materia como cadáver, su sublimación y la elevación del espíritu, la liberación del espíritu de su encierro en el cuerpo, la transubstanciación, etc., son todos procesos que ocupan un lugar en el misterio de la embriaguez e ilustran al mismo tiempo la historia espiritual del Hijo de la Tierra o del Hijo Maíz, de modo que dichas imágenes muy bien pueden ser prototipos simbólicos de la transformación espiritual. Dichas asociaciones, al ser arquetípicas, no están confinadas en Occidente; por ejemplo en México encontramos las mismas conexiones en el juvenil dios del maíz y la embriaguez, en este caso representadas por las deidades del pulque.

304 Budge, op. cit., capítulos 83, 94, 154.

305 Ibid., Introducción, p. 19.

306 Pirámide de Pepi I, en Moret, *Mystères Egyptiens*.

* "Ir a vivir con su (masculino) *ka*".

307 Ibid., p. 210.

** "Sobre el nombre *ka* se entiende no solamente el principio de vida del faraón, de los dioses, de los hombres, sino el conjunto de fuerzas vitales y la nutriente que alimenta, y sin la cual decae todo cuanto existe en el universo."

308 Moret, *The Nile*, p. 183.

309 Ibid., p. 184.

310 Frazer, *The Golden Bough,* p. 436.

311 Ibid.

312 Blackman, op. cit., p. 21.

313 Ibid., p. 21

314 Erman y Ranke, op. cit., p. 318.

315 Blackman, op. cit., p. 32.

314 Erman y Ranke, op. cit., p. 318.

315 Blackman, op. cit., p. 32.

316 Ibid., p. 33.

317 Jung, "La estructura de la psique," p. 150.

318 Véase pgs. 71 y sgts.

319 Heródoto, Libro II.

320 Véase pg. 72.

321 La contraparte femenina del mito de Horus-Osiris es el mito de Deméter y Kore. El material relevante ha sido recopilado por Jung y Kerényi, Ensayos para una ciencia de la

mitología.

322 Reitzenstein, *Hellenistische Mysterienreligionen*, pp. 75 y ss.

323 Jung, "Concerning Rebirth".

324 Merezhkovski, *The Secret of the West*, p. 228. En Egipto, sin embargo, las lechugas eran sagradas para el Min copto debido a sus poderes afrodisiacos.

325 Véase pgs. 105 y sgts.

326 Véase pg. 152.

327 Reitzenstein, op. cit., p. 252.

328 Desde que la alquimia se originó en Egipto, no es improbable que las interpretaciones esotéricas del mito de Osiris formen parte de los fundamentos del Arte (de la alquimia). Osiris es uno de los símbolos del plomo, y su transformación en el oro solar de Ra es el principal objetivo de la "gran obra". La ascensión y sublimación son elementos tan característicos de Osiris como lo es su conexión con Ra.

329 Jung, "Consideraciones generales sobre la Teoría General de los Complejos", p. 101.

330 Jung, *Tipos psicológicos*, def. 16.

331 The Making of Egypt, p. 8

332 Frobenius, *Monumenta Africana*, Vol. VI, pp, 242 y ss.

333 Seligman, *Egypt and Negro Africa*.

334 Frobenius, *Kulturgeschichte Afrikas*, pp. 127 y ss.

335 Véase Apéndice I.

336 Esto sigue siendo así a pesar de las modificaciones que la escuela de antropología asociada con el nombre de Malinowski ha ejercido sobre nuestras concepciones de la psique colectiva entre los primitivos (cf. Malinowski, *Crime and Custom in Savage Society*, p. 55). El descubrimiento de la psique colectiva y la sumersión del individuo en ésta provocó que al principio fuese sobre enfatizada, y de allí que sean importantes las referencias que Malinowski señala acerca del rol que el individuo desempeñaba incluso en las etapas remotas de la vida social. Está en lo correcto al enfatizar en la dialéctica entre el individuo y el grupo, pero esto no afecta la importancia fundamental de los descubrimientos de la escuela de Dürckheim. Lo que Lévy-Bruhl llamó participation mystique y pensamiento pre-lógico es idéntico a lo que Cassirer, en su ataque a la escuela de Dürckheim (Cassirer, *An Essay on Man,* pp. 79 y ss.), llamó la experiencia de la "unicidad de la vida" y el "predominio del sentimiento".

El pensamiento pre-lógico no debe tomarse como incapacidad para pensar lógicamente. El hombre primitivo es muy capaz de pensar con lógica, pero, debido a que su visión del mundo está determinada inconscientemente, su pensamiento no está orientado según la lógica del pensamiento consciente. Dado que el hombre moderno es inconsciente, él también piensa de modo prelógico, al margen de las categorías prescritas por su visión consciente del mundo, esto es, científica. (cf. Aldrich, *The Primitive Mind and Modern Civilization*, p. 66).

337 Aquí debemos llamar la atención acerca del en cierto modo inusual sistema que determinó la disposición de la Parte II. El desarrollo del Yo, el problema de la centroversión, y la formación de la personalidad, se discuten en las secciones principales, mientras que en los apéndices

se intenta delinear las relaciones del individuo con el grupo, así como los fenómenos de proyección e introyección que operan entre ellos. De este modo tenemos dos secuencias que, si bien relacionadas y complementarias, son tratadas de manera independiente una de la otra.

Es, sin embargo, imposible respetar esta línea demarcatoria en lo que respecta a la etapa inicial urobórica. Distinguir el desarrollo psicológico del individuo del desarrollo del grupo constituye ciertamente todo un problema, desde que ambos están en interminable intercomunicación; y en la etapa más temprana, cuando el individuo y el grupo están fusionados indisolublemente, dicha división está fuera de toda discusión.

338 Reiwald, *Vom Geist der Massen*, p. 133.

339 Jung, "Los fundamentos psicológicos de la creencia en los espíritus", p. 301.

340 Thurnwald, *Die engeborenen Australiens und der Südseeinnseln,* p. 30.

341 Véase Apéndices.

342 El concepto de transpersonalidad no debe confundirse con exteriorización. Un contenido de la personalidad puede, como parte del inconsciente colectivo, ser "transpersonal" en el sentido que le damos a esta palabra, desde que en última instancia no se deriva de la personal esfera yoica o desde el inconsciente personal. Un contenido del inconsciente personal, por otro lado, puede ser exteriorizado fácilmente.

343 Instincts of the Herd in Peace and War, p. 115.

344 Reiwald, op. cit.

345 Que esta misma relación aún permanece catastróficamente activa en la civilización occidental es absolutamente obvio. Incluso hoy en día, los gobernados son en su mayoría miembros abúlicos del rebaño carentes de orientación propia. El gobernante, el Estado, etc., actúa como un sustituto de la conciencia individual y nos conduce mansamente hacia movimientos de masas, guerras, etc. Véase Apéndices.

346 Jung, "Psicología Analítica y Educación", Wickes, *The Inner World of Childhood*; Fordham, *The Life of Childhood*.

347 *The Literary Works of Leonardo da Vinci*, editado por Richter, Vol. II, p. 242, §1162 ("Morals", de sus manuscritos).

348 "The Ship of Death", una variante de MS. B, en el apéndice de sus *Last Poems*.

349 El incesto urobórico es el único suelo psicológico sobre el cual podemos postular un "instinto de muerte", y es erróneo confundirlo con tendencias agresivas o destructivas. Una comprensión más profunda, esto es, que de ningún modo se trata únicamente de un fenómeno patológico, evitará que lo confundamos con un instinto físico inexistente "a derribar todo lo particular y reducirlo al estado original inorgánico" (Freud, *Malestar en la Cultura*). El "instinto de muerte" del incesto urobórico no es el "adversario de Eros", sino una de sus formas primordiales.

350 Jung, "La psicología del arquetipo del Niño", p. 179.

351 Preuss, *Die geistige Kultur der Naturvölker*, p. 60.

352 Ibid., p. 72.

353 Ibid., p. 9.

354 Ibid., p. 42.

355 En los seres humanos, también, el inconsciente está casi siempre en directa oposición a la mente conciente "deseante" y rara vez es idéntico a ella. No es su naturaleza amante del placer y deseosa, sino más bien su carácter colectivo, lo que sitúa a la Gran Madre en oposición a la conciencia del Yo. Las quimeras e ilusiones no son una cualidad de un inconsciente que centrifugue fantasías, sino una cualidad de un Yo quien sí las centrifuga, de modo que una fantasía genuina debería ser evaluada según si está "condicionada por el deseo" o no. Si es una fantasía de deseo, entonces proviene de la conciencia o como mucho del inconsciente personal; si no, entonces es que las capas más profundas del inconsciente han sido activadas en la imaginación.

356 La ligazón cuerpo-alma y la cuestión de la causalidad exceden nuestro tema. Nosotros nos orientamos "como si" lo biológico y lo psíquico fueran dos aspectos de "una cosa en sí" o de un "proceso en sí" esencialmente desconocido.

357 Thurnwald, op. cit., p. 3.

358 Lévy-Bruhl, The "Soul" of the Primitive, p. 188, citando a Strhelow, Parte II, p. 76.

359 Lévy-Bruhl, p. 189, citando a Strhelow, Parte II, p. 76-77.

* Here is your body, here is your second self. (sic)

360 Lévy-Bruhl, p. 192.

361 Thurnwald, op. cit., p. 16 [La terminología sánscrita también ofrece interesantes paralelos. El atmán, a la misma vez que significa el Sí Mismo universal del cual surge el Sí Mismo individual, podría también significar "uno mismo" en el sentido corporal, tal como queda claro en la divertida historia de la educación de Indra por parte de Prajapati, en el Chhandogya Upanishad 8. 7-12. El mismo significado corporal concreto también se aplica al purusha, el cual, aunque posteriormente denotó la "persona" o "espíritu" y finalmente alcanzó a tener un valor filosófico similar al de atmán, originalmente significó "hombre", en el sentido de su "espíritu-alma", su sombra o doble.- Nota del traductor al Inglés.]

362 Thurnwald, op. cit., p. 28.

363 Ibid., p. 33.

364 Éste no es el mejor lugar para entrar a detallar la psicología de las funciones; debemos precisar, sin embargo, que el sentimiento y el pensamiento, al ser funciones racionales, son el producto de un desarrollo posterior. (Cf. Jung, *Tipos Psicológicos*, def. 44.) La funciones racionales están correlacionadas con las leyes del razonamiento, que sólo se han vuelto accesibles a la conciencia como depósitos de la experiencia ancestral. Jung da la siguiente definición: "La razón humana, por lo tanto, no es otra cosa que la expresión de la adaptabilidad humana a la serie de eventos promedio, que gradualmente se han depositado en complejos de ideas sólidamente organizados que constituyen nuestros valores objetivos. De este modo, las leyes del razonamiento son aquellas leyes que caracterizan y regulan la actitud promedio 'correcta' o actitud adaptada". De modo que es comprensible que las funciones racionales sean históricamente productos tardíos. La adaptación a los eventos promedio y la formación de complejos de ideas sólidamente organizados son "la obra de la

historia humana" cuya organización ha demandado "el trabajo de incontables generaciones".

365 Rohde, *Psyche*.

366 Murray, *Five Stages of Greek Religion*, pp. 39 y ss.

367 Briffault (*The Mothers*, Vol. I, p. 141) discrimina entre el instinto sexual primario y agresivo y el instinto de apareamiento. En el mundo animal el instinto sexual está frecuentemente acompañado por mordeduras, y algunas veces la pareja es devorada. Nosotros discernimos en esta situación el predominio del uróboros alimentario en la etapa presexual, esto es, del instinto de alimentación sobre el sexual. No podemos, sin embargo, seguir hasta el final a Briffault en cuanto a su interpretación del material.

Sólo en casos excepcionales y aislados el instinto sexual es llevado hasta tal extremo de absurdo que el macho termina comiéndose a la hembra que ha fertilizado. Pero la situación inversa, donde la hembra fertilizada se come al macho, de ningún modo es *contra naturam*: eso corresponde al arquetipo de la Madre Terrible. Además está prefigurado en el "devoramiento" del espermatozoide por el óvulo a ser fecundado. Una vez que el acceso de instinto sexual ha menguado y la fertilización se ha producido, el dominio del uróboros alimentario vuelve a predominar en la madre. Para ella, el principio supremo es desarrollar la totalidad madre-hijo a través de la ingesta de alimento, esto es, promover el crecimiento; y el macho que es comido es sólo un objeto disponible de alimentación como podría serlo cualquier otra cosa. La oleada de corta duración del instinto sexual suscitada en el macho no produce ni puede producir vínculos emocionales de ningún tipo.

368 Carpenter, *Intermediate Types among Primitive Folk*.

369 Indudablemente los tipos biológicos intermedios también desempeñan un rol aquí, pero la situación arquetípica –esto es, psicológica- es más importante que la biológica.

370 Muchos contenidos que, en la "perversión", se vuelven dominantes en la vida sexual tienen sus respectivos prototipos en esta fase intermedia mitológica de dominio de la Gran Madre. Como hechos mitológicos son transpersonales, esto es, trascienden y son exteriores a la personalidad, y son por lo tanto eventos *sub specie aeternitatis* porque son simbólicos y como tales, mágicamente efectivos. Sólo cuando ingresan a la estrecha esfera personalista es que se vuelven "pervertidos", esto es, factores patogénicos, porque estos "grupos erráticos" de mitología y transpersonalidad entonces actúan como cuerpo extraños que entorpecen el desarrollo individual.

371 Aquí hacemos caso omiso a las especiales condiciones que tienen que ver con la mujer.

372 Malinowski, *The Father in Primitive Psychology*, p. 331.

373 La disolución amenaza en dos frentes: como una regresión a un nivel inferior así como una progresión a un nivel superior. De allí la típica oscilación desde el placer al temor y del temor al placer esté más marcada durante las fases de transición del desarrollo del Yo, esto es, en la infancia y la pubertad.

374 S. Spielrein, "Die Destruktion als Ursache des Wardens".

375 Alfed Adler, *The Neurotic Constitution*.

376 The Idea of the Holy.

377 Jung, "Aspectos psicológicos del arquetipo de la Madre".

378 Frazer, *Adonis, Attis, Osiris* (en *The Golden Bough*).

379 The Phylosophy of the Symbolic Forms.

380 Jung, "Relaciones psicofísicas en los experimentos de asociación," "El método de asociación," y *Estudios sobre la asociación de palabras*.

381 "Nature", traducido por T.H. Huxley, de *Metamorphosis of Plants*.

382 El componente reprimido desempeña un importante rol compensatorio en otros compartimentos de la cultura colectiva del hombre. También constituye una específica característica del inconsciente, independientemente de la actitud o tipo funcional del individuo. La peculiar atmósfera y colorido del inconsciente, su fascinación, la anónima atracción o repulsión que sentimos hacia él, y la insidiosa influencia que ejerce sobre el Yo sin importar de qué contenido se trate, son todas manifestaciones de los componentes dinámicos del inconsciente.

383 Cassirer, op. cit.; Lévy-Bruhl, *How Natives Think*.

384 Jung, *Tipos Psicológicos*, def. 23.

382 El componente reprimido desempeña un importante rol compensatorio en otros compartimentos de la cultura colectiva del hombre. También constituye una específica característica del inconsciente, independientemente de la actitud o tipo funcional del individuo. La peculiar atmósfera y colorido del inconsciente, su fascinación, la anónima atracción o repulsión que sentimos hacia él, y la insidiosa influencia que ejerce sobre el Yo sin importar de qué contenido se trate, son todas manifestaciones de los componentes dinámicos del inconsciente.

383 Cassirer, op. cit.; Lévy-Bruhl, *How Natives Think*.

384 Jung, *Tipos Psicológicos*, def. 23.

385 Basado en la cita de Burnet, *Early Greek Philosophy*, p. 119.

386 Por esta razón todos los historiógrafos de la antigüedad siempre trataron de alinear al héroe individual con el arquetipo del héroe primordial, y de este modo produjeron una especie de historiografía mitologizada. Un ejemplo de esto es la cristianización de la figura de Jesús, donde todos los rasgos míticos propios del arquetipo del héroe y redentor fueron explicitados posteriormente. El proceso de mitologización es exactamente el opuesto a la personalización secundaria, pero, allí como aquí, el centro de gravedad de la figura-héroe es desplazado hacia la actividad humana del Yo. (cf. A. Jeremias, *Handbuch der altorientalischen Geisterkultur*, p. 205).

387 Moret, *The Nile*, p. 362.

388 La deflación del inconsciente, su "derrocamiento" por la tendencia patriarcal del desarrollo conciente, está cercanamente relacionado con la depreciación de la mujer en el patriarcado. Este hecho recibirá atención detallada en mi próximo trabajo acerca de la psicología femenina; aquí, sólo es necesario realizar la siguiente observación: la etapa psicológica dominada por el inconsciente es, como hemos visto, matriarcal, cuyo emblema es la Gran Madre que resulta derrotada en la lucha contra el dragón. La asociación del inconsciente con simbolismos

femeninos es arquetípica, y el carácter maternal del inconsciente está más intensificado en la figura del ánima que, en la psique masculina, representa al alma.

En consecuencia, la tendencia heroica-masculina al desarrollo es propensa a confundir por completo "lejos del inconsciente" con "lejos de lo femenino". Esta tendencia hacia la conciencia patriarcal se refleja en la sustitución de los mitos lunares femeninos por los mitos solares masculinos, y puede rastrearse tan lejos como hasta en la psicología de los primitivos. Mientras que los mitos lunares, incluso cuando la luna es masculina, siempre indican la dependencia de la conciencia y la luz con respecto del lado nocturno de la vida, esto es, el inconsciente, el caso ya no es el mismo en las mitologías patriarcales solares. En ellas el sol ya no es el sol de la mañana que nace de la noche, sino el sol en su cenit al mediodía que simboliza a una conciencia masculina que se sabe libre e independiente incluso en sus relaciones con el Sí Mismo, esto es, con el mundo creativo del cielo y el espíritu.

Si el enfoque de Briffault, según el cual la mayoría de los misterios fueron originalmente femeninos y sólo fueron adoptados por los hombre posteriormente, es correcto, entonces las tendencias anti-femeninas de las sociedades masculinas, cuya base arquetípica ya hemos discutido (pp. 117), también tienen una base histórica. La degradación de la mujer y su exclusión de muchos de los sistemas religiosos patriarcales es evidente incluso hoy en día. Esta depreciación de lo femenino varía desde la intimidación de la mujer por quienes usan los tundun en las sociedades primitivas (*The Mothers*, Vol. II, p. 544), hasta el "taceat mulier in ecclesia", el diario rezo judío como agradecimiento por haber nacido hombre, y la privación al derecho de voto que sufren en muchos países europeos en este momento.

389 Cf. Gerhard Adler, "C.G. Jung´s Contribution to Modern Conciousness", en *Studies in Analytical Psychology*.

390 El descenso se efectúa desde la conciencia al inconsciente, y es de esta manera el reverso del proceso creativo, que comienza en el inconsciente y va en ascenso. El Yo experimenta como placenteras las manifestaciones del inconsciente en forma de imágenes, ideas, pensamientos, etc. La dicha del proceso creativo surge de la impregnación de la conciencia con la libido del hasta entonces contenido inconscientemente activado. El placer y enriquecimiento de la libido que resulta de la realización conciente y de la creatividad son sintomáticos de una síntesis en la cual la polaridad de los dos sistemas, conciente e inconsciente, se ve temporalmente suspendida.

391 Jung, *Psicología y Alquimia*, fig. 49.

392 Soeur Jeanne, *Memoiren einer Besessenen*.

393 "Aspectos psicológicos del arquetipo de la Madre".

394 Jung, "Las relaciones entre el Yo y el inconsciente".

395 "Consideraciones generals sobre la Teoría General de los Complejos".

396 "Las relaciones entre el Yo y el inconsciente".

397 Un dibujo alquímico del *Viridarium chymicum*, de Daniel Stolcius de Stolcenberg (Frankfurt, 1624; reimpreso del *Symbola aurea*, de Michael Maier, Frakfurt, 1617), que muestra a Avicena con un águila encadenada a un sapo, ilustra el mismo problema simbólicamente. Cf. Read, *Prelude to Chemistry*, lám. 2, ii.

398 Benedict, *Patterns of Culture*; Mead, *Sex and Temperament in Three Primitive Societies.*

399 Jung, "Arquetipos del inconsciente colectivo". Cf. También el análisis Moisés-Chidher en "Concerning Rebirth".

400 Apéndice II; también mi *Psicología profunda y nueva Ética.*

401 Aquí sólo me ocupo de aquella parte de la "psicología de lo femenino" que no se desvía considerablemente del Yo masculino

402 Jung, "Las relaciones entre el Yo y el inconsciente".

403 Cf. Apéndice I.

404 [Del Hebreo "dw'kut". La raíz "dwk" es la misma que en "dybbuk", el demonio que "se cuelga" a una persona. – G. ADLER. Nota del traductor al Inglés.]

405 En el Apéndice II se realiza un intento de interpretar la degeneración que sufre el grupo y que lo lleva a convertirse en masa, así como los diversos fenómenos a que esto da lugar, de modo que en cierto sentido la presente sección, junto con los dos Apéndices, forman un conjunto integral.

406 Ambos se convierten en el dragón que debe ser conquistado si el Yo se desarrolla de alguna manera que se encuentre fuera de los cánones ordinarios, como por ejemplo es el caso del individuo creativo.

407 Símbolos de transformación [= Psicología de lo inconsciente.]

408 "Sobre energética psíquica"

409 Jung, *Tipos Psicológicos*, def. 51

410 Para el hombre moderno la aparición de los símbolos "con dirección hacia adentro" tiene diferentes significado y función. Aquí, la posición mediadora del símbolo, que se debe a que es una combinación de elementos concientes e inconscientes, se demuestra por el hecho que la re-vinculación de la conciencia con el inconsciente se efectúa vía el símbolo, mientras que en el hombre primitivo el desarrollo fue en dirección inversa, desde el inconsciente hacia la conciencia.

411 Símbolos de transformación.

* Ritos de entrada.

412 Jung, "Sobre energética psíquica".

413 Tipos psicológicos, def. 51.

414 Jung, "La vida simbólica", una conferencia impresa (1939) para la circulación privada.

415 Cassirer, *The Philosophy of Symbolic Forms* (trad. de Manhein), II, p. 218.

416 "Sobre la relación de la Psicología Analítica con la obra de arte poética", p. 248.

417 Podemos rastrear el efecto de la personalización secundaria a lo largo del camino que va desde la modificación del antiguo ritual simbólico hasta los misterios y la tragedia clásica, y finalmente al teatro moderno. Una vez más encontramos la misma línea de desarrollo con sus series descendentes de factores transpersonales y series ascendentes de factores personales, comenzando con la "actuación" de fuerzas y dioses sobrehumanos y finalizando con la obra de "tocador".

418 Esta realineación o re-emocionalización ha sido hasta ahora burdamente negada por la

psicología profunda porque los investigadores se han visto fascinados por el estudio de los componentes materiales. Pero la interpretación material de un sueño no proporciona ninguna explicación de por qué se produce la realineación. Aquí sólo podemos llamar la atención acerca de la importancia de los componentes emocionales para la interpretación de los sueños y la terapia.

419 Van der Leeuw, *Religion in Essence and Manifestation*: "Sacred Life".

420 "Sobre la relación de la Psicología Analítica con la obra de arte poética", p. 248.

421 Símbolos de transformación.

422 Ibid.

* Según la leyenda, el Holandés Errante es un buque fantasma que no puede volver a puerto, condenado a vagar para siempre por los océanos del mundo.

423 Jung, "Wotan"; Ninck, *Wodan und germanischer Schicksalsglaube*.

424 En el Apéndice II ampliamos algunos de los problemas aquí sólo mencionados.

425 Este fenómeno, fundamental en todo malestar psíquico, forma parte de la teoría general de las neurosis.

426 Véase mi *Psicología profunda y nueva Ética.*

27 Psicología profunda y nueva Ética.

428 "Las etapas de la vida"; también cf. G. Adler, "The Ego and the Cycle of Life", en Studies in Analytical Psychology.

429 En su *Biologische Fragmente zur Lehre vom Menschem*, que estuvo a mi disposición sólo después de que finalicé mi manuscrito, A. Portmann expresa puntos de vista que coinciden en un grado asombrosamente alto con los míos. El hecho de que hayamos llegado a las mismas conclusiones, aunque partiendo desde dos posiciones tan diferentes como son la biología y la psicología profunda, habla no poco de la objetividad de estas conclusiones.

430 Jung, *Tipos Psicológicos*, definiciones 14, 22, 55.

431 Jung, Seminar on children´s dream (no publicado); Wickes, *The Inner World of Childhood*; Fordham, *The Life of Childhood*.

432 R. M. Rilke, *Tercera Elegía*.

433 Jung, "Las relaciones entre el Yo y el inconsciente".

434 La relegación parcial de estos ritos de pubertad a la infancia temprana es un signo típico de las culturas de tono patriarcal. Aquí el padre reemplaza a la madre al comienzo de la vida, en los ritos de circuncisión y bautismo, de modo que la esfera maternal se estrecha de manera conciente y decisiva.

435 La naturalidad de este desarrollo también está demostrado por el análisis de las dificultades de desarrollo y de los disturbios neuróticos en la vida adulta.

436 Tipos Psicológicos, def. 51.

437 Ibid.

438 Talmud, Sanhedrin 46 b.

439 Jung, *Psicología y Alquimia*, índice, s.v.

440 Naturalmente, esto no se aplica a los "especialistas": los profesionales que conducen la

guerra, organizan una expedición de pesca, etc.

441 Erman y Ranke, *Aegypten und aegyptisches Leben in Alterthum*, p. 62.

442 Hemos explicado anteriormente que una parte sustancial de la adoración a los muertos en Egipto sirvió al propósito de hacer al rey inmortal después de su muerte mediante el embalsamamiento de su cuerpo y la construcción de pirámides como símbolos de inmortalidad. Mientras que al inicio sólo el rey, que simbolizaba al Sí Mismo colectivo, era quien ganaba la inmortalidad, y ejércitos de hombres acondicionaban durante décadas sus pirámides con el fin de ayudarlo en su auto-inmortalización, posteriormente este proceso no fue exclusivo de él.

443 Moret, *The Nile and Egyptian Civilization*, pp. 181 y ss.

444 Erman y Ranke, op. cit., pp. 185-190.

445 "On the Origin of the Mysteries in the Light of Ethnology and Indology".

446 Ibid. Éste es un mito del asesinato de la madre en oposición al mito freudiano del asesinato del padre.

447 El desarrollo patriarcal produce una revaluación de lo femenino, cuyo mejor ejemplo es el mito de la creación del Génesis. Aquí el Mundo es el principio creativo: mundo y materia provienen de lo abstracto, del espíritu; la mujer se deriva del varón y aparece después. Al mismo tiempo ella es negativa y seductora, la fuente del mal, y el varón debe sojuzgarla. El mundo del Antiguo Testamento está muy coloreado por esta revaluación en la cual todas las características maternales-ctónicas del mundo primitivo de los cananeos fueron devaluadas, reinterpretadas y reemplazadas por la valoración patriarcal de Jehová. Esta polaridad Jehová-tierra es un factor básico de la psicología judía, y a menos que sea comprendida no es posible comprender a los judíos.

448 Aldrich, *The Primitive Man and Modern Civilization*, pp. 48 y ss.

449 El libro visionario de Alfred Kubin, *Die andere Seite*, escrito en 1908, no sólo anticipa los eventos que estallarían en Alemania muchos años después, sino que con asombrosa intuición muestra la conexión que tienen con el inconsciente colectivo.

450 Psicología y Alquimia, p. 461.

451 Feiwald, *Vom Geist der Massen*, p. 123.

9 7 8 6 1 2 4 7 4 5 3 1 7